服装高等教育"十二五"部委级规划教材（本科）

服装生产经营管理

（第5版）

宁 俊 主编

中国纺织出版社

内 容 提 要

本书运用生产管理和经营管理理论，结合服装专业知识，广泛吸收国内外最新生产经营管理理论和研究成果，充分考虑服装企业生产经营管理工作的实际需要，系统、全面地讲述了生产和经营管理含义、生产计划与过程控制、工艺制定与控制、质量检验与控制、物流与供应链管理、企业生产成本控制与财务报表分析、企业人力资源管理、服装企业信息化、经营计划、组织与控制、服装企业经营环境、市场调查、市场预测与经营决策、服装消费者研究与品牌战略、产品决策与价格决策、渠道决策与促销决策等内容。

本书结构安排合理，重点突出，论述简洁明了，可操作性强。适合大中专院校服装专业和营销管理专业的师生、企业管理人员和营销人员阅读。

图书在版编目（CIP）数据

服装生产经营管理/宁俊主编. —5版. —北京：中国纺织出版社，2014.6

服装高等教育"十二五"部委级规划教材.本科

ISBN 978-7-5180-0470-6

Ⅰ.①服… Ⅱ.①宁… Ⅲ.①服装工业—生产管理—高等学校—教材 Ⅳ.① F407.866.2

中国版本图书馆 CIP 数据核字（2014）第 037796 号

策划编辑：郭慧娟　责任编辑：孙成成　责任校对：梁 颖
责任设计：何 建　责任印制：储志伟

中国纺织出版社出版发行
地址：北京市朝阳区百子湾东里A407号楼　邮政编码：100124
销售电话：010—87155894　传真：010—87155801
http://www.c-textilep.com
E-mail:faxing@c-textilep.com
官方微博http://weibo.com/2119887771
三河市宏盛印务有限公司印刷　各地新华书店经销
1997年4月第1版　2001年1月第2版
2006年1月第3版　2010年3月第4版　2014年6月第5版
2014年6月第17次印刷
开本：787×1092　1/16　印张：26
字数：486千字　定价：48.00元（附光盘1张）

凡购本书，如有缺页、倒页、脱页，由本社图书营销中心调换

服装生产经营管理（第5版）

主　编：宁　俊

编委会成员（按姓氏笔画排序）：

　　　　　王秋月　　王　涓　　宁　俊　　刘　荣　　白琼琼
　　　　　陆亚新　　林　琳　　贾亦晗　　韩　燕　　穆雅萍

出版者的话

《国家中长期教育改革和发展规划纲要》中提出"全面提高高等教育质量","提高人才培养质量"。教高〔2007〕1号文件"关于实施高等学校本科教学质量与教学改革工程的意见"中,明确了"继续推进国家精品课程建设","积极推进网络教育资源开发和共享平台建设,建设面向全国高校的精品课程和立体化教材的数字化资源中心",对高等教育教材的质量和立体化模式都提出了更高、更具体的要求。

"着力培养信念执着、品德优良、知识丰富、本领过硬的高素质专业人才和拔尖创新人才",已成为当今本科教育的主题。教材建设作为教学的重要组成部分,如何适应新形势下我国教学改革要求,配合教育部"卓越工程师教育培养计划"的实施,满足应用型人才培养的需要,在人才培养中发挥作用,成为院校和出版人共同努力的目标。中国纺织服装教育学会协同中国纺织出版社,认真组织制订"十二五"部委级教材规划,组织专家对各院校上报的"十二五"规划教材选题进行认真评选,力求使教材出版与教学改革和课程建设发展相适应,充分体现教材的适用性、科学性、系统性和新颖性,使教材内容具有以下三个特点:

（1）围绕一个核心——育人目标。根据教育规律和课程设置特点,从提高学生分析问题、解决问题的能力入手,教材附有课程设置指导,并于章首介绍本章知识点、重点、难点及专业技能,增加相关学科的最新研究理论、研究热点或历史背景,章后附形式多样的思考题等,提高教材的可读性,增加学生学习兴趣和自学能力,提升学生科技素养和人文素养。

（2）突出一个环节——实践环节。教材出版突出应用性学科的特点,注重理论与生产实践的结合,有针对性地设置教材内容,增加实践、实验内容,并通过多媒体等形式,直观反映生产实践的最新成果。

（3）实现一个立体——开发立体化教材体系。充分利用现代教育技术手段,构建数字教育资源平台,开发教学课件、音像制品、素材库、试题库等多种立体化的配套教材,以直观的形式和丰富的表达充分展现教学内容。

教材出版是教育发展中的重要组成部分,为出版高质量的教材,出版社严格甄选作者,组织专家评审,并对出版全过程进行跟踪,及时了解教材编写进度、编写质量,力求做到作者权威、编辑专业、审读严格、精品出版。我们愿与院校一起,共同探讨、完善教材出版,不断推出精品教材,以适应我国高等教育的发展要求。

中国纺织出版社
教材出版中心

前言

本书是由北京服装学院组织撰写的服装企业管理教材。这部教材自1997年正式出版发行以来，被国内许多高等院校作为教材，并于1998年荣获第四届全国优秀纺织图书三等奖，2006年获中国纺织工业协会优秀教材，2010年第4版再次获中国纺织工业协会优秀教材奖。几年来多次加印、修订，现已是第5版，并已被列入服装高等教育"十二五"部委级规划教材。每一次再版，都力图以更新的内容，满足高等院校经济、管理及服装类专业的学生以及服装企业管理者学习的需要。教材出版17年来，一直深受社会好评和读者欢迎。

进入后金融危机时代，国内外服装市场的竞争日趋激烈，消费者对服装产品的需求也呈现出高档化、个性化、品牌化和可持续的特征。面对这种环境，服装企业要争取在世界市场占有一席之地，必须拥有一批懂技术、会管理、善经营的高素质应用型人才。是否掌握现代化的管理理念和管理方法，是企业用人时重点考虑的一个方面。为了更加适应服装企业和服装管理人才的需求，本书在第4版的基础上，做了较多的更新和增补，内容更新、更完整、更实用。新版教材分为三篇，即服装生产经营管理导论、服装生产管理和服装经营管理，共十五章内容。

本书由宁俊担任主编，参加本书撰写的教师有宁俊、穆雅萍（第一章）、贾亦晗（第二章）、王秋月（第三章、第四章）、刘荣（第五章、第六章、第七章、第八章、第九章）、陆亚新（第十章）、王涓（第十二章、第十三章）、韩燕（第十一章、第十四章、第十五章）。另外，白琼琼、林琳参与部分章节的修改和教材资料的整理工作。全书由宁俊教授统稿，并对部分章节做了适当调整与修改。

本书在编写过程中得到了中国纺织出版社的大力协助，编者还查阅了大量有关国内外图书、报刊资料以及其他大专院校的教材和资料，有些还加以引用，在此特予说明，并致以诚挚感谢。

编　者

2014年1月于北京服装学院

教学内容及课时安排

章/课时	课程性质/课时	节	课程内容
第一章 （2课时）	服装生产经营管理 导论（4课时）		**• 服装生产管理概论**
		一	生产管理的概念和地位
		二	生产管理的任务和内容
		三	生产管理的组织结构
第二章 （2课时）			**• 服装经营管理概论**
		一	经营管理的意义和内涵
		二	经营管理职能
		三	经营管理理念与经营创新
		四	企业经营目标
第三章 （6课时）	服装生产管理 （30课时）		**• 生产计划与过程控制**
		一	生产过程组织
		二	生产计划及其控制
第四章 （6课时）			**• 工艺制定与控制**
		一	服装工艺管理概念及体系
		二	服装工艺的制定
		三	服装工艺的控制
第五章 （6课时）			**• 质量检验与控制**
		一	质量与质量管理概述
		二	质量检验
		三	质量统计方法与质量控制
		四	质量成本管理
第六章 （4课时）			**• 供应链管理**
		一	供应链管理概述
		二	供应链物料管理和采购管理
		三	供应链的库存管理
		四	物联网
第七章 （4课时）			**• 企业生产成本控制与财务报表分析**
		一	服装企业生产成本计算
		二	服装企业生产成本控制
		三	服装企业财务报表分析

章/课时	课程性质/课时	节	课程内容
第八章 （2课时）	服装生产管理 （30课时）		• 企业人力资源开发与管理
		一	人力资源管理规划
		二	服装企业人力资源招聘与培训
		三	绩效评估
		四	服装企业薪酬与激励
第九章 （2课时）			• 服装企业信息化
		一	服装企业信息化概论
		二	服装企业业务流程再造
		三	服装企业ERP
第十章 （4课时）	服装经营管理 （22课时）		• 经营计划、组织与控制
		一	经营计划
		二	组织
		三	管理控制
第十一章 （2课时）			• 服装企业经营环境
		一	经营环境概述
		二	宏观环境因素
		三	行业环境因素
		四	企业内部环境因素
		五	经营环境信息的获得
第十二章 （4课时）			• 服装市场调查和预测
		一	服装市场调查
		二	服装市场需求测量和预测
第十三章 （4课时）			• 服装消费者研究与品牌战略
		一	服装消费者研究
		二	服装品牌战略
第十四章 （4课时）			• 产品决策与价格决策
		一	服装产品组合策略
		二	服装品类组合决策
		三	服装产品生命周期及营销策略
		四	服装产品定价策略
第十五章 （4课时）			• 渠道决策与促销决策
		一	服装营销渠道管理决策
		二	服装营销渠道的发展趋势
		三	促销组合决策

注　各院校可根据自身的教学特色和教学计划对课程时数进行调整。

目录

第一篇　服装生产经营管理导论 ················· 001

第一章　服装生产管理概论 ····················· 002
第一节　生产管理的概念和地位 ··················· 002
　一、生产的概念 ····························· 002
　二、生产管理的概念 ························· 002
　三、服装生产的特征 ························· 003
　四、现代生产管理的环境变化和主要特征 ······· 005
第二节　生产管理的任务和内容 ··················· 005
　一、生产管理的任务 ························· 005
　二、生产管理的内容 ························· 007
　三、生产管理的研究方法 ····················· 007
第三节　生产管理的组织结构 ····················· 009

第二章　服装经营管理概论 ····················· 011
第一节　经营管理的意义和内涵 ··················· 011
　一、经营的内涵 ····························· 011
　二、经营管理的内涵 ························· 012
第二节　经营管理职能 ··························· 014
　一、服装产业关联性及产业特点分析 ··········· 014
　二、经营管理职能 ··························· 020
第三节　经营管理理念与经营创新 ················· 021
　一、经营管理理念 ··························· 021
　二、经营创新 ······························· 023
第四节　企业经营目标 ··························· 025
　一、概念与作用 ····························· 025
　二、企业经营目标体系的构成 ················· 026

第二篇 服装生产管理 031

第三章 生产计划与过程控制 032
第一节 生产过程组织 032
一、生产过程的组成 033
二、生产过程组织的原则 034
三、生产过程组织的基本内容 035
四、生产类型划分 041
第二节 生产计划及其控制 043
一、生产计划 043
二、生产能力的核定 045
三、生产计划的综合平衡 047
四、生产作业计划的制订 049
五、生产计划的实施与控制 050

第四章 工艺制定与控制 057
第一节 服装工艺管理概念及体系 057
一、服装工艺管理概念 057
二、服装工艺管理体系 058
第二节 服装工艺的制定 059
一、服装产品的技术标准 060
二、服装工艺制定 063
三、具体工艺的制定 063
第三节 服装工艺的控制 096
一、正式生产前 096
二、生产过程中 096
三、生产后 099

第五章 质量检验与控制 102
第一节 质量与质量管理概述 102
一、质量和质量管理 103
二、质量管理的发展阶段 106
三、全面质量管理 108

四、质量管理的基础工作 ··· 111
第二节　质量检验 ·· 114
　　一、质量检验的含义及其职能 ·· 114
　　二、质量检验的分类 ··· 115
　　三、服装企业质量检验的项目 ·· 117
　　四、检验机构、人员和设施 ··· 117
　　五、生产过程中质量管理的内容和方法 ································· 118
第三节　质量统计方法与质量控制 ·· 121
　　一、质量数据 ·· 121
　　二、数据抽样 ·· 123
　　三、质量管理常用的统计方法 ·· 123
第四节　质量成本管理 ·· 139
　　一、质量成本的基本概念 ·· 139
　　二、质量成本的构成 ··· 140

第六章　供应链管理 ·· 144
第一节　供应链管理概述 ·· 144
　　一、供应链 ··· 144
　　二、供应链管理 ··· 145
第二节　供应链物料管理和采购管理 ·· 146
　　一、物料和物料管理 ··· 146
　　二、采购管理 ·· 148
第三节　供应链的库存管理 ··· 150
　　一、库存的基本概念 ··· 150
　　二、ABC分类法 ·· 151
　　三、库存控制系统 ·· 152
　　四、经济订货批量模型 ·· 154
　　五、供应链环境下的库存管理策略——VMI ························· 157
　　六、仓库管理 ·· 159
第四节　物联网 ··· 161
　　一、物联网的含义与发展 ·· 161
　　二、物联网的关键领域和技术 ·· 162
　　三、物联网对服装行业的影响 ·· 163

四、物联网在服装企业的各个环节均有应用 …………………………………… 163

第七章 企业生产成本控制与财务报表分析 …………………………………… 168
第一节 服装企业生产成本计算 …………………………………………… 168
一、生产费用与产品成本 …………………………………………………… 168
二、成本计算的要求 ………………………………………………………… 169
三、生产成本计算方法 ……………………………………………………… 170
第二节 服装企业生产成本控制 …………………………………………… 176
一、成本控制的意义 ………………………………………………………… 176
二、成本控制的原则 ………………………………………………………… 177
三、成本控制的类别 ………………………………………………………… 178
四、成本控制的方法 ………………………………………………………… 180
第三节 服装企业财务报表分析 …………………………………………… 185
一、财务报表分析的基本概念 ……………………………………………… 185
二、财务报表分析的依据 …………………………………………………… 186
三、财务报表分析的方法 …………………………………………………… 189
四、财务报表的财务比率分析 ……………………………………………… 190

第八章 企业人力资源开发与管理 …………………………………………… 197
第一节 人力资源管理规划 ………………………………………………… 197
一、人力资源管理的演变历程 ……………………………………………… 198
二、人力资源管理的过程 …………………………………………………… 199
三、服装企业人力资源规划 ………………………………………………… 200
第二节 服装企业人力资源招聘与培训 …………………………………… 202
一、服装企业人力资源的招聘 ……………………………………………… 202
二、服装企业人力资源的培训 ……………………………………………… 205
第三节 绩效评估 …………………………………………………………… 208
一、绩效评估的作用 ………………………………………………………… 208
二、绩效评估的方法 ………………………………………………………… 209
三、绩效评估的程序 ………………………………………………………… 210
第四节 服装企业薪酬与激励 ……………………………………………… 211
一、服装企业薪酬制度 ……………………………………………………… 211
二、服装企业人员的激励 …………………………………………………… 213

第九章　服装企业信息化 ... 219
第一节　服装企业信息化概论 ... 219
一、信息化的概念 ... 219
二、服装企业信息化的内容 ... 221
第二节　服装企业业务流程再造 ... 224
一、服装企业业务流程的基本概念 ... 224
二、服装企业业务流程再造的准备 ... 228
三、服装企业业务流程再造的实施步骤 ... 230
第三节　服装企业 ERP ... 233
一、ERP 的发展 ... 233
二、服装企业推行 ERP 的意义 ... 234
三、服装 ERP 项目的实施 ... 236

第三篇　服装经营管理 ... 245

第十章　经营计划、组织与控制 ... 246
第一节　经营计划 ... 246
一、经营计划的含义和层次 ... 246
二、经营计划的作用 ... 247
三、计划工作的原则 ... 248
四、编制经营计划的程序 ... 249
第二节　组织 ... 251
一、组织的含义 ... 251
二、组织设计 ... 251
三、组织设计的原则 ... 252
四、组织的部门划分 ... 253
第三节　管理控制 ... 257
一、控制概述 ... 257
二、控制的类型 ... 259
三、控制的过程 ... 261

第十一章　服装企业经营环境 ... 268
第一节　经营环境概述 ... 268

第二节　宏观环境因素 269
　　一、人口统计环境 269
　　二、经济环境 272
　　三、自然环境 274
　　四、科学技术环境 274
　　五、政治法律环境 275
　　六、社会文化环境 275
第三节　行业环境因素 276
　　一、供应商 277
　　二、购买者 277
　　三、潜在竞争对手 278
　　四、现有竞争者 278
　　五、替代品生产厂家 279
第四节　企业内部环境因素 279
　　一、资源因素 279
　　二、技术因素 280
　　三、营销因素 280
　　四、成本因素 280
　　五、管理因素 280
第五节　经营环境信息的获得 281
　　一、环境信息的类型 281
　　二、环境信息的来源 283
　　三、环境研究的程序 283

第十二章　服装市场调查和预测 288

第一节　服装市场调查 288
　　一、市场调查概念 288
　　二、市场调查的内容和步骤 289
　　三、市场调查方法 291
　　四、设计市场调查问卷 296
　　五、市场调查报告 297
第二节　服装市场需求测量和预测 299
　　一、市场需求测量 299

二、估计目前市场需求 …………………………………………………………… 302

三、市场预测的概念与方法 ………………………………………………………… 304

第十三章 服装消费者研究与品牌战略 ……………………………………… 313

第一节 服装消费者研究 …………………………………………………………… 313

一、服装消费心理特征 ………………………………………………………… 313

二、服装消费心理动机 ………………………………………………………… 314

三、影响服装消费行为的因素 ………………………………………………… 315

四、服装购买类型 ……………………………………………………………… 319

五、服装购买决策过程 ………………………………………………………… 321

第二节 服装品牌战略 ……………………………………………………………… 324

一、服装品牌内涵 ……………………………………………………………… 325

二、服装品牌定位 ……………………………………………………………… 327

三、服装品牌形象塑造 ………………………………………………………… 329

四、服装品牌延伸 ……………………………………………………………… 333

五、服装品牌策略模式 ………………………………………………………… 335

第十四章 产品决策与价格决策 ……………………………………………… 342

第一节 服装产品组合策略 ………………………………………………………… 342

一、服装产品组合概述 ………………………………………………………… 343

二、服装产品组合分析 ………………………………………………………… 344

三、服装产品组合决策 ………………………………………………………… 346

四、服装产品线决策 …………………………………………………………… 348

第二节 服装品类组合决策 ………………………………………………………… 350

一、服装组合搭配 ……………………………………………………………… 350

二、服装商品构成 ……………………………………………………………… 352

三、服装规格尺寸设定 ………………………………………………………… 353

第三节 服装产品生命周期及营销策略 …………………………………………… 354

一、产品生命周期概述 ………………………………………………………… 354

二、服装产品生命周期的划分 ………………………………………………… 355

三、服装产品生命周期各阶段的特性 ………………………………………… 356

四、服装产品生命周期各阶段的营销策略 …………………………………… 357

第四节 服装产品定价策略 ………………………………………………………… 359

一、影响服装定价的因素 ·· 360
二、服装定价的一般方法 ·· 362
三、服装定价基本策略 ·· 364
四、价格变动反应及价格调整 ·· 367

第十五章　渠道决策与促销决策 ·· 371

第一节　服装营销渠道管理决策 ·· 372
一、服装营销渠道概述 ·· 372
二、服装营销渠道常见模式 ·· 373
三、渠道管理的实质 ·· 374
四、渠道管理的原则 ·· 376
五、渠道管理的内容 ·· 377

第二节　服装营销渠道的发展趋势 ··· 380
一、营销渠道的扁平化 ·· 380
二、营销渠道的多元化 ·· 380
三、营销渠道的电子化 ·· 381
四、营销渠道的战略联盟 ··· 382

第三节　促销组合决策 ·· 382
一、促销组合概述 ··· 383
二、服装广告 ·· 384
三、服装销售促进 ··· 387
四、服装企业公共关系 ·· 389

参考文献 ·· 395

第一篇
服装生产经营管理导论

服装业是一个典型的传统与现代生产相结合的全球性产业，发达国家的资金、技术的优势和发展中国家的劳动力优势，不断改变着服装产业的结构与内涵，服装业逐渐从劳动密集型向技术密集型发展。作为世界第一服装出口大国，我国的服装工业，在款式设计、样板设计、生产工艺设计以及裁剪、缝纫、整烫等方面，正在逐步应用服装CAD、CAM系统、三维CAD立体模拟系统、服装自动化生产系统。因此，要进一步提高产品附加值，以内涵式集约发展代替粗放的数量增长，在日益激烈的竞争中保持活力，企业就要不断提高生产管理水平，正确运用生产管理理论和先进的管理方法。

第一章　服装生产管理概论

- **课程名称**：服装生产管理概论
- **课程内容**：生产管理的概念和地位
  生产管理的任务和内容
  生产管理的组织结构
- **上课时数**：2课时
- **训练目的**：向学生阐述服装生产管理相关的理论知识，并能识记、应用。
- **教学要求**：1. 使学生了解狭义和广义的生产管理概念的异同。
  2. 使学生掌握生产管理研究的对象。
  3. 使学生熟悉服装生产管理的特征。
  4. 使学生熟悉生产管理的组织机构。
  5. 使学生掌握生产管理的任务和内容。
  6. 使学生掌握生产管理的研究方法。
- **课前准备**：阅读服装生产管理方面的书籍，了解服装生产管理的最新动态。

第一节　生产管理的概念和地位

一、生产的概念

生产是指企业将投入的生产要素转化为有形产品或（和）无形劳动，由此而创造和增加物品效用的活动。

二、生产管理的概念

生产管理，是指对企业生产活动的计划、组织和控制工作。根据生产研究对象内容的不同，可将其分为广义和狭义两个层次。

（一）广义生产管理

广义的生产管理，是指对企业生产活动的全过程进行综合的、系统的管理。其研究对象是企业的整个生产系统，包括输入、生产制造、输出和反馈四个环节。

生产系统的输入，是指将用于企业生产的劳动、设备、材料、燃料等物质要素和生产计划、技术图纸、工艺规程、操作方法等信息要素投入生产过程。

生产制造过程是指劳动者运用设备、工具等劳动资料，按照规定的生产流程和计划，对劳动对象进行筛选、整理和加工，完成产品的制造过程，这是生产系统运行的主要环节。

生产系统的输出，是生产系统转换的结果，包括物质输出和信息输出两个方面。

生产系统的反馈，是指把生产系统输出的有关产量、质量、成本、技术、进度、消耗等信息再输入到生产系统，它有利于发现差异、纠正错误以及保证预期目标的实现。

企业生产活动表现为投入一定资源，经过一系列加工转换，使其价值增值，最后以某种形式的产出，即有形的产品和劳务提供给社会。广义的生产管理就是指对生产过程进行的一系列管理活动，也就是对生产过程进行的一系列计划、组织和控制的工作。

在西方发达国家，早期生产管理（Production Management）主要指对制造企业有形产品生产过程的管理工作。但进入20世纪后，随着生产力的发展，特别是第二次世界大战以来，企业生产不仅制造有形产品，而且提供劳务，如维修业务、售后服务等。非制造企业、服务业等也纷纷兴起。提供劳务可用英文"Operation"表示，因而出现了新名词"Production and Operation Management"，我国不少著作将该词译为"生产运作管理""生产营运管理""生产作业管理"等。实际上，国外有些著作对"Operation"的功能指明为"制造产品与提供劳务"，而且指出"Operation"也可称作"Production"。因此所谓生产运作管理、生产营运管理等可以看作是广义的生产管理。本书阐述的正是以企业生产系统为对象的广义的生产管理。

(二) 狭义生产管理

狭义生产管理的研究对象是产品的生产过程，是指对企业的生产技术准备、原材料投入、工艺加工、生产过程组织直至产品完成等具体活动过程的管理。由于产品的具体生产活动是生产系统的一部分，因此狭义生产管理的内容也只是广义生产管理的一部分。

本书阐述的正是以企业生产系统为对象的广义生产管理。

三、服装生产的特征

服装生产管理工作，就是在现代工业企业管理中，对发生的一切生产活动，按照行业本身的特点和规律，并参照政府发布的各项技术政策，有计划、有组织、有目的地进行指挥和协调、检查和控制。为此，了解服装工业特点，对加强服装工业的生产管理非常重要。服装工业生产特征主要表现在如下几个方面。

(一) 生产之间的协作性

服装生产的发展和科技进步以及先进专用设备的配备，使生产的形式发生了很大变化，批量性的成衣生产代替了个体或作坊式的生产方式。但是，生产技术的进步也给生产管理带来了新课题，这就是针对生产过程广泛的协作性，如何加强部门之间、工序之间的衔接与协调，使之建立良好的协作关系。实践已经证明，现代化的服装生产流水作业，没有管理就不能维持正常的生产秩序。广泛的协作不仅是企业内部，而且还会延伸到原料、辅料和供应及有关生产协作单位。由此可见，广泛的生产协作是服装生产管理的内容之一。

（二）生产技术的专业性

同一个服装市场上存在款式各异、颜色多样的服装产品，但是由于受到生产技术和设备的限制，一个服装企业很难做到同时生产多种大类产品。

服装的品种很多，可按面料的结构或按用途进行划分。服装产品的生产需要采用流水作业，并配备各类专用设备，使各大类品种的加工技术相差很大。分工细致，使得生产工人的技术单一，专业性强，就是在一个生产流水线上80%的工人也只会操作几道工序，技术全面的工人比较少，这种生产技术的专业性，将为企业的生产管理增加难度。

（三）服装生产对材料的依赖性

服装是纺织工业生产的深加工产品，由于加工的性质决定了服装生产基本上只改变面料和辅料的形状和用途，而不改变面料和辅料的性能和质地。为此，凡是在面料和辅料上存在的所有质量问题，将会在服装外观上反映出来，转化成为服装产品的质量问题。所以，在服装生产管理中，对产品的外观检验非常重要。

（四）服装生产的季节性

现代服装生产采用流水线的作业方式，为使生产流程通畅，每道工序作业节拍以分秒计算，以保持生产的均衡性。但是生产计划的均衡性与服装产品使用的季节性形成了明显的矛盾，由于服装使用和销售的季节性，形成了服装生产的淡旺季。这一服装生产的特点，给生产管理带来了挑战。

（五）服装产品因人而异

一般日用工业产品能适应大多数人的需要，是一种通用商品，受年龄、性别、职业等因素的影响相对较小。然而，服装产品却是因人而异的。对服装使用者来说，要买一件称心如意的服装，至少要从六个方面加以衡量，即服装的颜色、面料、款式、质量、规格、价格等。

（六）成衣生产标准化

成衣批量性的流水作业不同于个体手工业生产方式。工业化生产的成衣要满足一批人的需要，反映这一批人的共性，这就要求必须要由国家或企业制定的技术标准来统一从原料进厂到裁剪、缝纫直至成品出厂的整个过程。

四、现代生产管理的环境变化和主要特征

（一）现代生产管理的环境变化

现代生产管理的发展在很大程度上取决于环境变化。二十多年来的市场环境变化突出地反映在以下三个方面。

（1）科学技术的发展突飞猛进，技术不断更新，用于服装生产的新型纤维和新型面辅料的研制与开发、产品升级换代的周期大为缩短。现代服装加工企业的困难之一，就是产品的再设计和产品的更新不断发生。企业必须努力将更新的产品尽快推向市场，这要求企业生产必须置于快速设计和适应性强的工艺之上，以节省产品设计与工艺设计的时间和费用。

（2）随着社会经济、文化的迅速发展和提高，社会消费结构和消费水平有了很大变化。市场需求追求多样化，服装品种和款式不断升级换代，消费者求新、求变，追求个性消费。服装企业必须时刻关注着市场的变化，采取小批量、多品种的生产方式。

（3）经济全球化，市场的国际化和大批跨国公司的建立，使市场竞争日趋激烈。我国服装企业要想打造国际品牌，打入国际市场，当务之急是提高产品设计和生产管理水平。

（二）现代生产管理的新特征

在市场环境变化、科技飞速发展和市场激烈竞争的促进下，现代生产管理也在相应地不断改进，形成了新的特征：

（1）以系统论、信息论和控制论为基础，广泛运用数学方法、计算机和现代管理方法。
（2）具有完整的资源信息库和四通八达的网络系统。
（3）提高生产系统的柔性，以适应多品种、小批量、快速反应的生产要求。
（4）广泛应用电子计算机集成制造系统，实现生产经营一体化。

第二节　生产管理的任务和内容

一、生产管理的任务

生产管理作为一个子系统，有它自身的运动规律。它的运动规律如图1-1所示。

从图1-1中看出，生产管理系统的运动规律就是输入生产要素，经过生产过程，输

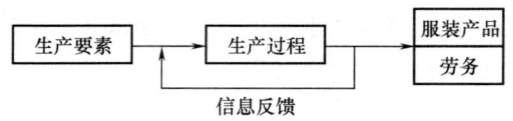

图1-1 生产管理系统图

出产品和劳务,并且在生产过程的进行中不断地进行信息反馈。该系统由四个部分组成。

(一) 服装产品或劳务

服装产品是指新制造的、具有一定使用价值的成衣。劳务是指来料加工以及服装的洗染等服务项目。服装产品是由一定的产品要素构成的。产品要素有品种、款式、规格、数量、质量、交货期、成本等。

(二) 生产要素

在现代化大生产的条件下,生产要素一般包括以下内容。

(1) 人:指劳动者(企业的全体员工)。

(2) 财:指资金。

(3) 物:指土地;建筑物(如厂房等);机器设备(包括检测手段等);工艺装备(包括工具、卡具、量具、模具、工位器具等);原材料、零部件;能源(包括燃料、动力等)。

(4) 信息:指计划、工艺图纸、情报等。

生产要素的作用,一方面,它是从事生产活动必须具备的前提条件;另一方面,它是实现目标的保证。为此,对生产要素有以下三点要求:第一,生产要素要在质量、数量、时间等方面符合生产过程的要求;第二,生产要素在生产过程中必须有效地结合起来;第三,生产要素在生产过程中的结合要形成一个有机的体系。

(三) 生产过程

对服装生产企业来说,就是产品的加工制造过程,即从面辅料投入生产到形成成衣的全过程。

(四) 信息反馈

信息反馈是指生产过程输出的信息,返回到输入的一端。目的是使生产管理人员掌握生产过程的运行情况,使出现的问题能够及时得到解决,以保证生产过程的正常运行和生产计划的完成。信息反馈在生产管理系统中起着对生产过程的控制和及时提供信息的作用。

以上四个部分构成了生产管理系统,它们之间相互影响,相互制约。从整个系统的运行规律看,生产管理的任务就是运用组织、计划、控制的职能,把投入生产过程的各种生产要素有效地结合起来，形成有机的体系，按照最经济的方式，生产出满足市场和消费需求的服装产品与劳务。

二、生产管理的内容

生产管理要实现自己的任务，就需要做许多工作。其工作内容如图 1-2 所示。

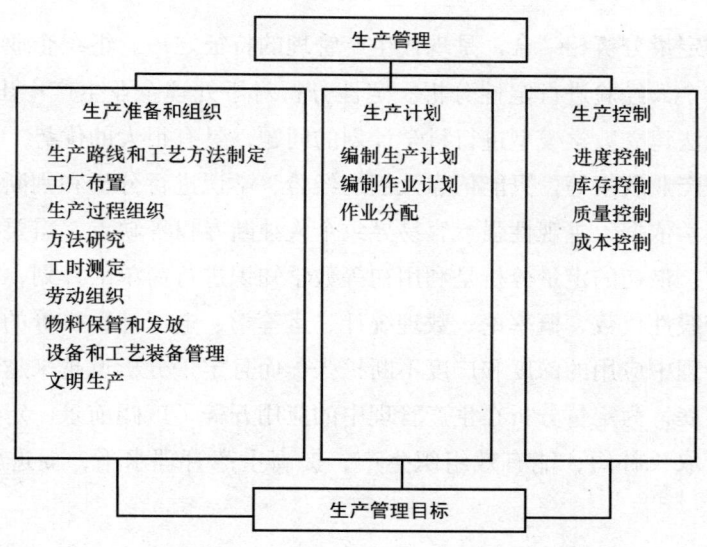

图 1-2 生产管理内容

其中，生产准备和组织是指生产的物质技术准备工作和组织工作。生产计划是指对服装生产的计划工作和计划任务的分配工作。生产控制是指围绕着完成计划任务所进行的管理工作。

从满足客户要求和实现企业经营目标看，产品质量（Quality）、成本（Cost）和交货期（Delivery），简称 QCD，是衡量企业生产管理成败的三要素。保证 QCD 三方面的要求是生产管理的主要任务。这三者是相互联系、相互制约的，需要在生产管理中保证实现，最终目的是为了实现企业的经济效益目标。

从社会利益看，企业还必须认识到，生产系统的制造过程中常会产生废料、废气，如随意倒进江河或排入大气，会造成环境污染，有害于人类。国家为此已颁布《环境保护法》，具备社会意识的企业领导也已认识到，贯彻 ISO 14000 系列标准，加强环境保护应当是生产管理中必须重视的问题。

三、生产管理的研究方法

（一）理论和实践相结合的研究方法

生产管理是一门应用科学，它和工业生产实践关系非常密切。计划、组织、分析和控制生产活动的理论和方法，都是在总结工业生产实践的基础上形成的，而实践的经验一旦被总结成为理论和指导原则，又反过来指导实践工作，进而提高工业生产的管理水平。这种从实践上升到理论，再由理论回归到实践的循环是生产管理这门学科发展的途径，也是研究生产管理所应采取的方法。

（二）定性分析和定量分析相结合的研究方法

定性分析和定量分析相结合，是现代生产管理的特征之一。组织企业的生产活动，传统的办法是依靠个人经验进行定性分析。定性分析对于处理企业生产中出现的不可控的、难以度量的、无法建立数学模型进行科学计划的问题，具有很大的优势。如宏观经济的景气状况、国家的产业政策等，只能依靠人们的经验、学识进行分析和判断。但是，定性分析也存在缺乏科学依据、主观性强、容易导致个人独断专权等缺点，需要与定量分析相结合。生产管理中，最初的定量分析是利用初等数学知识进行简单的计划，与定性分析关系并不紧密。随着线性代数、概率论、数理统计、运筹学、电子计算机等的产生和发展，定量分析在生产管理中应用的深度和广度不断扩张，而且定量分析也越来越细，特别是电子计算机技术的发展，为定量分析在生产管理中的应用开辟了广阔前景。定性分析和定量分析的结合有利于取长补短，能有效组织生产，提高生产管理水平，促进生产管理的科学发展。

（三）系统分析的研究方法

系统分析，是指以系统的观点考察和研究问题。所谓系统是由两个或两个以上相互区别又相互联系、相互作用的要素组成，具有特定功能的有机整体。一般来说，系统具有集合性、相关性、目的性、层次性、整体性、适应性等特点。企业是一个系统，它包含若干个子系统，生产系统是其重要的子系统之一。对生产系统的管理要求实现系统的最优化，系统分析方法能使管理者全面地理解问题并提供解决问题的思路，以实现对生产活动计划、组织、分析和控制的最优化选择。

生产管理是一门内容十分广泛的学科，以上所列三种研究方法只是生产管理中最常用、最典型的研究方法，而不是全部。例如，在全面质量管理中，更多地会用到统计的研究方法。这要求读者在学习时根据自己的实际情况进行理解、使用。生产管理系统是由许多子系统组成的一个综合性、多层次的复杂系统。从生产管理系统的组织看，它是由许多纵向和横向的子系统组成的。从纵向看，可分为各个车间、工段、小组等层次，在厂部统一指挥下相互协作，共同完成产品的制造。从横向看，可分为计划系统、生产技术准备系统、制造系统、设备系统、质量管理系统以及物资供应系统、劳动管理系统等。这些系统是企业生产管理系统的各个方面，它们围绕生产任务这个中心进行生产活动。加强生产管理，不仅要重视垂直的、纵向的系统，而且更要重视平行的、横向的系统，从而形成一个上下左右、纵横连锁的完整而有机的体系。

第三节 生产管理的组织结构

为了管理有效,需要建立一个行之有效的组织结构。生产管理结构的设置,应符合三个要求:一是能够实行正确的、迅速的、有利的生产指挥;二是结构和人员要精简,工作效率要高,有明确的职责划分;三是建立一个有效的、情报畅通的信息系统。由于企业规模、生产类型、技术特点的不同,生产管理组织结构的设置形式也不尽相同。然而,一般情况下可分为以下两部分:一是生产管理的行政指挥结构;二是生产管理的职能结构。

生产规模的大小和生产品种的繁简,是设置企业生产管理机构层次的重要依据。常见的服装生产管理机构有三级管理和二级管理。

三级管理是指生产规模较大的企业,生产环节多,内部分工细,部门之间、工序之间的联系频繁,关系复杂,整个生产过程由若干个部门和若干道工序组成一项系统工程。在这个系统中,任何一名生产管理人员都不可能直接有效地指挥到生产中的每个环节和每道工序。可见,原本传统的生产管理方式已明显不适应,必须以分级管理为原则,逐级指挥,统一管理,这就很自然地形成了一个多级管理的指挥系统,如图1-3所示。由厂长或经理指挥车间,再由车间指挥班组,班组指挥工人。服装企业通常根据企业的生产规模和产品的复杂程度来确定管理部门的数量。

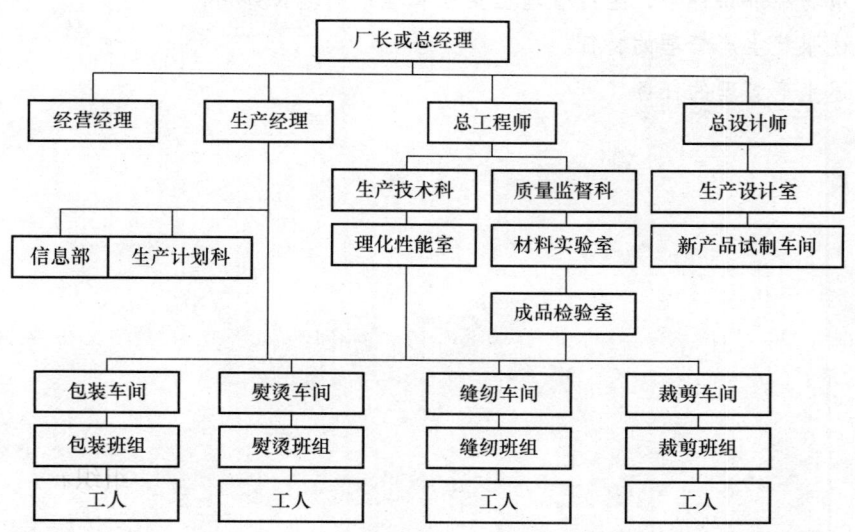

图1-3 三级生产管理机构部门设置

二级管理是指由厂长直接指挥班组的生产。该方式能够及时、有效地解决班组在生产过程中所遇到的问题,是中小服装企业可以借鉴的一种管理方式。

本章要点

广义的生产管理，是指对企业生产活动的全过程进行综合的、系统的管理。其研究对象是企业的整个生产系统，包括输入、生产制造、输出和信息反馈四个环节。

本章以企业生产管理系统即广义的生产管理为研究对象，针对服装生产管理的特征，着重阐述了服装生产管理的任务和内容，以及生产管理的方法和生产管理的组织结构。

生产管理的任务就是运用组织、计划、控制的职能，把投入生产过程中的各种生产要素有效地结合起来，形成有机的体系，按照最经济的方式，生产出满足市场和消费需求的服装产品和劳务。

生产管理是一门内容十分广泛的学科，生产管理中最常用、最典型的研究方法有三种，包括理论和实践相结合的研究方法、定性分析和定量分析相结合的研究方法和系统分析的研究方法。

为了管理有效，需要建立一个行之有效的组织结构。生产规模的大小和生产品种的繁简，是设置服装企业生产管理机构层次的重要依据。常见的服装生产管理机构有三级管理和二级管理。

复习思考题

1. 什么是生产？它的研究对象是什么？
2. 在市场经济条件下，生产管理在企业管理中的地位如何？
3. 简述服装生产管理的特征。
4. 简述生产管理的任务。

第二章　服装经营管理概论

- **课程名称：**服装经营管理概论
- **课程内容：**经营管理的意义和内涵
  经营管理职能
  经营管理理念与经营创新
  企业经营目标
- **上课时数：**2课时
- **训练目的：**向学生阐述服装经营管理相关理论知识，并能识记、应用。
- **教学要求：**1. 使学生了解经营和经营管理的内涵。
  2. 使学生掌握经营管理职能。
  3. 使学生熟悉服装行业经营特点。
- **课前准备：**阅读服装经营管理方面的书籍，了解服装经营管理的最新动态。

第一节　经营管理的意义和内涵

一、经营的内涵

经营是商品经济所特有的范畴，是商品生产者的基本职能。

马克思主义的再生产理论告诉我们，在市场经济条件下，社会生产过程是直接生产过程与流通过程的统一。商品生产者不仅要通过生产过程把物质产品生产出来，而且还要进入市场，通过流通环节把产品销售出去，转移到消费者手里，商品的使用价值和价值才能实现。只有通过流通环节，生产过程中的物化劳动与活劳动的消耗才能够得到补偿，再生产过程才能够继续进行。因此，商品生产者既要从事直接生产过程的活动，用经济有效的方法把商品生产出来，又要从事流通过程的活动，以最有利的条件把商品销售出去，从而获得更多的利润，增加积累，以扩大生产规模。

商品生产者要想生产出商品销售战场上的最有利产品，就要预先了解市场行情，了解市场对此类商品的需求情况，了解有哪些竞争对手向市场提供同类商品，他们所占市场份额是多少,他们的商品优势在哪里等。除此之外,还要对消费者做精准的市场定位,也就是了解消费者的构成、了解消费者对产品的需求和期望接受价格等;在销售过程中,还要做广告策划与推广,实行良好的销售服务,以便赢得顾客;为了经济有效地把商品生产出来,商品生产者又要根据市场条件、销售对象、价格等因素,选择材料、设备、工具和相应的生产方法等。所有这些对市场的选择,对产品的选择,对材料和设备的选择,以及对消费者、对市场行情、对竞争者的研究等,都属于经营活动。每一个以赢利为目的、独立的商品生产者,都要从事经营活动。

因此,我们可以把经营定义为:商品生产者以市场为对象,以商品生产和商品交换为手段,为了实现企业的目标,使企业的生产技术经济活动与企业的外部环境达成动态平衡的一系列有组织的活动。一言以概之,企业经营是指在企业活动过程中,为实现企业目标而进行的一系列筹划运作的活动。

二、经营管理的内涵

经营与管理的关联性就一般意义讲,经营与管理既有一致性,又有所区别。从它们的产生过程来看,管理是劳动社会化的产物,而经营则是商品经济的产物;从它们的应用范围来看,管理适用于一切组织,而经营则只适用于企业;从它们要达到的目的来看,管理旨在提高作业效率,而经营则以提高经济效益为目标。

从企业来讲,经营是管理职能的延伸与发展,二者是不可分割的整体。在商品经济尚未高度发达的卖方市场条件下,企业管理是以生产为中心的,主要职能是对企业内部的活动进行计划、指挥、控制与协调,经营的功能显得极不重要。而当商品经济高度发展,市场由卖方市场转变为买方市场后,企业管理也就由以生产为中心转变为以交换和流通过程为中心,也就是以消费者的需求为中心了。经营的功能也就日趋重要而为人们所更加重视。企业管理的职能自然要延伸到研究市场需要、开发适销产品、制定市场战略等方面,从而使企业管理合乎逻辑地发展为企业经营管理。不过,经营管理又有狭义与广义之分。

狭义的企业经营管理,是指企业的经营管理活动。企业的全部活动,按其性质可分为生产活动与经营活动两部分。生产活动的主要内容是充分利用企业内部的资源和条件,提高生产效率,以最经济的办法按预订计划把产品制造出来。经营活动的主要内容是了解企业的外部环境和竞争形势,根据外部环境的变化趋势制定企业目标、战略计划、投资决策,保证企业在满足社会需要的前提下,取得良好的经济效益。以生产活动为对象的管理称为生产管理,以经营活动为对象的管理称为经营管理。

广义的经营管理,是指对企业全部生产经营活动的管理。作为一种抽象理论,我们把企业的活动分为生产活动与经营活动。但是,从系统观念来分析,企业这个系统的正常运转,既受外部环境的制约,也受内部条件的影响。企业系统的功能,就是要在内外条件的共同约束下,把外界的输入经过中间转换,输出市场需要的产品、劳务以及获得企业所期望的利润。中间转换过程主要是生产活动及其管理活动。这一过程如果受阻,就会破坏系统的良性循环。生产活动是经营活动的物质技术基础,也是它的重要组成部分。所以,广义的经营管理也包括对生产过程的管理。

下表简单描述了生产管理与经营管理的异同点。

生产管理与经营管理的比较

项目	生产管理	经营管理
主要内容	生产组织、劳动组织、生产技术、工艺准备、设备利用与维护、生产进度计划与控制、质量控制、成本控制、经济核算	市场调查研究、市场预测、经营目标、经营计划的制订、经营战略与策略的制定、产品开发、技术开发、资源开发、市场开发、投资与财务决策
性质	方法性、战术性、执行性、程序性	目的性、战略性、决策性
目的	实现预定计划,提高生产与工作效率	实现企业目标,提高企业经济效益
职能特点	计划、组织、指挥、控制	选择目标、制定战略、进行决策、平衡与协调企业活动与外部环境
执行者	中下层管理者	高层管理者

从表中两者比较的主要内容看:

第一,两者对企业的生存和发展起着不同的作用。经营管理的效能在很大程度上受到生产管理效率的制约,但是经营管理的作用却比生产管理的作用重要得多,它把控着企业前进的方向和最终要实现的目标。

第二,我国的企业已由生产型转变为生产经营型。在计划经济体制下,企业是生产型的,在由计划经济体制向市场经济体制转轨的过程中,企业已由生产型转变为生产经营型。生产型企业的管理重心是生产管理,其指导思想是提高生产的效率。因此,企业管理侧重于生产任务同企业资产之间进行静态的平衡,管理工作是围绕产品生产过程来进行的,管理组织也以生产过程为轴心,形成单一的组织形态。生产经营型企业管理的重心是经营管理,其指导思想是以提高经济效益为中心。因此,企业管理侧重于企业经营目标同企业外部环境达到动态的平衡。管理工作是围绕市场营销过程来进行的。管理组织则以产品开发、生产过程、市场销售三者为轴心,形成复合的组织形态。这都突出了经营在管理中的中心地位。

第三,我国的市场已由卖方市场转变为买方市场。消费者对商品的选择有了较大的回旋余地,生产者之间有了竞争。企业要在竞争中取胜,就要了解市场动态与用户需要,制定正确的经营战略,不断开发适销对路的产品,提高产品质量。特别是,随着人民生活水平的不断提高和新技术革命浪潮的猛烈冲击,产品和工业生产技术的寿命周期缩短了,更新换代的速度加快了。当然,产品与技术的更新换代需要大量的投资。在买方市场条件下，投资是有风险的。而且，技术进步的速度越快，投资的风险也就越大。及时地掌握市场和科学技术信息，科学地预测未来，正确地选择产品开发方案和技术发展方向，成为企业生死攸关的事情，使得经营管理特别是经营决策居于举足轻重的地位。

第四，我国企业面对着全球性市场竞争的严峻挑战。不仅我国企业要逐步走向国际市场以扩大自己的生存空间和发展领域，而且加入WTO后的我国国内市场已经国际化，我国企业在国内市场上大都要与强劲的外商进行激烈的竞争。由于我国企业走上市场经济轨道的时间不长，刚刚建立现代企业制度，在竞争意识、竞争能力、经营效能等方面与外商相比均处于劣势。企业必须在短期内克服这种劣势，才能在国际市场竞争中立于不败之地。因此，我国企业更需要把精通经营之道放在重要位置，把战略经营作为发展的重中之重。

第二节　经营管理职能

一、服装产业关联性及产业特点分析

（一）产业关联的实质

在经济活动的过程中，各产业之间存在着广泛的、复杂的和密切的技术经济联系。这种技术经济联系在产业经济学中被称为产业关联。产业关联分析又称投入产出分析，由美国经济学家里昂惕夫在20世纪30年代提出，现已成为分析产业结果问题的重要方法。投入产出分析就是运用投入产出表从数量上分析产业之间的相互依存关系，其分析结果可以作为一国（或地区）制定经济社会发展战略与政策的重要依据。

产业关联，不是指一般的技术方法，而是指产业间和产业内部相互联系、相互制约、相互推动的性质。这种产业间连接的不同依托就构成了产业间联系的实质性内容。

（1）产品、劳务联系，是产业间最基本的联系。

（2）生产技术联系，技术进步是推动产业联系方式（即产业结构变动）的最活跃、最积极的因素。

（3）价格联系，实质上是产业间产品和劳务联系的价值量的货币表现。

（4）劳动就业联系。

（5）投资联系。

产业关联规律是产业结构的内在规律。从空间范畴看，国民经济是由许多产业构成的有机整体，每个产业都有其自身的发展规律，产业内部及组成产业的各个部分之间是相互联系、相互影响的。同时，各个产业之间也相互作用和影响。产业间只有联系的强弱、繁

简之分，没有绝对无联系的。产业关联具有整体性、开放性和兼容性的特点。从时间范畴看，产业关联是一个发展和变化的过程。首先，产业是一个由低级向高级发展的过程；其次，产业间不断演进的总体上升趋势是既定的，但不同条件下的演进速度是不同的；第三，产业升级的过程是产业内部矛盾形成的替代过程。产业关联的时间意义在于事物发展的历史性和阶段性决定产业和产品之间在更替中升级是不可回避的，"永存"的产业和产品是不存在的，任何产业和产品都有自己的生命周期。

产业关联的基本纽带有两条：一条是维持简单再生产的供需关系，另一条是投资联系。在一般的经济活动过程中，服装产业中的各行业部门都需要其他行业部门为自己提供各种产出，以作为自己的要素供给。同时，又把自己的产出作为一种市场需求提供给其他行业进行消费。正是由于这种错综复杂的供给与需求的关系，服装产业才得以在经济活动的过程中生存和发展。若某一行业没有其他行业为之提供各种要素的供给，或其产出不能满足其他行业的消费需求，则显然该行业是不能长期生存下去的。由此可以认为，服装产业中各产业相互之间的供给与需求的关系是服装产业部门间最基本的联系。

产业关联的另一条纽带是投资。社会化大生产使得服装产业部门间以及服装产业与其他产业之间的发展相互制约，相互促进。尽管不同性质的产业和产业部门，其发展受其他产业或产业部门发展的影响和制约程度是不一样的，但是某一产业部门的发展依赖于另一产业部门的发展，或某一产业部门的发展可以导致另一些产业部门的发展，这种各产业部门发展的"关联效应"是普遍存在的。这就使得产业部门间必然存在着投资联系。例如，为促进服装制造业发展，必然要有一定量的投资，但由于该产业发展受到服装面料、服饰配件、服装 CAD 等相关产业的制约，因而就必然要增加投资以保证相关产业的发展。这种某一产业的直接投资必然导致大量的相关产业的投资，这就是产业间投资联系的表现。

（二）服装产业关联的实质和服装产业链

服装产业关联是指服装产业与其他产业间以及服装产业各部门之间以各种投入品和产出品为连接纽带的技术经济联系。这里，各种投入品和产出品可以是各种有形产品和无形产品，也可以是实物形态或价值形态的投入品或产出品；技术经济联系和联系方式可以是实物形态的联系和联系方式，也可以是价值形态的联系和联系方式。由于实物形态的联系和联系方式难以用计量方法进行准确衡量，而价值形态的联系和联系方式可以从量化比例的角度来进行研究，所以，在产业关联分析的实际应用中使用更多的是价值形态的技术经济联系和联系方式。

服装业作为纺织服装产业的终端制造业，带动着纺织业、纺织原料业、纺织机械业、纺织印染业、服装整理业、服装辅料业和庞大的服装装饰等工业不断发展。服装产业是部门繁杂的产业，它是以服装设计领衔，集服装加工、商业和贸易为一体的都市型产业。它是一个以服饰商贸为产业主体，以面料、辅料、服装加工等为产业支持；以饰件、化妆品、形象设计等为产业配套；以展览业、服装报刊及新闻传播、信息咨询等为产业媒介；以服装教育为产业的人才资源基础的综合产业链。

服装是由款式、色彩和材料三要素组成的。其中，材料是最基本的要素。服装材料是指构成服装的一切材料，它可分为服装面料和服装辅料。服装面料是服装的基本材料，服装面料行业主要包括棉纺行业、毛纺行业、麻纺行业、丝绸行业等天然纤维行业和化纤行业以及各种吸汗防湿、防雨透气、吸热保温、抗紫外线、隔离病毒等形形色色的功能性服装面料行业等。随着生产力的发展和科技的进步，服装面料工业与高科技的联系越来越密切。

在时尚产业链理论中，面料产业是最基础的一环，它左右着设计师产业。许多设计师都表示，选择面料最重要的是"时尚"二字，没有了时尚性，面料简直失去了存在的意义，时尚是面料最为重要、也是最具代表性的特征。

服装辅料始终是服装必不可少的组成部分，它主要包括：里料、填料、衬料、垫料、线料、紧扣材料以及商标、标志等。服装里料的作用主要是保护服装面料，遮盖接缝和辅料，使穿着具有保暖性、舒适感、美观大方且穿脱方便。服装填料是服装面料和里料之间的填充物，它的作用是赋予服装保暖性、保形性和功能性。服装衬料对服装的质量至关重要，它可以保持服装结构形状和尺寸的稳定，提高服装的保暖性、抗皱能力和强度，并能改善加工性等。服装垫料的作用主要是赋予服装丰满和曲线的外观，并能纠正人体的某些不足，并保证穿着状态的美观大方。线性材料是服装辅料中比较小的材料，主要指缝纫线和工艺装饰线等。紧扣材料是服装辅料的一大类，它包括拉链、纽扣、金属扣件和绳类等，这些材料虽小，但在服装上能起到画龙点睛和装饰美化的作用。服装商标就是服装的牌子，随着人们商品意识的加强，人们对服装商标越来越重视，"品牌"也已成为服装的无形价值。品牌不仅是提供使用价值的商品，更是提供高附加值的商品；品牌也不仅是提供有形价值的商品，更是提供无形价值的商品。对某些奢侈品品牌而言，它的无形价值往往要高于可见价值。"标志"，在《现代汉语词典》中的解释是：表明特征的记号。标志是用图案表示的世界语言，其内容有成分组成、使用说明、尺寸规格、原产地、条形码、缩水率、阻燃性等。

服装制造业按照制作工艺可分为针织服装和梭织服装；按照加工制作的组织方式可分为成衣化生产、量身定制、半定制加工和家庭制作四种方式；按照行业类别又可以分为男装行业、女装行业、童装行业、职业装行业、特殊用途服装行业等。

服装商业是服装产业中的重要一环，服装产业链必须通过服装商业才能够完整，服装商业主要包括服装贸易和服装的批发、零售等。发达的服装批发、零售业是服装业发展的重要保证。随着时装业的发展，服装批发、零售业呈现出鲜明的特征：主要是市场层次分明，形成了高档服装和中低档服装市场等不同层次的市场。

服装面辅料、服装制造、服装商业共同构成了服装产业的主产业链。另外，服装设计也赋予了服装以生命和活力，为服装注入了时代的气息和艺术的活力，是服装产业的精髓。而服装信息咨询业、服装展览业、服装表演业以及服装报刊出版业等也是服装产业的重要组成部分。

服装设计是构筑服装行业产业结构模型至关重要的部分，它是一种高技术含量、技术密集型的都市型产业，它需要文化和经济的共同支持。同时，服装设计还是高度接近消费者，对市场高度敏感的行业。服装设计业的水平体现了服装产业的整体水平，巴黎、米兰、伦敦、纽约、东京等几大世界时装中心之所以在世界服装界独领风骚，除有较高的产业结构水平以外，关键就在于他们具有世界顶级的设计师队伍，具有高水平的服装设计能力。

时装表演是时装促销的一种重要形式，时装表演（Fashion Show）是由时装模特在特定场所通过走台表演的形式来展示时装的活动。时装模特是传递设计师意图的使者，用自己的形体姿态与时装融合。把时装色彩、时装款式、时装造型和活动的人融为一体，达到高度完美的艺术统一。时装表演可分为两种，一种是商业性时装表演，主要以宣传本企业形象、推销时装为目的。这种表演形式以追求实用功能为主，强调实用、随意、贴近生活的表演风格。商业性时装表演以迎合顾客的需求和愿望为出发点，在一定的时间内可以引导消费；另一种是艺术文化性时装表演，除含有商业性并要求产生一定的经济效益外，还带有一定的审美价值和艺术内涵。通过模特本身的气质和表演，彰显服装的风格、特征，服装的流行趋势以及设计师的个性。时装表演又可细分为学术性、贸易性、广告性、文娱性、生产性等多种。其主要目的是为了预报流行的款式和饰品；宣传和扩大服装商店、设计师和服装厂商的知名度，创建和维护名牌，增强社会竞争能力；沟通设计师、厂商、零售商和消费者之间的联系。时装模特正是为了适应服装表演的需求而产生的。模特经纪公司的主要职能是物色模特新人，对模特进行专业培训，担当模特和设计公司的中介机构等。可以说，模特经济公司的壮大极大地促进了模特业的发展。

由于服装本身具有周期短、变化快、品种多和批量少的特征，服装企业需要及时把握流行趋势，多方位获得市场信息，以满足消费者日益变化的需求。而服装信息咨询业、服装展览业、时尚流行预测公司和服装报刊出版业都为服装企业获得及时、可靠的信息提供了保障。尤其是时装之都的时尚流行信息服务业，会及时地将时尚信息向各界发布，进而促进时尚流行的推广和推动时装产业发展。提供时尚流行信息的主体主要是各类协会和流行预测公司。

同时，服装业的发展离不开人才的支持，各种类型的服装院校和培训学校分别为服装业培养出了设计、管理、生产、营销等各种类型的人才，服装教育成为服装产业链中不可或缺的一个重要环节。

服装产业还应该包括服装机械、服装配饰、服装CAD、CAM等服装支持产业和相关产业。具体来讲，完整的服装产业链可以用图2-1来表示。

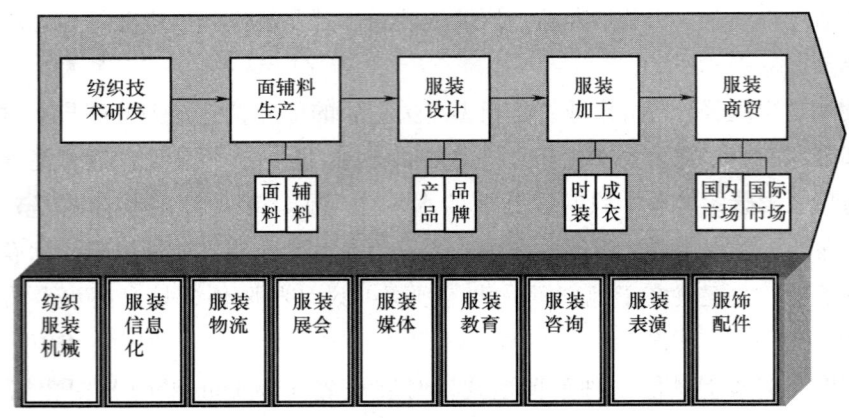

图2-1 服装产业链架构图

由图2-1可以看出，完整的服装产业链不仅包括服装加工制造业和为服装的生产提供原料的面辅料等加工产业部门，还包括服装设计、服装咨询、服装表演等第三产业部门。我们分析服装产业关联，主要是针对服装加工产业部门进行分析。

（三）服装产业的特点

服装产业仍然是一个比较典型的劳动密集型产业。服装加工和生产组织过程一般不需要大型专门化的机械设备，可以在较少的资本下运行。尽管近年来计算机技术如CAD、CAM和先进的生产组织方式被不断研制出来并投入使用，但目前绝大多数服装企业仍停留在传统的经营模式上。

服装企业一般不具备规模经济效应。由于初始投入较少和固定资产投入较低，以及加工生产过程中相对的独立性和分散性，规模经济效应体现在服装行业并不明显。但是在当前的经济形势下，随着经济危机的加剧，相对于轻资产战略，重资产战略相比较而言更加适合有产业经济实力的中国服装企业，因为它们更多是从产品加工和制造转型而来的。著名经济学者郎咸平说，"对于一个服装企业来说，'垂直产业链'过长本身并非坏事，只要加强管理，这个系统工程的威力必将远胜于其他企业的'单打独斗'。而'垂直一体化'，其实就是重资产战略。拿服装生产上游选择来说，在经济危机中，它能通过自己的'重'来降低成本，获取高效率供应链。"浙江省最新公布的《浙江省品牌建设情况通报》显示，拥有多个品牌的雅戈尔集团以价值92亿元成为浙江省品牌价值最高的企业。这一事实是对有实力的服装企业应变市场能力的充分显示。

服装流行周期短。这不仅表现为时装的季节性更迭，而且表现为时装季节此一时、彼一时的差异，这种差异可能发生在面料、色彩、款式、设计或其他配套方面。服装流行周期短，一方面给企业发展带来了无限商机，另一方面也给企业发展带来了风险和不稳定性。

服装运营流程长。一个服装新款式的推出往往涉及纺纱、织造、印染甚至新型纤维的研制和生产等多种环节，在销售过程中，又会与多个流通环节发生联系。这种多环节运营和流通所消耗的时间与服装流行短周期形成矛盾。

服装市场需求高弹性。由于消费者对服装需求越来越多样化、个性化，因此小批量、多品种的发展思路将成为服装业今后发展的趋势和特点。为了满足各种不同细分市场的需要，服装企业就必须重视差异化经营。

服装产品具有商品价值、文化价值、审美价值、社会价值等，特别是时装还具有设计价值、品牌价值、时尚价值，可以为其经营者带来高附加值的收益，这使得服装企业决策者必须合理衡量服装的多重价值，并将其完美地结合起来。

（四）服装经营的特点

上面所述的产业特点，决定了服装经营与其他行业经营的不同。

由于行业缺乏经济规模和小批量、多品种的趋势，服装企业的独立实体相对规模较小。即使是集团和连锁经营，也与百货连锁、钢铁企业、化工企业不能同日而语。

服装业的发展和成熟与外延的集约度有关。纽约之所以成为时装中心，是因为有服装加工工业、批发业、零售业；有发达的信息网、出版系统；有时装学院和研究机构；集中了美国最优秀的设计师；有服装咨询和服务业、发达的金融机构；有政治、经济和文化的影响，更有一批时尚潮流的领导者和追随者。

服装业是一个不断创新的行业，这不仅需要服装本身的创新，更需要服装企业在服装经营模式上的创新。

服装业具有灵活柔性的经营模式。快速的市场变化、多样的市场细分，要求其经营方式灵活和柔性化，策划、设计、生产之间相互渗透；设计师、生产商、销售商融为一体；在零售中，买断、代销、特许加盟、许可证经营和公司连锁等，组合成各种灵活高效的结构形式。

快速反应和敏捷零售体制。为了保证市场的快速反应（QR）和及时生产供货（JIT），需要形成相互信任的产供销和敏捷零售体制，以减少库存、额外的成本投入或延误商机而造成的机会损失。

服装业面对快速流行的时尚市场，其经营的真谛是艺术、技术和营销的结合，如图2-2所示。其一是服装设计、生产与营销环环相扣；其二是三者相互渗透。如设计师必须结合市场考虑设计，不仅考虑服装款式本身的设计，也要考虑到推广设计和POP设计等；同时，营销人员还要考虑生产与销售中的物流与库存等技术问题。

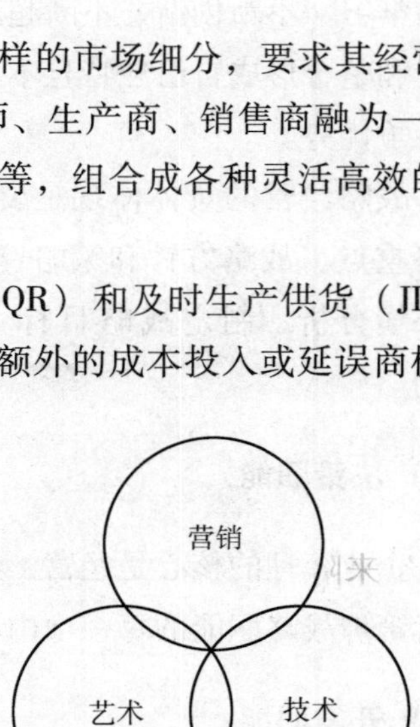

图2-2 服装经营的三要素及其关系

二、经营管理职能

法约尔提出了经营管理的五项职能,即计划、组织、指挥、协调和控制。这是由一般的管理过程派生的。企业的经营管理是由经营活动及其过程决定的。它包括五个方面的内容,即战略职能、决策职能、开发职能、财务职能和公共关系职能。

(一) 战略职能

战略职能是企业经营管理的首要职能。企业战略是指企业根据环境的变化、本身的资源和实力来选择适合的经营领域和产品,形成自己的核心竞争力,并通过差异化在竞争中取胜。

随着世界经济全球化和一体化进程的加快,以及随之而来的国际竞争的加剧,这些都对企业战略的要求越来越高,企业欲求长期稳定的生存和发展,就必须高瞻远瞩,善于审时度势、随机应变,于是战略经营就显得尤为重要。企业战略职能的主要内容是如何培育企业独特的战略资源,以及最大限度地优化配置这种战略资源的能力。在企业竞争实践中,每个企业的资源和能力是各不相同的,同一行业中的企业也不一定拥有相同的资源和能力。这样,企业战略资源和运用这种战略资源的能力方面的差异,就成为企业占据竞争优势的关键。因此,企业竞争战略的选择必须最大限度地有利于培植和发展企业的战略资源,而战略管理的主要工作就是培植和发展企业对自身拥有的战略资源的独特运用能力,即核心能力,而核心能力的形成需要企业不断地积累战略制定所需的各种资源,需要企业不断学习、不断创新、不断超越。只有在核心能力达到一定水平后,企业才能通过一系列组合和整合形成自己独特且不易被人模仿、替代和占有的战略资源,才能获得和保持持续的竞争优势。

战略经营的具体体现是要树立战略观念并制定经营战略。经营战略包括战略目标、战略重点、战略方针和策略、战略规划。所以,经营管理的战略职能包含五项内容:经营环境分析、制定战略目标、选择战略重点、制定战略方针和对策、制定战略实施规划。

(二) 决策职能

企业管理的核心是经营,经营管理的重心是决策。最重要的决策应是战略决策。上述经营管理战略职能的每一项内容,无不属于决策范畴。

(三) 开发职能

有效地经营必须善于有效地开发和利用各种资源,企业战略职能的发挥在很大程度上取决于开发职能的作用。开发职能的重点在于产品的开发、市场的开发、技术的开发以及能力的开发。人才或能力开发、技术开发、产品开发、市场开发可以说四位一体,构成了经营管理开发职能的主体。

（四）财务职能

企业的经营过程自始至终都伴随着财务过程。所谓财务过程，就是资金的筹措职能、资金运用职能、增值价值分配职能以及经营分析职能。财务职能是一种制约职能。

（五）公共关系职能

企业是社会经济系统的一个子系统。企业欲维持其生存与发展，必须按照环境适应论的观点同它赖以存在的社会经济系统的诸环节保持协调，这种同外部环境保持协调的职能，被称为社会关系职能或公共关系职能。这种职能就是要求以企业为中心，有意识地进行积极的协调和必要的妥协，使各种利益集团根据各自的立场，对企业的生存和发展给予协作或承认。

第三节 经营管理理念与经营创新

一、经营管理理念

经营思想是贯穿企业经营活动全过程的指导思想，它是由一系列观念与观点构成的，是对经营过程中发生的各种关系的认识和态度的总和。

（一）市场观念

市场是企业的生存空间和表演舞台。市场观念是企业经营思想的中心。市场观念是逐步发展的。它大体可分为三个阶段：第一阶段为生产中心型，其特点是以产定销，卖方市场，买方风险；第二阶段为消费中心型，其特点是以销定产，买方市场，卖方风险；第三阶段为动态均衡型，其特点是满足顾客需要与创造顾客需要相互作用，形成双重的市场运行轨迹。

（二）用户观念

市场与消费者是抽象的概念。用户是市场与消费者的具体组成部分，实施购买行为的消费者是企业的直接服务对象。企业研究市场和消费者需求的目的是为了赢得用户，从某种意义上来讲，用户或多或少地直接决定着企业的经营。用户观念首先要求企业学会站在用户的立场想问题，按照"假如我是用户"的标准处理问题；想用户之所想，树立"用户至上"的观点，把用户的需求和用户的利益放在第一位；用户观念要求企业树立先要用户后要利润的思想，只要能赢得用户，即使是暂时亏损的个别服务或订货也可承接；用户观念最直接的体现就是为用户提供最适宜的产品和最佳服务，使用户从产品的使用和接受服务的过程中得到直接的经济利益。

（三）竞争观念

每个企业都应树立质量观念、服务观念以及以优质产品和优质服务参与竞争的观念。竞争观念包括要敢于竞争，也包括要善于竞争。所谓"山不在高，有仙则名；水不在深，有龙则灵"，竞争一定要以高于自己的对手为方法，以提高市场占有率和开辟新市场为目标。归根结底，竞争是企业素质和经营结构与手段的竞争。企业素质集中表现在人才、技术、管理三个方面。有了一流的人才、一流的技术、一流的管理，就会生产出一流的产品，创造出一流的经营方式，既能为社会提供更多、更好的产品，满足消费者日益增长的物质需要，又能提高企业的竞争能力。

（四）创新观念

企业的生命力在于它的创新能力。创新是一个企业生存和发展的灵魂。对于一个企业而言，创新可以包括很多方面：技术创新，体制创新，思想创新等。简单来说，技术创新可以提高生产效率，降低生产成本；体制创新可以使企业的日常运作更有秩序，便于管理，同时也可以摆脱一些旧体制的弊端；领导者思想创新能够保障企业沿着正确的方向发展，员工思想创新可以增强企业的凝聚力，发挥员工的创造性，为企业带来更大的效益。创新观念还包括创造新的经营方式。当然创新要有最基本的条件，这个条件就是有一批勇于探索、富于创造精神的人才。创新要面向广阔的领域，而最广阔的领域就是他人尚未涉足的行业。

（五）开发观念

开发观念要求经营者要善于有效地开发和利用企业的各种资源。企业有哪些资源呢？企业的资源包括以下八个方面的内容：

①资金；
②物质资源（包括设备与材料）；
③人力资源；
④空间资源（主要是市场）；
⑤时间资源；
⑥技术资源；
⑦信息资源；
⑧管理资源。

资金的开发表现为扩大资金的来源和科学地进行资本运营；物质资源的开发表现为设备的有效利用、设备改造与更新，以及新材料的综合利用；人力资源的开发表现为人的智力与能力的开发；空间资源的开发表现为对旧市场的渗透、对新市场的开拓及市场占有率的提高；时间资源的开发表现为时间的广度利用和强度利用；技术资源的开发表现为新产品的发展和新技术的应用；信息资源的开发表现为市场信息与科学技术信息的收集、加工、筛选与存储；管理资源的开发表现为管理专家的训练以及管理组织和管理技术的改进等。

（六）效益观念

企业的经营活动必须以提高经济效益为中心。效益观念是企业处理自身投入与产出之间关系的经营思想。企业可被视为一个资源转换器，以一定的资源投入，经过内部的转移技术，转换出社会和市场所需要的产品。经济效益是产出和投入之比，这个比率越大，经济效益就越高。效益观念的本质就是以较少的投入（资金、人、财、物）带来较大的产出（产量、销售收入和利润）。强化成本意识，把提高经济效益放在企业中心地位。因此，企业的效益观念涉及处理好投入、转化和产出的综合平衡，解决好投入、转换的经济高效和产品的适销对路等问题。

企业经营管理的中心任务就是要保证企业生产经营活动能够取得良好的经济效益。

（七）社会观念（生态观念）

社会观念是企业处理与自身发展有关的各项关系的经营思想。现代企业越来越认识到社会责任的重要性。企业之所以能存在，就在于能对社会作出某些贡献。除了生产适销对路的产品外，企业还负有诸如对国家、生态环境、文化教育事业、社区发展、就业、职工福利和个人发展等方面的责任。社会观念的本质，就是谋求企业与社会的共同发展。企业的发展为社会作出了贡献，社会的发展又为企业的发展创造了一个良好的外部环境，所以也称为生态平衡观念。推而广之，生态观念就是指企业与所有利益相关者互惠互利、共同发展的观念。

（八）民主观念

民主观念是企业领导在决策时，处理与下属以及职工关系的经营思想。决策是企业经营的核心问题，现代企业的经营决策要科学化、民主化。企业的广大职工中蕴藏着丰富巨大的想象力和创造力，企业领导者如何把这种想象力和创造力激发出来，并予以加工提炼，是民主观念的核心。

二、经营创新

（一）经营创新的特征

经营创新是实现企业战略的保证与手段，是统帅企业一切经营活动与营销工作的灵魂。创新是一个在市场上创造和产生新的客户价值的过程。经营创新，简单地说，就是通过新的理念来实施新产品、新渠道、新的商业模式、新的管理方式、新的组织架构等多方面的策略来为客户和企业创造新的价值。经营创新的本质是要为客户与企业解决问题、要能够有助于提升客户企业的竞争力和利润来源。经营创新，就是对企业经营管理的各个方面和各个环节进行变革，运用创造性思维，探索和开发新产品、新技术、新需求和采用新制度、新方法的过程。

经营创新具有以下四个特征。

（1）经营创新所强调的并不只是改变内容，如新产品、新制度等，还包括对创新精神和变革精神的实践，是促成实现新事物的过程。

（2）经营创新依赖于企业中的人的能力与素质。经营创新的初始阶段通常只是一种思想，甚至只是人的一种灵感或直觉，还要依赖创新者的不断探索和实践，才能逐渐成熟，形成创新成果。具有创造性思维和实践精神的人才是企业经营创新的基本力量和因素。

（3）经营创新是企业管理能力的综合体现。管理者担负着经营创新的重大责任，他要能够将创新培养成企业精神，形成有利于创新的环境与气氛，以激发、引导并实现有效的创新。

（4）经营创新包括企业经营管理活动的各个方面的创新与变革。

（二）创新经营的主要内容

1. 组织与制度创新

企业的组织结构、管理思想、管理方法和管理制度等不应是一成不变的，必须随外部环境的变化而变化。充满活力的企业首先在于其组织管理制度的不断创新，通过主动变革来提高组织的应变能力和管理效率。

2. 经营目标与战略创新

企业经营目标与经营战略也要谋求与外部环境的动态适应，随着社会经济、政治的发展和市场需求的变化，作出相应的变革。从实现经营变化的趋势看，经营目标从单一的利润目标向多元化的经济、社会目标发展，从商品经营方式向资本经营方式转变，以及相应的具体目标和经营战略的调整与变化，将日益成为企业经营创新的重要内容。

3. 产品与技术创新

企业要适应消费者需求的变化与科技的迅速发展，就必须不断地进行产品与技术创新：开发新产品；研制新材料、新技术；创造新的市场机会和消费需求。从某种意义上讲，企业的产品与技术的创新能力就是企业的一种核心竞争力，是企业经营成败的关键所在。

4. 经营方式与策略、手段创新

为适应市场的变化及开拓新市场，企业必须经常对现有的经营、服务方式与策略手段进行总结，研究分析其单项或结构缺陷，从顾客那里寻找新的、变化了的需求，不断革新，积小胜为大胜，不断地寻求满足顾客需求的新方式、新手段。

（三）经营创新的条件

1. 创新型的领导者

创新型领导者的必备业务有：具备预见技能，对经常不断变化的内外环境能够做到深谋远虑；具备想象技能，运用说服和树立榜样方式诱导下属按领导者或整个组织的意图行事；具备价值综合技能，把员工在经济、安全、心理、精神等方面的需求结合起来，使大家拥有共同的动机、价值观和目标；具备授权技能，乐意并且有效地与下属分享权利；具备自知或反省技能，既明了自己的需求与目标，也了解下属的需求与目标。

2. 创新性人才

一般认为成功的创新者大多具有以下特征：第一，思想活跃，具有丰富的想象力。他们对新事物反应敏锐，也可以说是一些"追求梦想"的人。第二，果敢坚毅，富于冒险精神。他们偏爱挑战性的工作，不怕失败和挫折，能够坚持不懈地追求目标和成就，是一些"不达目的，决不罢休"的人。第三，满腔热情，充满献身精神。他们干劲十足，能够全力以赴地投入探索与试验，对工作的执着常常使人们将他们视为"工作狂"。第四，突出自己，富有竞争精神。他们喜欢自行其是，厌恶循规蹈矩，或者说是一些"蔑视直接的命令，刻板式的计划、程序，酷爱按自己的构想办事"的人。

3. 创新的环境

包括以下几个方面：鼓励职工发扬主人翁精神；放松控制，鼓励创新；容忍失败，鼓励试验和冒险；建立各种鼓励创新的机制。

第四节　企业经营目标

一、概念与作用

企业经营目标，是指在一定时期内，企业生产经营活动预期要达到的成果，是企业生产经营活动目的性的反映与体现，一般用时间、数量、数字或项目表示。企业经营目标，是在分析企业外部环境和企业内部环境的基础上确定的企业各项经济活动的发展方向和奋斗目标，是企业经营思想的具体化。

将企业的目的和任务转化为目标，能够指明企业在一定时期内的经营方向和奋斗目标，使企业全部生产经营活动重点突出，并成为评价经营成果的一个标准。这样能够有效地减少生产经营的盲目性。经营目标的作用具体表现在以下四个方面：

（1）指导企业资源的合理配置，企业资源包括人力、资金、物资及设备等。

（2）激发、调动职工的积极性和潜在力量，并有利于组织全体员工为完成这个共同目标而团结协作。

（3）衡量经营成效。由于经营目标是具体的，且多数是量化的，因此有利于检查、控制和考核评价，以衡量员工工作的努力程度和贡献大小。

（4）创造企业的良好声誉也是经营目标的重要作用。

二、企业经营目标体系的构成

（一）类别与内容

企业的各项生产经营活动，既有各自独立的系统，又有自身活动的侧重点。但是，他们必须围绕着企业总体经营目标来进行才能相互协调，彼此配合，有效地提高企业综合经济效益。因此，可以把企业经营目标按时间长短划分为长期目标和短期目标。企业长期经营目标是企业发展战略的具体体现。其中不仅包括产品发展目标、市场竞争目标，还包括社会贡献目标、职工待遇福利目标、员工素质能力发展目标等。

1. 长期目标的基本内容

为了适应市场的需要，企业长期目标的主要内容有：

（1）提高企业的竞争能力和适应能力。企业的竞争能力表现在产品质量、规格、品种、款式价格以及售后服务等方面；企业的适应能力表现在品种的多少、市场覆盖面等方面。

（2）提高企业经营的稳定程度。在企业外部环境多变的条件下，从计划工作的不稳定因素中找出相对稳定的因素，以小变应大变，以少变应多变，提高稳定程度和应变能力，保证企业即便是在不稳定的环境中也能够比较稳定地发展。

（3）提高职工文化素质和技术水平，改善职工物质和生活条件。

（4）树立良好的企业形象。企业形象是企业非常重要的无形资产，是在企业长期的生产经营活动中日积月累形成的。

2. 短期目标的基本内容

企业短期目标的主要内容有：

（1）社会目标。社会目标指的是社会和国家的要求，以及企业对社会的贡献。例如，产品的安全、卫生、资源的综合利用、环境污染的防治等。企业对社会的贡献是通过为其创造的使用价值和价值来得以表现的，因此贡献目标可表现为产品品种、质量、产值、缴的利税等。

（2）市场目标。市场是企业生存发展的基本条件，在竞争日趋激烈的今天，占领了市场，就等同于拥有了财富。市场目标一方面包括对原有市场的渗透、销售额的扩大和新市场的拓展；另一方面包括市场占有率的提高和企业竞争能力的增强。

（3）利益目标。这是企业经营活动的内在动力，直接表现为利润总额、利润率及奖励与福利基金的多少等。

（4）发展目标。这项内容表示企业经营的良性循环得到社会的广泛承认。具体表现为企业人力、财力数量的增加，员工素质的提高，生产能力的扩大，技术水平和管理水平的提高，专业化的协作，经济联合的发展等。

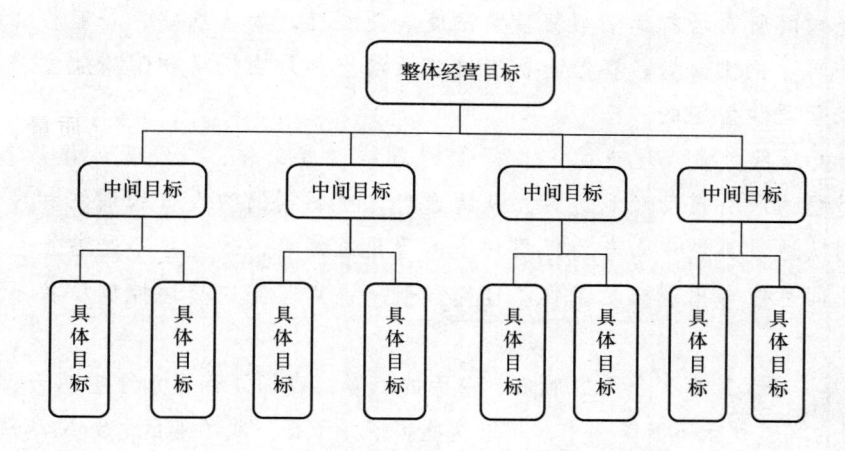

（二）企业经营目标体系

企业经营目标是企业一切技术经营活动的立足点和出发点。企业经营目标不止一个，其中既有经济目标又有非经济目标，既有主要目标，又有从属目标。它们之间相互联系，形成一个目标体系。构成这一目标体系的主要内容是：经济收益和企业组织发展方向方面的内容构成。它反映了一个组织所追求的价值，为企业各方面活动提供了基本方向。它使企业能在一定时期、一定范围内适应环境趋势，也能使企业的经营活动保持一定的连续性和稳定性。企业经营目标体系是通过各部门、各环节的生产经营活动实现的，各部门、各环节都围绕着企业经营目标制订本单位的目标，从而形成了企业的目标体系，如图2-3所示。

图2-3　企业经营目标体系

企业整体目标的实现还要建立一个经营目标的指标体系。这个经营目标的指标体系的结构如图2-4所示。

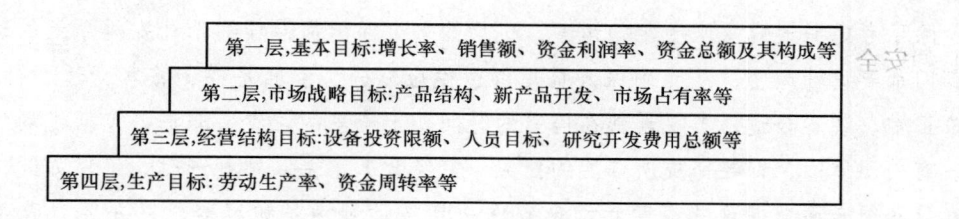

第一层，基本目标：增长率、销售额、资金利润率、资金总额及其构成等
第二层，市场战略目标：产品结构、新产品开发、市场占有率等
第三层，经营结构目标：设备投资限额、人员目标、研究开发费用总额等
第四层，生产目标：劳动生产率、资金周转率等

图2-4　经营目标指标体系图

案例：伯明翰国际机场

罗伯特·约翰斯顿

案例日期：1996年

如果下午5点左右，你站在伯明翰国际机场观光走廊里，一个半小时内，你会不停地看见有飞机着陆或飞往新的欧洲转运集散中心。与此同时，在与欧洲转运集散中心相连的主集散中心，也正在陆续地起降飞机。穿过机场跑道和柏油碎石地面，便是最初的老机场。在那里，工作人员开始通宵达旦地进行货物整理工作，为来自欧洲或美国的第一班飞机做准备。

机场内50个部门的约4000名职员，根据各部门的具体职责分工服务于顾客：包裹处理部门负责分类、检查和分配包裹给许多即将起程的飞机；在飞机短暂停留期间，地勤人员负责飞机的装卸、供应机上食物、加满燃料、清扫等工作；检票人员负责旅客航班事务，毕竟每位旅客可能都有不同的目的地；咨询台是采用人工服务的形式来处理许多疑问：航班是否按时，银行、旅社的地址，安排旅客抵达最终目的地等。乘客光顾的所有场所都必须保持整洁度和便利性，如休息室、护照检查和安全检查处、洗手间、免税商场、餐馆。所有这些活动，都是由机场和附属航空公司的管理者来设计、管理和控制的。

计划与发展部负责人理查德·拉姆伯特总结这些工作："经营工作最基本的是，确保整个过程的所有活动顺利进行。从跑道灯光照明到消防人员的训练和警戒性，或是让乘客列队通过集散中心与为停机坪上的飞机维修等，这些并不是看上去的那么简单，因为中间可能会出现职员工作不理想、航班误点、空中交通控制设备不运行等种种问题。

"除了关注今天的事、今天的航班、今天的旅客，我们还得更加注重明天、后天，乃至更远。因为环境处于不断变化中，所以这些事情并不是一成不变的。如果能预测到未来十年后空运量将增加，就能理解为了适应未来的需求，我们将不断发展和扩大机场规模。过去十年中，每年我们在这里都会开展大型的建筑工程。有人说，机场只是飞机日常降落、起飞的场所，但在不妨碍目前乘客需求的情况下，我们还得确保满足未来乘客旅行的需要。

"除了考虑明天或未来十年的运营，机场的每个部门都得仔细设计安排今天的运营，每个部门都要设计周密，从而确保人员足够、供应充分、空间足够、旅客舒适、行李准确、航班正常、装备合适，各要素都在恰当的时间处于恰当的位置。职员，包括机场的、航班的、有关团体的，都要完成所分配的任务，使经营工作得以顺利进行。不仅如此，管理工作人员必须全面把握这些经营活动来确保一切按计划满足顾客需求，并努力改善工作方法，以此来迎接日新月异的时代挑战。"

本章要点

本章在介绍经营和经营管理的含义以及分析了服装产业及服装经营管理特点的基础上，详细阐述了经营管理的职能、经营思想、经营管理目标和创新的经营管理。

所谓经营是指，商品生产者以市场为对象，以商品生产和商品交换为手段，为了实现企业的目标，使企业的生产技术经济活动与企业的外部环境达成动态平衡的一系列有组织的活动。广义的经营管理，是指对企业全部生产经营活动的管理。

服装产业具有企业一般不具备的规模经济效应、服装流行周期短、服装运营流程长、市场需求高弹性、服装产品的高附加值等特点。由此决定了服装经营具有以下特点：相对小的规模，外部经济规模效应和外延的集约度，服装业是一个不断创新的行业，灵活柔性的经营模式，快速反应和敏捷零售体制，是艺术、技术和营销的结合。但在特殊情况下，资产战略比较适合具备产业经济实力的中国服装企业，因为它们更多是从产品加工和制造转型而来的。著名经济学家郎咸平说，"对于一个服装企业来说，'垂直产业链'过长本身并非坏事，只要加强管理，这个系统工程的威力必将远胜于其他企业的'单打独斗'。"

经营管理的战略职能包括五项内容：经营环境分析、制定战略目标、选择战略重点、制定战略方针和对策、制定战略实施规划。

经营思想是贯穿企业经营活动全过程的指导思想，它是由一系列观念与观点构成的，是对经营过程中发生的各种关系的认识和态度的总和。它主要包括市场观念、用户观念、竞争观念、创新观念、开发观念、效益观念。

所谓创新，原意是指"创造改变的程序或过程"。经营创新，就是对企业经营管理的各个方面和各个环节进行变革，运用创造性思维，探索和开发新产品、新技术、新需求和采用新制度、新方法的过程。

复习思考题

1. 如何理解经营和经营管理的含义？
2. 企业管理与经营管理的职能有何异同？
3. 怎样正确认识经营思想和经营创新？

第二篇
服装生产管理

第三章　生产计划与过程控制

- **课程名称：** 生产计划与过程控制
- **课程内容：** 生产过程组织
  生产计划及其控制
- **上课时数：** 6课时
- **训练目的：** 向学生解释企业在计划期内生产产品的品种、质量、数量、进度等指标，明确过程控制要求及时监督和检查生产过程的各个阶段、环节、工序，了解生产计划与控制阶段对整体生产作业过程科学顺利开展的重要性和确保按时交货的重要意义。注重训练学生具备统筹兼顾的新型管理型人才的素质。
- **教学要求：** 1. 使学生了解生产计划与过程控制的职能。
  2. 使学生掌握生产控制的方法和手段。
- **课前准备：** 阅读管理学基本原理和生产运作管理方面的书籍。

生产计划与过程控制，是企业生产管理的重要职能。生产计划是对企业的生产任务作出统筹安排，规定了企业在计划期内生产产品的品种、质量、数量、进度等指标；过程控制要求及时监督和检查生产过程中的各个阶段、环节、工序，保证质量，纠正偏差，控制进度，以使生产计划及生产作业计划科学、合理地完成，确保交货期，从而使经济效益达到最佳。

第一节　生产过程组织

企业的生产过程，简单地讲是一个"投入—变换—产出"的过程，即投入一定的资源，经过一系列或多种形式的变换，使其增值，最后以某种形式的产出提供给社会的过程。它的基本内容是人的劳动过程，就是在一定时间内和一定空间范围里，由一定数量的工人劳动完成的。具体到服装生产过程，主要是指作业人员运用服装机械设备和各种器具，从准备生产某种服装的产品开始到成衣出厂的全过程，包括服装款式设计、生产准备、裁剪、缝制、整烫、包装等一系列劳动加工形成服装产品的全过程。

一、生产过程的组成

由于产品结构和工艺特点的不同，不同工业企业生产过程的形式不完全相同。但是，不论哪一种生产过程形式，都需进行与产品生产过程有关的其他活动，如生产技术的准备、机械设备的维修等。按照生产过程各个阶段所起的作用不同，服装生产过程一般可以分为以下四个阶段。

（一）生产技术准备过程

生产技术准备过程是指产品投产前所做的各项技术准备工作，如服装款式设计、结构设计、工艺设计、服装材料的准备、标准化工作、定额工作、调整劳动组织、设备的布置等。

（二）基本生产过程

基本生产过程是指为完成某种服装成品所进行的、直接的生产活动，包括服装面料和辅料的排料、裁剪、缝制、整烫直至包装出厂的全过程。

按照工业企业工艺加工的性质，服装基本生产过程可划分为若干相互联系的生产阶段（局部生产过程），即裁剪、缝制、整烫、包装阶段。每个生产阶段又可按劳动分工和使用的设备、工具不同，划分为不同的工种和工序。

工序是组成生产过程的基本单位，是指在一个工作场地上，由一个或一组工人，对一定数量的服装裁片进行的生产活动。工序是构成作业系列（流水线）分工上的单元，在服装缝制生产过程中，一件或一批相同的服装裁片，按照一定的顺序经过许多工作场地，可以称每一个工作场地内连续进行的活动就是一道工序，超出一个工作场地的范围，就是另一道工序。通常操作人员个人接受生产的范围可以作为最小的工序单元。每一个工序又由若干操作组成，每项操作又由若干动作组成。工序既是组织生产过程的基本环节，又是产品质量检验、制定工时定额和制定工艺规则的单位。

（三）辅助生产过程

辅助生产过程是指为保证基本生产过程的正常进行所需的各种辅助产品的生产过程及辅助性生产活动，如设备维修、包装材料加工等工作。

（四）生产服务过程

生产服务过程是指为基本生产过程和辅助生产过程服务的各种生产服务活动，如服装企业中的面、辅料的采购和供应，原材料、半成品、生产工具等的保管与收发，产品运输等。

以上生产过程中的四个部分既相互区别，又互相联系，技术准备是前提，基本生产过程是主体，辅助生产与生产服务过程是围绕着基本生产进行的，并且每个企业都包括上述生产过程的四个部分。在服装企业中，缝制过程又是基本生产过程的核心，包括从准备裁片到缝制结束的全部生产过程。

随着生产专业化水平的发展和提高，总的趋势是企业生产过程越来越简单化，而企业之间生产协作和经济联系日益增加。例如，我国现今的服装行业中，有许多以设计工作为主的时装公司，其批量产品的加工则由专门接收批量生产任务的制衣厂完成。

二、生产过程组织的原则

生产过程组织，是指通过对各种生产要素和生产过程的不同阶段、环节、工序的合理安排，以最佳的方式将各种生产要素结合起来，使其在空间上、时间上形成一个协调的系统。合理组织服装产品生产的目的是要使服装产品在生产过程中工艺流程最短，时间最省，人力、物力和财力及设备能充分发挥作用，经济效益最佳。因此，必须遵循下列原则。

（一）连续性

连续性是指产品在生产过程的各个工艺阶段和各个工序的流程中始终处于运动状态，消除或最大限度地减少不必要的停顿和等待时间，以充分利用机器设备和劳动力，缩短生产周期，加速资金运转，减少损耗。许多措施，如按照工艺流程顺序合理布置车间以及车间内的各类生产设备，采用先进的生产技术与管理理念等都可以提高生产过程的连续性。

（二）比例性

比例性又称协调性，指生产过程各工艺阶段、各工序之间，在生产能力以及各工种工人的配置上，保持适当的比例关系，即相互协调以适合生产要求，这样可以充分有效地提高劳动生产率和设备利用率，保证生产过程的连续性。

随着市场需求的不断变化，服装产品的品种、产量以及原料、加工设备和工艺方法的不断改进，生产过程的比例将不断地发生变化。因此，要及时采取措施不断改进完善，建立新的协调比例关系，保证生产的正常有序进行。

（三）节奏性

节奏性又称均衡性，指产品在生产过程中的各个环节都能有节奏地进行生产，保证在相等的一段时间内完成的产量大致相等或稳步增长，生产进度均匀，负荷充分，避免前松后紧、时松时紧的现象。要实现生产过程的节奏性，必须保证生产过程的比例性，加强生产计划管理，同时还需做好生产技术准备工作。

（四）平行性

平行性是指生产过程的各个阶段、各道工序在时间上实行平行作业，不仅表现为产品各个零部件的平行生产，如领、袖、口袋等的缝制生产，而且还表现为各工艺阶段的平行生产，如裁剪、缝制、锁钉、整烫、包装等的平行生产。生产过程的平行性是生产过程连续性的必要条件，只有组织平行交叉作业，才能真正达到生产过程的连续不断，进而有效地缩短服装产品的生产周期。

上述四项生产过程组织的基本原则既有区别也有联系，生产过程组织的比例性和平行性保证生产连续性，而过程组织的比例性、平行性和连续性又为实现生产的节奏性提供了基础和前提。

三、生产过程组织的基本内容

生产过程组织的基本内容是空间组织和时间组织。任何生产过程必须占有一定空间，在空间上需要哪些生产环节，这些环节之间如何配合，才能实现生产过程的目的，这就是生产过程的空间组织。同时，服装产品在生产过程中要求在制品在生产单位之间的传输必须占用一定时间，在时间上需要这些环节之间密切配合、相互衔接，才能尽快出产品，这就是生产过程的时间组织。两者之间是相互联系、相互作用的。

（一）生产过程的空间组织

服装生产的空间组织主要原则是正确确定服装产品生产过程在空间的运动形式，即生产过程的各阶段、各工序在空间的分布和原材料、半成品的运输路线，并根据生产和管理的需要，研究企业内部必须设置的生产单位以及按何种布置形式组织生产的问题。

1. 工厂的总体布局

工厂的总体布局要根据厂址和厂区的环境，把工厂的各个部门、单位进行合理配置，使之成为一个符合生产和管理要求的有机整体。这里不仅要确定各生产车间、管理部门、服务部门的位置，还要考虑各种通道和管线的布局，同时要留出必要的场地以满足消防、绿化以及生产发展的需要。

工厂的总体布局将长期影响企业生产的效果，因此在设计时要注意下列原则：

（1）合理划分厂区，按不同功用和性质，把同类生产车间和建筑物布置在一个区域内。例如，统一供汽的工厂，缝制、整烫车间应在离锅炉房较近的地方，满足用汽需要。

（2）工厂的厂房、设施和其他建筑物，应根据生产需要合理安排，使原材料、半成品和成品的运输路线尽可能缩短，避免和减少交叉和往返运输，以缩短生产周期，节约生产费用。

（3）布置应尽可能紧凑，以减少工厂占地面积，节约投资和生产费用。

（4）考虑企业未来发展，工厂总平面布置应有预留地，并尽可能缩小一期建厂用地范围和缩短生产路线长度，以减少用地开拓费用和生产费用。

（5）充分利用城市现有的运输条件，包括铁路、公路、水路等。生产过程的流向和运输系统的配置应满足货物运输路线的要求，保证物料输入和产品输出的方便。

（6）考虑职工的生活设施与环境的协调。注意厂区的绿化、美化，为职工创造一个良好、舒适的工作环境，同时为职工留出面积不低于最低限度的生活设施范围，如更衣室、食堂等。

2. 生产单位的组织

生产单位的组织形式即是确定各基本工作、辅助工段、生产服务部门及工作地（设备）之间的相互位置及运输路线，它决定着企业内部的生产分工和协作关系，决定着工艺过程的流向以及原材料、在制品在厂内的运输路线等。它对于工厂总平面布置有着直接的影响，对于企业管理工作和经济效益也有影响。

服装企业内部生产单位的设置可按下列三条原则进行组织。

（1）按工艺原则设置。按照生产过程的工艺特点来布置生产单位，车间是完成生产过程中工艺的一部分或者只承担一定相同工艺的一种专业化组织。例如，服装厂按裁剪、缝纫、锁钉、整烫、包装等工艺种类来划分生产区域，通常称之为专业化车间生产。

按工艺原则组织车间的优点是：

①相同或相似的设备集中在一起，能充分利用设备能力和场地。

②工艺上专业化程度高，便于管理。

③组织灵活，对产品变化的适应性强。

按工艺原则组织车间的缺点是：

①产品加工线路较长、运输点多，物品搬运的辅助劳动量大。

②生产过程中停留、等待时间多，在制品多，生产周期长，占用资金多。

③各生产单位之间协作关系较多，管理工作量较大。

（2）按对象原则设置。即按产品品种划分生产区域，也就是一个产品的全部或绝大部分工艺过程集中在一个生产区域内进行，通常称之为封闭式车间生产。

按对象原则组织车间的优点是：

①可缩短加工路线，减少物品搬运的辅助劳动，缩短生产周期。

②可减少生产过程中的中断时间，提高劳动生产率。

③可简化各专业车间之间的协作，便于生产管理。

按对象原则组织车间的缺点是：

①设备布局相对比较固定，对产品变化的适应性较差。

②在生产任务不饱和时，不能充分利用设备和工作场地。

③任何一个工位工序的操作中断，都会造成整个车间生产速度下降或停滞、待工。

（3）按综合原则设置。综合运用工艺专业化和对象专业化原则来建立生产系统，根据企业工艺的需要，按提高经济效益的要求，在一个企业内部或在车间内部合理运用上述两种布置原则，综合两者优点，充分利用和发挥企业的生产能力。

3. 生产线及设备的配置

成衣化生产采用分工序流水作业的形式，也就是常说的流水线（或流水生产），是指劳动对象在加工过程中，按照规定的加工路线和速度，像流水一样均匀不断地进行加工，直到生产出成品的生产组织形式。这是工业生产中常用的生产方式，能起到合理组织生产、提高生产效率的目的。服装生产中，大多数缝纫车间的生产广泛采用流水作业的生产方式。

（1）流水生产线的基本特点是：

①工作地有较高的专业化水平。

②工作地按工序先后排列，生产连续性较高。

③产品按一定节拍投入和产出，生产均衡。

④流水线上各工序生产能力均衡而且成比例。

⑤在制品在工序间单向流动，能节约大量运输工作和费用。

服装产品多种多样，服装生产线的组织也是灵活多变的，但其基本形式不变，常见的按机器设置的排列形式不同可分为模块式流水线和课桌式流水线。

（2）模块式流水线：也称小组式流水线，是按服装的各部件（如领、袖、兜、大身等）将缝纫操作人员分成小组，衣片采用手递手式的传输方式，组与组之间没有联系，各模块完成各自相应的组件，如图 3-1 所示。

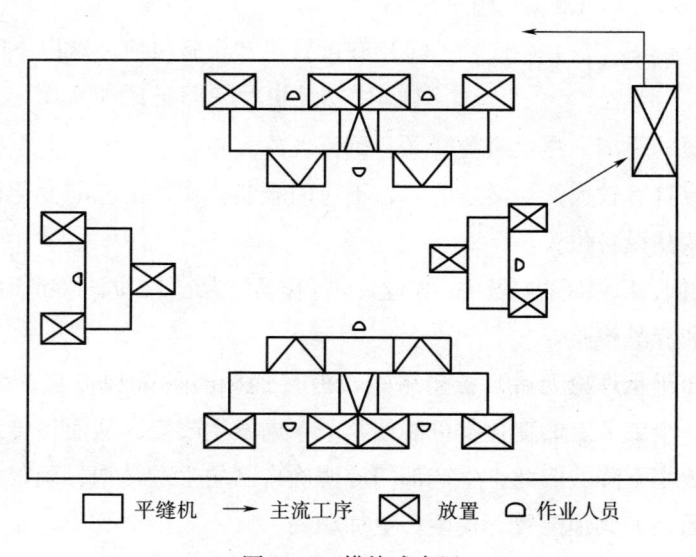

图 3-1 模块式布置

模块式流水线的优点是：

①机台组织灵活，可根据生产服装款式的要求，很方便地变换模块结构与模块的机台组合。

②在各模块中采用多工序操作，操作工人在第一工序接取缝活后，直到最后一个工序完成，大大缩短了在制品的传递路线和时间，也省去了期间取活、放活的辅助时间。

③系统工时平衡简单、容易，有关工序可穿插安排，工位时间利用率高，生产调度较方便。

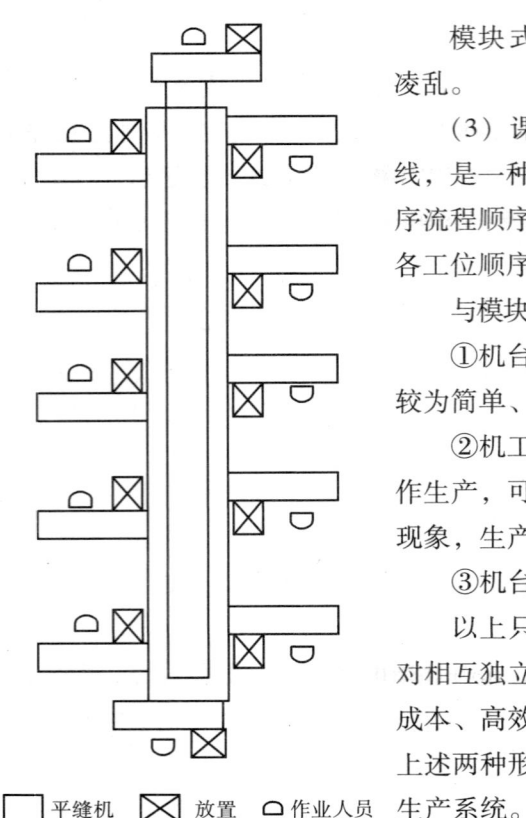

模块式流水线的缺点是：车间的整体布局略显凌乱。

（3）课桌式（纵列式）流水线：也称纵列式流水线，是一种较传统的生产组合方式，即按制作服装的工序流程顺序排列工位和设备，每个工位完成一道工序，各工位顺序协作完成整件服装的缝制，如图3-2所示。

与模块式流水线相比较，课桌式流水线具有下列特点：

①机台设置较为固定，适合于款式变化较小、工艺较为简单、工序少、批量较大的服装的生产。

②机工、辅工原则上安排在流水台两侧，各工位协作生产，可能产生在制品在相同工位上重复传递或倒流现象，生产周期加长。

③机台排列整齐，空间利用率高。

以上只是生产线组合的两种基本形式，但并不是绝对相互独立的。随着服装科技的发展，为满足成衣业低成本、高效率的要求，现在的服装加工厂商更多的是将上述两种形式灵活地结合在一起，形成一种更为先进的生产系统。

□ 平缝机　⊠ 放置　○ 作业人员

图3-2　课桌式（纵列式）布置

（4）在配置机器设备时应注意以下问题：

①明确划分生产线的主流和支流，人、物、生产信息的移动应取最短的距离，尽量避免交叉、倒流现象。

②机台配置应具有较大的灵活适应性，不应因服装款式、工艺的变化而发生设备配置混乱及需要再次调整设备位置。

③合理留放空间，以保证物料堆放、作业人员操作动作为最佳，同时保证运输通道的畅通。

④便于管理和产品检验。

机器设备的布局从理论上讲，希望采用没有传递距离的配置方法，然而在实际生产中，即便是很小一个细节上的变化都可能使整个布局发生改变，从而使传递距离和时间大幅度增加，生产效率下降。因此，生产部门应明确自己的生产结构，确定相对稳定的基本配置，结合有融通性的其他配置，使生产更加顺畅。

（二）生产过程的时间组织

生产过程的时间组织主要研究的是劳动对象在工序间的移动方式以及加工顺序的安排，即劳动对象在各工作地之间的劳动在时间上的相互配合与衔接，这对于生产周期的长短有直接影响，从而最大限度地提高生产过程的连续性和节奏性，以达到提高生产率和设备利用率，缩短生产周期，杜绝生产时间的损失和浪费，进而增加产量，加快资金周转，降低产品成本的目的。

任何产品的加工，在制品的移动方式因其产量及加工工艺的不同而不同，从而导致其生产周期的不同。通常，批量加工产品的移动方式有三种。

1. 顺序移动方式

顺序移动方式指产品在各道工序之间是整批移动，即一批在制品在前道工序全部加工完成之后，才整批转送到下道工序加工。这种移动方式的特点是一批产品集中连续加工，集中运输，成批顺序移动，有利于减少设备的调整时间，便于组织，但存在在制品待加工、待运输现象，生产周期长。

顺序移动方式下，一批产品的加工周期按下式计算：

$$T_{顺} = n \sum_{i=1}^{m} t_i$$

式中：$T_{顺}$——顺序移动方式下的一批产品的加工周期；

n——生产件数；

t_i——第 i 道工序的单件加工时间；

m——工序总数。

2. 平行移动方式

平行移动方式是指每件产品在前道工序加工完毕后，立即转移到下道工序继续加工，在制品在各道工序之间是逐个运输的，一批产品在各道工序上的加工时间是平行的。这种移动方式生产周期短，加工过程中不存在待运输的情况，有利于减少设备调整，但当各道工序的单件作业时间不同时，设备有零散的等待加工的现象，且运输频繁，不利于提高功效，组织较为复杂，适用于批量较小，工序单件作业时间较长的服装产品加工。

平行移动方式下，一批产品的加工周期按下式计算：

$$T_{平} = \sum_{i=1}^{m} t_i + (n-1) t_{长}$$

式中：$T_{平}$——平行移动方式下一批产品的加工周期；

$t_{长}$——各道工序中最长工序的单件作业时间。

3. 平行顺序移动方式

平行顺序移动方式指在产品加工的各道工序中，采取不同的移动方式，有些工序必须各自单独移动，有些工序则要整批移动，以保证下道工序对该批产品连续不断地进行加工。这种移动方式是前两种移动方式的结合，既考虑了相邻工序的加工时间尽量重合，以缩短生产周期，又保持了该批产品在各道工序的顺序连续加工。当前道工序工时小于或等于后道工序时，则加工按平行移动方式进行；当前道工序工时大于后道工序工时时，则应使前道工序加工的零件数能保证后道工序连续加工时，再将这些完成零件一起转入后道工序。

平行顺序移动方式下，一批产品的加工周期按下式计算：

$$T_{平顺} = n \sum_{i=1}^{m} t_i - (n-1) \sum t_{短}$$

式中：$T_{平顺}$——平行顺序移动方式下的一批产品的加工周期；

$t_短$——每相邻两个工序的单件作业时间进行比较，选取其中较短的一道工序的单件作业时间。

例如：某批产品的件数 $n=5$，本产品在各道工序上加工的时间 $t_1=5\text{min}$，$t_2=3\text{min}$，$t_3=6\text{min}$，$t_4=2\text{min}$。则本批产品在各种移动方式下的加工周期分别为：

$$T_顺=5\times(5+3+6+2)=80（\text{min}）$$
$$T_平=(5+3+6+2)+(5-1)\times6=40（\text{min}）$$
$$T_{平顺}=5\times(5+3+6+2)-(5-1)\times(3+3+2)=48（\text{min}）$$

如图 3-3 ~ 图 3-5 所示，分别为三种移动方式的示意图。

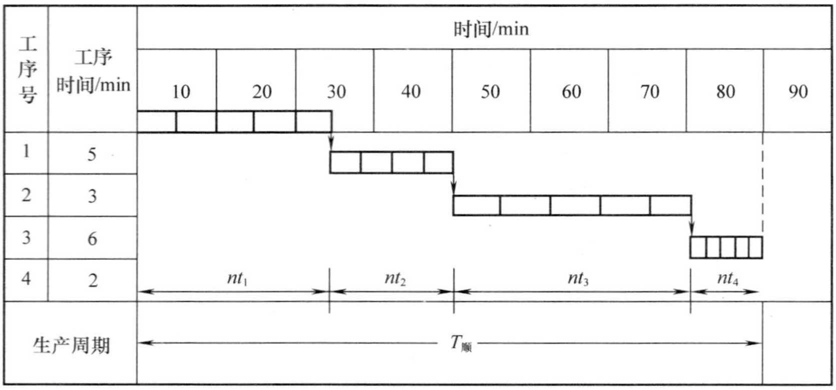

图 3-3　顺序移动方式

从图 3-3 中可以看出：按照顺序移动方式进行生产过程的时间组织，就设备开动、工人操作而言是连贯的，并不存在间断的时间。同时，各工序也是按批连续顺次进行的。但是就每一个部件或产品而言，还没有做到立刻向下一道工序转移，连续地进行加工，存在着等待加工，因此生产周期长。

从图 3-4 和用举例中的数据计算平行移动方式生产周期的结果可以看出：平行移动方式较顺序移动方式，生产周期大大缩短。前者为 40min，而后者为 80min，共缩短 40min。但是从图中可以看出，由于前后相邻工序的加工时间不等，当后道工序的加工时间小于前道工序时，就会出现设备和工人操作停歇的一部分时间，因此不利于设备及工人有效工时的利用。

图 3-5 就是平行顺序移动方式的示意图，从举例中的数据计算平行顺序移动方式生产周期的结果可以看出，平行顺序移动方式的生产周期比平行移动方式的长，但比顺序移动方式的短，它的综合效果还是比较高。

可以看出，三种不同的生产过程时间组织形式中，就生产周期的长短来说，顺序移动方式最长，平行顺序移动方式次之，平行移动方式最短；就生产的连续性来说，顺序移动方式和平行顺序移动方式都能保证生存的连续性，而在平行移动方式下会出现生产工作的间断。

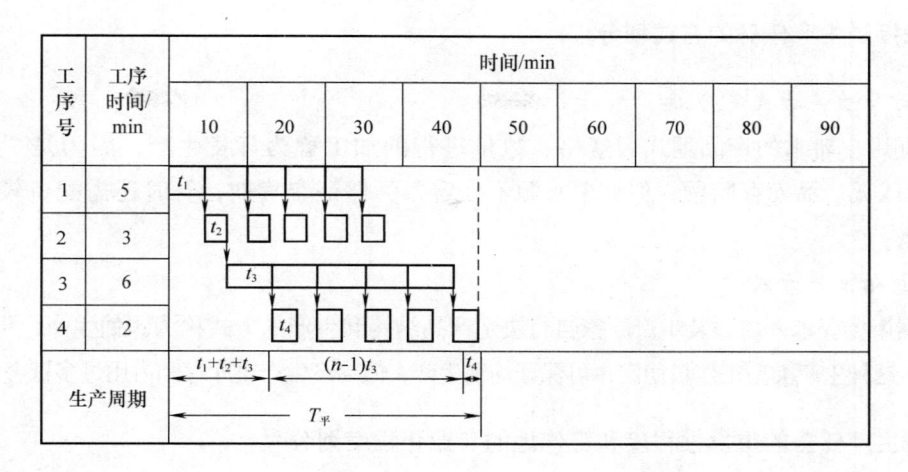

工序号	工序时间/min	时间/min								
		10	20	30	40	50	60	70	80	90
1	5	t_1								
2	3		t_2							
3	6			t_3						
4	2				t_4					
生产周期		$t_1+t_2+t_3$			$(n-1)t_3$		t_4			
					$T_{平}$					

图 3-4 平行移动方式

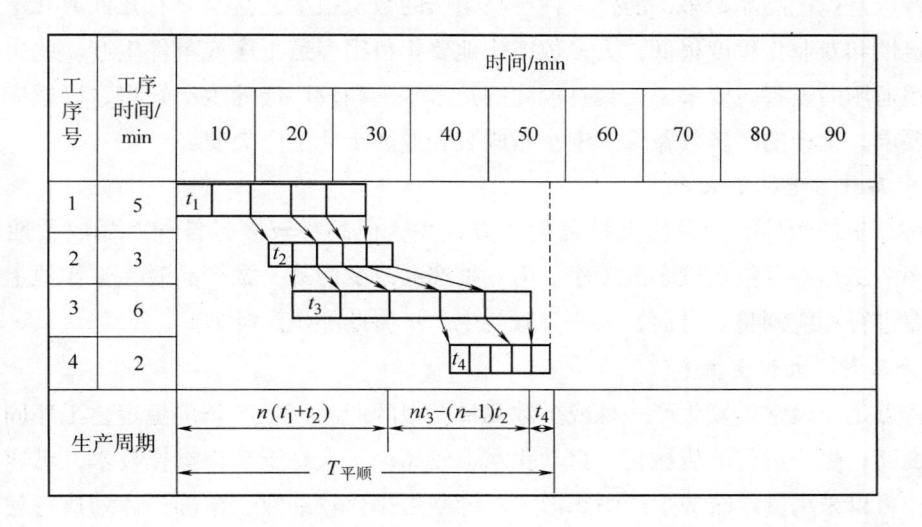

工序号	工序时间/min	时间/min								
		10	20	30	40	50	60	70	80	90
1	5	t_1								
2	3		t_2							
3	6			t_3						
4	2					t_4				
生产周期		$n(t_1+t_2)$			$nt_3-(n-1)t_2$		t_4			
					$T_{平顺}$					

图 3-5 平行顺序移动方式

一般来说，平行顺序移动方式是一种较好的生产组织形式，但也不能一概而论。在选择生产过程的时间组织形式时，要综合考虑生产周期、零部件的搬运量、生产的连续性、生产单位的专业化形式、生产任务的紧急程度等多种因素。

四、生产类型划分

生产类型是影响生产过程组织的主要因素，也是设计企业生产系统首先要确定的重要问题。区分生产类型有利于简化和深化对企业生产过程的研究，合理组织生产。根据不同的需要和场合，划分生产类型的方式很多。服装生产可根据产品种类、批量的大小和产品规格的要求等条件，确定最佳的工序组合、生产流程及机器设备的配置等方法。

（一）按接受生产任务的方式划分

1. 订货生产方式

根据用户要求的产品款式、规格、数量进行的加工称为订货生产，因为是"以销定产"，所以无产品库存问题，但订单来源不稳定，为保证交货期，有时还需配备较多的人员和设备。

2. 预估生产方式

根据市场要求，由服装生产厂家自行决定产品结构和生产的方式称为预估生产，也称为以产定销，这种生产类型工作量稳定，可保证均衡生产，但易产生严重库存和占用过多资金的现象。

（二）按生产任务的重复性程度和工作地的专业化程度划分

1. 多品种、小批量生产

其特点是：产品品种多，而每一种产品生产的数量很少，甚至只有几件或几十件。生产的稳定性和专业化程度很低，大多数工作地要担负很多道工序或单件生产。此生产类型一般采用通用的设备，要求工人具有较高的技术水平和较广泛的生产知识，以适应多品种生产的要求，生产的经济效益低。中小型服装企业属于此生产类型。

2. 中品种、中批量生产

其特点是：产品的产量比大批量生产方式少，但品种较多，各种产品成批地轮番生产，大多数工作地要担负较多的工序。由一批产品改变为另一批产品时，工作地上安排的工序就要进行相应调整。目前，大部分服装生产厂属此类生产类型。

3. 少品种、大批量生产

其特点是：经常重复生产一种或少数几种类似的产品，生产条件稳定，工序固定，专业化程度高；生产过程的机械化、自动化水平较高；工人易于掌握操作技术，迅速提高数量程度；可以采用流水线等生产组织形式；计划编排比较细致、精确；计划执行易于检查和控制；生产效率高。专业西装、衬衫生产厂、军用服装厂等均属此种生产类型。

不同的生产类型对企业的生产经营管理工作和各项技术经济指标有显著的影响，见表3-1。从上述三种生产类型的特点可以看出，工作地的专业化程度决定了生产类型的特点，因此，提高生产类型水平的中心问题是提高工作地的专业化程度。

表3-1 不同生产类型的特点

项目＼生产类型	少品种、大批量生产	中品种、中批量生产	多品种、小批量生产
专业化程度	较高	随批量大小而变化	很低
机器配备	高效率的专用设备和专业工艺装备，机械化、自动化水平较高	专用设备占一定比例，机台适用面较广	一般多采用通用的设备和工艺装备

续表

生产类型 项目	少品种、大批量生产	中品种、中批量生产	多品种、小批量生产
设备布置	按对象原则排列	既可按对象原则，又可按工艺原则排列	基本按工艺原则排列
设备利用率	高	较高	低
应变能力	差	较好	很好
技术要求	易于掌握操作技术，熟练程度较高	技术较全面，有一定的应变能力	要求较高的技术水平和较广的生产知识
计划管理工作	较简单	较复杂	复杂多变
生产品种	衬衫、西服、裤子等	大衣、工作服等	女装、童装、时装等
工作地负担的工序数目	很少	较多	很多
生产控制	易	难	较难
经济效益	最好	较好	差

第二节　生产计划及其控制

一、生产计划

生产计划是对企业的生产任务进行统筹安排，规定企业在计划期内产品生产的品种、质量、数量、进度指标。生产计划工作的主要内容包括：调查和预测市场对产品的需求，核定企业的生产能力，确定目标，制定策略，制订生产计划、生产进度以及计划的实施、控制与分析等各项工作安排。

（一）生产计划系统的层次

1. **长期计划**

应反映企业的基本目标和组织方针，主要制定企业的产品战略、生产战略、综合投资战略、销售和市场份额增长战略等。长期计划的制订要应用财务、生产和销售的宏观模型。

2. **中期计划**

又称生产计划大纲或年度生产计划，多根据产品市场预测和顾客订货合同信息制订，同时要进行生产能力的核定以及生产能力与生产任务的平衡。

3. **短期计划**

主要包括生产作业计划、材料计划、能力计划、生产控制与反馈等与具体生产过程相关的内容。

服装企业的生产计划以中、短期计划为主。

（二）生产计划的主要指标

确定生产指标，是编制生产计划的主要内容。这些指标都具有一定的经济内容，它们从不同的角度反映了企业技术与经济管理的水平。

1. 产品品种

产品品种指标是指企业在计划期内应生产的产品种类和品种数量，它在一定程度上反映出企业适应市场的能力。一般来说，品种越多，越能满足不同的需求，但过多的品种会分散企业的生产能力，难以形成规模优势。因此，企业应综合考虑，合理确定产品品种，加快产品的更新换代。

2. 产品质量

产品质量指标是指企业在计划期内各种产品应达到的质量标准，是产品的使用价值满足市场需要的程度。它是反映企业产品能否适合市场的一个重要指标，也是反映生产技术和管理水平的重要指标。在我国，质量标准分为国家标准、部颁标准和企业标准等几个层次。

3. 产品产量

产品产量指标是指企业在计划期内应当出产的合格产品的实物数量。这个指标反映了企业生产成果，是企业组织产、供、销平衡，经济效益核算，组织计划与生产活动的依据，也是企业的主要任务。

4. 产值

产值指标是用货币量来表示的产品产量的指标。它反映企业在一定时期内的生产规模、水平，并作为计算发展速度的依据，是综合反映企业生产成果的价值指标。

（1）工业总产值：指用货币形态表示企业在计划期内生产的工作总量或工业劳动总量。一般以不变价格计算，内容包括商品的产值，在制品、半成品、自制工具、模具等在计划期末、期初差额的价值及订货者来料加工价值。

（2）商品产值：指在一定时期内，用货币形态表示的企业商品产量，是反映企业生产成果的重要指标，是企业在计划期内可供出售产品的价值。商品产值用现行价格表示，它还包括自制材料生产的成品价值，已销或准备销售的半成品价值，订货者来料制成品的加工价值与对外工业性作业价值。

（3）工业净产值：指工业生产活动中新创造的价值，一般以现价计算。这一指标有效地避免了转移价值的影响，能够正确地反映出企业的生产劳动成果。工业净产值的计算方法有：

① 生产法：从工业总产值中扣除物质消耗价值，其计算公式为：

$$工业净产值 = 工业总产值 - 工业总值中的物质消耗价值$$

② 分配法：从国民收入初次分配的角度出发，将各种构成要素相加，其计算公式为：

工业净产值 = 税金 + 利润 + 工资及工资附加费 + 其他费用项目

二、生产能力的核定

生产能力，是指在一定的生产组织和技术水平下，直接参与生产的固定资产在一定时期内所能生产的产品总量或能加工的原材料总量。企业的生产能力是一个动态指标，它随着企业生产组织状况、产品品种结构、原材料质量等因素的变化而变化。企业生产能力的大小受多种因素的影响，服装企业生产类型、产品结构、生产状况多种多样，生产能力的核定方法也不尽相同。通常情况下，可从以下几个角度进行分析：

（一）人员能力的分析

根据销售计划制订的预期生产计划，针对各种产品的数量、标准时间计算出生产该产品所需的人力。

例如，某服装厂计划生产的产品，其标准工时、计划产量、需要工时等数据见表3–2。

表3–2 某工厂生产计划表

项目＼产品工序	A	B	C	D	E	F	G	H	I	合计
标准工时/min	8.7	12.5	5.8	11.3	9.4	11.7	8.8	9.3	13.5	—
计划产量/件	11000	3200	12000	2500	4600	3600	3400	15000	3000	58300
需要工时/min	95700	40000	69600	28250	43240	42120	29920	139500	40500	528830

假设月工作天数为23天，每天工作8小时（不含加班时间），则一个月内人员需求计算如下：

$$人员需求数 = \frac{计划生产总标准时间}{每人每天工作时间 \times 工作日数} \times (1 + 宽裕率)$$

假设宽裕率为15%，则：

$$人员需求数 = \frac{528830}{60 \times 8 \times 23} \times (1 + 15\%) = 55.1（人）\approx 55（人）$$

总之，工厂应根据生产能力（人力情况），同需要完成的作业量进行比较，核算是否存在能力不足的情况，努力使生产得到平衡，并向标准作业时间靠拢。

（二）设备能力的分析

服装厂常用的设备有平缝机、特种缝纫机、整烫机等，根据生产所需加以分类。

例如，假定一般平缝机每分钟可产出产品10件，则单台设备作业的实际时间为：

$$实际时间 = \frac{60}{10} = 6（s/件）$$

假设标准宽裕率为20%，则单台设备标准作业时间为：

$$单台设备标准作业时间 = 6 \times (1 + 20\%) = 7.2（s）$$

$$单台设备生产能力 = \frac{总计划作业时间}{单台设备标准作业时间}$$

假定计划作业时间为480min，则：

$$单台设备生产能力 = \frac{480 \times 60}{7.2} = 4000（件）$$

如果平缝机总共有40台，则平缝机的总生产能力为：

$$总生产能力 = \frac{总计划作业时间}{单台设备标准作业时间} \times 台数 \times 开机率$$

设定开机率为70%，则40台平缝机8小时的总生产能力为：

$$总生产能力 = \frac{8 \times 60 \times 60}{7.2} \times 40 \times 70\% = 112000（件）$$

机器设备的增补不像人员增补那样方便，它牵涉到资金的筹措。通常情况下，可根据产品总计划和年销售计划来制订机器设备的购置计划。

（三）影响服装生产能力的因素

在实际生产过程中，服装生产能力的核算不能简单地以企业的生产人员或设备来计算，因为服装的手工作业比重很大，技术的熟练程度、作业人员的流动性、生产品种的变化、生产的淡旺季等诸多影响生产能力的因素及许多复杂的相关问题，都要凭生产经验进行分析、研究和预测，进而从中发现实际的生产能力。具体影响因素有：

1. 生产品种变化

生产品种变化后，随之而来的是生产工具和生产工艺装备、生产流水线人员组织变化的调整，生产技术适应过程与生产工人作业技术的熟练程度也会随之改变。布置新工艺以及进行技术辅导等都会影响生产能力计算，一般变换生产品种的开始两天至少要影响20%的产量。

2. 生产设备的先进程度

高效率的先进专用设备的运用与服装生产效益具有相当密切的关系。有的先进设备比手工作业的效率可能会高出几十倍。以裁剪工序为例，同样两个工人进行裁剪作业，如果采用CAM电脑自动裁剪装置来裁剪一般品种，那么每天可以裁剪8000~10000件。如果用一般手推式电动裁剪刀，那么每天只能完成400~500件。即使是小型的工、夹、模具的应用，也会对生产能力产生较大的影响。

3. 服装原辅材料

这里主要是指原辅材料的性能对服装生产能力的影响。一般正式生产前，都要进行原辅材料的检验，但有可能会出现漏检、漏验的情况。如果在缝制过程中发现有些裁片上出现疵点，不符合服装技术标准规定，那么就只能通过更换疵点裁片、重新配色、配料补充裁片来进行处理，这就将影响原有的生产能力。

4. 产品质量缺陷

有的车间、班组在生产上只注重追求产量，而忽视了产品质量的提高，那么无论造成的缺陷程度如何，都会给生产能力带来影响。

5. 生产季节性

服装生产存在淡季和旺季的区别，淡季时生产任务脱节，旺季时又来不及生产，这样都可能对生产能力的计算带来影响。因此，要充分利用协作单位的加工能力，提高服装生产季节性生产的调节能力。

6. 劳动组织安排

这里主要是指各部门的劳动组织与人事安排没有做到科学合理的设置安排，这就会影响裁剪、缝制、锁钉、整烫、包装等环节作业的衔接。部门内部劳动组织、流水线组织与人事安排不妥，会在一定程度上影响生产能力的发挥。

7. 企业生产管理水平

服装生产工程是一项系统工程，包括的物料管理、劳动组织、技术准备、生产过程、质量控制等方面的管理水平以及部门之间、工序之间的协调能力等，都将对生产能力产生很大影响。

（四）短期生产能力的调整

当工厂的人力和机器设备负荷与需求发生不平衡时，则要进行短期生产能力的调整，几种常用的方法见表3-3。

表3-3 短期生产能力调整方法

调整方法 \ 需求状况	低于需求	高于需求
外包	部分工作外包	外包收回
临时工	增加临时工	减少临时工
机器设备	增加开机时间	减少开机台数
使用工时	加班或轮班	减少加班
人员技能	训练新的操作人员	使用具有多种专长的作业人员，减少作业人数

三、生产计划的综合平衡

综合平衡、确定生产计划指标是编制生产计划的重要步骤。这一步将需要和可能结合起来，将提出的初步生产计划指标和各方面的条件进行平衡，使生产指标得到落实。

就服装企业来说，综合平衡指的是正确处理工厂生产活动中各种生产要素、各项专业计划与各生产环节之间的关系，使它们互相衔接、互相协调、互相促进，最经济地实现预订的计划目标。

（一）综合平衡的原则

1. 预见性

预见性指对生产活动中可能发生的情况有预先的准备措施，不应当在出现了不平衡以后再去做平衡工作。如在服装厂中，服装产品的款式变化，面、辅料的替换，新技术的应用，人员和环境的变化，这些都是可以预先了解的情况，可提前采取措施，做好各项平衡工作。

2. 积极性

积极性指要积极采取平衡工作，加强薄弱环节的管理，不留缺口。

3. 经济性

经济性指工厂在进行综合平衡时要注意经济效果，既做到计划的平衡，又能提高经济效益。

（二）综合平衡的内容

1. 产销平衡

产销平衡指工厂生产与市场消费的平衡。服装加工不能简单地用以产定销或以销定产来概括，而是应根据市场需求的变化对生产进行调整和控制，做到产销平衡。

2. 供应与生产平衡

供应与生产平衡指工厂的生产任务与面、辅料供应之间的平衡。工厂在确定生产任务的同时，要考虑面、辅料供应情况，保证按时、按质、按量、按品种规格供应生产所需的各种面、辅料，而又不占用过多的资金。在生产任务进行必要调整时，生产任务和原料供应又能始终保持平衡状态。

3. 生产环节之间的平衡

生产环节之间的平衡主要包括：

（1）生产任务和生产能力之间的平衡：测算人员、设备是否符合生产任务的要求。

（2）生产任务与劳动力之间的平衡：测算劳动力的工种、数量，并检查劳动生产率水平对生产任务的保证程度。

（3）生产任务与生产资金之间的平衡：测算流动资金对生产任务的保证程度。

（4）生产车间之间及工序之间的平衡。

4. 各项指标之间的平衡

各项指标之间的平衡主要包括：

（1）服装产品的品种与产量之间的平衡。

（2）服装产品质量与面、辅料消耗之间的平衡。

（3）服装产品销售与货款回收之间的平衡。

（4）劳动组织与定员定额之间的平衡。

(5) 库存物资与修旧利废之间的平衡。

四、生产作业计划的制订

市场部和销售部需要进行企业外部环境和内部信息的搜集和分析。对于生产出口服装和自营出口的服装企业来说,还要了解国际贸易形势,关注政治、经济形势对服装市场的影响,以及汇率、税率、配额、许可证等方面的变化规律,了解政府给予企业的优惠政策。企业要运用计算机网络积累资料,做好市场调研等工作,随时掌握市场的最新信息。销售部和生产部还要进行企业内部信息分析,注重本企业的长远发展和变化。

具体到生产作业计划的主要工作,包含如下内容:

(一) 生产前准备

根据服装产品的款式、订货要求和批量,制订工艺流程、作业方法和所需加工设备,编写生产任务单和生产工艺说明(在第四章内容中将详细介绍具体内容),注明生产批号。

(二) 加工日程

日程计划是根据服装厂的生产加工任务,对各种作业和有关业务的时间做预先的计划安排。不仅要制订从面、辅料入库检验到完成服装产品的各个作业细节的计划,还要安排与生产直接有关的业务计划,最终要求要保证交货期和保证生产实施。

1. 大日程计划

按月或按季度进行的、大致的生产日程计划,目的是根据生产任务的先后顺序合理安排各部门、各车间的工时,保证交货期,充分考虑必要的材料和在制品以及时间延误等可能出现问题因素的保险系数,见表3-4。

表3-4 产品出产计划   单位:件

产品编号	月　份					
	1	2	3	4	5	6
A001			100			
A002				150		
A003				50	180	
B132					20	200

2. 小日程计划

按日或小时进行具体工作内容的安排,明确各项工作的进行时间,全面掌握生产。

3. 工时计划

工时数是作业量的静态时间单位,通常一个人完成一小时的作业量称为一个作业时间单位(一个工时)。在服装厂中,每个工位或工序的作业内容常用分钟或秒计算。工时计划就是根据生产任务决定具体的作业量，并与现有生产能力相对照进行调整。

4. 材料计划

材料计划一方面是根据生产日程计划，预测所需面、辅材料的种类、数量及生产周期等；另一方面，还要进行材料计划的一些日常业务工作，主要包括：

（1）面、辅料的库存量与账面相符。

（2）确定里料、辅料的最低库存量，既能保证生产加工的顺利进行，又不至于占用过多资金、产生大量库存。

（三）生产日程的安排方法

在进行日程计划安排时，通常采用以下两种方法。

1. 前推排程法

以规划当日为起算日期，依据各作业所需的时间，逐步由前向后排定日程的方法。在产品所含的零件不复杂的情况下可使用本方法。

2. 后溯排程法

以最后需要日期（交货期）为起算日期，依据各作业所需时间，由最终逐步推算各作业开始时间的方法。

（四）工作分配的原则

一个成功的生产计划与管理应做到：产品如期交货；掌握生产进度；有效利用人员与设备产能；在制品停滞等待时间短且生产期间短等。因此，在安排工作时，应遵循一定的优先原则：

1. 交货期先后原则

交货时间越紧急，越应安排在最早时间生产。

2. 重点客户原则

其订单安排应越受到重视。

3. 产能平衡原则

考虑机器负荷，尽量不出现停工待料的现象。

4. 工艺流程原则

工序越多的产品，出现问题变数越大，越应优先安排。

五、生产计划的实施与控制

生产控制是指在生产计划执行过程中，对有关产品生产的数量、品质和进度的控制，目的是保证完成生产计划所确定的各项指标。生产控制主要包括生产作业控制和生产进度控制。

(一) 生产作业控制

1. 作业指导

在服装生产中，对具体的作业方法和动作进行指导时，通常由经验丰富的班组长担任。

多品种、小批量生产时，由于款式变换较频繁，经常出现作业内容变化，有时是产品整体的变化，有时甚至连生产线、班组的编制也要变化，因此要对作业人员进行必要的调整和技术指导，以保证生产的顺利进行，同时也是保证产品质量的先决条件。

2. 作业安排

作业安排指对现场发布制造指令，是一项将日程计划已经确立的内容给作业人员安排具体指示的业务。主要内容有：确认产品规格；准备所需材料；给作业人员分配工作；安排上线生产顺序；供给必要的材料；准备作业所需的机械设备及器具。

3. 浮余管理

某一工序（或工作地）的生产能力与分配在该工序（或工作地）的工时负荷（工作量）之间的差被称为余力。

正确掌握车间、工序、作业人员等的生产能力，了解工作量分配情况及完成情况，保证加工任务在规定时间内完成，确保每位员工没有多余时间以及不做过量的工作，是浮余管理的目的。

有空闲时间时，可提前安排预定的作业或支援其他班组；负荷过重，会引起进度的延迟，就应对作业重新安排、调整。

4. 质量检验

服装生产过程中，出现问题往往可以拆开重做，这一点有别于其他制造业。但是，服装产品出了疵品又不能修复时就造成了废品，这种损失将关系到工厂和全体人员的直接或间接经济利益，返工也会影响生产效率。因此，必须采取措施，控制生产加工过程少出差错或不出差错，以保证产品质量。

一般在服装生产过程中，需进行三道检验过程：

（1）原材料检验：指在加工前对面、辅料的疵点、纹理图案、色差、门幅、数量等进行检查，同时对缝制、烫缩等功能进行测定。

（2）中间检验：指在产品加工过程中，对半成品进行检验，出现误差及时返修。

（3）终点检验：指成品检验，主要检查项目包括做工、规格尺寸、色差、整烫质量等。

关于质量管理的更多内容将在后面章节中进行讲述。

(二) 生产进度控制

生产进度控制是指对原材料投入生产到成品入库为止的全过程的控制，是生产控制的关键，主要包括投入进度控制、出产进度控制和工序进度控制三个方面，其主要目的是保证交货日期。在生产加工过程中，要随时掌握作业进程是否与日程计划相吻合，如有差异应尽快进行调整。

1. 生产调度

生产调度是指对执行生产作业计划过程中可能出现的偏差及时了解、掌握、预防和处理，保证整个生产活动协调进行。对于生产管理人员，应清楚每批产品的投放日期、数量、出产日期、交货日期等，同时要加强进度检查，随时掌握产品加工生产到哪一道工序，有多少在制品，有多少成品等，以全面控制生产，均衡生产进程，顺利完成加工任务。如表3-5生产进度控制表和表3-6生产进度平衡表所示。

表3-5 生产进度控制表

编号： 预计日程：

产品名称			生产数量		本计划负责人		
作业步骤	负责部门	承包厂商	预计日程	进度审核及调整记录	开工日	完工日	验收
1							
2							
3							
4							
5							
6							
7							
8							

表3-6 生产进度平衡表

编号： 部门：

品名规格		生产数量			预定日程		
日期							
预计产量							
实际产量							
预计累计							
实际累计							
达成率							
产量							累计产量
							日期

审核： 制表：

对于生产企业,应建立、健全调度工作制度和生产调度机构,并适当配置和充分利用各种生产调度技术设备,如利用先进的通信技术和设备、工业电视、电子自动记录系统等对生产进行全面的控制。

2. 生产记录

生产控制的手段和工具很多,有甘特图、平衡线图、在制品曲线图、生产报表、看板等,限于篇幅,这里不作一一介绍。在服装生产企业中,多采用报表这一简单形式,生产记录也是全面掌握生产进程的最有效方法。

(1) 个人记录。作业人员对个人完成工序内容及加工数量情况的记录,通常以日为单位。表3-7为个人作业日报表。

表3-7 个人作业日报表

产品批号:		班组:		姓名:		年 月 日
工序名称		加工时间		工序时间/min	加工数量/件	备注
合袖缝		8:30~11:30		2	100	
缩袖		12:30~17:00		10	25	

(2) 生产班组记录。在某一天的生产中,不同时间的产量有一定的差异,班组长应对实际生产情况加以记录,对生产进行控制调整。表3-8为生产班组日报表。

表3-8 生产班组日报表

班组:				班长:					年 月 日
款号	实裁数	投产日期	未开始数	前期半成品数	中期半成品数	后期半成品数	当日成品数	成品累计数	备注

(3) 车间生产记录。根据车间的加工任务,对单位时间(日、周等)内各批产品的完成情况进行记录,以便协调全面生产,表3-9为生产车间日报表。

表3-9 生产车间日报表

车间:			制表人:					年 月 日
款号	实裁数	组别	生产进度			投产日期	当日成品数	成品累计数	备注
			前期	中期	后期				

3. 加班管理

加班是服装企业中常见的日程计划延迟的应急措施，但长时间的体力劳动会使作业人员身心疲惫，影响正常上班的工作效率，作为管理者应尽量设法减少加班时间。

案例：某西服加工缝制车间生产线配置举例

某西服加工厂，根据其产品结构和计划产量引进了全套的西服生产设备，规模较大，专业化率较高。考虑到厂区的布局和生产规模，生产单位按工艺原则进行设置，分裁剪、缝制、整烫、整理包装等几个工艺车间，采用锅炉房集中供汽。

男西服生产工艺相对比较固定，工艺多而复杂，因此，在生产线及设备的配置上综合了模块式流水线和课桌式流水线的特点。在大的布局上，按服装的各部位、部件将缝纫线分成前身、袖子、领子、里子、组装等几个小组。除组装小组之外，其余几个小组占据车间的一半，以手递手的传输方式完成各自相应的组件，缝制车间的总体布局如图 3-6 所示。

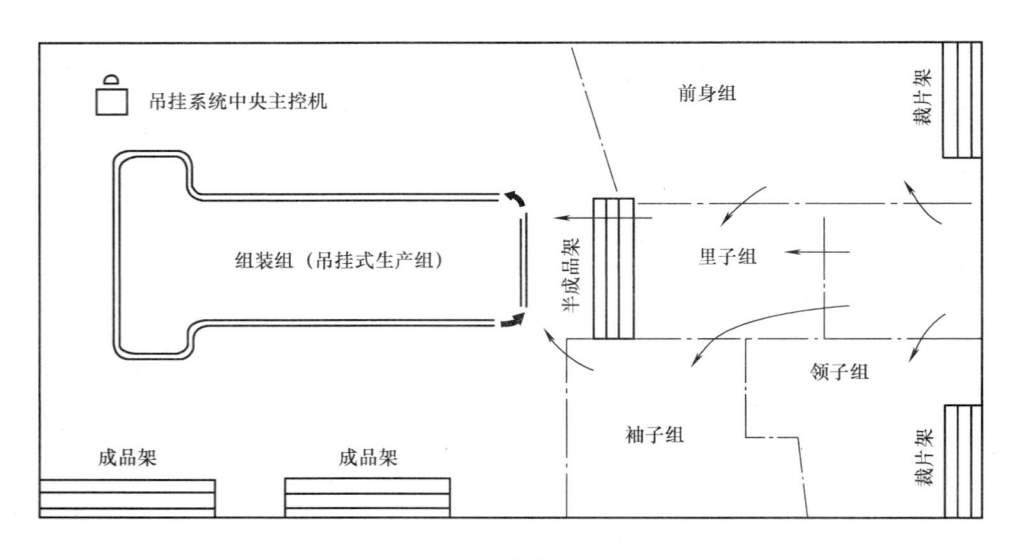

图 3-6 缝制车间总体布局图

组装小组占据车间的另一半，机台按工序流程方向，以课桌式流水线方式排列。衣片的传送采用现在较为先进的柔性吊挂系统，也称为吊挂式生产线，即利用一套悬空的运输系统将一件或多件产品从一个工作站（Work Station）送到另一个工作站。所有裁片、标记及其他辅料等都在一个装载站（Loading Station）放入一个特别的夹送装置（Carrier）或衣架上进入运输系统，夹送装置会依据指示自动顺序进入各个工作站，直至完成所有缝纫作业，成衣从卸货站（Unloading Station）移离生产系统。图 3-7 为组装小组吊挂式生产系统构型图。

西服加工厂在进行生产控制方面则采用计算机统一管理。仍以组装小组为例，在吊挂系统中央主控机上进行工序的设计和编排（CAPP，计算机辅助工艺设计），并通过每个工

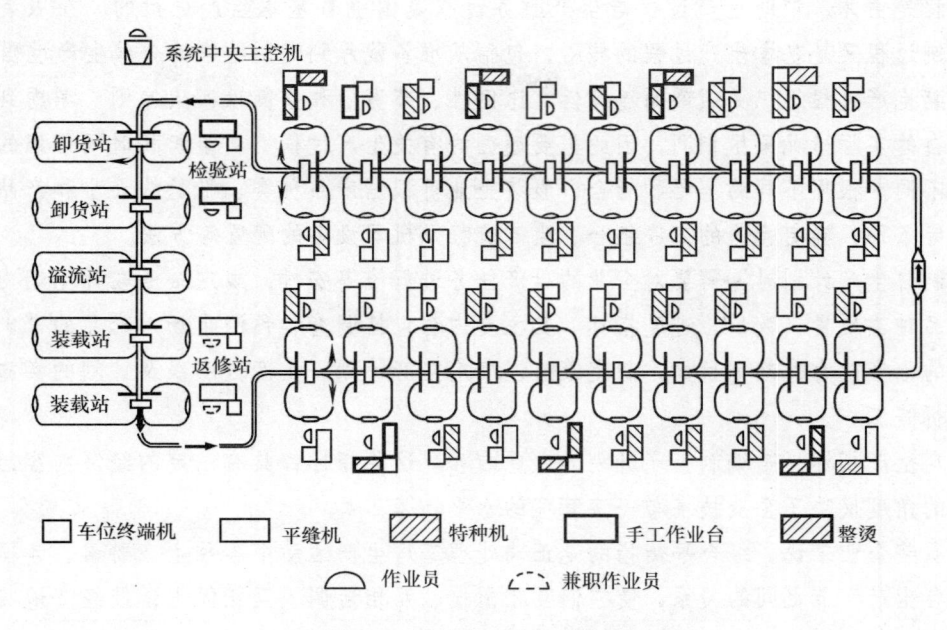

图 3-7 吊挂式生产系统构型图

作站上的车位终端机发送加工指令。为掌握生产进度和节拍,每个工作站都设有一定的加工进度数据,当某个工作站上的待加工半成品超过额定数量时,后面的夹送装置就会自动转入吊挂线中专门设置的溢流站(Over Flow Station),由机动人员或班组长协助加工,以保证生产的顺利进行。吊挂线中还设有检验站(Inspect Station)和返修站(Repair Station),对产品的质量进行控制。图 3-8 为工作站俯瞰图。

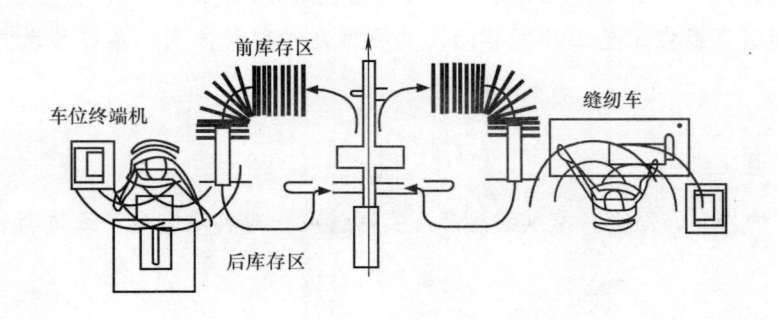

图 3-8 工作站俯瞰图

本章要点

服装生产过程,主要是指作业人员运用服装机械设备和各种器具,从准备生产某种服装的产品开始到成衣出厂的全过程,包括服装款式设计、生产准备、裁剪、缝制、整烫、包装等一系列劳动加工形成服装产品的全过程。这一过程又可以细分为技术准备过程、基本生产过程、辅助生产过程和生产服务过程四个部分。其中,技术准备过程是前提,基本生产过程是主体，辅助生产过程与生产服务过程是围绕着基本生产进行的。在服装企业中，缝制过程又是基本生产过程的核心，包括从准备裁片到缝制结束的全部生产过程。

服装生产过程组织必须遵循连续性、比例性、节奏性和平衡性四大原则。考虑到服装企业各自的实际情况不尽相同，因此需要遵循的有关生产过程空间组织和时间组织的原则也各有不同。根据不同的需要和场合，服装企业可根据产品种类、批量的大小和产品规格的要求等条件，确定最佳的工序组合、生产流程及机器设备的配置等方法。

在制订生产计划时，需要对企业的生产任务进行统筹安排，规定企业在计划期内产品生产的品种、质量、数量、进度指标。其主要内容包括调查和预测市场对产品的需求，核定企业的生产能力，确定目标，制定策略，确定生产计划、生产进度以及计划的实施、控制与分析等工作。

确定生产指标，是编制生产计划的主要内容。这些指标都具有一定的经济内容，它们从不同的角度反映了企业技术与经济管理的水平。

就服装企业来说，综合平衡指的是正确处理工厂生产活动中各种生产要素、各项专业计划与各生产环节之间的关系，使它们互相衔接、互相协调、互相促进，最经济地实现预定的生产目标。

生产控制是指在生产计划执行过程中，对有关产品生产的数量、品质和进度的控制，目的是保证完成生产计划所确定的各项指标。

复习思考题

1. 合理组织企业的生产过程有哪些要求？
2. 服装缝纫车间布置有哪几种方式？各有何优缺点？
3. 一批服装产品在工艺工序间移动，共有哪几种移动方式？各种移动方式的生产时间如何计算？

实践题

根据所学的内容，结合一家服装生产厂实际情况，对其现有生产线进行科学的设计与完善。

第四章　工艺制定与控制

- **课程名称**：工艺制定与控制
- **课程内容**：服装工艺管理概念及体系
  服装工艺的制定
  服装工艺的控制
- **上课时数**：6课时
- **训练目的**：向学生解释整个服装生产加工过程中工艺与控制的重要性：一方面可以使服装生产在高效、有序的状态下进行；同时还能对产品的质量、设备的管理以及成本核算等多项过程产生重大的影响。服装工艺管理工作的内容，不仅包含生产人员、设备及生产材料等多项因素，而且还包括生产过程中的各种操作动作及要求，是一项综合管理过程。注重训练学生对于统筹规划后，管理实施工作中的细节管理能力。
- **教学要求**：1. 使学生了解服装产品的主要工艺标准。
  2. 使学生掌握服装工艺控制的步骤与侧重点。
- **课前准备**：阅读生产运作管理和服装学概论方面的书籍。

第一节　服装工艺管理概念及体系

整个服装生产加工过程是离不开工艺与控制的，通过它可以使服装的生产在高效、有序的状态下进行，同时还能对产品的质量、设备的管理以及成本核算等多项过程产生重大的影响。服装工艺管理工作的内容，不仅包含生产过程中的各种操作动作及要求，而且还包括生产人员、设备及生产材料等多项因素，因此服装工艺管理工作是一项综合管理过程。

一、服装工艺管理概念

所谓服装工艺管理工作，通常是指在客户提供订单或新产品投产的情况下，对产品进行试制,并在正式生产前进行工艺方面的编制及材料、设备和人员的设计,使产品在高效的工艺方案指导下进行生产加工,以更好地保证产品质量,提高生产效率,降低成本。

二、服装工艺管理体系

服装工艺管理工作贯穿服装生产的准备、裁剪、缝制、整理四大工程,如图4-1所示。其主要工作内容是:

(1) 在客户提供订单及新产品投产的情况下,对产品进行工艺分析,并根据工厂(公司)自身条件制定工艺方案,编制工艺文件及工艺规程。

(2) 制作管理标准、生产要求及辅助样板。

(3) 制定工时定额、生产线节拍和材料的消耗定额。

(4) 设计与确定工艺设备与生产人员。

(5) 制定质量检验文件与标准。

(6) 制定包装规定等。

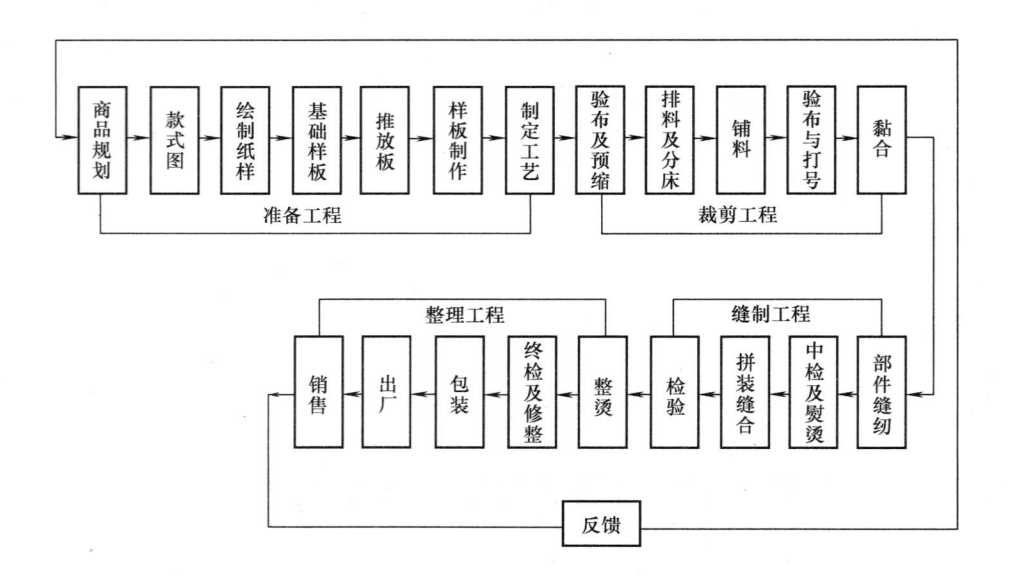

图4-1 服装生产四大工程

服装生产工作内容的实施贯穿生产全过程,如图4-2所示。

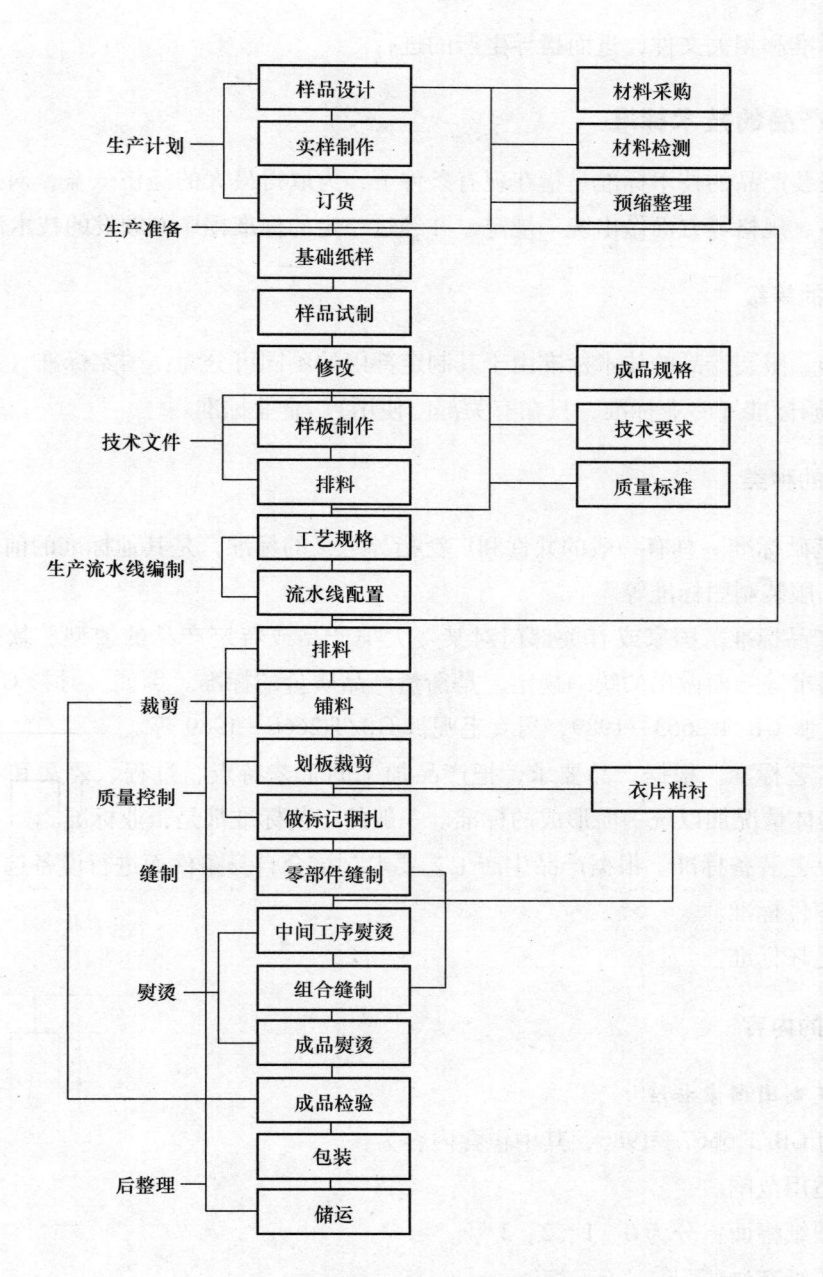

图 4-2 服装生产工程顺序图

第二节 服装工艺的制定

服装产品与其他产品相比较，有着显著的特点，但从生产过程来看却有着很多相似的地方。从原材料到成品的生产过程中，服装产品同样包含了许多技术与价值成分，因而要实现这一生产过程，就必须对产品进行细致而深入的技术分析，并最终制定准确、适当的生产工艺标准和相关文件，进而指导生产的进行。

一、服装产品的技术标准

所谓服装产品的技术标准是指在现有条件下，为取得最大的经济效益，对某种产品的质量、检验、规格等方面做出统一规定，并经过一定的标准程序而颁发的技术法规。

（一）标准的等级

在我国，服装产品的技术标准由于其制定部门的不同可分为：国家标准（全国范围内使用）、部颁标准（专业标准，只在有关部门使用）、企业标准。

（二）标准的种类

（1）基础标准。具有一般的共性和广泛指导意义的标准，是其他标准的前提，如专用术语名称、服装制图标准等。

（2）产品标准。国家或有关部门对某一大类产品或特定产品的造型、款式、规格尺寸、技术要求等方面做出的统一规定，是衡量产品质量的标准。例如，衬衫 GB/T 2660—1989，儿童服 GB/T 2663—1989，男女毛呢裤 GB/T 2666—1989 等。

（3）工艺标准。根据产品要求，把产品加工的工艺特点、过程、要素和有关技术文件，结合具体情况加以统一而形成的标准。一般的工艺标准都是企业标准。

（4）工艺装备标准。根据产品生产工艺要求，结合自身条件而进行设备选型的标准。

（5）零件标准。

（6）毛坯标准。

（三）标准的内容

1. 服装制图国家标准

代号为 GB/T 6667—1986，其中包含内容为：

（1）适用范围。

（2）图纸幅面：分为 0、1、2、3 号。

（3）图纸布局。

（4）制图比例，见表 4-1。

表 4-1 制图比例

原大	1:1
缩小	1:2, 1:3, 1:4, 1:5, 1:6, 1:10
放大	2:1, 4:1

(5) 图线画法,见表 4-2。

表 4-2　图线画法

序号	图线形式	图线宽度/mm	图线用途
1	————	0.9	轮廓线
2	————	0.3	1. 缝纫基本线 2. 尺寸线 3. 引出线
3	- - - - - - -	0.6	1. 背面轮廓线 2. 缝纫
4	=·=·=·=·=	0.6	对折线
5	—·—·—·—	0.3	折转线

(6) 字体。

(7) 尺寸注法。其中基本规则为:服装各部位和零件的实际大小,以图样所注的尺寸数据为标准;以厘米(cm)为单位;只标注一次,结构要最清晰。

(8) 服装制图符号,见表 4-3。

表 4-3　服装制图符号

序号	符号形式	名称	说明
1	————	拉链	
2	∩∩∩	花边	
3	△ 2	特殊数缝	符号上数字表示所需缝份尺寸
4	⤫	斜料	表示经纱方向
5	⊓⊔	单阴裥	
6	⊓⊓	扑裥	
7	⊥	垂直	
8	○△□	等量号	

(9) 服装制图主要部位代号,见表 4-4。

表4-4 服装制图主要部位代号

序号	中文	代号	序号	中文	代号	序号	中文	代号
1	胸围	B	6	胸围线	BL	11	肘线	EL
2	腰围	W	7	腰围线	WL	12	膝围线	KL
3	臀围	H	8	臀围线	HL	13	胸点	BP
4	领围	N	9	领围线	NL	14	长度	L
5	袖窿	AH	10	颈肩点	NP			

2. 服装专用术语

服装专用术语可以分为四部分，即检验工艺名词，裁剪工艺名词、缝纫工艺名词，熨烫、整理工艺名词，详细内容可查阅国家标准。

3. 服装产品标准

以衬衫 GB/T 2660—1989 为例，将产品标准的主要内容介绍如下：

（1）适用范围：男士长、短袖衬衫，女士长、短袖衬衫。

（2）号型配置：主要部位规格及成品规格系列。

（3）辅料规定：衬布的要求以及缝纫线、锁眼线等要求应做到与面料相适应。

（4）技术要求：对条、对格的要求与规定；对有方向性（倒、顺毛）面料的规定；色差规定；外观疵点数目规定；缝制规定；整烫外观规定。

（5）等级分比：以件、套为单位，有 1～3 级和等外级，评定等级的项目有规格、缝制、外观和色差。

（6）检验规定：

① 适用规定，如细卷尺、色卡、疵点样本等。

② 规格测定，规定测定的方法与公差范围。

③ 缝制要求，针迹密度等项目的检查。

④ 外观测定，如"色差"检查要求被测部位纱面一致，在离被测物 60cm、视角 45°的位置进行检测。

⑤ 加盖等级标志，一般均加盖于商标处。

⑥ 抽样规定，根据批量大小与客户要求来定。

⑦ 包装及标志要求。

4. 服装工艺标准

对于服装生产企业来说，每一款产品都具有相应的工艺标准书，其封面有产品名称、样板号、日期、编制人、审核人。其主要内容如下：

（1）服装产品结构图。

（2）规格表：主要部位规格与成品规格。

（3）原辅材料规格表。

（4）裁剪工艺要求。

（5）缝制工艺要求。
（6）手针、垫肩等要求。
（7）锁眼、钉眼要求。
（8）整烫要求。
（9）包装要求。

二、服装工艺制定

服装工艺的制定一般分为两步完成：即工艺方案的制定和具体工艺的制定。此项工作应当在产品正式生产前完成。

工艺方案的制定

工艺方案的制定是具体工艺制定的大纲，它指导着工艺制定工作的正常进行。工艺方案的制定必须在技术标准与相关文件规定下，并根据自身情况与产品情况来进行。自身情况就是指生产人员的素质与生产设备的拥有情况，产品情况则是指新产品或原有产品的重制。

工艺方案制定的主要内容为：
（1）产品自身特征与状况。
（2）完成产品所需原、辅料的数量与自身情况。
（3）产品的品种和数量（总产量、日产量和班产量）。
（4）产品的生产时间。
①标准工作时间：完成一道工序所需要的时间。
②实际工作时间：标准工作时间加上辅助动作和生活必需的时间。
（5）劳动人员数量的配置。
（6）所需加工设备和工模夹具的配置。
（7）工序编成效率。
（8）设计生产流水线的原则与要求。
（9）产品质量的控制方法和其他特殊问题的处置。

工艺方案制定以后，还必须进行审定。审定的原则就是对不同的工艺方案进行分析与比较。在经济性与合理性的前提下，对完成产品的不同工艺方案进行成本或工艺成本的比较，最终选择一个十分有效的方案来进行具体工艺的制定。

三、具体工艺的制定

（一）生产任务书

又称为生产通知单，主要是根据客户订货单或自产自销的情况，由计划部门来制定生产任务书，并交送生产部门。生产部门则根据生产任务书安排生产任务。生产任务书的格式可以由各个服装生产企业自己拟订，其内容一般包括：服装名称、数量、款式代号、规格及各规格数量、原料名称及使用、包装办法、交货日期等，见表4-5。

表4-5 生产任务书

合同号：		生产单位：		下单日期：		交货期：	
货号：		款式名称：		每款数量：		装箱数量：每款____个内箱 ____个外箱	
裁剪比例单/款							
面料	夹里	颜　色				规格及搭配	
		A 上衣色	B 裤色	C 色	D 色		
工艺品质要求	一、面辅料要求 　　1. 生产前，辅料需经公司确认。 　　2. 生产前，必须提供确认（需整烫后），必须带上我公司的样衣一起确认，出货前一星期必须提供三套（款）样衣。 　　3. 生产前，必须先确定面料品质、颜色样、绣花的配线、位置以及印花的颜色位置效果。 二、花/印花 三、工艺要求 　　1. 针距。 　　2. 成品不能有污疵、划粉印迹。 　　3. 车线，包边线随本布色。 上衣： 裤子： 内套： 四、整理要求 　　1. 成品不能有折皱现象，面料不能烫伤。 　　2. 整烫后，成品应平展、伏贴，无歪扭、起翘现象。 　　3. 防止弹性面料的收缩，导致尺码缩小。 五、包装要求 　　全套衣架包装外套胶袋，混色、混码12套入一个内盒，四打一个外箱。							
制板： 技术审核：				制单： 生产审核：			

（二）生产工艺技术指示书

生产工艺技术指示书是生产部门根据生产任务书制订的，用于指导生产的主要技术文件。如果是内销产品，主要是根据任务书中的款式、用料等要求制定，而外销产品则根据客户提供的加工产品书中的有关内容来制订。其主要内容是：款式图、号型规格规定、原辅材料明细表、排料图、裁剪方案、生产工艺流程图、加工工艺单、流水生产安排及劳动定额等。

1. 款式图

款式图一般为服装的白描图，有时也使用彩色的效果图，无论何种形式，都必须有正面和反面结构图。款式图要求既能说明服装的款式细节，同时还要能够说明服装的缝制工艺特征，如果大的款式图没有表达清楚，则可增加一些局部图或零部件图来进行详细说明，如图4-3所示。

2. 成品规格

成品规格是指成衣的实际尺寸。对于客户订货的外销产品，一般客户都会提供规定的成品尺寸表；而自产自销的产品则会根据款式以及相关要求，参照国家号型标准（GB/T 1335—1997）来制定。成品尺寸不仅是技术部门制板和制订工艺的基础，同时还是以后进行质量检查的一个重要依据。常见的成品规格尺寸表中，主要包括以下内容：服装各部位尺寸规定，测量部位以及公差等，见表4-6。

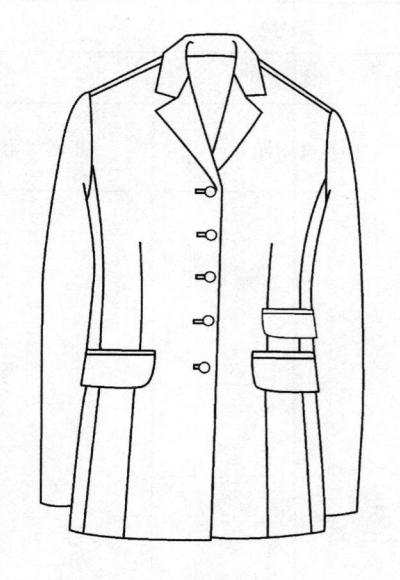

图4-3 款式图

表4-6 成品规格（女披帽棉上衣）

项目号型 部位名称	成品规格尺寸/cm				测量部位	公差/cm（±）
	130	140	150	160		
后衣长	60.5	65.5	70.5	75.5	领根量至下摆	1
背长	34	36	38	40	领根量至腰节线	0.8
胸围	107.5	111.5	115.5	119.5	腋下一周	1.2
袖长	57.15	61.95	66.75	71.55	领根量至袖口	0.8
袖宽	53	55	57	59	腋下横量	0.4
袖口	29	30	31	32	袖口一周	0.4
止口拉链	40	45	50	55		

3. 原辅材料明细表

原辅材料明细表要求：将完成实际成品服装所需的面料、里料的样布贴在表中规定的位置；同时在辅料使用栏中，对不同规格服装所用辅料进行详细说明，特别是在有搭配时更应注意；辅料中门襟拉链、袋口拉链、纽扣、缝纫线、绣花线、罗纹口等的使用要求均要说明，若有商标、吊牌，亦应将实物贴在明细表中，见表4-7。

表4-7 原辅材料明细表

合约地区			品名			
编号			数量			
原料使用			辅料使用			
面料（附样卡）	里料（附样卡）	种类 \ 规格	S	M	L	XL
		里缝缝线				
		外缝缝线				
		拉链				
		纽扣				
		按钮				
		牵带				
		锁扣眼线				
		包缝线				
商标			出样			
合约地区			品名			
编号			数量			
小商标			交核			
服装材料成分带			生产负责人			
吊牌			填表人			
规格号型带			填表日期			

4. 原辅材料测试记录表

原辅材料测试记录表中应记录所需原辅材料的耐热度、色差、色牢度、拉伸度、耐磨度、缩水率（经向、纬向）、印花疵点等。根据记录数据来更好地确定裁剪、缝纫、熨烫等工序的工艺要求。该工作由技术部门来完成。技术部门可根据同品种及自身情况来选择测试方法与测试项目，见表4-8。

表 4-8　原辅材料测试记录表

生产型号		耐热度使用方法		
生产通知单		缩水率使用方法		
要货单编号		色牢度使用方法		
内外销合约号		花型号与颜色	花型号与颜色	花型号与颜色
要货单位				
运料名称				
备注：		花型号与颜色	花型号与颜色	花型号与颜色

5. 原辅材料定额表

原辅材料定额表就是将服装所有的原辅材料列出清单，以便分出定额用料与实际用料的差额，但表中不包括纽扣、拉链等，见表 4-9。

表 4-9　原辅材料定额表

货号		品名		规　格				
任务单编号		数量		S	M	L	XL	
原辅料名称	门幅	规格	定额用料	平均用料	定额总用料	平均总用料	损益	
面料 1								
面料 2								
里料 1								
里料 2								
衬料 1								
衬料 2								
拉链								
纽扣								
缝线 1								
缝线 2								
备注						制表人		
						制表日期		

6. 样品封样单

在首件样品完成后，由技术部门做出样品鉴定后，制作样品封样单，见表 4-10、表 4-11，以便在提供批量生产时作为技术参照和技术改进的依据。

封样是对包括裁剪、印花、绣花、缝纫、锁钉、熨烫、折叠和包装等生产全过程进行的，主要针对一些难度高、工艺复杂的部位或部件进行封样。

封样不合格时，应有明确的改进意见；封样合格后，将首件封样作为生产样本，陈列在车间或生产线首位，以统一操作规范。

表4-10 样品封样单

封样单位_____ 产品名称_____ 型号_____ 原料_____	
内外销合约_____ 要货单位_____	
存在问题：	改进措施：
封样人： 封样负责人：	年 月 日

表4-11 首件封样产品鉴定表

车间　　班　　　　　　　　　　　　　　　　　　　　　　　年　月　日

产品名称：		合作号：		款式号：		合作数量：	
产品规格	衣长		臀围		后背宽		
	袖长		肩宽				
	胸围		领大				
	腰围		前胸宽				
缝制与整理							
评语							
鉴定员							

7. 样板管理

（1）样板的分类。生产单位应根据订货合同单或新产品的生产任务书，制作产品样板。样板可分为三种类型：基础样板、工作样板和辅助样板。

①基础样板：制作辅助样板和工作样板的依据，一般按中间号型制作。

②工作样板：按标准样板制作，推出各个规格的样板，用于排料以及带式裁剪机裁小片，其上要求标明织物的经纱方向，并注明与经纱的允许偏差。工作样板一般需要制作几份，以便检查裁片质量等。

③辅助样板：用于衣片裁剪时确定检查点、标定装饰线迹及确定纽扣位置等。

（2）样板的制作要求与审核。所有样板的制作要求与审核应做到：

①标出款式号（无论工作或辅助样板上）、规格、名称等。例如，女士风衣｜1008｜840。

②用墨汁、墨水画清楚。

③厚纸板制作。

④边缘做出标记，用于检查使用时的磨损程度。

⑤样板上有质量技术检验部门（或质量管理部门）的印章。
⑥每月检查一次工作样板，用标样来检查。
⑦对于经常使用的样板（如男衬衫类等），关键部位应每季度再测量一下尺寸，以防尺寸变化。
⑧所有衣片与零部件的样板应齐全，没有漏缺现象。
⑨制作时，应考虑原、辅材料性能和制作工艺方面的影响因素。
⑩所有样板应归位管理，悬空保存。

对于审核过的样板，在使用中任何人不得擅自进行修改，若需要修改，则必须经审核与技术部门共同批准方可进行，并将原样板进行作废处理。

特别是对于样衣完成后，质量检验部门应当将样衣与样板进行复核，复核主要检查在衣长、胸围、衣领、袖肥、袖长等处的尺寸是否有偏差，复核的结果填入复核单中，见表4-12。

表4-12 样板复核单

产品型号		任务单编号	
品名		规格	
大样板数		小样板数	
复核部位	复核结果记录		
长度部位			
纬度部位			
衣领长、宽			
衣袖长、宽			
衣袖与袖窿吻合			
衣领与领口吻合			
小样板复核			
备注			
出样人		生产负责人	
复核人		日期	

（3）样板的领用与归还。领用与归还的原则为：
①样板领用与归还时，必须先填写相关手续单，并由领用与归还人签字。
②样板领用时，要持有生产通知单，并按生产通知单上所规定的内容进行领用。
③样板领用后，领用人应进行清点、检查。看是否与通知单上所规定的品名、款式、号型、样板块数一致，是否经过审核，是否加盖了审核章，否则必须拒绝接受，见表4-13。

表4-13 流水生产线样板确认意见书

TO：_____ 款　号：_____
负责人：_____ 产品名称：_____

测量单位：					实际来板尺寸			制单尺寸（±）	修改意见
各部位名称	部位名称								
	1								
	2								
	3								
	4								
	5								
	6								
	7								
	8								
	9								

确认样板意见：

材料确认意见：

上衣面料：_____　里料：_____

裤面布：_____　里布：_____

内衣：_____　鸡眼：_____

棉绳：_____　绳扣：_____

纽扣：_____　商标：_____

胶章：_____　魔术贴：_____

丈根绳：_____　织带：_____

拉链：_____　松紧带：_____

印花：_____　电脑绣：_____

负责批注（签名）：_____

确认日期：_____

是否可以执行生产：_____

签名：_____

注　在未得到技术部门的书面确认之前切勿开裁、下线，否则后果自负。

8. 分床工艺要求

所谓分床工艺要求，就是在生产厂家拥有裁床的条件下，技术人员经过精密分析，设计制定出裁剪实施方案。

（1）分床工艺内容：整个生产任务要分几床进行；每床所铺层数；每层所排的规格、件数。

（2）分床工艺要求：符合生产条件所规定的最多层数与最大长度；提高生产效率，减少重复性劳动；节约面料，方便排料；在情况允许的条件下，应尽可能降低床数。

(3) 分床方案分析：同一床面料可以采用不同的分床方案，要对分床方案进行分析，举例如下。

例1：某服装厂裁剪车间接到裁剪任务，见表4-14。

表4-14 某款服装裁剪任务表

规格	小号	中号	大号	最厚可开300层，裁床长可裁三件
件数	200	300	200	

根据以上条件可以排出以下几种方案：

方案1：

$$3床\begin{cases}(1/小)\times200\\(1/中)\times300\\(1/大)\times200\end{cases}$$

方案2：

$$2床\begin{cases}(1/小+1/大)\times200\\(1/中)\times300\end{cases}$$

方案3：

$$2床\begin{cases}(1/小+1/大)\times200\\(2/中)\times150\end{cases}$$

方案4：

$$2床\begin{cases}(1/小+1/中+1/大)\times200\\(1/中)\times100\end{cases}$$

上述分床方案表示方法的意义以方案1为例说明如下：排三床，第一床排一件小号服装，铺200层；第二床排一件中号服装，铺300层；第三床排1件大号服装，铺200层。对这四种分床方案进行分析，其特点各不相同。方案1床数最多3床，铺料长度最短，因此尽管无重复，但要单独铺料3次，开裁3次，效率不高，而且不能套裁，往往比较费料。方案2床数为2床，铺料长度增加，因此此方案比方案1效率要高，而且由于大、小号套排，较节约面料。方案3床数同为2床，只是将中号规格2件套裁，这样比方案2铺料长度要增加，有利于节约面料，但是划样及裁剪时间相对要延长，即效率较方案2低。方案4床数2床，大、中、小号套裁，面料利用率最高，最省料，效率基本同方案3。

经过以上分析，工厂一般会选择方案4。

例2：某厂按照生产计划要生产1500件西服，具体生产任务见表4-15。裁剪车间的裁床长度为8m，每床可裁5件。面料为全毛花呢，电剪最大裁剪厚度为15cm，最厚可开150层。

表 4-15　西服生产任务书

规格	30	31	32	33	34	35
件数	150	300	300	300	300	150

为了提高裁剪效率，同一规格应尽可能一次裁剪完成，以避免排料、裁剪的重复劳动。但是由于生产条件所限，此种面料铺布层数不得超过150层，因此31号、32号、33号、34号四个规格各生产300件就不可能一次剪完，必须分组。若分为2组，每组150件，则符合限制条件。可考虑把中间四个规格分为2组，然后与30号、35号搭配进行裁剪。于是可以得出如下裁剪方案：

方案1：

$$2床\begin{cases}(1/30+1/31+1/32+1/33+1/34)\times150\\(1/31+1/32+1/33+1/34+1/35)\times150\end{cases}$$

方案2：

$$2床\begin{cases}(1/30+2/32+2/34)\times150\\(2/31+2/33+1/35)\times150\end{cases}$$

方案1共分2床，每床铺布150层，每层套裁5件，符合生产条件。而且每床都是大小5个规格进行套裁，可以有效地节约用料。这个方案中没有不必要的重复劳动，裁剪效率高。因此，方案1可行。相比之下，方案2也是分2床，每床铺布150层，每层套裁5件，但两床的规格分布不均匀，因此方案1比方案2更为省料，方案1较优。

9. 排料工艺要求

（1）排料的原则。

①排料必须要符合服装工艺要求。首先，要考虑面料的方向性，服装面料多数都有正反面区别，因此排料时要注意样板的方向。特别是不对称性样板，如偏襟上衣的前身，若不注意方向，会出现左偏襟衣服裁剪缝制后变成右偏襟。对于绒毛、有方向性花纹图案的面料，排料时衣片要按同一方向排料，以保证制品光泽、手感、花纹方向的一致性。条格面料除保证方向性正确外，还需考虑衣片间衔接处对格、对条的准确性。不能因为省料而忽略视觉上的质量效果。

另外，面料均有经纬方向之分，不同方向性质不同，如果不能保证样板的经向与面料的经向一致的话，就会出现裁剪出来的衣片经纱方向倾斜，制作出成衣后出现衣襟歪斜、裤腿扭斜等疵病。

成衣上的许多衣片具有对称性，如左右衣袖、左右裤腿等都是对称的。为保证同一件成衣各部件用料是在同一层面料上，以免色差疵点对服装质量的影响，排料时常采用单层排列的形式，即一件制品的所有对称衣片均需排上。因此，排料时就要保证衣片的对称性，避免出现都是某一侧衣片的"一顺"现象，也就是说，排料中必须将对称性的衣片样板正面排画一次，翻过来再排画一次。

排料的宽度应与面料、里料的内幅宽度相等。要按照面料、里料复核检验时的实际门幅宽度排料，同一门幅规格的面料、里料分成几档的情况下，要按各档的实际门幅分别排料。

②满足设计效果的要求。面料本身的图案及组合应用和色差的处理是满足设计效果的关键。对于需要对条、对格或是对花的面料，排料时就要严格按照设计要求，当多层裁剪时，还要考虑到误差，留出足够的裁剪余量，以便在缝纫时进行矫正。

不同批次的面料往往存在色差，即使是同一批次也不可避免。因此，在排料时要特别注意，避免色差给产品质量造成影响。

有些服装有特殊的设计，如需要用到面料的反面，这时就要特别注意，避免出错。

③节约用料。在满足上述工艺要求的前提下，要尽可能地节约用料。可以采用先大后小、缺口对接、多件套排、不同号型规格或不同成衣（如上衣与裤子）套排等方式排料，尽量减少面料剩余。衣片之间的空隙，一般应尽可能地留成长条状，因长条状的余料容易被利用。还可以利用空余料排一些小产品，如手套、底领、口袋（兜）等用料，达到大料大用、小料小用、物尽其用、节约用料的目的。

（2）排料的工作流程。传统的排料用手工进行，由经验丰富的排料师按照订单的要求和样板排料。目前，仍然有许多服装企业，尤其是一些小型服装企业仍然采用人工排料的方式。随着计算机技术的发展及计算机辅助设计（Computer Aided Design，简称 CAD）技术的普及，服装 CAD 在服装企业里得到了广泛的应用，计算机排料逐渐被越来越多的企业开始使用。但无论是手工排料还是计算机排料，都需要工作经验和技巧。

①手工排料的工作流程。

A. 准备样板。在排料之前，需准备好要使用的样板，必须对全套规格系列样板进行认真细致的清点复核。包括号型、款式、规格尺寸、零部件配置、大小块数量等，必须准确无误。检查样板质量，尤其是旧样板，确认其没有变形、收缩、磨损后方可使用。确认样板类别，以决定留多大的缝份。

B. 核对生产通知单。根据生产通知单，核对所裁品种的款式和号型、面料的花样和号型、规格搭配、花色搭配、条格搭配等。检查裁剪数量以及裁片零部件与通知单是否吻合。

绘制排料缩小图，根据缩小图上规定的面料幅宽及用料长度、数量与实际排料是否相符，并考虑是否还有节约用料的余地。

C. 了解产品和面料的属性。识别面料属性，正反面、材质、柔软度、花色特点、缩水率等。分析产品的特征，款式特点、关键部位的要求、对格对花的要求等。

D. 排料。排料的形式有单独排料和复合排料。单独排料是只排一种，不适合大批量的工业生产，复合排料是采用多套样板套排，能够节约用料，适合大量生产类型。这里，我们仅讨论复合排料的情况。

排料时，先将面积较大的主要部件按工艺要求排好，然后再把零部件较小的样板在大片样板的间隙中及剩余部分进行排列。

样板形状各不相同，其边线有直线形的，还有曲线形的，排料时应根据它们的形状来排。样板有平直边的部件，尽量相互靠拢或者平贴于面料的一边；样板中有内弯和外弧的可以将其扣合；将大片基本确定位置后，再用小片、零部件将空隙填满。这个过程需要不断研究、推敲和试排，确定最佳方案。总之，要使面料得到充分的应用。

另外要注意，拼接或缝合在一起的衣片，其拼接或缝合的一侧不要分别排在布幅的两侧，以免拼接或缝合后出现色差（面料边缘易出现色差）。

在排料纸的末端要注明成衣编号、号型、排料幅宽、用料长度等有关数据，在每片衣片上要注明成衣编号、号型、缝制定位标记等。

②计算机排料。使用计算机排料，所用的样板要从计算机的数据库中调取，在排料之前也需要检查样板的数量、款式、配置是否正确，核对生产通知书。根据程序设置规则，排料软件会自动生成一种或几种排料方案，操作员可在这些方案的基础上通过人工操作计算机进行调整，以获取最优排料方案。一般操作程序如下：

A. 从计算机数据库中调入标准号型的样板数据，计算机可以自动缩放出其他号型成衣的衣片图形。

B. 输入排料所需的有关参数，如面料的宽幅、纱向规定、套排号型的组合、衣片排列方向要求等。

C. 排料。操作人员可灵活地对方案做调整，使面料的面积利用率得以提高。例如，裤门襟等一些不重要的部件，当严格按照纱向要求仍排不进去时，可以略微倾斜排进去，也可以排出几个方案，从中选择最佳方案。

D. 存储排料图或者按任意比例打印出来，并显示出用料量和面积利用率，以满足成衣生产的需要。

使用计算机排料，当重复生产时，可以从计算机中直接将资料调出打印而无需重新划样。

10. 铺料方式和工艺要求

铺料，也称为拉料，是按照分床的层数长度，将面料一层层地铺放在裁床上。铺料的好坏直接影响到裁剪衣片尺寸的准确性和用料量。

（1）铺料的方式。

①单程单向铺料。这种铺料方法是指一层面料铺到床尾后，将其末端断开，然后将面料一端带回起点，开始铺下一层的面料。各层面料的正面或反面均向着一个方向，可全部朝上，也可全部朝下，如图4-4所示。优点是对规格、式样不一样的裁片，采用单面划样、铺料，可增加套排的可能性，打号也准确方便。适用于左右对称的花型面料和鸳鸯格面料、经向左右部对称的宽条图案的面料和有倒顺视觉效果差别的面料。缺点是单面画样、铺料会造成左右两片对称部位容易产生误差，而且铺料时，每层面料均需断开，重复操作，工作效率低。

A:面料正面朝上　　　　　　　　B:面料正面朝下

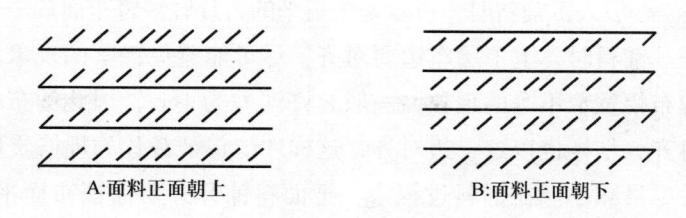

图 4-4　单程单向铺料示意图

②单程反向铺料。这种铺料方式是指一层面料铺到床尾后，切断，再翻过来铺上。即面料一层正面朝上，一层正面朝下，形成正对正、反对反，如图 4-5 所示。适用于左右两片需要对格、对花的产品，翻身对铺时，上下层对准格和花，可令左右两片的格和花对准。也适合有倒顺花、倒顺毛的面料和无花纹图案的单色面料。优点是产品表面绒毛和倒顺花型图案方向一致，使对格、对花产品容易对准；衣片的对称性好；方便缝制；可以减轻劳动强度。缺点是在铺料时需要剪断把面料翻身铺上，操作比较麻烦。

③双程双向铺料。这种方式是将一层面料铺到头后，折回再铺，每一层不一定剪断，形成各层之间正面与正面相对、反面与反面相对，如图 4-6 所示。适合于无花纹的素色面料和无规则的花型图案，以及衣片和零部件对称的产品。优点是对称性裁片比较准确，而且采用双程双向不裁断可提高工作效率。缺点是对于两端有色差的面料，难以避免色差的影响，且操作比较麻烦。

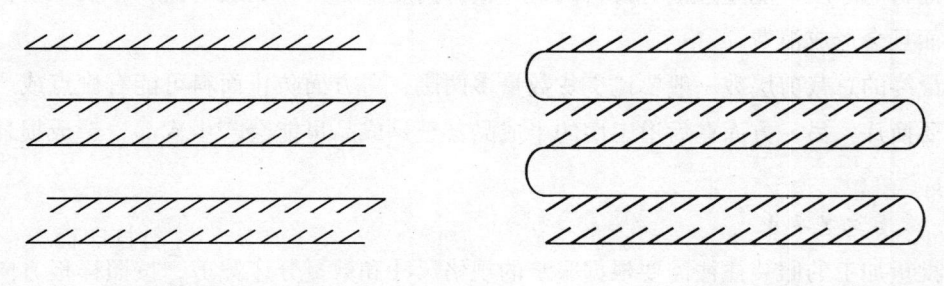

图 4-5　单程反向铺料示意图　　　　　图 4-6　双程双向铺料示意图

④对折铺料。这种铺料方式是先将面料沿边幅对折，使正面向内，再在裁床上铺料。适合于宽幅面料裁剪小批量的产品、对格的产品、有对称衣片的产品等。面料的对折通常是在面料供应商那里就完成的。优点是使对称的条、格裁片的长短、大小对格准确。缺点是幅宽相对变窄，不易套排划样。

（2）铺料工艺技术要求。

①布面要平整。面料比较柔软，容易形成褶皱和扭曲，造成裁剪误差。铺料时一定要注意，保持每层面料的平整、工整，不能有松有紧，更不能存在皱褶，对有折痕或有死褶的面料要用熨斗烫平后再铺，以免裁片有大有小，影响规格质量。对纬斜超过标准规定时，必须矫正好以后再铺料。铺光滑松软的面料，为了防止铺层移动倾斜，影响铺料平整，每铺完一层都要将所铺的面料在长度方向用压铁压住，有时还在布边处（一边）用夹子固定住，以防

止面料移动、窜位。一般人工铺料时，可以采用扁平的竹片轻轻将布面抚平。

②布边要对齐。铺料时，上下层布边要对齐，尽可能避免错落的现象。因为整匹面料打开，多数会出现布幅宽窄不等的现象，一般允许误差为1cm，因此铺布时一般是单边对齐，不可能双面对齐，划样也以这一边对齐，这样才能保证裁片的规格质量。

③张力均匀并尽量减小。在铺料过程中，把面料铺开并要保证布面平整、两边对齐，这一过程必定要用力，使面料产生一定的张力且会伸长变形，影响裁剪效果，弹性好的面料更是显著。因此，可将面料放置一段时间使内应力消失后再进行裁剪。

④面料方向要正确。对一些有方向性的面料要注意方向一定要正确，符合设计初衷。

⑤图案要对准。有条、格和图案的面料，铺料时要使各层面料的图案尽可能上下对齐。

⑥长度和方向要准确。铺料的长度是由排料图的长度决定的，铺得过长和过短都会造成极大的浪费，而铺料层数不准确也会造成面料浪费或裁片数量不够的后果，因此长度和方向一定要准确。铺料长度比排料结果短，就无法进行裁剪，铺料长度比排料结果长，超过允许的误差规定就会浪费很多的原料，所以必须根据原料的性能、质地的软硬、缩率的大小等加放适当的长度，严防铺料长度不准。一般情况下，根据排料两边各加长1cm左右。

⑦面料的正反面要准确。铺料前一定要认真辨认面料的正反面，以免铺错。

⑧铺料的厚度不能超过裁剪设备的最大裁剪高度。否则，底层的面料不仅不能被准确裁剪，而且会造成浪费。

⑨最终的总裁剪层数一般要比交货数量多两层，一方面防止面料可能有疵点或严重的色差需要换片，另一方面在后道工序的半成品甚至是成品可能会产生次品，造成损耗，需要换片。

11. 裁剪工艺要求

对批量加工的服装往往需要根据服装的规格尺寸和数量分床裁剪，按照样板方向合理排料，裁剪时各层衣片间的误差应符合规定。裁剪方法不正确不仅会使成衣造型结构完全偏离设计，而且会造成很大的浪费，造成巨大的损失。具体工艺要求如下。

（1）刀法要准确。裁剪时，纵横交错裁片线条很多，应该从哪条线路进刀。一般的经验是，采用"三先三后"的方法，即先横裁后直裁；先裁外口后裁里口；先裁部件后裁大片。这种裁法既顺手又方便，既能保证质量，又能提高工效。刀要垂直于台面，要将案板上的布屑、杂物清除干净，防止电剪在进刀时，由于高低不平或触上杂物，造成刀片倾斜或断刀事故。

（2）确保裁剪的精度。裁剪精度对裁片质量的影响非常大。通常要从两方面考虑，一是指所裁的裁片与样板之间的误差，另一个是各层衣片之间的误差。保证裁剪精度就是要尽量减小这两种误差，严格按照操作规程工作，裁剪过程中裁刀要干净整洁、垂直于面料。

（3）注意裁刀温度对裁片质量的影响。裁剪过程中，由于裁刀的高速运动，与面料之间剧烈摩擦，会产生大量的热能聚集在刀上，使刀片温度上升。有些面料对温度比较敏感，高温下会发生卷曲、变形、甚至熔化现象。因此，裁剪中要注意控制裁刀，保证裁口不会因为温度而发生变化。

（4）保证定位标记准确。为缝制时准确确定衣片之间的相互配合位置，要打孔做标记。孔位必须准确，从顶层到底层要垂直穿透。

12. 验片方法与要求

验片是对裁片质量的检验，其目的是将不符合质量要求的裁片清理出来，避免残、次、废品进入工序。验片的依据是样板和各种技术标准规定。

（1）验片方法。

①将最上层与最下层裁片进行测量，看其是否超过允许误差。如果超过误差，则说明裁剪过程中，裁刀没有垂直。

②检查重要部位的裁片，可用裁剪纸样进行校对。

③检查每一个裁片是否有疵点。

④对有问题的裁片进行修正，如无法修正，则做记录并将该裁片撤出，准备换片。

（2）检查内容。

①主件、附件、零部件裁片的规格、直线、曲线、弧度是否与样板一致。

②裁片的疵点、色差、经纬丝缕是否符合质量标准。

③各定位标记是否准确。

④上下裁片相比，各层裁片误差是否超过规定标准。

⑤刀口、定位孔的位置是否准确，有无漏裁。

⑥对格、对花是否准确。

⑦裁片边缘是否光滑圆顺。

⑧面、里、衬的裁剪数量和准确度与服装的规格尺码等是否吻合。

为了保证裁片的质量，必须遵守以下条件：使用正确的面料；确保裁片数量；保证裁片质量；裁片交付规范化。

13. 打号工艺要求

打号的目的是避免同一件服装出现色差，并能保证在缝制加工过程中，相同规格的衣片进行缝合时，能够避免混乱。其工艺要求为：

（1）打号的墨水要根据面料性能来定，做到打出的号清晰、持久。

（2）打号的部位应确定：要求在半成品的流转过程中随时可以看到号，而在成品上看不到。例如，号可以打在衣片的下摆部位等。

（3）对于绒面面料，最好采用贴标签的形式。

（4）对于衬料，一般只需打出规格号，不打号也可以。

14. 捆扎步骤与注意事项

由于裁片的数量多，为了避免混乱及衣片搭配出错，在裁剪完毕后，将经过打号的裁片根据服装规格进行分类捆扎，并在工票上注明款号、部位和规格。捆扎后的裁片更加便于运送和分配。

（1）捆扎的步骤。

①将一叠叠的裁片按顺序排在裁床上，并将裁片分成数量适中的多扎，一般一扎为4~24件。

②将每扎裁片的颜色、款式编号、尺码、数量和床次详细记录在工票上。

③将工票附于每扎裁片上。工票可表明每扎衣片的情况，还应指出该工序是由哪位员工完成的，以便查找。工票剪下来交付工厂管理部门，还可用于计算工资，有助于控制生产。

④用多余的布条将裁片捆扎在一起，用储物筐运送到车间。

（2）裁片捆扎的注意事项。

①同件衣服的裁片必须来自同一层面料。同件衣服各部分的裁片必须从同一层面料裁出。如果一扎裁片中有来自不同面料层的裁片，可能会产生色差，缝好的服装各部分的色泽也会有所差别。

②同扎裁片必须同一尺码。每一扎裁片只可以有一个尺码。如果一扎裁片中混有不同尺码，则会给车工带来困难，容易将不同尺码的裁片缝制在一起。

③每扎裁片数量必须要准确。如果一扎裁片的数量比工票上所示的少，就是遗漏了一些裁片。遗漏的裁片必须补裁，浪费人力、物力，而且补裁的裁片会带来色差。

④捆扎时应注意要大片在外、小片在内、扎齐扎牢，防止出现在运输途中或加工过程中发生丢片现象。

15. 黏合工艺要求

（1）选用黏合设备与工具应合适，如熨斗、黏合机等。

（2）黏合参数（温度、压力、时间）应合适，见表4-16。

表4-16 黏合衬黏合参数

种类	温度/℃	时间/s	压力/Pa
衬衫黏合衬	160~190	15~25	(1.96×10^5) ~ (2.94×10^5)
外衣类黏合衬	120~150	12~20	(2.94×10^5) ~ (3.92×10^5)
裘皮类黏合衬	120~140	10~15	(1.96×10^5) ~ (2.94×10^5)

注 压力栏中，过去用 kgf/cm^2，$1kgf = 9.8 \times 10^4 Pa$。

（3）黏合后裁片应无极光、无气泡现象，抗撕强度要保持较好水平。

（4）黏合时应考虑原料本身的性能。黏合衬黏合参数见表4-16。

上述第8~14步骤，都属于裁剪工程中完成的工艺，一般在工厂中要求填写一张裁剪生产工艺单，见表4-17。另外，为掌握各车间的生产进度，裁剪车间班组应按时完成生产计划并及时提供裁剪车间生产日报表，见表4-18。

表4-17 裁剪生产工艺单

货号		生产任务	号型			
品名			数量/件			
规格搭配			排料长度/m			
铺料长度/m			铺料层数/(层/床)			
铺料床数			铺料方式			
打号规定			分扎规定			
技术质量要求			备注			

负责人：

表4-18 裁剪车间生产日报表

填制时间：　　年　月　日　　　　　　　　表单编号NO：

合同号	款号	品名	订单数量	交货期	颜色	规格					数量			
											应裁	日裁	已裁	尚欠

明日工作计划简述及需解决事项：

制单人：

16. 工艺规程

工艺规程是企业对具体产品整个生产过程所制定的工艺规定，它包含了流程工艺与工序工艺两大类。

（1）流程工艺。

规定加工对象（整件服装或服装的某一部件）在企业生产加工中，应该经过的路线的一种工艺文件。基本流程用工艺流程图的形式来表示。图4-7所示为西裤生产工艺流程图。

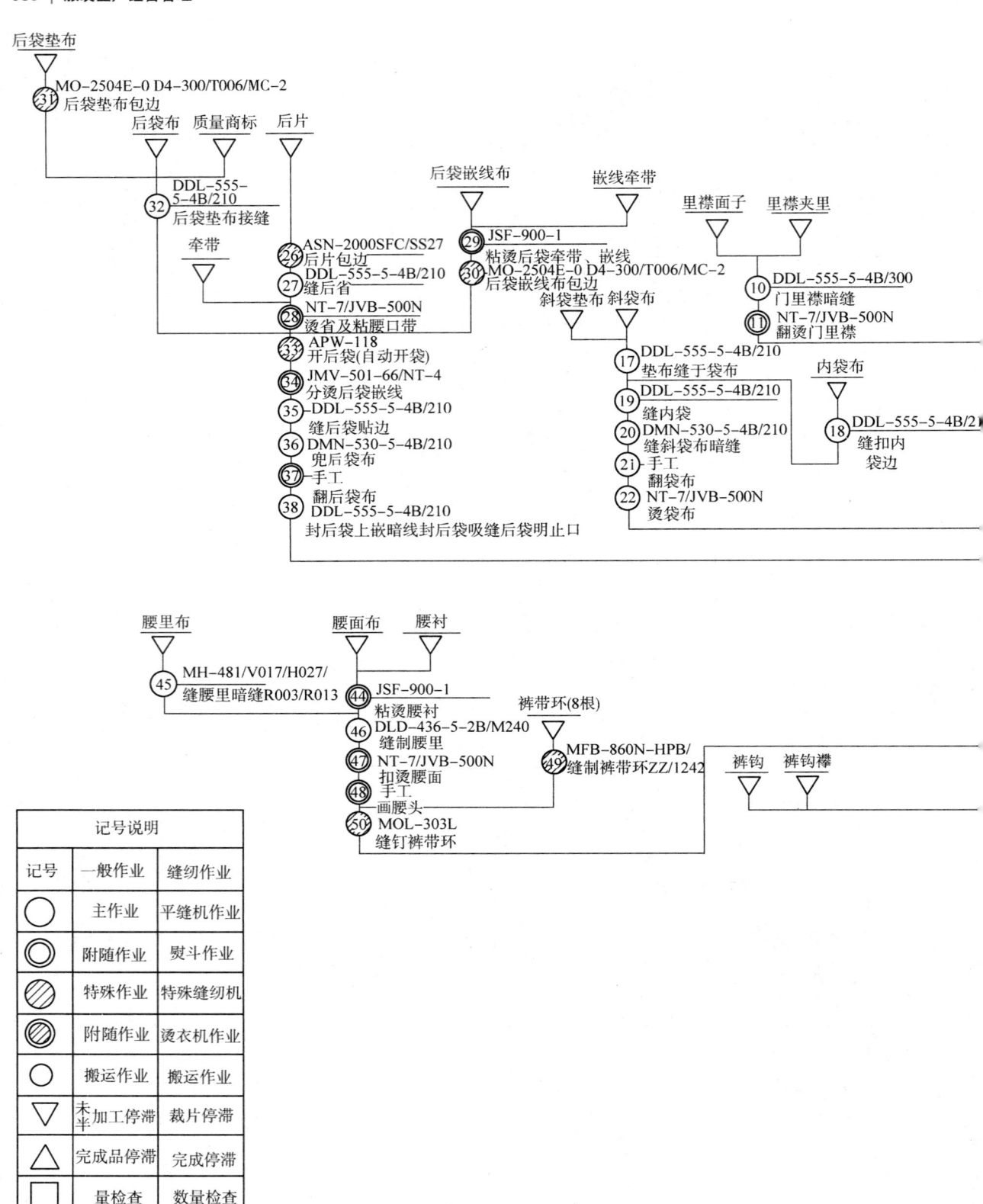

图4-7　西裤生产工艺流程图

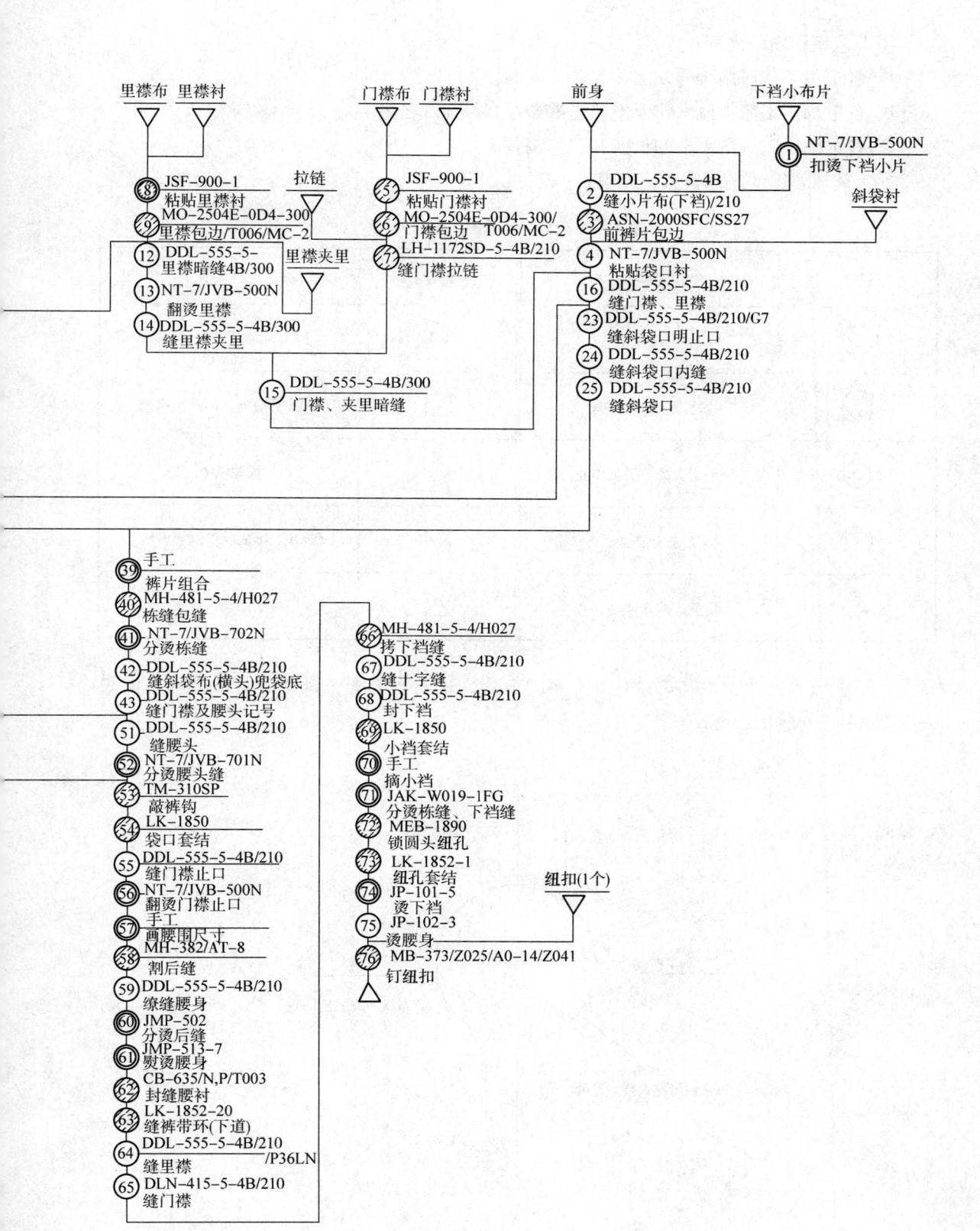

```
                里襟布  里襟衬           门襟布  门襟衬         前身                        下档小布片
                  ▽      ▽               ▽      ▽            ▽                            ▽
                                                                                    ①  NT-7/JVB-500N
                                                                                       扣烫下档小片
                     ⑧  JSF-900-1        拉链        ⑤  JSF-900-1              DDL-555-5-4B           斜袋衬
                        粘贴里襟衬        ▽            粘贴门襟衬           ②  缝小片布(下档)/210       ▽
                     ⑨  MO-2504E-0D4-300               ⑥  MO-2504E-0D4-300/       ASN-2000SFC/SS27
                        里襟包边/T006/MC-2                  门襟包边  T006/MC-2  ③  前裤片包边
                     ⑫  DDL-555-5-        里襟夹里    ⑦  LH-1172SD-5-4B/210   ④  NT-7/JVB-500N
                        里襟暗缝4B/300     ▽               缝门襟拉链          ⑯  粘贴袋口衬
                     ⑬  NT-7/JVB-500N                                              DDL-555-5-4B/210
                        翻烫里襟                                                    缝门襟、里襟
                     ⑭  DDL-555-5-4B/300                                       ㉓  DDL-555-5-4B/210/G7
                        缝里襟夹里                                                   缝斜袋口明止口
                                                                               ㉔  DDL-555-5-4B/210
                                         ⑮  DDL-555-5-4B/300                       缝斜袋口内缝
                                             门襟、夹里暗缝                     ㉕  DDL-555-5-4B/210
                                                                                    缝斜袋口
```

```
        ㊴  手工
            裤片组合
        ㊵  MH-481-5-4/H027
            栋缝包缝
        ㊶  NT-7/JVB-702N               ⑥⑥ MH-481-5-4/H027
            分烫栋缝                         拷下档缝
        ㊷  DDL-555-5-4B/210            ㊻  DDL-555-5-4B/210
            缝斜袋布(横头)兜袋底              缝十字缝
        ㊸  DDL-555-5-4B/210            ㊽  DDL-555-5-4B/210
            缝门襟及腰头记号                  封下档
        ㊿  DDL-555-5-4B/210            ㊾  LK-1850
            缝腰头                            小档套结
        ㊾  NT-7/JVB-701N              ⑦⓪ 手工
            分烫腰头缝                       摘小档
        ㊾  TM-310SP                   ⑦①  JAK-W019-1FG
            敲裤钩                           分烫栋缝、下档缝
        ㊾  LK-1850                    ⑦②  MEB-1890
            袋口套结                         锁圆头纽孔
        ㊾  DDL-555-5-4B/210           ⑦③  LK-1852-1
            缝门襟止口                       纽孔套结                   纽扣(1个)
        ㊾  NT-7/JVB-500N              ⑦④  JP-101-5                      ▽
            翻烫门襟止口                     烫下档
        ㊾  手工                       ⑦⑤  JP-102-3
            画腰围尺寸                       烫腰身
            MH-382/AT-8                ⑦⑥  MB-373/Z025/A0-14/Z041
        ㊾  割后缝                           钉纽扣
        ㊾  DDL-555-5-4B/210
            缭缝腰身
        ⑥⓪ JMP-502
            分烫后缝
        ⑥①  JMP-513-7
            熨烫腰身
            CB-635/N,P/T003
        ⑥②  封缝腰衬
            LK-1852-20
        ⑥③  缝裤带环(下道)
        ⑥④  DDL-555-5-4B/210
                           /P36LN
            缝里襟
        ⑥⑤  DLN-415-5-4B/210
            缝门襟
```

①工艺流程图的内容：

A. 各道加工工序的编号、名称、加工时间。

B. 各道加工工序在流水作业中的先后顺序和具体工艺内容。

C. 各道加工工序所需要的设备和工艺装备。

②工艺流程图的编制符号，见表4-19。

表4-19 工艺流程图编制符号

记号	内容说明	记号	内容说明
○	平缝作业	○	搬运作业
⊘	特种缝纫机械作业	□	数量检查、台板作业
⊙	手工熨烫、手工作业	◇	质量检查
⊙	整烫作业	▽	裁片、半成品停滞或投料
◇	质量、数量同时检查	△	成品停滞、结束

③工艺流程图的表达方式。一道工序的表达，是工艺流程中具体的每一个环节的表达，如图4-8所示。

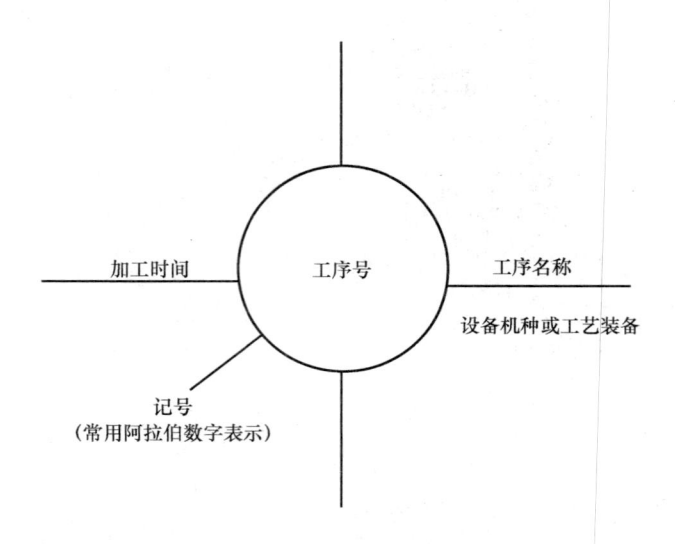

图4-8 工艺流程图的表达方式

（2）工序工艺。

①工艺卡。工艺卡是服装生产中，总体工艺规程在具体工序中的体现，是加工产品技术规范的细则，是进行品质控制的依据。图4-9就是工艺卡中的一例，其具体内容为：

A. 加工部件的名称。

B. 结构图：所加工的部件及其连接方式，要求表达时应做到清楚、简洁。

C. 结构说明。

D. 各部位尺寸明细表：明确要求范围，标出尺寸等。

E. 操作要领：正式工作前的缝纫准备工作，具体的操作程序和操作方法等。

F. 外观要求：即产品（服装）的外部质量要求。

G. 面、辅料单耗表：里料、纽扣、线等的消耗。

H. 应用的设备与工艺装备：如设备名称、样板号、辅助工具等。

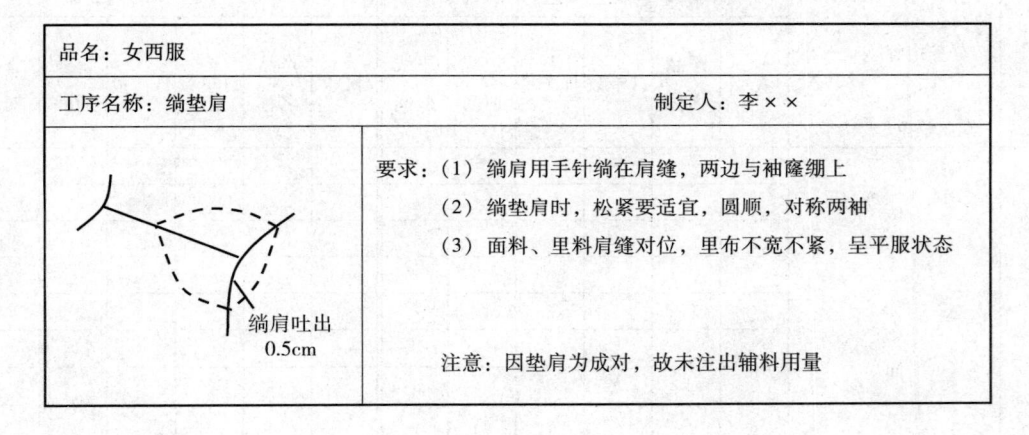

品名：女西服	
工序名称：绱垫肩	制定人：李××
绱肩吐出 0.5cm	要求：（1）绱肩用手针绱在肩缝，两边与袖隆绷上 （2）绱垫肩时，松紧要适宜，圆顺，对称两袖 （3）面料、里料肩缝对位，里布不宽不紧，呈平服状态 注意：因垫肩为成对，故未注出辅料用量

图4-9 工艺卡

②工艺册。将每一具体产品各道工序的工艺汇编成册，既可以提供给操作者使用，亦可作为资料存档、查阅。

制定工艺册时，工艺规格原则与要求为：

A. 严格按照产品设计、技术标准的要求制定。

B. 从实际生产现有条件出发，考虑所有企业状况及工人的技术水平。

C. 不断总结自身的工艺，而且要推广一些新的工艺与技术。

D. 在合理利用本厂（公司）优势的同时，吸收新技术，不断改进工艺。

E. 尽量使流程简单，投产速度快、生产周期短。

F. 工程技术人员应深入第一线，推广经验、窍门，提高生产率。

③缝制车间任务分配指令单，见表4-20。

表4-20 缝制车间任务分配指令单

填单时间： 年 月 日　　　　　　　　　　　　　　　　　表单编号NO：

合同号	班组\任务内容\作业单位	第　　组						第　　组					
		款号	产品名称	订单数	日产量	上线时间	下线时间	款号	产品名称	订单数	日产量	上线时间	下线时间
	第　　车间												
	班组\任务内容\作业单位	第　　组						第　　组					
		款号	产品名称	订单数	日产量	上线时间	下线时间	款号	产品名称	订单数	日产量	上线时间	下线时间
	第　　车间												
特别注意事项：													
核准：				制单：									

（3）工序改进。

① 排除工序，如图4-10所示。

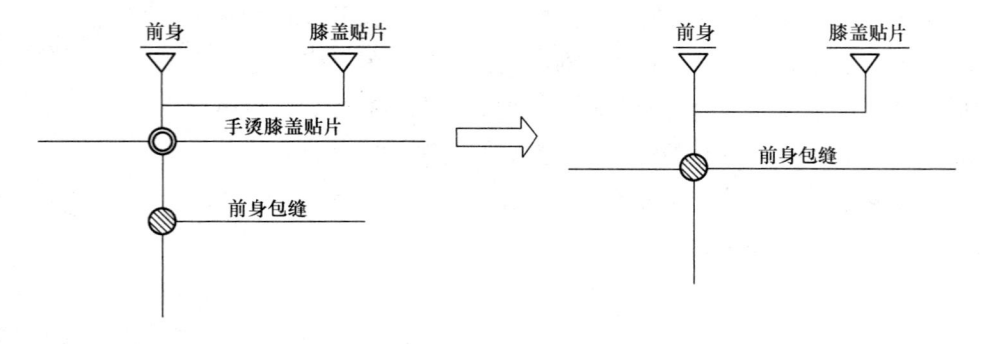

图4-10 排除工序

②改变顺序，如图4-11所示。

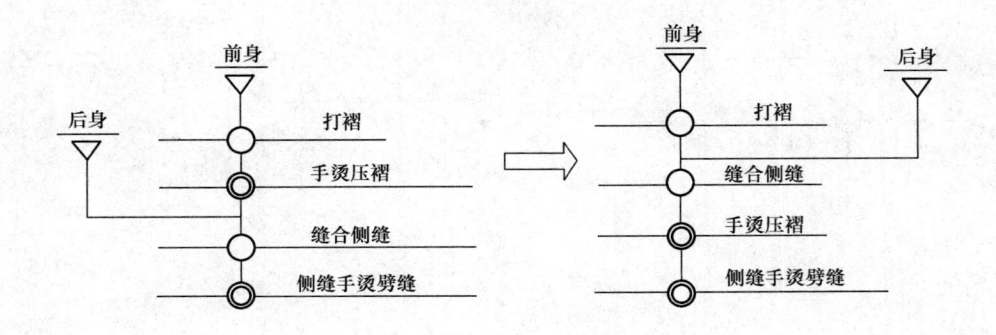

图4-11 改变顺序

③结合集中，如图4-12所示。

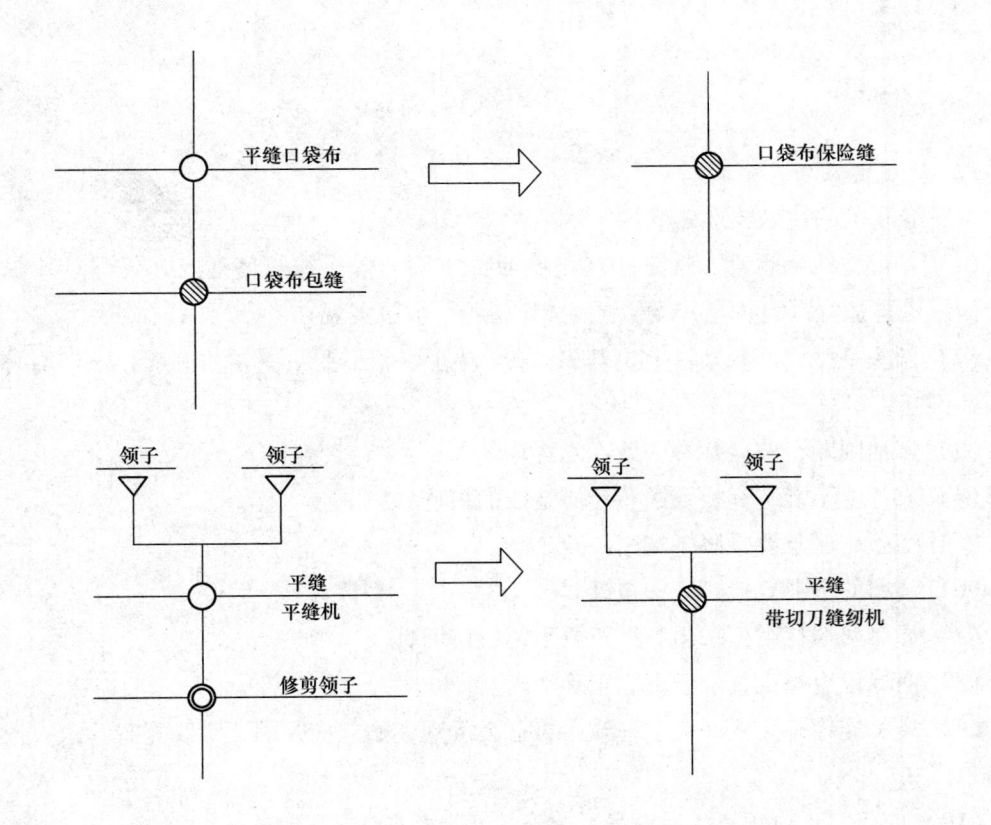

图4-12 结合集中

④简单化、机械化，如图4-13所示。

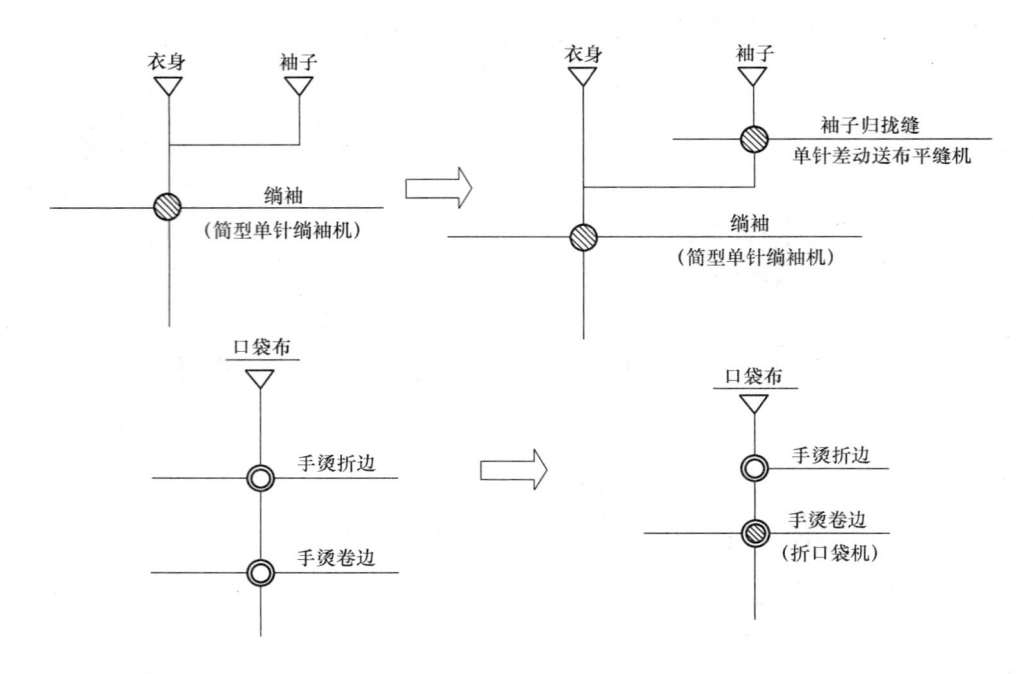

图 4-13 简单化、机械化

17. 缝制过程工艺要求

常见缝制工艺技术要求如下：

（1）各部位线路顺直、整齐（起止倒回针牢固，搭头线长度适宜，无漏针、脱线），底、面线松紧适宜（与面料厚薄、质地相适应），平服美观。

（2）领头平服，不翻翘（有窝势），领子端正，领形要活，领角圆顺，左右对称，不变形，不吐止口。

（3）绱袖圆顺，前后基本一致，吃势均匀。

（4）衣片上不能有针板及送布牙所造成的痕迹。

（5）滚条、压条要平服，宽窄一致。

（6）袋布的垫料要折光边或包缝。

（7）袋口两端打结可采用套结机或平缝机倒回针。

（8）商标位置端正，号型标志正确清晰。

（9）袋位准确，高低、大小一致，袋盖无反翘，贴袋应圆顺，缉线宽窄一致，挖袋无毛边。

（10）前门襟止口顺直，左右长短一致，止口略向内吐。

（11）摆缝、袖缝无松紧现象，底边、袖口圆顺，贴边宽窄一致平服。

（12）对称部位基本一致（目测无明显差异）。

（13）驳头内外均匀平展，左右一致。

（14）裤子摆平，双腿长短、大小相同，侧缝不能过紧，无吊裆、骑裆现象，线道宽窄一致，外观平整美观。

（15）锁眼。不偏斜，扣眼与眼位相对应。

（16）钉扣。收线打结必须牢固。

（17）打结。结实、美观。

18. 熨烫工艺要求

（1）根据各种面料的不同性质来确定不同的工艺参数，即压力、湿度、温度和时间的确定要合适。

（2）根据不同产品的生产工艺与数量，选择合适配套的熨烫工具与辅助工具。

（3）根据工序要求与产品生产任务书的要求，将熨烫分为中间熨烫与成品熨烫，安排好工时与人员的配备。

（4）严格按照不同种类服装的熨烫顺序进行，避免极光等现象的出现，保障产品的一致性。

（5）正确操作专用熨烫设备。

19. 后整理过程要求

成衣的外观质量要求，除缝制优良、熨整精细之外，还要求产品整洁、无糨糊、无粉迹、无沾污、无亮光、无水迹、无线头等。国外客户常把粉迹、亮光、沾污、线头称为"四害"。可见，通过后整理，消除成衣的这些疵病，是保证成衣最终质量的重要环节。

（1）污渍整理。首先应根据面料及污渍的类别，选择合适的去污剂，既无毒、无害、无污染，又不能破坏面料的色泽和成分，见表4-21。可使用牙刷或小尼龙刷等，还可选用除污喷枪及除污清洁抽湿台。难以去除污渍的，要及时调整或换片。

表4-21 服装上常见污渍及典型特征

污渍分类	代表举例	明显识别特征
油污类	机油、食物油、油漆、药膏等	油污类污渍除油漆、沥青、浓厚的机油之外，一般的油渍边线逐渐淡化，且往往呈菱形（经向长而纬向短），这类污渍一般较易识别
水化类	糨糊、汗、茶、糖、酱油、冷饮、水果、墨、圆珠笔油、铁锈、红蓝墨水、红药水、紫药水、碘酒等	水化类污渍如红药水、紫药水、碘酒、红蓝墨水，有其鲜明的色彩；茶渍、水渍呈淡黄色且有较深的边缘，不发硬，这是和蛋白质类污渍的区别所在；薄的糨糊渍在织物上发硬，有时也有较深的边缘，但遇水就容易软化
蛋白质类	血、乳、昆虫、痰涕、疮脓等	蛋白质类污渍在织物上一般无固定的形状，但都发硬，且有较深的边缘，其中除血渍、昆虫渍的颜色较深外，其余多数呈淡黄色

污渍整理要注意以下几点：

①合理选用去污材料。毛织物是蛋白质纤维，它的染料一般以酸作为媒介，因此要避

免使用碱性去污材料，因为碱会破坏蛋白质（毛织物），破坏酸性媒介（掉色棉织物一般用碱作为染色媒介），所以使用酸性材料后的变色要用纯碱或肥皂来还原。凡是深色织物，使用去污材料时以先试样为妥。

②正确使用去污方法。洗涤去污方法分水洗和干洗两种，要根据服装的质料和污渍种类正确选用去污方法。

③去污渍后，防止残留污渍圈。

（2）色差辨识。审查服装不同部位色差是否存在，色差级别在不同部位的存在情况，超过标准规定应及时处理，否则只有降等、降级。

（3）布疵修理。服装面料自身存在残疵或在生产加工、搬运、取放过程中，可能受到钩挂、撕拉等作用，都会造成不同程度的疵病。因此要对其进行修复，保证产品出厂时的正品率，以降低损耗，提高经济效益。布疵修复的原则是将大疵修整后成小疵或无疵，小疵修整成完好状态，以提高服装等级为原则。

（4）线头（毛梢）整理。线头（又称毛梢）的整理是服装加工最容易，但也是最难解决的一道工序，这里面包含着人为因素和客观环境因素。前者是对毛梢的处理不够重视，总认为毛梢不是产品质量的直接问题，容易掉以轻心。后者是场地、工作台、产品储存器的清洁指数问题。此外，如果工作人员身上粘上毛梢后，也有可能使服装粘上毛梢。

线头分死线头和活线头两种。死线头是指缝纫工在加工过程中，开始缝制和结束时未将缝纫线剪除干净而残存在加工件上的线头。目前的大工业生产，进口设备多备有自动剪线器，其技术指标是线头长度不能大于4mm，大多数线头还需用人工剪修。活线头是指服装产品在生产流程中所粘上的线头和纱头。一般可分三种方法处理：

①手工处理。用手将线头拿掉，放置在一个存器内，以防止再次粘上产品。

②粘去法。用不干胶纸或胶滚轮将产品上的毛梢粘去。

③吸取法。这是目前最通用的方法，既省工，效率也高。它是采用吸尘器原理将产品上的毛梢、灰尘吸干净。

总体来看，服装后整理过程的生产活动需要对污渍进行辨别并采取正确的方法加以处理，需要对布疵进行修整，需要对毛梢进行处理，经过后整理过程的加工处理，服装便可保质、保量地进入下一道包装工序。

20. 包装过程要求

（1）整烫后的产品由整烫组长移往包装组并由包装组长填写、签署并移交记录表。

（2）包装组长在成衣包装前，先核对生产制造单、生产排期表、实裁数总结表、装箱表，并按制单上的包装要求到物料仓领区所需物料，签署领料单。

（3）包装组长要按照生产制造单的包装规格，先包一件做示范样品给跟单，审批后方可包装（如上挂牌、激光贴等）并安排本部门工人按样品包装。

（4）包装工人需按包装组长给的样品（示范样品）进行包装工序。

(5) 在产品装箱前,包装组长会分配比例装箱。

(6) 装箱后成品必须由包装组长安排摆放于指定位置,并安排负责员工填写装箱单,见表4-22。

表4-22 产品装箱单

买方地址			
发票号码:	订单号码:		款式号码:
颜色尺码分配表:		箱唛:	
包装箱编号:		各颜色尺码数量:	
装运地:		目的地:	
制表人:		填表日期: 年 月 日	

(7) 装箱后成品需进行检验,见表4-23,具体检验内容详见下一节内容。

表4-23 待出厂产品检验表

款式名称		客户名称		
规格		生产数量		
使用面辅料		装箱数		
生产编号		合同编号		
序号	检验项目	不合格箱号	合计	备注
检验判定: ( )准予出厂 ( )请质检部门再详细检查 ( )建议退厂处理				
复检: 检验员: 检验日期: 年 月 日				

(8) 包装组长要根据包装部的生产进度做出适当调配及填写包装日报表。

(9) 生产过程中遇到解决不了的问题,包装组长要向后整理车间主管汇报,有需要时后整理车间主管要向厂长汇报。

(10) 包装组长须确保包装工序内的品质完成后才可将产品入仓。包装车间还需要填写每月检查报告,最后存档。包装车间月报表举例见表4-24。

表4-24　包装车间月报表

车间部门：					年　月　日	
服装名称	本月结存	本月入库数	本月返回数	返货统计		备注
				单位	数量	
审核：		填表人：		填表日期：　年　月　日		

（11）包装组长需准备一份移交记录表，装箱表，连同入仓记录表及货品交客户成品仓。

（12）后道车间生产日报表，见表4-25。

表4-25　后道车间生产日报表

填制时间：　年　月　日										表单编号NO：		
合同号	款号	品名	订单数量	颜色	本日接收数量	本日作业完成状况				至本日接收累计数量	生产组别	交货期
						钉扣	锁眼	整烫	包装	装箱			
明日工作计划简述及需协调解决事项：												
											填报人：	

（三）成品验收单

成品验收包括质量与数量两方面的验收，要根据订货合同单或产品设计任务书的相关内容,由订货单位与生产单位共同完成。成品验收单的内容见表4-26,成品检验内容举例见表4-27。

表4-26 成品验收单

合约			货号			地区			品名	
商标			吊牌			数量			生产单位质量情况:	
箱号	规格	数量	箱号	规格	数量	箱号	规格	数量		
									验收意见(驻外联络员):	
									厂检验意见:	
小计			小计			小计				
合计			包括副、次品总数							
备注: 1. 每批任务按照标准验收,发现重大质量事故由生产单位负责,事故单一式三份送厂部处理; 2. 副、次品分隔包扎并标注清楚										
生产单位						年 月 日				

表4-27 成品检验表

1. □面料的正反面是否正确?	检验员	组长	组别
2. □配色是否正确?			
3. □毛向是否正确?	具体尺寸		
4. □袋布、里料的颜色是否正确?	部位/实量	需加、减尺寸	
5. □经、纬纱是否歪斜?			
6. □表面缉线间距与疏密是否按规定?			
7. □缉线是否弯曲?			
8. □链条线、拷边线、扎针是否完整?			
9. □底、面线,起落针好不好?			
10. □做好的尺寸是否与规定尺寸一致?			

续表

	生产任务书	实际
	针	针

11. □裤襻的宽度、长度缝制方法是否正确？
12. □各缝份有没有吃势不均匀、有皱？
13. □罗纹、松紧带的部分是否与样品要求一致？
14. □套结的位置、长度、只数是否正确？
15. □锁眼洞的位置、形状是否正确？
16. □锁眼洞的工艺处理是否整洁？
17. □斜条、绳子的配色是否符合规定？
18. □扣环、伸缩襻是否发挥作用？
19. □黏合衬是否平服？
20. □各缝制的线（颜色、股数）是否与规定一致？
21. □针数是否与规定一致？
22. □对条、对格、对称的部位是否正确？
23. □裥与省的内缝方向是否准确？裥的长短是否符合规定？
24. □各种加工（水洗、HP加工等）后的尺寸是否符合规定的尺寸？
25. □刺绣及印字的颜色、位置是否符合规定？质量是否好？
26. □小件部位（领子、前巾、袋盖、口袋、袖口、腰带等）有没有色差？
27. □小件（领子、前襟、袋盖、口袋、袖口、腰带等）尺寸、形状及上下左右的位置是否符合规定？
28. □拉链、纽扣（四件扣）的大小、颜色、钉的方法、位置是否准确？
29. □纽扣钉得牢固吗？
30. □商标、注意标、洗涤标（成分、图画）的内容，钉的位置是否准确？
31. □线头修得干净吗？
32. □各部位的油渍、划粉印、铅笔印等是否齐备？（如发现油渍，须检查机器）

（四）产品质量检验表

产品质量检验表由质检部门制定，主要是对产品中间抽样检验与产品最终检验情况的记录。产品质量检验表的形式可参考表4–28和表4–29。

表4-28 产品质检日报表

日期： 组别： 表单编号NO：

工号	姓名	款号	品名	成品数	规格	颜色	正品数	副品数	不良原因	责任人	质量状况
											1. 面布抽纱破洞
											2. 里料抽纱破洞
											3. 污迹、油迹
											4. 衣片色差
											5. 跳线、漏针
											6. 车线宽窄、起皱
											7. 接线、分叉
											8. 帽、腰、下摆绳长短
											9. 帽夹、袖夹上下没固定
											10. 袖子长短
											11. 袖口大小
											12. 领口线不对称
											13. 领子长短、高低问题
											14. 拉链不合格
											15. 拉链起波浪
											16. 拉链饰标
											17. 口袋破洞、破角
											18. 口袋大小
											19. 袋布问题
											20. 缝合压线爆开
											21. 下摆起皱
											22. 帽檐、下摆压线宽窄
											23. 内里、吊里宽窄
											24. 主唛、水洗唛钉错
											25. 主唛、水洗唛、尺码唛错码
											26. 尺码唛错码
											27. 棉厚、薄、轻、重
											28. 衬布问题
											29. 整烫问题
合计											30. 魔术贴问题
备注：											31. 印、绣花问题

主管签字： 质检员签字：

表4-29 产品质量分析表

型号：	品名：	合约：	地区：
出席人：			
工艺分析：			
改进措施：			

（五）成本单

成本的核算除包括原、辅材料外，还应当考虑工人工资、设备损耗、包装费用、水电费、产品加工费等。产品成本计算单可参考表4-30。

表 4-30　产品成本计算单

主料	单价	单位	规格 S		规格 M		规格 L		规格 XL		规格 XXL	
			用量	金额	用量	金额	用量	金额	用量	金额	用量	金额

主料合计金额：

辅料	单价	数量	金额	产品设计图示意说明：	规格\部位	S	M	L	XL	XXL
					衣长					
					胸围					
					袖长					
					下摆					
					裤长					
					裤腰					

					计划用料数	
					实际用料数	
					用料超计划率	％
					需货单位签章：	

辅料合计金额：				核价人	主管部门签章：
外发公交金额				复核人	
工交总金额				制表人	
包装金额				主管部门负责人	
总成本				厂部负责人	填表日期
出厂价					

第三节　服装工艺的控制

服装的具体工艺是经过反复研究、试制、鉴定与再试制、再鉴定等多个环节制定的，这就要求在实际的生产中必须很好地执行，并且在工艺管理过程中做到有效控制，以确保产品生产按照预期的设想来进行，并能够最终生产出符合标准要求的产品。

在生产企业中，当有关工艺的文件经过审批通过后，对工艺的控制主要是在产品生产前、生产中和生产后进行的。

一、正式生产前

首先应当召集有关技术部门的人员，生产车间及班组负责人、技术员和部分有实际经验的优秀工人学习工艺文件。由工艺制定人员讲解产品各项工艺的要求，如工艺标准、技术要求、结构特点、性能和工艺处理方法、质量标准等，并出示样品及相关样板。待弄清工艺文件与加工工艺后，再向各部门及生产车间、班组发放工艺操作规程、工艺卡等技术性文件。

技术部门、生产车间、班组领导与技术员在弄清产品工艺后，向生产人员进行说明，并根据产品进行人员安排与组合。

二、生产过程中

技术与质量检验等部门，在正式生产后组织人员进行检查监督，发现问题及时汇报并纠正。同时，还要建立好奖惩制度。为了保持工艺技术文件的严肃性，应向操作人员声明，任何人不得在生产中任意修改工艺技术文件。

在生产中，生产技术部门以及相关生产班组长，可以根据自身情况，进行调整以及改进，但必须经过批准，而且改进后的效果要明显，并要保证生产的连续性和平衡性。工序间的不合格品的识别是由相关部门组织人员参与，根据产品在不同工序的质量检测标准进行评审，并提出综合的处理意见。

（一）不合格品的处理

以服装成衣生产过程中的主要生产工序裁剪、缝制、整理过程为例，介绍不合格品处理时的要求。

1. 裁剪过程

在服装成衣生产的裁剪过程中，"验片打号"工序中是识别不合格裁片的主要工序。发现不合格裁片，首先需要标注不合格之处，上报主管领导，然后查找产生不合格品的原因，通过清洗、修补或补裁的方式将裁片补齐，经检验合格后流入下道工序，不合格品经返工直至合格后才能流入下道工序。

2. 缝制过程

缝制工序复杂，需要检验的项目多，是最容易产生不合格品的工序。缝制过程的质检员负责将当天该组生产线上存在的缺陷、生产数量处理意见上报品质部，确保半成品生产过程中对质量不合格的工序进行分析，采取措施以减少问题的再发生，使质量体系正常运行。

通常情况下，质检人员对不合格品的处理流程及相关解决方法如下：

（1）缝制出现不合格品，要在不合格部位贴上标签贴纸，做好标记和记录，并把不合格品放置在规定的、带颜色的标识塑筐内。

（2）缝制、锁钉的单件或少量不合格品由车间检验员或质检部检验员负责评审，并当场处置。

（3）检查服装组件时如果发现个别缺陷，应立即通知生产组长，并告知相关员工立即返工。

（4）如果连续发现五个以上的相同缺陷，应立即通知组长对工位操作人员进行停工处理。

（5）如果发现整批缺陷，应立即通知生产组长或车间主管，进行不合格判定并予以返工处理，同时写出报告上交质检部主管。

（6）如果发现有重大问题时，要立即询问总经理，不可自行解决问题。

经检验合格流入下道工序，不合格品则经返工直至合格后才能流入下道工序。

总之，服装缝制质量控制的关键是严格执行工艺技术规定，加强成衣半成品的中间质量检验。

3. 整理过程

进入服装成衣生产的整理过程后，熨烫环节总体来说要做到："三好"和"七防"。"三好"是指熨烫温度掌握好、平挺质量好、外观折叠好；"七防"是指防烫黄、防烫焦、防变色、防变硬、防水花、防亮光、防渗胶。为防止不合格品的出现，需要对材料、设备进行测试、检查，做好半成品、成品的熨烫质检工作。对于烫好的衣服，必须经整烫部检验员检验，合格产品收货，不合格产品重新整烫。

后整理环节要做好头道检验，即产品颜色、面料、款式瑕疵统计后返回车间返工，车间返工后再检查，如发现还有瑕疵，则车间重新返工再计数。对于钉好纽扣的成品，在剪线组剪线时，如发现没有剪干净，需返工重剪，合格产品再送总检。另外，根据客户要求，需要检针的产品，必须规范操作。查出断针，应做好记录，并追溯到班组，交车间处理。已检针和未检针的服装要隔离，并做明显的标识。

（二）关于产品质量缺陷的判定与等级评定

1. 缺陷的判定

所谓缺陷判定，就是质量评价时依据合同或协议的质量标准或自身工艺文件所规定的技术质量要求，在服装的各个检验项目完成后，对服装质量中存在的缺陷轻重程度进行判定。

一般可分为：轻缺陷、重缺陷和严重缺陷。

①轻缺陷：不符合产品标准的技术质量要求，但对产品的使用性能和外观影响微小的缺陷。

②重缺陷：不严重降低产品的使用性能，不严重影响产品外观，但较严重不符合技术标准所规定的缺陷。

③严重缺陷：违反产品质量要求与标准，严重降低了产品的使用性能，并严重影响了产品的外观。

只有对服装的缺陷轻重进行了判定，才能对产品的等级进行判定。

2. 等级判定

根据轻缺陷扣 1 分，重缺陷扣 4 分，严重缺陷扣 20 分的原则，对单件产品以缺陷程度及缺陷的数量进行评定：

①优等品：96 分及以上，即严重缺陷、重缺陷均为 0 分，轻缺陷≤4。

②一等品：93 分及以上，即严重缺陷、重缺陷为 0 分，轻缺陷≤6 分；或严重缺陷为 0 分，重缺陷为 1 个，轻缺陷≤1。

③合格品：90 分及以上，即严重缺陷、重缺陷为 0 分，轻缺陷≤10 分；或重缺陷为 2 个，轻缺陷≤2 分；或严重缺陷为 0，重缺陷为 1 个，轻缺陷≤6 分。

对于批量产品的等级判定则以单件产品的品质分等的数量来定级，一般可分为：

①优等品批：优等品≥90%，一等品、合格品≤10%。

②一等品批：一等品≥90%，合格品≤10%。

③合格品批：合格品及以上≥90%，不合格品≤10%。

抽检中各批量判定数若符合标准规定的为等级品批出厂，若不符合标准规定时应增加抽样数量一倍进行再次检验，若仍不符合规定应全部修整或降等，甚至退货。因此，服装质量的要求一定要把好关，以免次品流入市场，影响产品与企业的形象和信誉。

（三）关于残次品的处理

对于各生产车间在产品生产过程中发生的不能返工的残次品，不能作为正品包装入库时，应作为另类处理。

凡是作为另类处理的残次品，各生产车间要分品种集中大包装，并在包装箱上注明品种、数量、残次品等字样。

残次品统一转入成品可贮存，并办理入库手续，成品库设残次品台账，纳入产品管理程序。

残次品统一由被授权部门组织销售，销售收入上交公司财务。禁止各车间自行销售处理。

要定期组织工人进行技术业务的学习，不断提高工人的工艺技术水平；同时还要对职工进行技术要求高、质量要求高等良好作风的教育，使工人自觉地遵守纪律。

三、生产后

将工艺贯彻与控制的好与坏列入对工人考核的要求中，加大对工艺贯彻与控制的力度。

待产品完成后，要将相关工艺文件进行归档，并进行工艺技术方面的总结，作为以后生产的技术基础和工艺文件，这项工作有时就称为建立相关技术档案，该技术档案包括产品的设计、订货到出厂的全部资料。技术档案封面及内容目录式样，见表4-31和表4-32。

表4-31　技术档案封面式样

总目录号
分目录号

技术档案
名称_____
地区_____品号_____
合约内/外_____编号_____
保管期限_____密级_____

厂名_____
日期_____

表4-32　技术档案内容目录式样

序号	内容	拟制部门	拟制日期	份数	张号	备注
1	内/外销订货单	供销				
2	设计图	技术				
3	生产通知单	计划				
4	成品规格表	技术				
5	原辅材料明细表	技术				
6	原辅材料测试记录表	技术				
7	工艺单、工艺卡	技术				
8	样板复核单	质量检验				
9	排料图、原辅材料定额	技术				
10	裁剪生产工艺单	技术				

续表

序号	内容	拟制部门	拟制日期	份数	张号	备注
11	工序流程图	技术				
12	流水生产安排与工序定额	技术				
13	工序定额	劳动工资				
14	首件封样单	技术				
15	首件产品鉴定表	技术				
16	产品质量分检表	技术				
17	成本单	财务				
18	报验单	质量检验				
19	软纸样	技术				

本章要点

  服装工艺管理工作是一项综合管理过程，不仅包含生产过程中的各种操作动作及要求，而且还包括生产人员、设备及生产材料等多项因素，贯穿服装生产的准备、裁剪、缝制、整理四大工程。

  从生产过程来看，服装产品从原材料到成品的生产过程中，与其他产品生产过程一样都包含了许多技术与价值成分，因而需要对产品进行细致而深入的技术分析，并制定准确而且合适的生产工艺标准和相关文件，来指导服装企业生产的进行。在我国，服装产品的技术标准根据其制定部门一般可分为：国家标准（全国范围内使用）、部颁标准（专业标准，只在有关部门使用）和企业标准。

  工艺方案的制定是具体工艺制定的大纲，它指导着工艺制定的正常进行。工艺方案的制定必须在技术标准与相关文件规定下，并根据自身情况与产品情况来进行。自身情况就是指生产人员的素质与生产设备的拥有情况，产品情况则是指新产品或原有产品的重制。

  在生产企业中，当有关工艺的文件经过审批通过后，对工艺的控制主要是在产品生产前、生产中和生产后进行的。正式生产前，技术部门、生产车间、班组领导与技术人员在弄清产品工艺后，向生产人员进行说明，并根据产品进行人员安排与组合。生产过程中，技术与质量检验等部门组织人员进行检查监督，发现问题及时汇报并纠正；同时生产技术部门以及相关生产班组长，可以根据自身情况，在保证生产的连续和平衡的前提下进行调整以及改进。产品生产完成后，要将相关工艺文件进行归档，并进行工艺技术方面的总结，作为以后生产的技术基础和工艺文件。

复习思考题

  1. 怎样制定服装产品工艺方案？具体工艺方案的制定应该包括哪些内容？
  2. 服装产品的工艺标准主要包括哪些内容？

实践题

1. 收集不同服装生产企业的工艺方案和加工工艺单，根据所学内容，分别比较和分析其不足与优势之处。

2. 图4-14是短裙生产工艺流程图，请结合文中西裤生产工艺流程图，试分析其他类服装款式的工艺流程图。

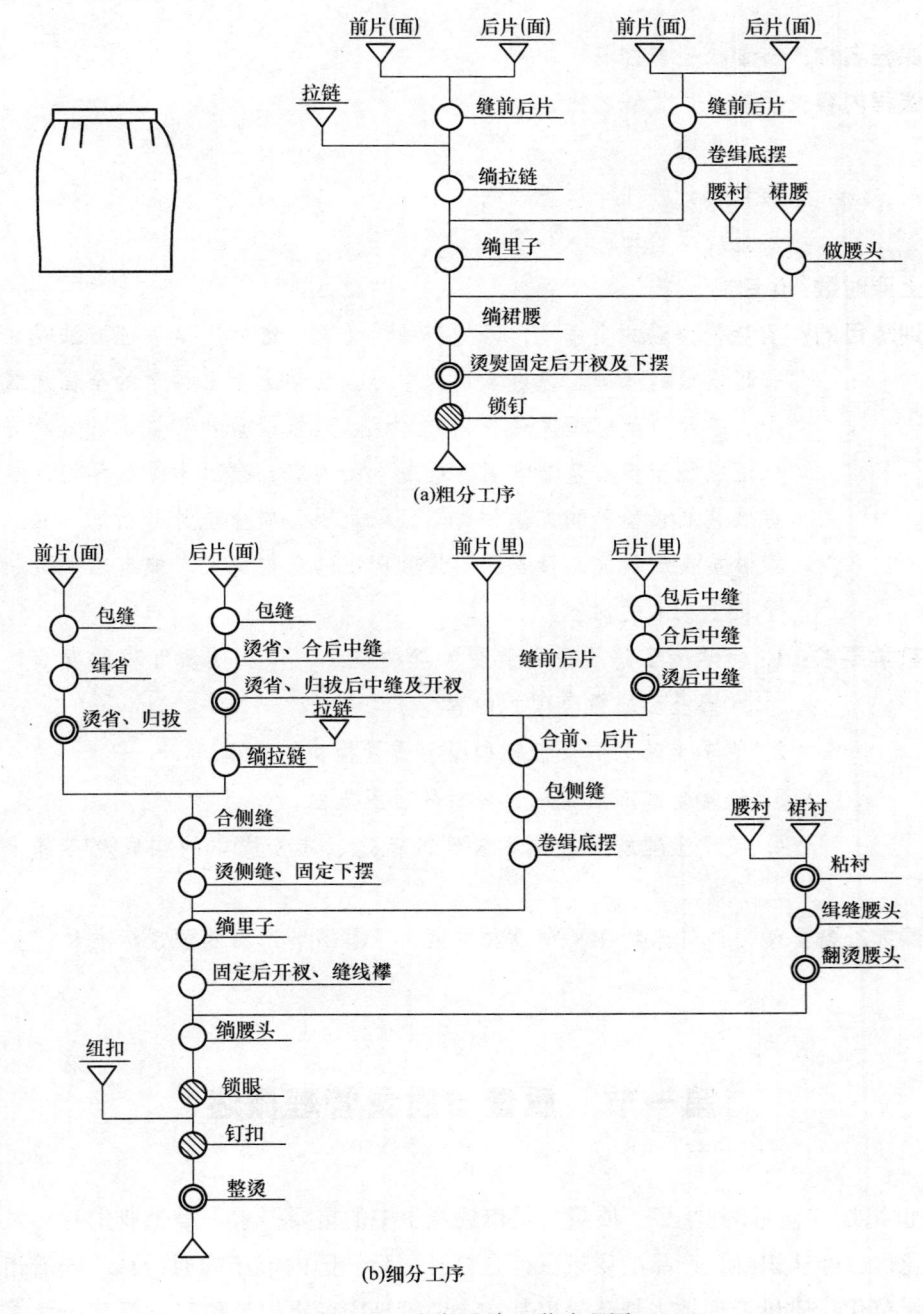

(a) 粗分工序

(b) 细分工序

图4-14 短裙生产工艺流程图

第五章　质量检验与控制

- **课程名称**：质量检验与控制
- **课程内容**：质量与质量管理概述
  质量检验
  质量统计方法与质量控制
  质量成本管理
- **上课时数**：6课时
- **训练目的**：质量是企业的生命线，好的产品质量、先进的质量管理方法是企业获得长远发展的基础。通过本章的学习，为学生树立科学的全面质量管理理念，普及质量管理体系的相关知识。质量检验和质量统计分析方法都是保证服装生产质量最常用、最基本的内容，通过本章的学习，让学生掌握服装质量检验的方法和类别，以及服装质量统计分析的方法。使学生能够重视质量成本及其在质量管理中的重要意义，能够准确分析构成对于质量成本的内容。
- **教学要求**：
  1. 使学生了解质量和质量管理的概念，以及质量管理的发展阶段，并掌握全面质量管理的内容。
  2. 使学生熟悉质量检验和服装质量检验的内容。
  3. 使学生掌握质量统计分析的常用方法，并会灵活运用。
  4. 使学生理解质量成本管理的概念、质量成本的构成及各部分之间的关系。
- **课前准备**：学习统计学的相关理论和方法，了解服装产品的国家标准和行业标准。

第一节　质量与质量管理概述

21世纪是"质量的世纪"。质量，是市场竞争中的重要因素，是企业生存和发展的根本。企业也已经认识到，产品的质量保证是打开国际、国内市场的通行证。随着市场的成熟化和规范化，质量管理越来越凸显出其在企业管理中的重要地位和不可替代性。

一、质量和质量管理

(一) 质量 (Quality)

什么是质量？世界著名的质量管理专家朱兰（Joseph M. Juran）从用户的使用角度出发，把质量的定义概括为产品的"适用性"（Fitness for Use）。所谓适用性，就是产品和服务满足顾客要求的程度，其内涵超越了传统的"质量就是符合性"的概念。

国际标准 ISO 9000：2005《质量管理体系——基础和术语》中对质量的定义是：一组固有特性满足要求的程度。换句话说，质量是对满足程度的一种描述，满足要求的程度的高低反映为质量的好坏。

(二) 服装质量特性 (Clothing Quality Characteristic)

特性（Characteristic）是指可区分的特征，可以是固有、定性的，也可以是赋予的、定量的。

特性有多种类别，如：

(1) 物理的（包括机械的、电的、化学的或生物学的特性），如衬衫黏合衬的缩水率。

(2) 感官的（包括嗅觉、触觉、味觉、视觉、听觉），如服装的色彩搭配。

(3) 行为的（包括礼貌、诚实、正直），如跟单员对待客户的态度。

(4) 时间的（包括准时性、可靠性、可用性），如色牢度。

(5) 人体工效的（包括生理的特性或有关人身安全的特性），如服装的舒适度。

(6) 功能的（包括产生的作用），如内衣的保暖程度。

质量特性（Quality Characteristic）是产品、过程或体系与要求有关的固有特性。服装质量特性可以理解为，服装产品、过程或体系与要求有关的固有特性。固有的意思是指存在于某事或某物中的，尤其是那种永久的特性。"固有特性"是指产品具有的技术特征，不是后来人为附加的内容。这里的要求是指明示的、通常隐含的或必须履行的需求或期望。

应结合产品特点、工艺条件，通过在制造过程中可见的一些规范要求与技术参数，以反映服装质量特性。在服装产品中，规定尺寸、规格、强度等都是为了规定要求，从而可以得到固有特性的满足程度。如使用寿命、可缝性、单位布匹的疵点个数、色牢度等都是质量特性，而服装的价格和组织的所有者就不属于"固有特性"的范畴。

(三) 工作质量

工作质量一般是指与产品质量有关的各项工作对产品质量的保证程度。或者说，与产品质量有关的工作在保证产品质量上满足需要的程度。

工作质量涉及人员、销售、情报、工序、部门系统、企业方针以及经营等工作的有效性。工作质量决定产品质量，是产品质量的保证，离开工作质量的改善，要提高产品质量是不可能的。因此，企业必须确保各项工作的质量，才能保证最终产品质量。

工作质量不像产品质量那样能够具体、直观地表现，也难以定量地描述和衡量，但工作质量客观地存在于一切生产、技术、经营管理、服务等各项活动中，并最终通过产品质量与经济效益（或社会效益）综合体现出来。

工作质量的衡量，可以通过工作标准，把"需要"给予规定，然后通过质量责任制度等进行评价与考核，对不同的部门应有所不同。对于基本生产部门来说，如质量改进系数、产品不合格品率、废品率、返修率、面料消耗指标等都是反映工作质量的指标。

(四) 质量管理（Quality Management）

质量管理作为一项专业管理活动，是企业全部管理职能的一个重要方面。质量管理的发展，同生产力的发展和科学技术的进步是密不可分的，质量管理的概念和内涵也是在不断地丰富、完善的。

国际标准 ISO 9000：2005《质量管理体系——基础和术语》中对质量管理的定义是"在质量方面指挥和控制组织的协调的活动。"在质量方面的指挥和控制活动，通常包括制定质量方针和质量目标以及质量策划、质量控制、质量保证和质量改进。如图 5-1 所示，质量管理是企业经营发展战略的一部分。最高管理者根据企业经营发展战略目标领导制定企业的质量方针。

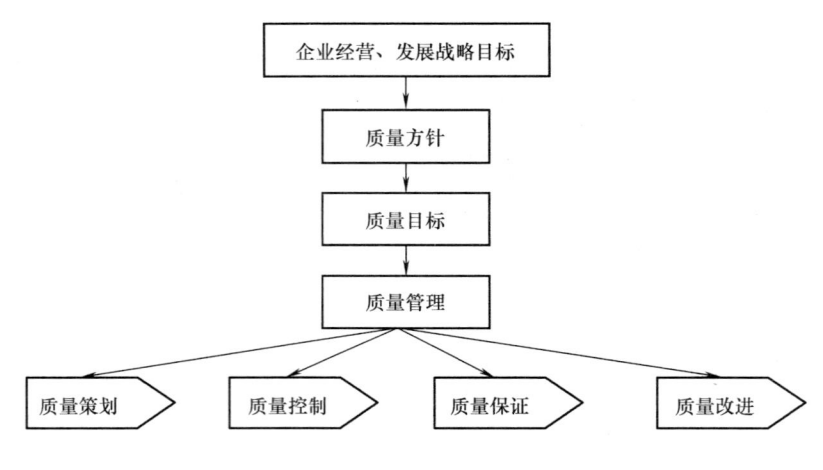

图 5-1 质量管理的范畴

质量管理必须与组织其他方面的管理，如生产管理、财务管理、人力资源管理等紧密结合，才能在实现组织经营目标的同时实现质量目标。

标准中对质量方针、质量目标、质量策划、质量控制、质量保证和质量改进等重要术语的定义如下：

1. 质量方针（Quality Policy）

质量方针是指"由组织的最高管理者正式发布的该组织总的质量宗旨和方向"（国际标准 ISO 9000：2005）。通常质量方针与组织的总方针相一致并为制订质量目标提供框架。国际标准中提出的八项质量管理原则可以作为制定质量方针的基础。这八项原则分别为：以顾客为关注焦点、领导作用、全员参与、过程方法、管理的系统方法、持续改进、基于事实的决策方法、与供方互利的关系。（详见国际标准 ISO 9000：2005）

2. 质量目标（Quality Objective）

质量目标是指"关于质量的所追求的目的"（国际标准 ISO 9000：2005）。质量目标通常建立在组织的质量方针基础上。通常对组织的各相关职能和层次分别规定质量目标。

方针和目标是企业可持续发展关注的焦点和前进的方向。质量方针为质量目标提供框架，而质量目标应该与质量方针保持一致。质量目标必须在质量方针的基础上，逐级展开，而且，应该是可以度量的，尤其在作业层次上必须定量以便增加企业对质量目标的可操作性，并正确自我评估实现的过程和结果。这就要求企业必须建立质量目标展开和评价体系。

3. 质量策划（Quality Planning）

质量策划是"质量管理的一部分，致力于制订质量目标并规定必要作业过程和相关资源以实现质量目标"（国际标准 ISO 9000：2005）。编制质量计划可以是质量策划的一部分。

质量策划是企业为了满足顾客需要去设计开发产品和运作过程的活动。这个企业的基本管理过程，其主要内容通常包括以下几个方面：

（1）制订质量目标，即战略目标和战术目标。

（2）识别谁是顾客，包括内部顾客和外部顾客。

（3）确定顾客需求，包括表述的需求、真正的需求、感觉的需求、文化的需求和可追踪到的非预期用途的需求。

（4）开发产品的特征。

（5）开发满足顾客需求的产品生产过程。

（6）开发满足顾客需求的过程控制。

4. 质量控制（Quality Control）

质量控制是"质量管理的一部分，致力于满足质量要求"（国际标准 ISO 9000：2005）。

控制的目的是确实保证产品和服务的质量能够满足顾客，包括与企业的绩效有利益关系的相关方（如合作伙伴、社会、政府等）所提出的质量要求。

5. 质量保证（Quality Assurance）

质量保证是"质量管理的一部分，致力于提供能满足质量要求的信任"（国际标准 ISO 9000：2005）。

质量保证包括两层含义，一是保证满足规定质量要求，这也是质量控制的基本任务；二是以保证满足质量要求为基础，提供"信任"是质量保证的基本任务。质量保证的内容主要包括以下几点：

（1）企业应当保证质量管理体系的正常运行，以确保企业的总体经营质量。

（2）企业应当保证合同产品的质量控制方案的正常实施和有效性。

（3）企业要对上述质量管理体系和质量控制方案的实施过程及成果进行阶段性验证和评价，以保证其有效性和效率。

（4）企业应当展示合同产品在设计、生产各阶段的主要质量控制活动和内部质量保证活动的有效性，使用户、第三方，以及企业的高层管理者建立信心，相信本企业能够持续地提供满足质量要求的产品和服务。

6. **质量改进**（Quality Improvement）

质量改进是"质量管理的一部分，致力于增强满足质量要求的能力"（国际标准 ISO 9000：2005）。要求可以是有关任何方面的，如有效性、效率或可追溯性。

概括地讲，质量改进是一种以显著的改进质量为目标的、有目的的改进活动。一个企业停止改进就意味着开始倒退。

二、质量管理的发展阶段

质量管理作为一门实践性较强的管理科学，伴随着现代管理科学的理论和实践，经历了半个多世纪的时间，随着现代化工业生产的逐步发展和完善，它大体上经历了三个阶段。

（一）质量检验阶段

这一阶段出现于20世纪20年代到40年代初，是质量管理的最初阶段。这一阶段质量管理的基本特征如下。

（1）质量检验工作作为一种专门工序，专业检验是这个阶段质量管理的主要职能。

（2）检验方法以对产品实行全数检验及筛选为主，也就是通过检查，判断产品是否合乎质量标准，合乎标准的判定为合格品，予以通过；不合乎标准的为不合格品，予以报废或返工。这个过程可以用图5-2来表示。

这种质量管理方法是"事后检验"，只能"把关"，预防作用薄弱。而且，它

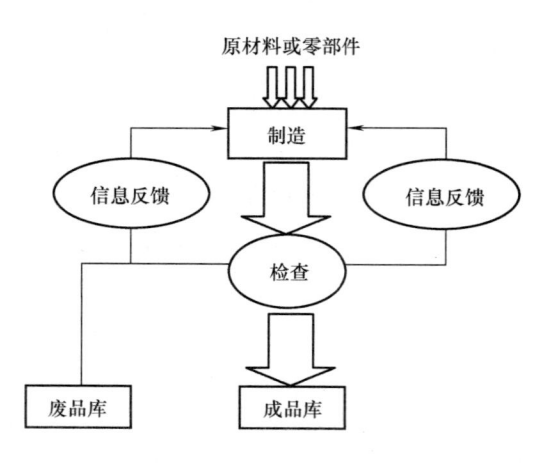

图 5-2 传统的质量检验流程

对于生产节奏快且大批量生产的产品以及需要进行破坏性检验的场合则不适宜。但是，这种事后检验的方法，对于保证产品质量和防止废品混入及出厂能起很大的作用，就目前来说，它仍然是质量管理中最基本的内容。

（二）统计质量控制阶段

这个阶段出现于 20 世纪 40 年代初到 50 年代末。

"事后检验"存在的不足，促使人们进行进一步研究。西方一些发达国家，把质量管理从单纯的事后检验转移到产品加工制造过程的管理上来，用数理统计的方法，把制造过程中可能影响产品质量的各种因素控制起来。

这一阶段质量管理的主要特征是：从单纯依靠检验把关逐步进入检验把关和工序管理预防相结合，并在工序管理中应用了数理统计方法，从而预防不合格品的大量产生。在管理方式上，质量责任者也由专职的检验人员向专门的质量控制工程师、质量保证工程师以及有关技术人员转移。这一基本统计控制理论和方法称为工序统计过程控制（Statistical Process Control，简称 SPC）理论发展的基础。工序统计过程控制的基本模式如图 5 – 3 所示。

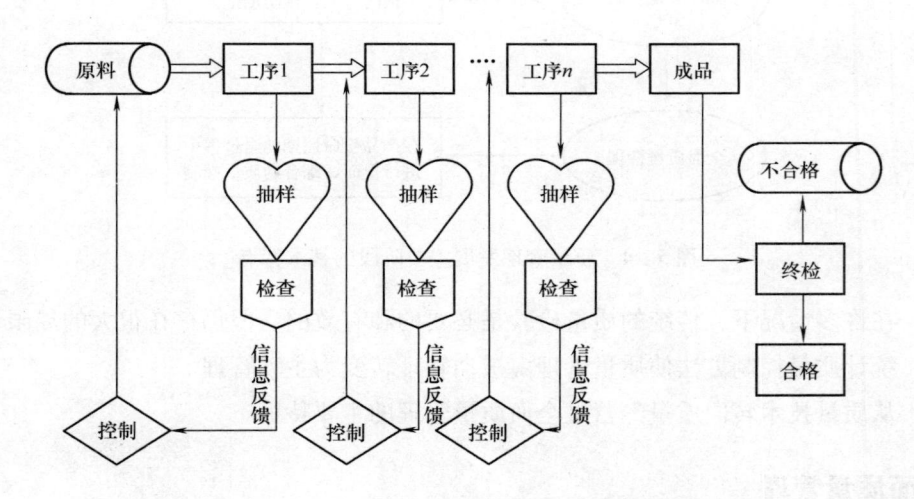

图 5 – 3　工序统计过程控制的基本模式

然而，片面强调数理统计方法的应用，则忽视了组织管理和生产者的能动性，这在一定程度上限制了质量管理统计方法的普及和推广。

（三）全面质量管理阶段

这一阶段出现于 20 世纪 60 年代初至今。

第二次世界大战结束后，随着生产力的迅速发展，加上电子工业的发展，对质量管理提出了更高的要求。提出全面质量管理的代表人物是美国的费根堡姆（A. V. Feigenbaum）等人。全面质量管理主要就是"三全"的管理：第一，全面的质量，即不限于产品质量，而且包括服务质量和工作质量等在内的广义的质量；第二，全过程，即不限于生产过程，而且包括市场调研、产品开发设计、生产技术准备、制造、检验、销售、售后服务等质量环的全过程；第三，全员参加，即不限于领导和管理干部，而是全体工作人员都要参加，质量第一，人人有责。

因此，这个阶段的质量管理不再以质量技术为主线，而是以质量经营为主线。

综上所述，可以将质量管理的演变过程及特点归纳为以下四点。

（1）质量管理的发展经历了三个历史阶段，各阶段的基本特点如图5-4所示。

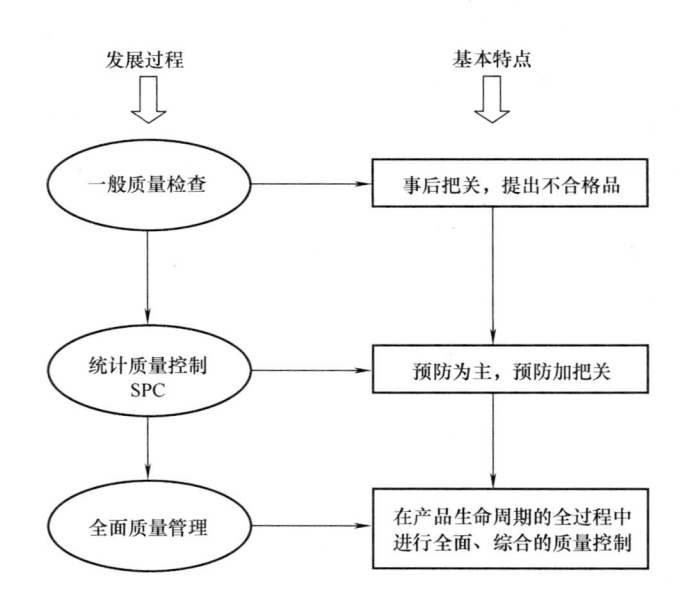

```
发展过程                    基本特点
   ↓                          ↓
一般质量检查  ──→  事后把关，提出不合格品
   ↓
统计质量控制  ──→  预防为主，预防加把关
   SPC
   ↓
全面质量管理  ──→  在产品生命周期的全过程中
                    进行全面、综合的质量控制
```

图5-4　质量管理发展主要阶段的基本特点

（2）在许多情况下，传统的质量检验是必要的和有效的，但仍存在很大的局限性。

（3）统计质量控制方法使质量管理由被动管理转变为主动管理。

（4）从质量技术转向质量经营是全面质量管理的主要特征。

三、全面质量管理

所谓全面质量管理，顾名思义，就是对全面质量的管理。它是指在全社会的推动下，企业的所有组织、所有部门和全体人员都以产品质量为核心，把专业技术、管理技术和数理统计结合起来，建立起一套科学、严密、高效的质量管理体系，控制生产全过程中影响质量的各种因素，以优质的工作、最经济的方法，提供满足用户需要的产品或服务的全部活动。

全面质量管理的核心内容可以概括为"三全一多"，即全面的管理、全过程的管理、全员参加以及多种管理方法并用。

(一) 质量概念的全面性

服装企业全面质量管理中的"质量",既包括服装产品质量,也包括服装产品质量赖以形成的工作质量。

1. 服装产品质量

服装产品质量是企业综合管理水平的具体体现,要从产品质量的性能、寿命、可靠性、安全性、经济性和美学特性等多方面进行评定。

2. 工作质量

工作质量是产品质量的保证和基础,产品质量是企业各方面、各环节工作质量的综合反映。因此,企业的质量管理工作必须从单纯强调产品质量向全面工作质量转变。

就其工作构成来看,企业的生产经营过程可以由四个部分组成:

一是指挥机构。这个机构根据不同的指挥职能分部门、分层次地设置各个管理部门,并划分各自的管理权限,用以有效地指挥基本生产和辅助部门各项工作的顺利进行。

二是基本生产过程。服装产品主要是通过基本生产过程来完成,现场生产管理是企业管理工作的重要组成部分,是企业管理的中心环节,在各项管理工作中占有突出重要的地位。在服装基本生产过程中,通过对面料、里料、辅料等进行选料、排样、裁剪、缝制、整烫包装、入库形成服装产品。产品加工有严格的工艺要求和科学定量的技术标准,并且可以依据工艺要求和技术标准来考核产品质量和各环节的工作质量,建立相应的质量管理体系、质量监督体系、信息反馈体系和质量评估体系。

三是供、销部门。这是保证生产过程顺利进行的重要部门,应实行承包制或内部核算制,以加强管理,并调动其积极性。

四是人力、财力、物力、信息、技术后勤和生活后勤等辅助部门。这些部门的工作质量都直接或间接地影响最终的服装产品的质量,所以对这些工作的管理同样要纳入到全面质量管理工作中。全面质量管理要以改进工作质量为重要内容。通过提高工作质量,不仅可以保证提高产品质量,预防和减少不合格产品,而且还有利于达到成本降低、供货及时、服务周到,更好地满足用户各方面使用要求的目的。

(二) 质量管理范围的全过程性

在质量管理领域中,人们研究了产品质量之后认为,产品质量有个产生、形成和实现的过程。这个过程是从市场的调查研究开始,经过产品的设计、制造、销售直到为用户服务为止。质量管理专家朱兰率先采用一条螺旋式上升的曲线来表达这一过程,被称为"朱兰螺旋曲线",如图5-5所示。这一曲线反映了产品质量产生、形成和发展的客观规律。全面质量管理要求把不合格的产品消灭在它的形成过程中,做到防检结合、预防在先,并从全过程各环节致力于产品质量的提高。

实行全过程管理体现了系统控制质量的三方面要求:

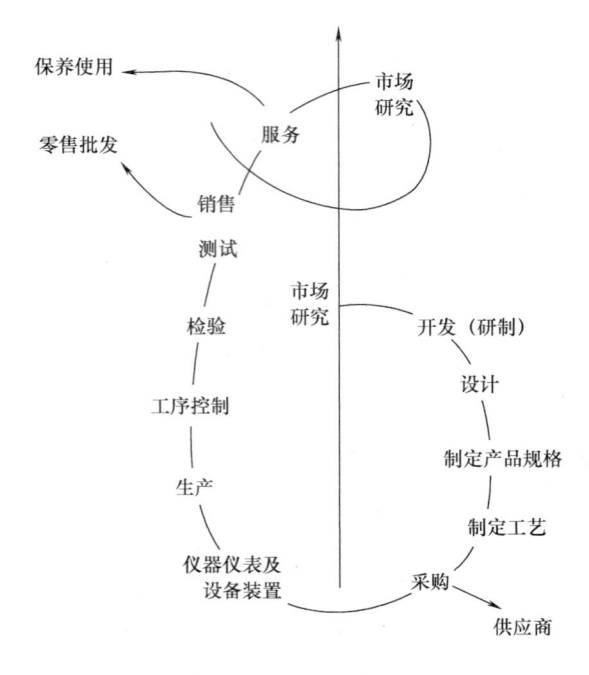

图 5-5 朱兰螺旋曲线

第一，要求把质量管理工作的重点，从事后检验把关转到事先控制工序、控制生产过程上来，从管理结果转到管理原因、管理工序、管理设计生产全过程。

第二，企业各环节、各工序都必须树立"下道工序即用户""为下道工序服务"的整体观念，保证每道工序、每个岗位的工作质量，使下道工序满意。

第三，要求企业不仅要管理好产品设计开发和生产制造的质量，还要把质量管理工作延伸、扩大到产品流通、销售领域、服务到用户，保证产品的使用质量。

（三）参加管理的全员性

产品质量是企业各方面工作的综合反映，质量优劣涉及企业的各个部门和每位职工。保证和提高产品质量必须依靠企业全体职工的同心协力，要求从企业领导、技术人员和管理人员到每位操作者，都要学习、运用全面质量管理的思想和方法，积极参与质量管理活动，做好自己的本职工作。只有人人关心质量，人人参与管理，企业的质量管理工作才有坚实的基础，生产优质产品才可靠的保证。

（四）运用方法和手段的全面性和多样性

全面质量管理，采取管理手段不是单一的，而是综合运用质量管理的管理技术和科学方法，组成多样化的、复合的质量管理方法体系。

上述全面质量管理的四个特点都围绕着一个中心目的，就是以科学的办法研制和生产出令用户满意的产品，并在用户使用和消费过程中提供各种方便，使用户的需要得到最大限度的满足。

四、质量管理的基础工作

服装企业开展全面质量管理，必须做好一系列基础工作，其中关系最直接的包括：质量教育工作、标准化工作、计量工作、质量信息工作、质量责任制及质量管理小组活动等。

这些工作以产品质量为中心，互相联系、互相制约、互相促进，形成全面质量管理的基础工作体系。

（一）质量教育工作

质量教育工作包括三个方面的内容：质量意识教育、质量管理知识教育及专业技术和技能教育。

1. 质量意识教育

质量意识是人的意识在质量这一特定领域中的反映，具体地说，它是人们在经济活动和社会服务中，对完善产品质量和服务质量的认识和态度，即人们通常所说的对质量的认识程度和重视程度，它支配着人们在质量形成过程中的行动，它是提高质量、加强质量管理的基础与前提。质量意识的强弱直接关系到产品质量的优劣和质量管理的成败。因此，质量意识教育被视为质量教育的重要内容。企业必须提高职工的质量意识，增强职工关心质量和改善质量的自觉性和紧迫感。

2. 质量管理知识教育

推行全面质量管理，首先要使职工对全面质量管理的基本思想和方法有所了解，增强质量意识，牢固树立质量第一、用户第一、预防第一的思想。同时，要使职工在工作过程中结合本职工作，能够运用全面质量管理的方法，就必须开展质量管理知识的宣传和教育。质量管理知识教育应该根据不同对象的特点分层次进行，并将其纳入职工的教育计划之中。

3. 专业技术和技能教育

技术培训和技能学习是要求职工结合工作需要进行技术基础教育和操作技能的训练，使企业职工掌握和了解产品性能、用途、工艺流程、岗位操作技能和检验方法等。

服装企业应根据自身的特点，对不同层次的人员进行不同的教育和培训。首先是对各级领导干部及质量管理人员的培训。要使他们了解并掌握在质量管理中应具备的管理技术和管理方法。其次，重视对检验人员和试验人员的培训和考核。服装企业生产过程中的检验工序是保证产品质量的重要手段。但服装产品检验的方式和手段又是比较原始和落后的，主要的检测手段仍停留在目测、手摸、尺量水平上，因此，检验工作质量的好坏与检验人员的技术水平、工作经验、操作的熟练程度有直接的关系。必须加强对检验和试验人员的培训和考核，必要时发给正式的资格证书。再次，对操作工的培训要针对目前的实际情况进行。现在的操作工年龄小、文化程度较高，有70%以上的工人的工序操作能力已达到会一道懂两道的水平。在服装生产进入小批量、多品种生产方式后，工人对品种变换的适应能力是影响产品质量的重要因素。这样，对职工技术培训的重点应由过去以技术熟练程度为主，转到以技术应变能力为主。同时，还要在技术培训中进行现代化管理的教育，把质量管理教育也纳入职工教育计划，把职工学习成绩作为提职、奖励的重要依据，从而彻底改变服装企业传统管理的落后面貌。

此外，服装企业当前缺乏信息、设计、科技、管理、经营五个方面的人才，这个问题也是制约企业竞争力的重要方面。

（二）标准化工作

标准是指为取得全局的最佳效果，依据科学技术和实践经验的综合成果，在充分协商的基础上，对经济、技术和管理等活动中具有多样性、相关性特性的重复事物，以特定的程序和形式颁布的统一规定。

标准包括技术标准和管理标准两类。技术标准是对技术活动中需要统一协调的事物制定的技术准则。管理标准是为合理组织、利用和发展生产力，正确处理生产、交换、分配和消费中的相互关系以及行政和经济管理机构行使其计划、监督、指挥、控制等管理职能而制定的准则。例如，各项管理活动的工作程序、办事守则、工作规程、业务要领，以及各项职责条例、规章制度等。它是组织和管理企业生产经营活动的依据和手段。

实现标准化，有利于保证和提高产品质量，保障用户的利益并便于产品的使用与维修。在生产中，执行标准化可以减少设计和工艺准备的工作量，保证产品的互换性，便于组织专业化生产，促进劳动生产率的提高和降低产品成本。同时，企业要认识到标准是产品质量应达到的最低期望值，而不是最高水平。

（三）计量工作

在服装企业中，计量的含义是运用技术和法制手段，实现单位统一、量值准确一致的测量。具体地说，就是采用计量器具对物料、生产过程中的各种特性和参数进行测量。计量是企业生产的基础，因此企业应加强计量工作。计量工作的基本要求是准确、可靠。

要做好计量工作，必须设置管理机构，进行计量管理。一般应抓好以下六项工作。

（1）贯彻和实施有关的计量法律、法规。
（2）正确、合理地使用计量器具。
（3）定期对计量器具进行检定。
（4）做好保管、修理和报废工作。
（5）建立计量技术档案和计量工作记录。
（6）培训计量人员，做好计量工作资格认证工作，保证计量人员的素质达到必备的水准。

为了做好计量工作，充分发挥计量在服装生产和质量管理中的作用，企业必须设置专门的计量管理机构和理化实验室，负责组织全厂的计量和理化试验工作。

对于不能定量的质量特征，如外观、形态、色、香、包装及内部缺陷等，要逐步改进评价指标及评价方法，使之更完善、更科学化。

（四）质量信息工作

质量信息是指产品产生、形成和实现的过程中以及质量管理中的各种资料、数据、消息、情报等。影响产品质量的因素是多方面的、错综复杂的。搞好质量管理，提高产品质量，关键要对来自各方面的影响因素有个清楚的认识。因此，质量信息是质量管理不可缺少的重要依据，是改进产品质量，组织厂内外两个反馈，改善各环节工作质量的最直接的原始资料和依据，是正确认识影响产品质量诸因素变化和产品质量波动的内在联系，是掌握提高产品质量规律性的基本依据。

为了充分发挥质量信息的作用，对质量信息的基本要求是，质量信息必须做到准确、及时、全面、系统。根据这个要求，一方面质量信息工作必须保持高度的灵敏性；另一方面对于从多方面收集的大量情报，必须立即做好整理、分类、分析、反馈、建档等工作，实行严格的科学管理。

（五）质量责任制

为了使全厂上下都明确自身的质量职责，以高度的责任感和高质量的工作来保证产品质量，必须建立健全质量考核、奖惩和评比制度。结合贯彻落实经济责任制，制定质量责任制和重点环节的管理办法，做到各部门、各类人员都有职责明确的条例、管理制度、工作标准和工作程序，将质量责任体系按一定方式转变为经济责任体系。

具体做法是：一是将目标分成两个档次，实行全面承包，分别同各级人员的结构工资（或分别同浮动工资、奖金和晋级）挂钩；二是突出质量目标和安全目标，实行质量体系和安全系数计算法，对四大质量考核指标（合格率、返修率、漏验率、准确率）实行否决权，对服装成品的物理规格不达标率实行质量系数加减否决法；对管理部门实行百分制考核。这样，企业建立和健全各级行政领导人员、职能部门和每一位职工的质量责任制，并严格按此制度执行，以使各部门、各类人员都能保证本岗位的工作质量。

（六）质量管理小组

质量管理小组是指凡在生产岗位上或是工作岗位上，从事各种劳动的职工，围绕企业的方针、目标，以改进、提高产品质量、工作质量和经济效益为目的，运用全面质量管理的理论和方法开展活动的小组，即 QC（Quality Control）小组。

质量管理小组是全面质量管理的群众基础。只有广泛发动职工参与质量管理，提高产品质量才有可靠保证。而质量管理小组，正是吸收广大职工参与质量管理的最好形式。它既是推行全面质量管理的出发点，又是搞好全面质量管理的落脚点。因为，一方面，质量管理所需要的第一手资料、原始记录大都来自班组和工人；另一方面，有关产品质量的方针政策，提高质量的目标、措施，企业各项质量管理活动、规章制度等，都必须得到工人的理解和配合，并最终通过他们贯彻执行。

第二节　质量检验

一、质量检验的含义及其职能

（一）检验的含义

朱兰认为："所谓检验，就是这样的业务活动，决定产品是否在下道工序使用时达到要求，或是在出厂检验场合，决定能否向消费者提供。"

在国际标准 ISO 9000：2005《质量管理体系——基础和术语》中将"检验"（Inspection）定义为"通过观察和判断，适当时结合测量、实验所进行的符合性评价"。

对服装产品而言，检验就是用一定的方法和手段测定原材料、半成品、成品等的质量特性，并将测得的结果同该特性的规定标准相比较，从而判断其合格与否的过程。

根据上述含义，检验包括以下工作内容：

1. *定标*

明确技术要求和检验的依据，确定检验的手段和方法。

2. *抽样*

采用科学合理的抽样方案，使样本能够充分代表总体（全数检验除外）。

3. *测定*

采用试验、测量、化验、分析与感官检查的方法测定产品质量特性。

4. *比较*

将测定的结果与有效的质量标准进行比较。

5. *判定*

根据比较得出的结论，判定产品检验项目是否符合质量标准，进行所谓的合格性判定。

6. *处理*

根据相关规定对不合格产品做出相应处理，其中包括适用性判定。

7. *记录和反馈*

记录有价值的数据，做出分析报告，为企业自我评价和不断改进提供信息和依据。

（二）质量检验的职能

质量检验的基本职能，可以概括为以下三个方面。

1. 把关职能

根据技术标准和规范要求，对原、辅材料（包括面料、里料、衬料、线、扣、拉链、商标、包装材料等）以及在制品、半成品、成品和设备、工艺装备等进行多层次的检验和试验，以免将不合格产品投入生产或转入下道工序或出厂，从而保证质量，起到"把关"的作用。只有通过检验，实行严格把关，做到不合格的原材料不投产，不合格的半成品不转序，不合格的成品不出厂，才能真正保证产品的质量。

2. 预防职能

预防和减少不符合质量标准的产品。这种职能可以通过下列活动得以实现：

（1）首件检验和巡回检验。

（2）进货检验、中间检验和完工检验。

（3）工序能力的测定和控制图的使用。

3. 报告职能

报告职能也就是信息反馈的职能。通过对质量检验获取的原始数据的记录、分析、掌握，评价产品的实际质量水平，以报告的形式反馈给管理决策部门和有关管理部门，以便做出正确的判断和采取有效的决策措施。报告职能为培养质量意识、改进设计、加强管理、提高质量提供必要的信息。

检验的把关、预防和报告职能是不可分割的统一体。只有充分发挥检验的这三项职能，才能有效地保证产品质量。

二、质量检验的分类

检验的分类方法很多，通常按以下标准和要求对质量检验进行分类。

（一）按检验产品的数量分类

1. 全数检验

全数检验指对产品批中全部单位产品进行逐一检验。这种方式一般比较可靠，同时能提供较完整的检验数据，获得较全面的质量信息。全数检验的缺点是工作量大、检验周期长、成本高、需要较多的检验人员和设备，同时，仍存在漏检和错检的可能。

2. 抽样检验

抽样检验是指根据数理统计的原理预先制定抽样方案，从产品批中抽取部分单位产品（样本）进行检验，根据样品的检验结果，按照规定的判断准则，然后对产品批做出合格与否的判定。抽样检验明显节约了检验工作量和费用，缩短了检验周期，减少了检验设备和人员的投入，但却存在一定的错判风险。

3. 审核检验

随机抽取极少数单位产品，通过检验判断其质量水平有无变化的一种复核性检验。

4. 免检

根据生产工序或企业的质量保证能力和经济的原则,对产品不做任何检验,即予接收。

(二) 按产品生产流程分类

1. 进货检验

对外购原材料等外购货品所进行的检验。

2. 工序检验

在工艺流程中设置的,对工序在制品、半成品进行的检验。

3. 成品检验

成品检验也称最终检验,是产品制造完成后进行的全面检验。

(三) 按检验的目的分类

1. 控制检验

为了实施工序质量控制而进行的检验。

2. 接收检验

对确定交验的产品或外购货品是否合格、能否接收所进行的检验。

(四) 按检验场所分类

1. 集中检验

把受检产品集中到一个固定场所进行检验。

2. 巡回检验

巡回检验指检验人员定时或随机巡回于生产现场,对工序产品所进行的检验。

(五) 按对质量的预防作用分类

1. 首件检验

在每班生产开始前或工序条件改变后,对首件或最初若干件产品进行的检验。

2. 中间检验

在重要的中间工序或加工过程中,对工序在制品、半成品所进行的检验。

3. 完工检验

对零部件或半成品加工完成后所进行的全面检验。

4. 尾件检验

为了判断某种工艺装备或设备的完好性,而对成批生产完成后的最后一件或若干件制成品所进行的检验。

（六）按检验的方法分类

1. 理化检验

指使用某种设备、量具、仪器、仪表等技术装备，采用物理或化学的方法，对服装成品及面、辅料进行的检验。它以物理量、化学量或几何量作为质量判断的依据，常用于检验产品的规格、性能、成分、寿命等项目。

2. 感官检验

也称作官感检验、官能检验，是依靠人的感觉器官的功能（视觉、听觉、触觉、嗅觉）进行的检验。它以官能作为质量判断的依据，常用于检验服装及面辅料的颜色、手感和外观等项目。

（七）按检验人员和方式分类

1. 自检

由操作者对自己生产的产品进行的自我检验。

2. 互检

在操作者之间，或由班组长、班组质量员对本班组产品进行的检验。

3. 专检

由专职检验人员进行的检验。

三、服装企业质量检验的项目

（1）原辅材料入库前的质量检验。
（2）库存原材料保管状况的质量检验。
（3）领用原辅材料的质量检验。
（4）设备采购保管、使用检查和检验。
（5）生产环境检查。
（6）裁剪过程的质量检验。
（7）缝制过程的质量检验。
（8）熨烫质量检验。
（9）外加工和联办企业的质量检验。
（10）成品检验。
（11）出厂检验。

四、检验机构、人员和设施

（一）企业检验机构的设置

为了保证产品质量，对生产全过程实行有效的质量监督和检验，组织和指导检验人员、操作者做好检验工作，企业必须设置质量检验部门。

（二）检验人员的配备

企业检验人员是生产现场的质量"卫士"，是企业质量信息的重要提供者，对保证产品质量肩负着特殊使命。因此要求检验人员必须具有高度的事业心、责任心和一定的技术基础。对检验人员，特别是负责检验特殊工序的人员，应实行资格考核认证制度。检验人在工作中要当好"三员"，即产品质量检验员、"质量第一"的宣传员、生产技术的辅导员；坚持做到"三满意"，即为生产服务的态度使有关科室和工人满意，检验过的产品使下道工序满意，出厂的产品质量为购入单位和消费者满意。

（三）检验设施

检验设施是保证质量检验工作的物质基础。检验设施包括：检验场所、试验室、精密测量室以及各种检测手段等。这些设施是否符合要求，对质量检验结果的有效性和经济性十分重要。

进货检验、工序检验和成品检验都需要一定的检验场所。对不同产品往往需要进行各种各样的专业技术试验，如化学、物理学、力学、光学、声学、电学、生物学、电子学试验等。这些专业技术试验都需要配置专门的设备、仪器和装置，并对环境条件有一定的要求。检测手段包括：长、热、力、电、光、磁、声等各类计量器具、仪器、仪表等。企业应根据产品工艺技术要求和检验、试验工作的需要，配齐并用好、管好各类检测手段，包括计量基准器具和生产、检验用计量器具，并保持检测手段的精度。

（四）测量和测试设备的控制

企业应对产品的开发、制造、安装和维修中的全部测量系统进行必要的控制，以保证根据测量数据所作出的决策或活动的正确性。对计量器具、仪器、探测设备、专门的试验设备以及有关计算机软件都应进行控制。应制定并贯彻监督程序，并使测量过程（其中包括设备、程序和操作者的技能）处于统计控制状态下。应将测量误差与要求进行比较，当达不到准确度要求时，应采取必要的措施。

五、生产过程中质量管理的内容和方法

服装生产过程的质量管理工作重点和活动场所主要在生产车间。它的任务是建立能够稳定生产合格品的生产系统，抓好每个环节上的质量管理，做好预防工作，控制产品质量，并严格把关。生产过程中的质量管理具体要做好以下几个方面的工作。

（一）样板质量管理

在服装生产工艺中，样板具有重要的特殊地位。它既是图纸实样，又是进行裁剪、缝

制的技术依据，还是复核检查裁片、部件规格的实际样模。样板管理工作要切实抓好以下三个环节。

1. 样板的结构设计准确

（1）样板的结构设计一定要根据确认样的款式、合同要求、技术标准、工艺规定等技术文件提供的号型、规格、标准及有关规格尺寸进行，确保不走样。

（2）剪样板的刀口要齐直、圆顺，搭门、缝份计算要准确，标志性记号要明确，大小样板块数应齐全，自然收缩率应放够。

2. 样板制作精细

（1）样板必须根据设计要求和技术要求的规定进行制作。

（2）根据生产序号和生产技术通知单，安排制作各种产品样板顺序（如有特殊情况可按需要安排），做到按时、按质、按数完成。

（3）制作样板时一定要做到毛、净样板规格换算正确，组合部位准确合理，面、里、衬规格配合适当。

（4）样板丝缕、贴边、缝份、锁眼、钉扣位置符合技术要求。

（5）样板要有统一编号，凡出口产品应注上合同号、款式号；内销产品要注上型号、批号、品名，同时应写上打样板日期。

3. 样板复核严格

（1）复核样板要核对样板的款式结构与订货单效果图是否相符合，要检验规格、收缩率、丝缕、拼接范围、锁钉等是否符合技术要求。

（2）对主要部位测量。上衣主要测量衣长、袖长、袖口、领口、肩宽、胸围、腰围、下摆等；裤子主要测量腰围、臀围、中档、脚口、裤长、上档等。

（3）重点进行"五查对"：查对毛、净样板规格换算是否正确；查对组合部位是否合理；查对自然收缩率是否放够；查对里、面、衬规格配合是否适当；查对大小样板块数是否齐全。

（4）经过复核验证，做到制作的样板规格精确，刀口齐直、圆顺，然后沿边口加盖审核章，并登记发放使用。

（二）每道工序的质量管理

服装产品与其他产品一样，是经过一道道工序生产出来的。每道工序都应有质量标准，并且一定要严格按照本工序标准进行生产。

1. 裁剪工序的质量管理

裁剪工序在投产前要实行"五核对、八不裁"的制度，首先要把好裁片的质量关。

（1）五核对内容。

①核对合同编号、款式、规格、型号、批号、数量和工艺单。

②核对原辅材料等级、花型、倒顺、正反、数量、门幅。

③核对样板数量是否齐全。
④核对原辅材料定额和排样图是否齐全。
⑤核对铺料层数和要求是否符合技术文件。
（2）八不裁内容。
①原辅材料没有缩率试验数据的不裁。
②原辅材料等级档次不符合要求的不裁。
③原料纬斜超过规定要求的不裁。
④样板规格不准确或组合部位不合理的不裁。
⑤色差、疵点、污、残超过规定的不裁。
⑥样板不齐的不裁。
⑦定额不明确、门幅不符或超定额的不裁。
⑧技术要求和工艺规定没有交代清楚的不裁。

2. 缝纫工序的质量管理

缝纫工序在投产前要执行"三核对"和"四不投产"制度。
（1）"三核对"制度。
①领取衣片时，要将批号、型号、款式和生产通知单中的各项规定进行核对。
②要认真核对裁片数。
③要认真核对规格。
（2）"四不投产"制度。
①无工艺单和标样的不投产。
②裁片组合部位不标准的不投产。
③衬辅料与面料不相称的不投产。
④操作要求没有完全掌握的不投产。

3. 锁眼、钉扣工序的质量管理

服装上锁眼、钉扣过程的质量管理也是生产现场质量管理中不可忽视的环节。锁眼、钉扣工序的技术、工艺要求是：锁眼、钉扣线的性能要与面料相适应；纽扣和锁眼线的颜色应与面料的颜色相称，如确实配不到一致的颜色，可以配稍深一些的颜色，但差异不要太大，要基本相称，不宜配用比衣料浅的颜色（属于装饰性的产品例外）；扣眼与扣眼间的距离要一致，或按工艺规定，扣眼与止口的距离要一致；线迹密度要严格按要求执行。机器锁眼除衬衫以外，应先开后锁，钉扣要牢固，纽扣位置与扣眼的高低要一致。

4. 整烫工序的质量管理

整烫工序要严格执行操作规程和安全规定，做到"三好"和"七防"。
（1）"三好"内容。
①熨斗温度要掌握好（熨斗温度要与服装面料所能适应的温度相称）。
②平挺质量要好。

③外观要折叠好。

（2）"七防"内容。

①防烫黄。

②防烫焦。

③防变色。

④防变硬。

⑤防水花。

⑥防亮光。

⑦防渗胶。

5. 辅助部门的质量管理

（1）辅助部门在生产过程中要按质、按量、按时地为生产提供优良的材料和生产条件，并要保证规格、质量；保证供应适时；保证满足合理需要；保证领用、发放方便。

（2）要提高辅助部门的服务质量。对服务质量的要求是：要主动送货到生产第一线；机器设备维修要及时、认真，并有备用设备以供急需。辅助部门服务质量的优良与否，对企业质量管理工作关系极大，因此，必须加以重视。

第三节　质量统计方法与质量控制

一、质量数据

任何质量都是通过一定的数量界限表现出来的，数据是质量管理的基础，它是描述企业工作质量和产品质量特征的语言。通过收集、整理数据，可以找出影响产品质量及工作质量的因素，以便分析原因，采取措施，从而达到改善管理，保证和提高产品质量的目的。

（一）质量数据的分类

在质量管理中搜集到的质量数据（即质量特性的观测值），大多数是可以定量取值的。不同种类的数据，其统计性质不同，相应的处理方法也就不同。因此，对于数据要正确分类。对于现场数据，根据其不同性质大致可分为以下几类：

1. 计量值数据

计量值是指可以用量具、仪器等加以测定的并具有连续性质的数值，如长度、时间等。

2. 计数值数据

计数值是指用"个数"来表示的，具有离散性质的数据。对于计数值又可以分为两类：只能用件数表示合格或不合格的，称为计件值；只能用点数表示的质量特性，如疵点数，称为计点值。

上述两类数据实际上是从数量属性和性质属性两个方面分别来描述产品质量特性的。不管是哪种属性的数据，在质量管理中，所应用的数理统计的基本原理是相同的，只是采用的处理方法有所不同而已。

（二）质量波动

生产实践证明，任何一道工序，无论其设备及工艺装备的精度有多高，操作者技术多熟练，材料、加工、测量方法、测试手段以及环境的变化有多小，它所加工出来的产品质量特性值总是存在着差异。这种客观存在的产品质量特性值的差异，称为产品质量的变异性，也称质量波动性。

质量变异的原因可以从来源和性质两个不同的角度加以分析。

1. 按质量变异来源分类

引起质量变异的原因，按照来源进行划分通常可概括为"5M1E"：

（1）人（Man）：包括操作者的质量意识、技术水平及熟练程度、身体素质等，也就是人的技术素质和思想素质。

（2）机器设备（Machine）：包括平缝机及各种特种机械。

（3）材料（Material）：包括材料成分、物理性能和化学性能等。

（4）方法（Method）：包括加工工艺、操作规程等。

（5）测量（Measure）：包括测量设备、测试手段、测试方法等。

（6）环境（Environment）：包括工作现场的温度、湿度、照明、噪声和清洁条件等。

上述六个方面通常称为六大影响因素。由于这六大因素的影响，导致产品质量产生波动。

2. 按影响大小与作用性质分类

按影响的大小及作用性质，可以把质量的影响因素分成偶然因素和异常因素。

（1）偶然因素，又称随机因素。这种偶然性因素经常对产品质量发生作用，且是自然产生、自然消失的因素，如零部件的正常磨损、原材料的微小差异、操作中的微小变化、机器开动时的轻微震动等。一般来说，经常起作用的偶然因素虽然多，但它们对质量波动的影响小，不易避免，也难以消除。因此，由这种偶然因素作用而产生的质量波动称为正常波动。

（2）异常因素，又称系统因素。这种异常因素是生产过程中使工序质量发生显著变化的因素，如零部件的严重磨损，工人违反操作规程，原材料中混进了不同成分等。异常因素对质量波动影响大，但这种因素只是有时存在，且容易识别，也能避免。质量指标的大小和方向，在特定时间和范围内都是一定的或呈周期性的变化。如果生产中出现这种波动，可认为生产过程处于不稳定状态。因此，由这种系统因素作用造成的质量波动被称为异常波动或非正常波动。

值得注意的是，偶然因素和系统因素也是相对而言的，在不同的客观条件下，二者是可以互相转化的。随着科学技术的进步，偶然因素可以转化为系统因素，原来认为是正常的波动，可能变为不正常或称为异常的波动。

质量管理的主要任务就是通过收集、处理数据，找出质量波动的规律性，把正常波动控制在最低限度，消除系统性因素造成的非正常波动。

二、数据抽样

收集数据，通常是从一批产品或者一道生产工序中，随机地抽取一定数量的样品，经过检测，取得数据。这里的抽取工作就是抽样，将抽取出的样品检测结果组成样本数据，然后通过对样本数据的分析来推断总体即整批（全部）产品的质量，这就是统计推断。而取得的样本必须对总体具有代表性，才能使控制和推断的误差较小，这就需要采用随机抽样的方法。

运用数据进行统计推断有两种情况，一种是以判断和预测一道生产工序的质量是否处于正常的稳定状态，从而对生产工序进行预防性控制；另一种是用以判断一批产品质量的好坏，即对一批产品的质量进行评价和验收。

三、质量管理常用的统计方法

（一）分层法（又称分类法或分组法）

分层法是质量管理中整理数据的重要方法之一。所谓分层法，就是把收集来的原始质量数据，按照一定的目的和要求加以分类整理，以便分析质量问题及其影响因素的方法。因此又称为分类法或分组法。

分层时，不能随意地分，而是根据分层的目的，按照一定的标志加以区分，把性质相同、在同一条件下收集的数据归在一起，使数据反映的问题更加明显和突出。分层时，应使同一层内的数据波动幅度尽可能小，而层与层之间的差别尽可能大，这是搞好分层的关键所在。在实际工作中，常用的分层方法主要有以下几种：

1. *按时间分层*

如以不同的班次按日、周、月等不同时间来分层。

2. *按操作者分层*

如按新老、男女、工龄长短、文化水平高低和技术熟练程度不同等条件来区分。

3. *按设备分层*

如不同设备型号、设备现代化程度、设备新旧程度等。

4. *按材料分层*

如不同供应单位、不同进料时间、不同材料成分等。

5. *按检验和测试方法分层*

根据不同产品的不同的检验方法和测试方法划分。

6. 按不同的操作方法分层

分层法没有具体图形，但它往往能够通过分层来发现产品质量的主要原因。因此，在质量管理中，分层法是常用的方法之一，如能与其他管理方法结合使用，则能发挥更大的作用。

以男上衣质量缺陷为例，分类表见表5-1。

表5-1 男上衣质量缺陷分类表

序号	缺陷项目	缺陷数/件	缺陷比例/%	累计缺陷比例/%
1	装袖成形不良	40	33.3	33.3
2	腋下起皱	25	20.8	54.1
3	衣领对格、对条不良	20	16.7	70.8
4	肩线起吊	12	10.0	80.8
5	肩部归拢不良	8	6.6	87.4
6	背衩手工针不良	5	4.2	91.6
7	前肩起壳	3	2.5	94.1
8	其他	7	5.9	100
9	合计	120	100	—

（二）排列图法

排列图又称主次因素分析图或帕罗托（Pareto）图，是用以找出影响产品质量主要问题的一种有效方法，其图形如图5-6所示。

排列图是由两个纵坐标，一个横坐标，几个直方形和一条累计百分比曲线所组成。左边的纵坐标表示频数（件数、金额等），右边的纵坐标表示频率（以百分比表示），有时为了方便，也可把两个纵坐标都画在左边。横坐标表示影响质量的各个因素，按影响程度的大小从左至右排列。直方形的高度表示某个因素影响的大小；曲线表示各影响因素大小的累计百分数，这条曲线称帕罗托曲线。

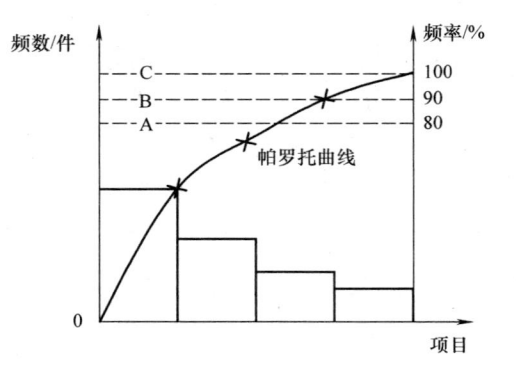

图5-6 排列图（主次因素分析图）

排列图应用了"关键的少数，次要的多数"原理，找出产品的主要问题或影响产品质量的主要因素。通常把累计百分数分为三类：累计百分比在0～80%的是A类，显然这一类因素是主要因素；累计百分比在80%～90%的为B类，是次要因素；累计百分比在90%～100%的为C类，在这一区间的因素是一般因素。

例如，某服装厂生产的男上衣，其疵点的项目及数量见表 5-1，根据这个统计资料就可以画出它的排列图，如图 5-7 所示。

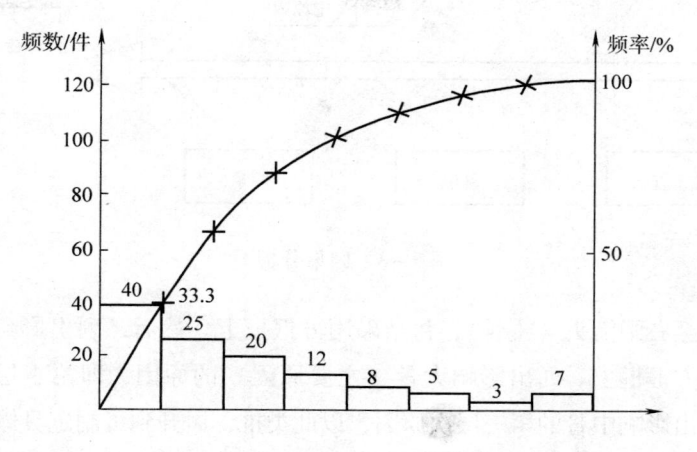

图 5-7　男上衣疵点主次因素排列图

从图 5-7 中可以看出，前三项是主要疵点。如果解决了这些质量问题，就可以使不合格品率降低 70.8%。

绘制排列图时，应注意以下几个问题：

（1）一般来说，主要因素最好是一两个，至多不超过三个，否则，就失去了"找主要矛盾"的意义。如果出现超过三个的情况，则要考虑重新进行分类。

（2）纵坐标可以用"件数"来表示，也可用"金额""时间"来表示，原则是以更好地找到"主要因素"为准。

（3）不太重要的项目很多时，横轴会变得很长，一般都把这些"不太重要的项目"列入"其他"栏内。因此，"其他"栏总是在横轴的最末端。

（4）确定了主要因素，采取了相应措施之后，为了检查"实施效果"，还要重新绘制排列图。

（三）因果分析图法

因果分析图也叫特性因素图，又因其形状关系而称为鱼刺图，是用于分析质量问题产生原因的一种图表。为了寻找产生某种质量问题的原因，采取集思广益的办法，同时将群众的意见反映在这张图面上。探讨一个问题的产生原因时，要从大到小，从粗到细，归根究底直至能具体采取措施为止。因果分析图的形状如图 5-8 所示。

1. 因果分析图的绘制步骤

（1）确定质量问题和质量特性（结果），可根据具体需要选择。

（2）组织讨论。召集与该质量问题有关的人员参加会议，尽可能找出会影响结果的所有因素，可以结合头脑风暴法，畅所欲言，集思广益。

（3）找出各因素之间的因果关系，在图上以因果关系的箭头表示出来。将质量问题写在

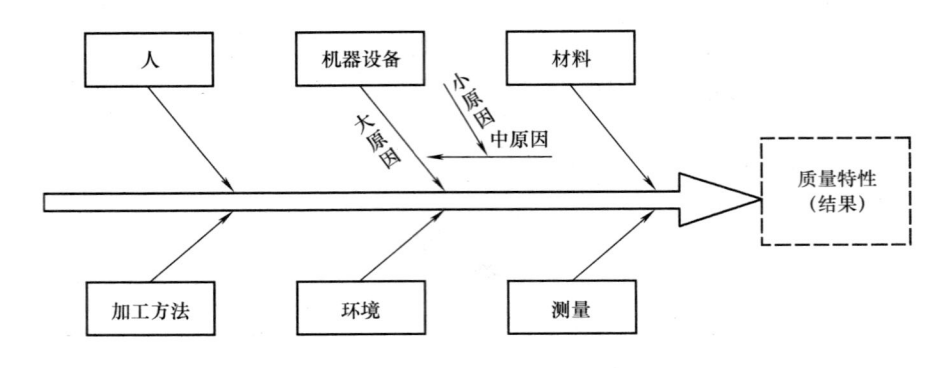

图 5-8 因果分析图

纸的右侧，从左至右画箭头（主骨），将结果用方框框上。然后，列出影响结果的主要原因作为大骨，也用方框框上。列出影响大骨（主要原因）的原因，即第二层次原因，作为中骨；再用小骨列出影响中骨的第三层次原因，以此类推，展开到可制定具体对策为止。

（4）根据对结果影响的程度，将对结果有显著影响的重要原因用明显的符号表示出来。

（5）在因果分析图上标出有关信息，如标题、绘制人、绘制时间等。

（6）在因果分析图上标明有关资料，如产品、工序或小组的名称、参加人员、日期等。

例如，某厂男上衣装袖出现了废次品问题，其因果分析图如图 5-9 所示。

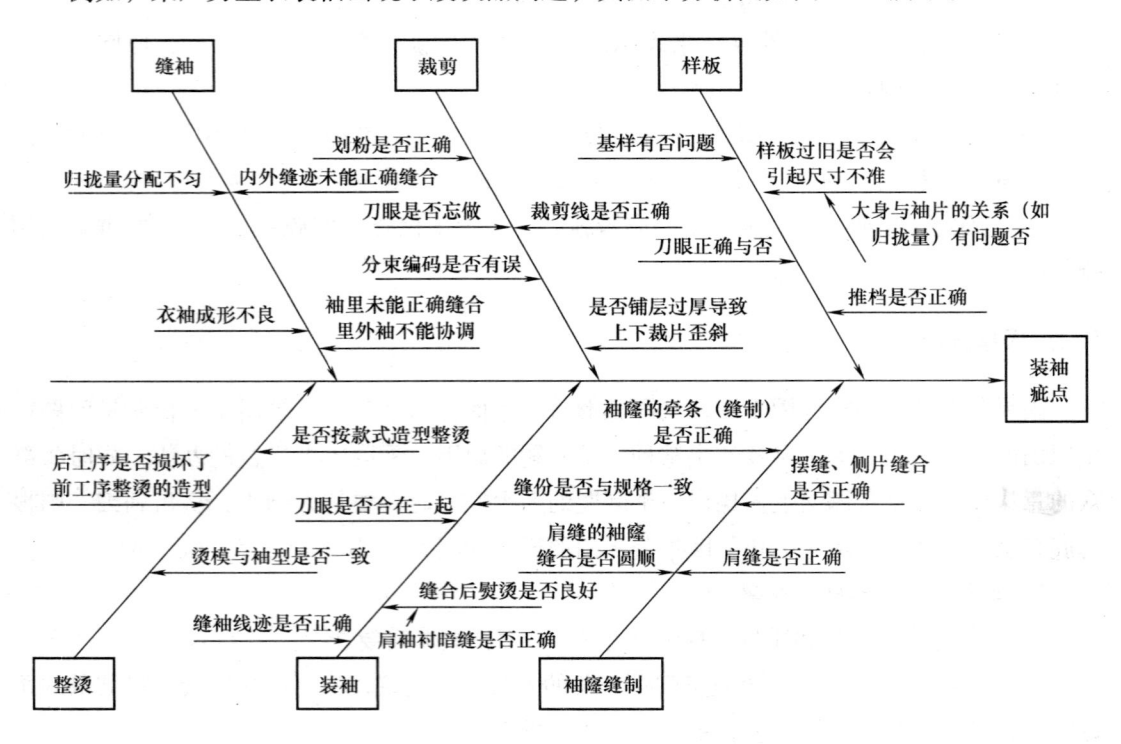

图 5-9 装袖出现废次品的因果分析图

2. 制作因果分析图时应注意的事项

（1）找出影响质量问题的大原因，通常包括六个方面：即人、机器设备、材料、方法、环境和测量。

（2）要充分发扬民主，把各种意见记录下来。

（3）大原因又包括许多具体原因。因此，当把大原因视为主要原因还不能解决问题时，必须层层深入，找到具体关键环节。重要原因可通过绘制排列图或其他的方法来确定，然后用标识符号标记出来，以引起注意。

（4）绘制出因果分析图，定出主要原因后，还应到现场去落实主要原因的项目，再制定出措施去解决。必要时，可与对策表结合起来。

（5）措施实施后，还应再用排列图等检查其效果。

（四）检验明细表法

所谓检验明细表，是将索赔件数、疵点数等内容按不同部门、不同车间及不同原因分类进行统计的表格。

表5-2是进行全数检验用的上装最终检验明细表，这是记录服装厂日常生产数据的一种方法。如果明细表设计合理，则负责人一见该表就知道哪里有问题。

表5-2 上装最终检验明细表

项目	疵点种类	疵点数	项目	疵点种类	疵点数
前身	前身起翘 前身凹凸不对 前肩起翘 门襟挂面止口逆露		领	窜口成形不良 衣领手工针法不良 领背对格、对条不良	
肩	肩线起皱 肩线歪斜 里肩吊线		手工针	侧片（里）手工针不良 缩袖窿（里）手工针不良 后背衩（里）手工针不良 下摆手工针不良 内拱针不良 绱止口拱针不良 衣领（里）手工针不良	
背	背缝线起皱 下摆成形不良				
侧缝	侧缝起皱 侧缝里料吊线				
袖	装袖过直 衣袖不对称 衣袖起皱 里袖吊线		其他	纽孔豁口 油渍 标牌错钉	

检验数：　　合格数：　　疵点数：　　全数检验　　检验者姓名：

续表

项目 (件)	误差(+)/cm				误差(-)/cm				合　计
	0.5	1.0	1.5	2.0	0.5	1.0	1.5	2.0	
衣长									
肩宽									
袖长									
腰身									
合计									

表5-2上半部分记录了疵点数和疵点种类,下半部分是尺寸和重量等属性的测量值。

(五) 直方图法

1. 直方图

在全面质量管理中,我们收集到的各种数据都具有两个特点:一是波动性,二是统计规律性。直方图就是通过观察质量数据波动的规律来了解产品总体质量波动情况的一种图表。

绘制直方图时,是将全部数据分为若干组,画出以组距为底边、以频数为高度的许多个直方形连接起来的矩形图。

2. 直方图的操作步骤

(1)搜集数据:通过对研究对象抽样及测定获得数据,把取得的数据按具体情况整理成数据表。数据个数取决于所要求的研究精度,一般为50~200个。

例如,某工序加工衣长为72.0cm±1.0cm的上装,从这个工序加工的产品中,随机取样100件,经测试,取得的100个数据见表5-3。

表5-3　上装衣长尺寸数据表

组数	衣长/cm									
	A	B	C	D	E	F	G	H	I	J
1	71.6	71.4	72	71.5	71.7	72	72.1	71.7	72	73.2
2	71.3	71.2	71.4	71.7	71.3	71.6	72.6	72.1	71.1	71.8
3	71.9	71.8	71.8	71	71.8	72.6	71.8	71.2	71.6	73.5
4	71.7	72	71.1	71.4	71.1	71.2	73	72.6	70.9	70.8
5	71.9	71.6	71.6	71.7	71.5	71.8	71.2	72.9	71.1	71.8
6	72.6	71.3	71.5	72	71.6	72.1	71.6	71.4	73.3	73.4
7	71.8	72	72.1	72.3	72	72.3	72.3	71.4	71.5	71.3
8	72.2	71.8	71.6	71.6	72.4	71.7	71.6	72.3	72.3	72.3
9	71.2	72.3	72.3	72.1	72	71.3	71.4	73.1	71.3	71.5
10	71.0	72.6	72.5	72.6	72.7	71.5	71.6	73.3	73.8	72.3

(2) 从样本数据中找出最大值 L_α 与最小值 S_m，并计算极差 R（以下计算均忽略单位）。

$$R = L_\alpha - S_m = 73.8 - 70.8 = 3.0$$

(3) 根据样本数据个数 n 决定分组数 k。关于组数 k 的确定有一个经验公式：

$$k = 1 + 3.322 \lg(n)$$

通常也可以用表 5-4 的经验数据来确定。

表 5-4　直方图分组经验数据表

数据的总数 n	适当的分组数 k	一般使用的组数 k
50～100	6～10	
100～250	7～12	10
250 以上	10～20	

本例取 $k = 10$ 组。

(4) 计算组距 h（组与组之间的距离），一般可用下式计算：

$$h = \frac{R}{k} = \frac{L_\alpha - S_m}{k}$$

计算 h 时，取测量单位的整数倍，本例：

$$h = \frac{3.0}{10} = 0.3$$

(5) 计算各组上、下界限。首先确定第一组上、下界限，一般用下式计算：

第一组下限：
$$S_m - \frac{h}{2}$$

第一组上限：
$$S_m + \frac{h}{2}$$

本例第一组下限：
$$70.8 - \frac{0.3}{2} = 70.65$$

第一组上限：
$$70.8 + \frac{0.3}{2} = 70.95$$

然后，计算其余各组的上、下界限值。第一组的上限就是第二组的下限，第二组的下限值加上组距（h）就是第二组的上限值，以此类推，得出各组的组限。

本例：第二组上、下限值分别为：70.95 和 71.25

第三组上、下限值分别为：71.25 和 71.55

……

(6) 计算各组的中心值（X_i）。中心值是每组数据的中间的数值，可按下式计算：

$$X_i = \frac{\text{第 } i \text{ 组下限值} + \text{第 } i \text{ 组上限值}}{2}$$

本例：第一组中心值：$X_1 = \dfrac{70.65 + 70.95}{2} = 70.8$

第二组中心值：$X_2 = \dfrac{70.69 + 71.25}{2} = 71.1$

……

（7）记录各组的数据，并整理成频数分布表，见表5–5。

表5–5 衣长的频数分布表

组号	组距的边界	中心值	频数统计	f_i ①	u_i ②	$f_i u_i$ ③=①×②	$f_i u_i^2$ ④=②×③
1	70.65~70.95	70.8	||	2	−3	−6	18
2	70.95~71.25	71.1	卌 卌	10	−2	−20	40
3	71.25~71.55	71.4	卌 卌 卌 ||||	19	−1	−19	19
4	71.55~71.85	71.7	卌 卌 卌 卌 卌 |	26	0	0	0
5	71.85~72.15	72	卌 卌 卌	15	1	15	15
6	72.15~72.45	72.3	卌 卌 |	11	2	22	44
7	72.45~72.75	72.6	卌 ||||	8	3	24	72
8	72.75~73.05	72.9	||	2	4	8	32
9	73.05~73.35	73.2	||||	4	5	20	100
10	73.35~73.65	73.5	||	2	6	12	72
11	73.65~73.95	73.8	|	1	7	7	49
合计	—	—	—	100	—	63 $\sum f_i u_i$	461 $\sum f_i u_i^2$

（8）计算频数。统计数据落在各组的频数 f_i（本例为尺寸出现在各组的次数）。

（9）计算各组简化中心值 u_i。以频数 f 最大一栏的中心值为 a，用下式确定各组的 u 值。

$$u_i = \dfrac{各组中心值 - a}{h}$$

本例 $a = 71.7$。

第一组简化中心值：$u_1 = \dfrac{70.8 - 71.7}{0.3} = -3$

第二组简化中心值：$u_2 = \dfrac{71.1 - 71.7}{0.3} = -2$

……

(10) 计算频数与简化中心值的乘积 $f_i u_i$，本例即表 5-5 中的 ③ = ① × ②。

(11) 计算频数与简化中心值平方的乘积 $f_i u_i^2$，本例即表 5-5 中的 ④ = ② × ③。

(12) 计算平均值 $\overline{X}$。

$$\overline{X} = a + h \cdot \frac{\sum f_i u_i}{\sum f_i}$$

本例：
$$\overline{X} = 71.7 + 0.3 \times \frac{63}{100} = 71.89$$

(13) 计算标准偏差 S。

$$S = h \cdot \sqrt{\frac{\sum f_i u_i^2}{\sum f_i} - \left(\frac{\sum f_i u_i}{\sum f_i}\right)^2}$$

本例：
$$S = 0.3 \cdot \sqrt{\frac{461}{100} - \left(\frac{63}{100}\right)^2} = 0.6158$$

(14) 画直方图。以频数为纵坐标，质量特性值为横坐标，在各组上画出一系列直方形。每个直方形的底边长等于组距，高度等于频数，这样得到的频数分布图，即直方图。本例直方图如图 5-10 所示。

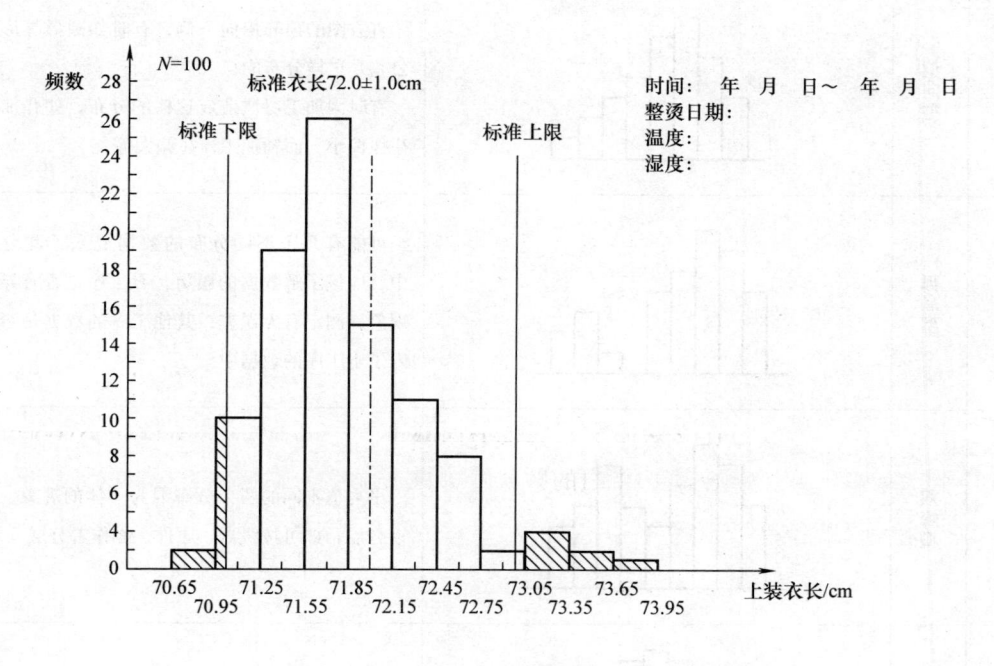

图 5-10 上装衣长直方图

3. 直方图的观察分析

直方图绘制完成以后，要观察和分析直方图的形状，从而判断是正常还是异常，并找出异常的原因，采取措施使之恢复正常。

在观察和分析直方图时，首先要看图形本身的形状，常见的几种图形及观察方法见表5－6。观察后，用直方图与公差（或标准差）进行对比，看直方图是否都在公差要求的范围之内，并看有无余量。应当注意，这时想的应是生产过程，并不是少数加工出来的产品。这种对比大体有六种情况，见表5－6和表5－7。

表5－6　直方图的形态与观察方法

序号		图形	分析着眼点
1	一般型		一般的正常状态
2	折齿型		区间幅度是否是测得精度的整数倍； 测定者是否错读了刻度的单位等
3	偏向型		直方图的顶峰偏向一侧，有时如圆形等形位公差是这样分布的； 有时因加工习惯造成这样的分布，如孔加工往往偏小，而轴加工往往偏大等
4	孤岛型		可能有几个不同分布的数据混入了此分布中，应该了解数据的履历，看工序是否有异常现象，测定有无误差，其他工序的数据是否混入了本工序的数据中
5	双峰型		平均值不同的两个分布混为一体的现象，应该分层，如可按机器、原件、操作者分层
6	平顶型		这往往是由于生产过程中某种缓慢的倾向在起作用

表 5-7 直方图与规格的关系

图形	特点	说明
(图：分布范围居中，两侧有余量)	理想状态	平均值 $\bar{X}$ 与规格中心值重合，规格线在 4σ 处（σ 即标准差，可用 S 代替）
(图：分布范围靠近上限)	单侧无余量的状态	平均值靠近规格上限，稍有变化就会出不良品，应设法调整平均值使之减小
(图：分布范围与规格幅度一致)	两侧无余量的状态	分布范围与规格幅度一致，毫无余地，工序稍有变化就会出不良品，需要提高工序能力
(图：分布范围远小于规格)	余量过大的状态	规格过宽，余量过大，可以考虑改变工艺（由精度高变为精度低）或缩小公差
(图：单侧偏离且超出上限)	单侧偏离且产生超差的状态	实际尺寸分布范围过分地偏离公差中心，造成了超差，可设法调整平均值，使之增大或减小
(图：两侧均超出规格)	两侧均产生超差的状态	实际尺寸的分布范围太大，可以考虑缩小分布范围或放宽公差范围

（六）管理图（控制图）法

1. 管理图

管理图也称控制图，是画有控制界限的一种图表。它是用来区分质量波动的性质，以判明生产过程是否处于控制状态的一种工具。控制图的基本形式如图 5-11 所示。

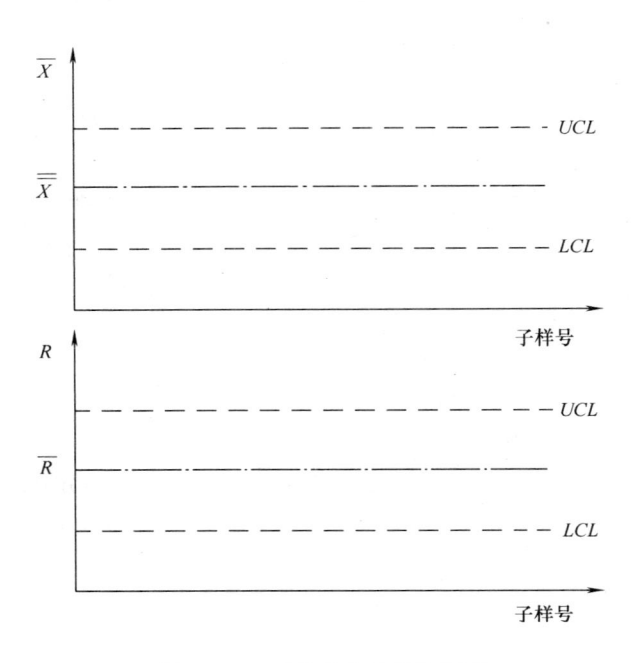

图 5-11 平均数和极差控制图

管理图有横坐标和纵坐标。横坐标为样本号或取样时间，纵坐标为测得的质量特性值。图 5-11 上有与横坐标平行的三条线，中间一条叫中心线，用点划线表示；上面一条虚线叫上控制线；下面一条虚线叫下控制线。把表示工序质量稳定状态的质量特性值描绘在图中，即可反映工序的质量状况。管理图是用于工序管理、控制现场生产质量的有力工具之一，广泛应用于生产第一线及职能科室。

管理图可分为计量值管理图和计数值管理图两大类，见表 5-8。

表 5-8 管理图的种类

控制图符号	名称	用途
X	单值控制图	用于计量值，在加工时间长、测量费用高、需要长时间才能测出一个数据或样品数据不便分组时用
$\overline{X} - R$	平均数—极差控制图	用于各种计量值，如尺寸、重量等
$\tilde{X} - R$	中位数—极差控制图	用于各种计量值，如尺寸、重量等
P_a	不合格品个数控制图	用于各种计数值，如不合格品个数的管理

续表

控制图符号	名称	用途
P	不合格品率控制图	用于各种计数值，如不合格品率、出勤率等的管理
U	单位缺陷数控制图	用于单位面积、单位长度上的缺陷数的管理
c	缺陷数控制图	用于服装外观表面的疵点数、污渍、加工不良部位数等的管理

2. 计量值管理图的绘制方法

（1）收集数据：当生产处于稳定状态时，收集近期质量数据100个左右（至少应50个以上），并把数据按取样号或生产时间顺序进行分组，填入数据表中。

（2）计算各组的平均值（$\bar{X}$）及极差（R）。

（3）计算 $\bar{\bar{X}}$ 和 $\bar{R}$。

（4）计算中心线 CL 和上、下控制界限（即 UCL、LCL）。各种管理图的中心线和控制界限的计算见表5–9。

表5–9　常用控制图公式一览表

控制图的种类	中心线	控制界限	备注
$\bar{X}$	$\bar{\bar{X}}$	$\bar{\bar{X}} \pm A_2 \bar{R}$	$\bar{\bar{X}} = \dfrac{\sum \bar{x}_k}{k}$
R	$\bar{R}$	$D_4 \bar{R} \pm D_3 \bar{R}$	$\bar{R} = \dfrac{\sum R}{k}$
X	$\bar{X}$	$\bar{X} \pm E_2 \bar{R}$	$\bar{X} = \dfrac{\sum x}{k}$
$\tilde{X}$	$\bar{\tilde{X}}$	$\bar{\tilde{X}} \pm M_3 A_2 \bar{R}$	$\bar{\tilde{X}} = \dfrac{\sum \tilde{x}}{k}$
P	$\bar{P}$	$\bar{P} \pm 3\sqrt{\dfrac{\bar{P}(1-\bar{P})}{n}}$	$P = \dfrac{r}{n} = \dfrac{P_n}{n}, \bar{P} = \dfrac{\sum r}{\sum n} = \dfrac{\sum P_n}{N}$
P_n	$\bar{P}_n$	$\bar{P} \pm 3\sqrt{\bar{P}_n(1-\bar{P})}$	$\bar{P} = \dfrac{\sum p_n}{k}$
c	$\bar{c}$	$\bar{c} \pm 3\sqrt{\bar{c}}$	$\bar{c} = \dfrac{\sum c}{k}$
u	$\bar{u}$	$\bar{u} \pm 3\sqrt{\dfrac{\bar{u}}{n}}$	$u = \dfrac{c}{n}, \bar{u} = \dfrac{\sum c}{\sum n}$

(5) 画管理图。

(6) 点绘：当开始使用管理图进行工序质量分析时，应把相应数据在已经画有控制界限的管理图上进行点绘，确认生产过程处于稳定状态，就可以把上述管理图用作管理图，以控制生产过程中工序质量的变化。

3. 管理图的观察和分析

管理图能迅速地反映生产过程是否处于控制状态，一旦发现失控，检验人员或操作者可发出信号，停止生产，查明原因后可采取相应调整措施。

一般说来，管理图上的"点"能够反映出工艺过程的受控程度。有的管理图，"点"分布反映得比较明显。为了判断工艺过程是否处于受控状态，需要制定出一定的判断规则。通常，管理图的工艺过程状态判断规则是：

如果控制图上的"点"满足不超出控制界限和排列没有缺陷这两个条件时，可以判断工艺过程是处于统计的控制状态；如果"点"落在控制界限之外，应判断工艺过程发生了异常变化；如果"点"虽未跳出控制界限，但排列有下列缺陷，也可以判断工艺过程有异常变化：

(1) "点"在中心线的一侧连续出现 7 次以上。

(2) 连续 7 个以上的"点"上升或下降。

(3) "点"在中心线一侧多次出现，如连续 11 个"点"中至少有 10 个"点"（可以不连续）在中心线的同一侧。

(4) 连续 3 个"点"中，至少有两个"点"（可以不连续）在上方或下方 2σ（即标准差，可用 S 代替）横线以外出现。

(5) "点"呈周期性变动。

(6) 其他。

画管理图并不是质量管理的目的，利用管理图判断生产过程的稳定性，预防废品的发生和改进生产过程，从而提高产品质量才是目的。

例如，某企业在质量检验中，期限 3 天，时间从 9 时开始，每隔 1 小时取 5 个数据，共取 20 组。把时间按数据顺序和测定顺序排列填入数据图表，见表 5-10 中，试绘制出 $\bar{X}-R$ 管理图。

具体操作步骤如下：

第一步：求各子样平均数（$\bar{X}_i$）的平均值（$\bar{\bar{X}}$）和极差（R_i）的平均值（$\bar{R}$）。

$$\bar{\bar{X}} = \frac{\bar{X}_1 + \bar{X}_2 + \cdots + \bar{X}_k}{k} = \frac{71.64 + 72.20 + \cdots + 72.46}{20} = 71.898$$

式中：$\bar{X}_1$，$\bar{X}_2$，…，$\bar{X}_k$ 为各子样的平均数；k 为子样数。

$$\bar{R} = \frac{R_1 + R_2 + \cdots + R_k}{k} = \frac{0.6 + 1.5 + \cdots + 2.5}{20} = 1.28$$

式中：R_1，R_2，…，R_k 为各子样的极差。

表 5-10 $\bar{X}-R$ 管理图数据表

产品名称		西服		加工编号			时间（月/日）		9/8~9/10
质量特性		衣长72cm的检验		车间			机器编号		
控制界限	最大			日产量标准（件）		300	作业员		
	最小								
测量单位/cm				试样大小间隔			检验员		
规格编号									

时间 (d – h)	组编号	测定值					合计 $\sum x_i$	平均值 $\bar{X}$	极差 R	备注
		X_1	X_2	X_3	X_4	X_5				
8 – 9	1	71.6	71.4	72	71.5	71.7	358.2	71.64	0.6	
10	2	72	72.1	71.1	72	73.2	361.0	72.20	1.5	
11	3	71.3	71.2	71.4	71.7	71.3	356.9	71.38	0.5	
12	4	71.6	72.6	72.1	71.1	71.8	359.2	71.84	1.5	
14	5	71.9	71.8	71.8	71.0	71.8	358.3	71.66	0.9	
15	6	72.6	71.8	71.2	71.6	73.5	360.7	72.14	2.3	
16	7	71.7	72	71.9	71.4	71.1	358.1	71.62	0.9	
17	8	71.2	73	72.6	70.9	70.8	358.5	71.70	2.2	
9 – 9	9	71.9	71.6	71.6	71.7	71.5	358.3	71.66	0.4	
10	10	71.8	71.2	72.9	71.7	71.8	359.4	71.88	1.7	
11	11	72.6	71.3	71.5	72	71.6	359.0	71.80	1.3	
12	12	72.1	71.6	71.4	73.3	73.4	361.8	72.36	2.0	
14	13	71.8	72	72.1	72.3	72	360.2	72.04	0.5	
15	14	72.3	72.3	71.4	71.5	71.3	358.8	71.76	1.0	
16	15	72.2	71.8	71.6	72.4	71.6	359.6	71.92	0.8	
17	16	71.7	71.6	72.3	72.3	72.3	360.2	72.04	0.7	
10 – 9	17	71.2	72.3	72.1	72.3	72	359.9	71.98	1.1	
10	18	71.3	71.4	73.1	71.3	71.5	358.6	71.72	1.8	
11	19	71	72.6	72.5	72.6	72.7	361.4	72.28	1.7	
12	20	71.5	71.3	73.3	73.8	72.6	362.3	72.46	2.5	
合计							1437.96		25.6	

界限值	$\bar{X}$ 管理图 $UCL = \bar{\bar{X}} + A_2\bar{R} = 72.640$ $LCL = \bar{\bar{X}} - A_2\bar{R} = 71.156$	R 管理图 $UCL = D_4\bar{R} = 2.71$ $LCL = D_3\bar{R} = 0$	$\bar{\bar{X}} = 71.898$ $n = 5$ $D_4 = 2.12$	$\bar{R} = 1.28$ $A_2 = 0.58$ $D_3 = 0$

注 d 表示日，h 表示小时。

第二步：确定 $\overline{X}$ 图的中心线及上、下控制界限。

$$CL = \overline{\overline{X}} = 71.898$$

$$UCL = \overline{\overline{X}} + A_2\overline{R} = 71.898 + 0.577 \times 1.28 = 72.640$$

$$LCL = \overline{\overline{X}} + A_2\overline{R} = 71.898 - 0.577 \times 1.28 = 71.156$$

式中：UCL 为上控制界限；LCL 为下控制界限；A_2 为系数，其大小取决于子样内样品数目（见表5-11）。

表5-11　用于寻求管理界限的系数表

n	A_2	D_4	D_3	E_2	M_3A_2
2	1.880	3.267	—	2.659	1.880
3	1.023	2.575	—	1.772	1.187
4	0.729	2.282	—	1.457	0.795
5	0.577	2.115	—	1.290	0.691
6	0.483	2.004	—	1.184	0.549
7	0.419	1.924	0.076	1.109	0.509
8	0.373	1.864	0.136	1.054	0.432
9	0.337	1.816	0.184	1.010	0.412
10	0.308	1.777	0.223	0.975	0.363

注　D_3 栏中的"—"表示不考虑管理下限。

第三步：确定 R 图的中心线及上控制界限。

$$CL = \overline{R} = 1.28$$

$$UCL = D_4\overline{R} = 2.12 \times 1.28 = 2.71$$

$$LCL = D_3\overline{R}$$

式中：D_3、D_4 为系数，其大小取决于子样内样品数目（见表5-11）。

本例，因为极差 R 的下控制限为负值，可不画出极差 R 的下控制限，极差 R 的下控制界限可用横轴代替。

第四步：绘制管理图（如图5-12所示）。

第五步：管理图的分析。从图中"点"的分布，可以判断此工艺过程处于统计的受控状态。

质量管理中运用的数理统计方法很多，以上只介绍了几种主要的方法。

产品名称：　　　　　　　　　　　　　　　　工厂：
质量特性：　　　　　　　　　　　　　　　　科室：
测量单位：　　　　　　　　　　　　　　　　车间：
测定方法：

$n=5$

$\overline{X}$

UCL=72.640
CL=71.898
LCL=71.156

R

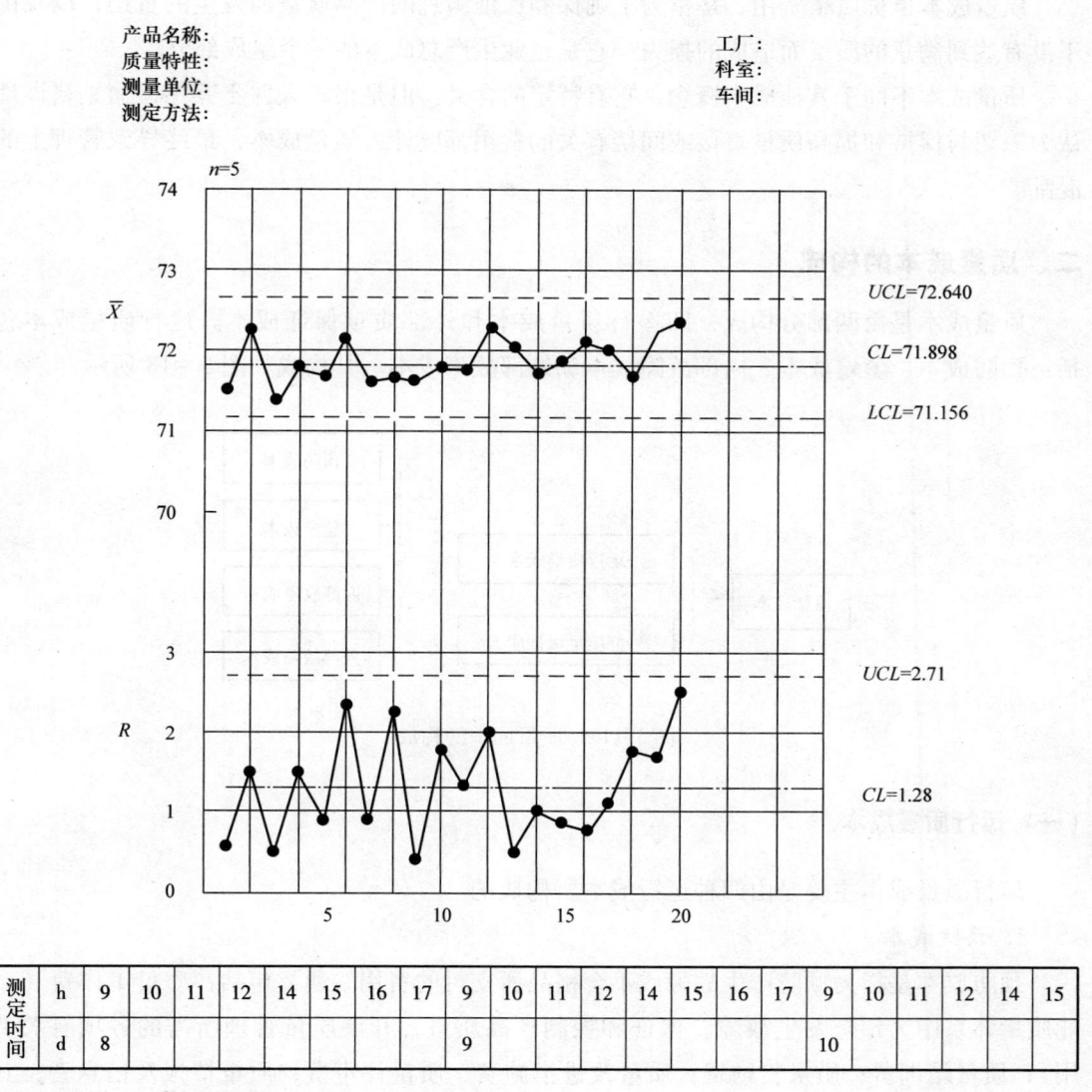

UCL=2.71
CL=1.28

测定时间	h	9	10	11	12	14	15	16	17	9	10	11	12	14	15	16	17	9	10	11	12	14	15
	d	8							9									10					

注　d 表示日，h 表示小时，上同。

图 5 - 12　$\overline{X}-R$ 管理图实例

第四节　质量成本管理

一、质量成本的基本概念

20 世纪 50 年代，美国质量管理专家朱兰和菲根堡姆等人首先提出了"质量成本"的概念，进而把产品质量同企业的经济效益联系起来。

质量成本也称质量费用，是指为了确保和保证满意的产品质量而发生的费用，以及由于没有达到满意的质量而造成的损失。它是企业生产总成本的一个组成部分。

质量成本不同于其他成本概念，它有特定的含义，但是很多人并不熟悉，而是错误地认为一切与保持和提高质量直接或间接有关的费用都应计入质量成本，最终导致管理上的混乱。

二、质量成本的构成

质量成本是由两部分构成，即运行质量成本和外部质量保证成本。运行质量成本包括：预防成本、鉴定成本、内部故障成本和外部故障成本。其构成如图5-13所示。

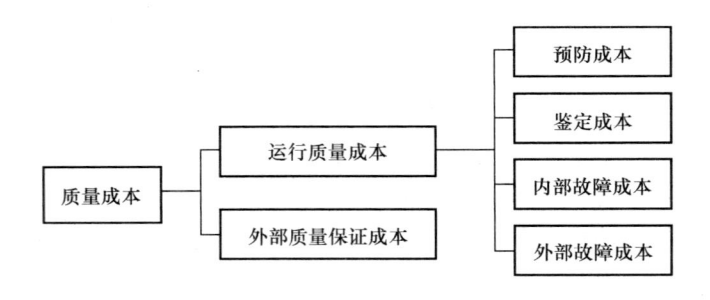

图5-13 质量成本的构成

（一）运行质量成本

运行质量成本主要是由四种运行成本所构成的。

1. 预防成本

预防成本是指为预防产生故障或不合格品所支付的费用。通常包括：质量工作费（企业质量体系中为预防发生故障，保证和控制产品质量，开展质量管理所需的各项有关费用）；质量培训费；质量奖励费；质量改进措施费；质量评审费；质量情报及信息费；其他预防费用等。

当产品质量或服务质量及其可靠性有了一定的提高时，预防成本通常也是增加的。这是因为提高产品或服务质量通常需要更多的时间、精力和资金等资源的投入。

2. 鉴定成本

鉴定成本是指为评定产品是否满足规定质量要求而进行试验、检验和检查所支付的费用。一般包括：进货检验费；工序检验费；成品检验费；检测试验设备的校准维护费；试验材料及劳务费；检测试验设备折旧费；办公费（为检测、试验发生的）；工资及附加费（指专职检验、计量人员）等。

当产品或服务的质量及其可靠性提高时，鉴定成本通常会降低。质量鉴定可以帮助管理人员发现质量问题的所在，从而可以立即采取措施解决存在的问题，保证质量能够持续得到改善，从而减少质量问题带来的成本。

3. 内部故障成本

内部故障成本是指产品在交付前未满足规定的质量要求所造成的损失。一般包括：废品损失；返工或返修损失；因质量问题发生的停工损失；质量事故处理费；质量降等、降级损失等。

当产品或服务质量及其可靠性提高时，内部故障成本会降低。有很多预防措施可以用来减少不合格品的产生，从而减少内部故障成本。

4. 外部故障成本

外部故障成本是指产品在交付后未能满足规定的质量要求所造成的损失。一般包括：索赔损失；退货或退换损失；保修费用；诉讼损失费；降价损失等。

同样，当产品或服务质量及其可靠性提高时，外部故障成本会降低。质量及可靠性的提高，不仅会减少售后保修费用，保持市场份额，而且还会避免由于产品质量低劣而导致的人身伤害、环境污染等重大事故的发生。

（二）外部质量保证成本

在合同环境条件下，根据用户提出的要求，为提供客观证据所支付的费用，统称为外部质量保证成本。其主要包括：

（1）为提供特殊附加的质量保证措施、程序、数据等所支付的费用；

（2）产品的验证试验和评定的费用，如经认可的独立试验机构对特殊的安全性能进行检测试验所发生的费用；

（3）为满足用户要求，进行质量管理体系认证所发生的费用等。

（三）质量成本的构成比例

质量总成本各部分费用之间存在着一定的比例关系。四大项质量成本费用的比例关系通常是：

（1）内部故障成本约占质量总成本的 25% ~ 40%；

（2）外部故障成本约占质量总成本的 20% ~ 40%；

（3）鉴定成本约占质量总成本的 10% ~ 50%；

（4）预防成本约占质量总成本的 0.5% ~ 5%。

不同的企业，甚至同一企业在不同的时期，其各项质量成本的构成比例都会有所不同。这四项成本之间并不是相互独立、毫无联系的，而是相互影响、相互制约的。如果产品在企业内部经过严格检查，层层把关，其鉴定成本和内部故障成本就会增加，而外部故障成本就会减少；如果产品不予检查就出厂，即使鉴定成本降下来了，但可能会有许多不合格品在被用户使用的过程中发生问题，从而产生外部故障成本，最终导致质量总成本上升。但是，在一定范围内，适当增加预防费用，加强工序控制，则内、外部故障成本，甚至包括鉴定成本都可能降低，并导致质量总成本的大幅度下降，然而这种预防成本的作用却往往最容易被企业所忽视。

因此，在质量成本管理中，企业要注意这四大项质量成本的比例关系是否合理，以及各比例之间的变化规律，以便正确、有效地采取降低质量成本的各项措施。

案例：质量打造品牌——雅戈尔

1. 背景

雅戈尔集团自1979年从单一的生产加工起步，经过不断努力，迄今已经形成了以品牌服装经营为龙头的纺织服装垂直产业链。雅戈尔品牌服饰连续8年稳居中国服装行业销售和利润总额双百强排行榜首位，并被评为"最受消费者喜爱品牌"。除此之外，雅戈尔还相继获得中国服装协会颁发的公众大奖、成就大奖、营销大奖，是首届浙江省十大品牌创新先锋之一，被中国品牌研究院评为"行业标志品牌"。

2. 品质与工艺

雅戈尔多年来恪守"质量就是产品生命、企业基石"的质量理念。早在1997年，雅戈尔就积极纳入了国际质量管理体系，通过了ISO 9002：1994质量管理体系的认证。2002年，雅戈尔又在同行中首批通过ISO 9001：2000质量管理体系评审，并在产品的生产运行中得到不断提高和完善。

雅戈尔在质量目标的确定、分解、实施等关键环节上，把满足顾客需求、增强顾客满意度作为品牌关注的焦点，并将切实有效的措施落实到每一个环节，使得每一个环节得以有效地受控，并做到生产过程的不断升级。2004年，雅戈尔荣获国家质量检验检疫总局评定的"全国质量管理先进企业"。雅戈尔坚持"规范运作、全员参与、持续改进、客户满意"的质量方针，以顾客为关注焦点，发挥全员参与的作用，运用各流程系统管理的办法，持续改进质量管理体系，培养全员参与的意识，大范围培训普及质量管理体系知识，实行以"过程"或以"部门"为单位的"滚动内审"，使内审成为企业诊断的一个有效方式；实行"质量目标"管理机制，发挥有效的激励作用；推行"质量成本"控制和管理，通过对质量成本数据的归集、整理和分析，从中寻找质量控制的方法。对面辅料的检验，半成品、成品的检验，出厂抽验等环节严格把关，建立员工、班组、车间、企业四级质量监督网络，实施逐级目标管理。

如今，雅戈尔各大类产品在制造标准上，执行了高于国家标准的内控质量标准。公司内部有着一套严密的生产管理程序，将从服装的选料、预缩、剪裁、配料到缝制、整烫、搬运、检测等一整套流程细分为数百道工序，并进行四级质量监督，保证了产品本身质量和外观效果等每一个细节都能得到严格的控制，以精心、精细、精确的专业精神保证产品的优良品质。

通过一系列的质量管理措施，雅戈尔产品得到了市场的认可，目前已拥有6个"中国名牌"产品。在未来的发展中，雅戈尔将继续视质量为生命，精益求精，加强各个环节的监控效率，致力于使雅戈尔产品的品质每年都能跨上一个新台阶。

（资料来源：51商机网）

本章要点

质量是企业的生命线。好的产品质量、先进的质量管理方法是企业获得长远发展的基础。本章从质量和质量管理的概念入手，介绍了什么是全面质量管理及其对企业的重要意义。而质量检验和质量统计分析方法都是保证服装生产质量最常用、最基本的内容，本章主要介绍了服装质量检验的方法和类别，以及服装质量统计分析的方法，如分层法、排列图法、因果分析图法、检验明细表法、直方图法、管理图法等。质量成本的构成对于质量管理也具有重要的意义，反映了产品质量和成本之间的关系。

复习思考题

1. 什么是质量？服装的质量特性有哪些？
2. 质量管理的发展经历了哪几个阶段？各阶段的特点是什么？
3. 全面质量管理的内容是什么？
4. 服装企业的质量检验包括哪些项目？
5. 服装质量统计与分析的方法有哪些？各自的特点是什么？
6. 根据检验对象的不同，质量检验都有哪些类别？试举例说明。
7. 质量成本包括哪些内容？它们之间的关系是什么？对服装企业而言，质量成本管理有什么意义？

第六章　供应链管理

- 课程名称：供应链管理
- 课程内容：供应链管理概述
  供应链物料管理和采购管理
  供应链的库存管理
  物联网
- 上课时数：4课时
- 训练目的：帮助学生树立集成的供应链管理思想，只有将服装企业的物流、资金流、信息流融合在一起，才能对企业实施全面、高效、低耗的管理。物料是整个供应链的核心和媒介，因而使学生重视服装企业的物料管理和物料采购显得尤为必要。帮助学生树立库存管理的概念，库存控制水平的高低决定了整个供应链的效益，而传统的库存管理方法是基础，针对供应链上的库存，可以采用先进的库存管理技术进行管理，如VMI系统，从而提高信息反应速度，降低节点企业的整体运作成本。
- 教学要求：1. 使学生理解供应链的概念和供应链管理的基本思想。
  2. 使学生了解服装企业供应链物料管理的主要内容。
  3. 使学生掌握服装企业供应链采购管理的主要环节及如何实施有效的供应商管理。
  4. 使学生理解库存的概念和内容，掌握库存控制系统、经济订货批量的含义；理解VMI供应链库存管理；掌握仓库管理的内容。
  5. 使学生了解物联网的基本含义和用途。
- 课前准备：学习供应链管理的相关知识，了解服装企业对供应链管理的现状和需求。

第一节　供应链管理概述

一、供应链

供应链（Supply Chain，简称SC）的概念在20世纪80年代提出，近年来随着全球制造（Global Manufacturing）的出现，供应链管理作为一种新的管理模式，成为企业管理中的一个热点。

传统的企业组织中的采购（物资供应）、加工制造（生产）、销售等看似整体，但却是缺乏系统性和综合性的企业运作模式，已经无法适应新的企业经营模式的需要。"供应链"的概念与传统的销售链是不同的，它已跨越了企业界限，从建立合作制造或战略合作伙伴关系的新思维出发，从产品生命线的"源头"开始，到产品消费市场的"汇集"，从全局和整体的角度考虑产品的竞争力，是一种系统的管理方法。

供应链由原材料、零部件供应商、生产商、批发经销商、零售商、运输商等一系列企业所组成。原材料、零部件依次通过"链"中的每个企业，逐步变成产品，产品再通过一系列流通配送环节，最后交到最终用户手中，这一系列的活动就构成了一个完整供应链的全部活动，主要内容如图6-1所示。

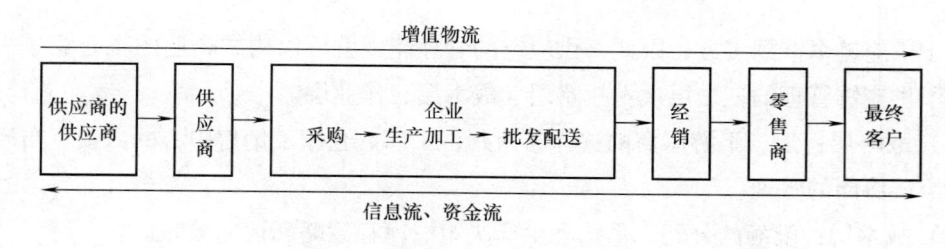

图6-1 供应链的内容

服装企业供应链是指：围绕服装企业，通过对物流、信息流、资金流的控制，从采购原材料（包括主、辅料）开始，制成中间产品以及最终产品，最后由销售网络把产品送到消费者手中，这一系列的活动将供应商、制造商、经销商、零售商和最终用户连成一个整体的功能网链结构模式便是服装企业的供应链。

二、供应链管理

供应链管理（Supply Chain Management，简称 SCM）是指对整个供应链系统进行计划、协调、操作、控制和优化的各种活动过程。其目标是将顾客所需的正确的产品（Right Product），在正确的时间（Right Time），按照正确的数量（Right Quantity）、正确的质量（Right Quality）、正确的状态（Right Status），送到正确的地点（Right Place），交给正确的客户（Right Customer），即"7R"，并使总成本最小化。

如图6-1所示，供应链中的物流、信息流、资金流是供应链管理的主要对象。物流涉及从供应商到客户的物料流，以及产品返回、服务、再循环和最后处理的反向流；信息流涉及需求预测、订单传送和交货状态报告；资金流包括链上各个企业之间的款项结算以及资金的相互渗透，涉及信用卡信息、信用期限、支付日期安排、发货和产品名称拥有权等内容。

供应链管理是一种集成的管理思想和方法，其实质就是合作，它使供应商、制造商、分销商和客户多方受益。供应链合作关系旨在实现物流、信息流、资金流的集成，它改变了企业间的合作模式，与传统的企业合作关系模式有着很大的区别。

供应链管理把供应链中的所有节点企业视为一个整体，如图6-2所示。这是一个涵盖整个物流的、从供应商到最终用户的采购、制造、分销、零售等各职能领域的过程。

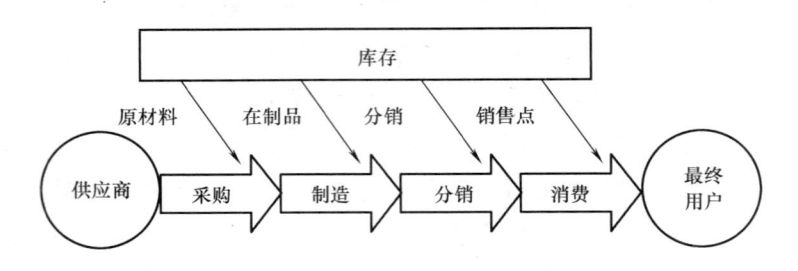

图6-2 供应链的范畴

由于供应链牵涉到多方，因此对供应链的管理能力就可以构成企业的核心竞争力。这便形成了供应链管理的三个层次：战略层、战术层、作业层。

（1）战略层：上、下游厂商的选择与谈判，工厂、仓库及销售中心的数量、布局和能力，供应链协同的管理。

（2）战术层：配额的分配，采购和生产决策、库存策略和运输策略。

（3）作业层：具体的生产计划、运输路线安排等。

要对供应链不同的层面实施协调统一的策略，方可充分发挥供应链管理的作用。

第二节　供应链物料管理和采购管理

采购是对物料从供应商到企业组织内部移动的管理过程，是企业供应链管理中的基本活动之一。任何一个组织，其生产运作所需的投入中都离不开物料。服装生产企业运营的核心环节则是通过一系列的活动，从外部供应商那里购买原材料（如面料、拉链、纽扣、线等），按照一定的规则将这些主、辅料等物料转化为成衣。由于这些物料占总成本的绝大部分，因此，就需要发挥物料管理和采购管理的重要作用以控制成本。

一、物料和物料管理

（一）物料

物料包括各种原材料、在制品、零部件和成品。对于制造性企业来说，生产过程实质上是物料的转化过程。服装生产企业所需要的物料，主要是指企业生产经营活动中所消耗的各种生产资料。

1. **主要原材料**

指经加工后构成产品主要实体的材料。服装生产企业的主要原材料可分为面料和里料两大类。虽然只有两类,但其品种繁多,各有不同的功能和特点,且由于新材料和新技术发展迅速,这也为管理增加了难度。为了便于编制计划、采购订货和加强管理,应对面料和里料进一步进行分类。以面料为例,可按其材质分为棉、毛、丝、麻、混纺、化纤等;按颜色分为红色系、绿色系、黄色系、蓝色系、黑色系、白色系等,又或者是深色系、浅色系等;当然,还可以按照花色进行分类。

2. **辅助材料**

指用于生产过程,有助于产品的形成,但不构成产品主要实体的材料。服装生产企业的辅助材料主要包括线、纽扣、拉链以及各种衬布、装饰配件、花边等。

3. **间接材料或工具**

指生产中消耗的,不在产品中体现出来的材料,如纸板、划粉等。

4. **在制品或半成品**

指未完成的产品,需进行进一步的加工,如领、袖、前片等。

5. **成品**

指加工完成可以交付的产品,如衬衫、西裤等。

(二)物料管理

物料管理是供应链的中间部分物流和信息流。因此,现代企业的物料管理是指对企业生产经营活动所需各种物料的采购、验收、供应、保管、发放、合理使用、节约和综合利用等一系列计划、组织、控制等管理活动的总称。搞好物料管理,对于保证和促进生产,节约物料消耗,加速资金周转,降低产品成本,提高经济效益等有着非常重要的意义。

物料管理所涉及的职能包括物料的计划和控制、生产计划、物料采购、收货、仓储、厂区内物料的移动、到货运输、到货质量控制、库存控制、呆废料的处理等。

在服装生产企业,物料成本占总成本的绝大多数,因此,科学合理的物料管理对企业的成功经营影响非常大。在供应链中,物料管理要实现的目标包括:

1. **低价格**

即以低价格采购物料,以降低产品成本,提高利润。

2. **高存货周转率**

存货周转率是指销货成本除以平均存货。存货周转率越高,表示销售量越大且存货越少,因此积压在存货上的资金就少,资金的使用率就高。

3. **低物料保管成本**

即在物料验收、搬运及存储方面能有效率的运作,以减低保管及取得成本。

二、采购管理

在一个企业的经营中，物料采购成本占很大比重，因此通过物料采购管理降低物料成本是企业增加利润的一个有效途径。但是，物料采购的目的不仅仅是降低采购成本，而且要保证企业所需要的物料能够保质、保量、适时地获得。

（一）采购需求

1. 接受采购要求

采购要求的内容包括需要采购物料的品种、数量、质量要求以及到货期限。采购部门从生产计划部门、各种职能部门以及库存管理部门获得它们对各种物料的需求情况，并进行汇总，做出相应的采购计划。在制造企业中，物料采购计划往往是根据生产日程计划来安排的。

2. 决定自制还是外购

在很多情况下，企业所需的某些物料是企业能够自己加工生产的零部件或半成品，这时，企业就需要对自制还是外购做出决策。因为它会直接影响到产品的质量和成本。企业在进行自制和外购分析时，主要考虑以下几个问题：

（1）零部件成本。当自制的零部件成本比外购的成本低时，选择自制，否则就需要外购。

（2）零部件的质量。当供应方提供的零部件质量不能得到保证时，选择自制。

（3）零部件的可获性。当所需的零部件无处采购时，只能选择自制。

（4）技术保密性。当这种零部件的生产涉及保密技术时，应当自制，以防止技术扩散。

（二）供应商管理

1. 供应商的选择

好的供应商是确保供应物料的质量、价格和交货期的关键。因此，如何选择和保持与供应商的良好关系是采购管理的一个主要问题。在对供应商进行选择时，可对多个候选供应商进行综合评价，最后确定供应商。在选择时，往往需要考虑以下七个方面的问题。

（1）设备能力。了解供应商的设备能否加工所需要的物料并保证质量。

（2）生产能力。了解供应商的生产能力是否能够满足本企业的物料需求。

（3）质量保证。对供应商提供的产品的质量进行确认，以保证企业原材料的质量。可通过了解供应商是否建立质量管理体系或是否通过质量认证来予以评价。

（4）财务状况。通过调查供应商的财务状况，了解供应商承担市场风险的能力。对于财务状况不佳的企业，一旦发生财务危机导致生产中断，则会对本企业的物料供应造成不良影响。这时，不仅会产生断货风险，而且还会因为重新选择供应商而产生额外的成本。

（5）供应商的管理水平。供应商管理水平的高低会影响到双方合作的程度。管理水平较高的供应商应该有科学的管理方法和较高的办事效率，成本结构合理，供货稳定，从而降低企业的采购成本。

（6）供应商发展潜力。企业都希望能够有一个长期合作的供应商，因此就需要对供应商的发展潜力进行分析。对于有较强发展潜力的供应商，应予以鼓励，希望其能够不断改善技术和管理水平、提高产品质量、降低成本、增强抗风险能力，从而能够使双方获益。

（7）合同执行情况。过去的合同执行情况可以反映出供应商的信誉。

2. 供应商管理的模式

传统的企业与供应商的关系是一种短期的、松散的，相互间作为交易对手、竞争对手的关系。在这样一种基本关系下，企业与供应商是一种"0—1"博弈，一方所赢则是另一方所失。买方总是试图将价格压到最低，而不考虑供应商的接受能力；供应商则是以特殊的质量要求、特殊的服务要求和订货量的变化等各种理由尽量抬高价格，哪一方能取胜主要取决于哪一方在交易中占上风。

如今越来越多的企业认识到，与供应商的这种以竞争为主的关系模式已经不能够适应现代企业的持续发展。另一种与供应商的关系模式——合作模式，成为企业供应商管理的一个核心。在这种模式下，企业（买方）和供应商（卖方）互相视对方为"伙伴"，建立起战略合作关系，实现"双赢"。前面提到，企业应当选择有发展潜力的供应商，并在技术或管理上对其给予一定的支持，这样，在提高供应商竞争力的同时，也提高了供应商对本企业的供货能力。

（三）订货

订货过程有时可能很复杂，如昂贵的一次性订货物品，或专门地定做大量货物，需要双方不断地对各种情况进行商榷；也可以很简单，比如长期合作的情况下，固定量、固定时间的订货可能一个电话就可以完成。如果一个企业的采购品种非常多，采购频率也很高，那么日常的订货管理工作量就非常大，这样就会发生大量的管理成本，还有可能带来很高的差错率，从而进一步增加了成本。

在供应链当中，如果企业与供应商建立了良好的合作伙伴关系，并能够充分利用现代信息技术来进行管理，那么就可以通过网络与供应商进行业务往来，而不需要通过任何纸质的媒介，就可简洁、迅速地完成订货手续，从而节省大量的管理成本。如此一来，对于订单的变更手续也可以简化许多。

另外，订单发出后，还要进行订货跟踪。

第三节 供应链的库存管理

一、库存的基本概念

(一) 库存

所谓库存,是企业用于今后销售或使用的储备物料(包括原材料、半成品、成品等不同形态)。按照管理学上的定义,库存是"具有经济价值的任何物品的停滞与贮藏";在企业的财务报表上,库存表现为既定时间内企业的有形资产。服装企业布仓里的布匹、辅料仓里的辅料、成品仓里的成衣都属于库存。

库存的存在有利有弊。库存的作用主要在于能防止短缺、有效地缓解供需矛盾,使生产尽可能均衡地进行;另一方面库存占用了大量的资金,发生了库存成本,减少了企业利润,甚至会导致企业亏损。

一定量的库存有利于调节供需之间的不平衡,保证企业按时、快速交货,可以尽快地满足顾客需求,缩短订货周期。对于服装生产企业而言,由于服装产品的生命周期很短,时效性也比较强,因此,对于成品的库存量要进行严格控制。对于一些常用原料或辅料,则需要有一定量的库存,以保证生产过程的顺利进行,能够按期交货。

(二) 库存的类型

1. 按其在生产过程和配送过程中所处的状态分

按其在生产过程和配送过程中所处的状态分,库存可分为原材料库存、在制品库存和成品库存。

三种库存可以放在一条供应链的不同位置。原材料库存可以放在两个位置:供应商和生产商。原材料进入生产企业后,会依次通过不同的工序,每经过一道工序,其附加价值都会有所增加,从而成为不同水准的在制品库存。当在制品库存在最后一道工序被加工完成后,变成完成品,进而形成成品库存。以服装生产企业为例,如图6-3所示,图中以简化的形式表现了供应链上的不同形态的库存及其位置。

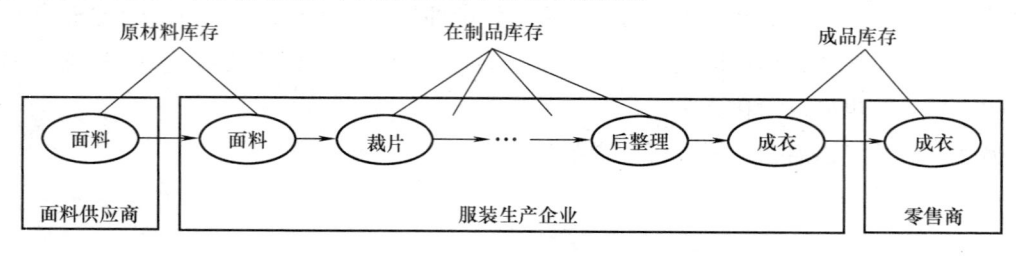

图6-3 制衣企业供应链上的库存及其位置

2. 按库存的作用分

按库存的作用，库存可分为周转库存、安全库存、调节库存和在途库存。

（1）周转库存是由批量周期性而形成的库存。采购批量或生产批量越大，单位采购成本或生产成本就越低，从而每次批量购入或批量生产，就会产生周转库存。每次订货批量越大，两次订货之间的间隔就越长，周转库存量也越大。

（2）安全库存是为了应付需求、生产周期等可能发生的不可预测的变化而设置的一定数量的库存。

（3）调节库存是为了调节需求或供应的不均衡、生产速度与供应速度不均衡、各个生产阶段的产出不均衡而设置的。

（4）在途库存是指正处于运输以及停放在相邻两个工作地点之间或相邻两个组织之间的库存，这种库存是一种客观存在，而不是有意设置的。在途库存取决于运输时间以及该期间内的平均需求。

3. 按用户对库存的需求特性分

按用户对库存的需求特性，库存可分为独立需求库存和相关需求库存。

（1）独立需求库存是指用户对某种库存物品的需求与其他种类的库存无关，表现出对这种库存需求的独立性。独立需求库存是指那些随机的、企业自身不能控制而是由市场所决定的需求，这种需求与企业对其他库存产品所制定的生产决策没有关系。

（2）相关需求库存是指与其他需求有关的库存，根据这种相关性，企业可以精确地计算出它的需求量和需求时间。

二、ABC 分类法

19 世纪，帕累托在研究米兰的财富分布时发现，20% 的人口控制了 80% 的财富。这一现象被概括为重要的少数和次要的多数，这就是应用广泛的帕累托原理。后来，人们从很多社会现象中都发现了这种统计规律，即所谓的二八定律。例如，在我们的日常生活中的大部分决策不怎么重要，而少数决策却能对我们造成极大的影响。在库存系统中，帕累托原理同样适用，即少数的库存占用了大量资金。

ABC 分类法的基本思想则是基于帕累托原理：按照所控制对象价值的不同或重要程度的不同将其分类，以找出占用大量资金的少数物料，并加强对它们的管理；对那些占少量资金的大多数物料，则施以较松的控制。

任何一个库存系统必须指明何时发出订单，订购数量有多少。然而，大多数库存系统要订购的物料种类非常多，价值也不一样，有的很昂贵，有的很便宜，因此对每种物料采用模型进行控制有些不切实际。为了有效地解决这个问题，可用 ABC 分类法把库存分成三类：A 为金额大的物料；B 为中等金额的物料；C 为金额较小的物料。如表 6-1 所示，A 类物品应尽可能从严控制，保持完整和精确的库存纪录，给予最高的处理优先权等，而对于 C 类物品，则可以尽可能简单地控制。

表6-1 ABC分类法

种类	所占品种比例/%	所占金额比例/%	控制程度	安全库存量
A	约20	~80	严格控制	低
B	约30	~15	一般控制	较大
C	约50	~5	简单控制	大量

ABC 分类法的分类结果并不唯一，分类的目标是把重要的库存与不重要的库存分离开来，具体的划分取决于具体的库存问题以及企业相关人员有多少时间可以用来对库存进行管理。如果时间多的话，企业可以适当增加 A、B 两类物料的数量。

将库存进行 ABC 分类，其目的在于根据分类的结果对每类物料采取适宜的控制措施。例如，从订货周期来考虑，A 类物料可以控制得紧一些，每周订购一次；B 类物料可以两周订购一次；C 类物料则可以每月或每两周订购一次。值得注意的是，ABC 分类法与物料单价无关。A 类物料的耗用金额很高，可能是单价不高但耗用量极大的组合，也可能是单价很高但耗用量不大的组合。与此相类似，C 类物料可能价格很低，也可能是用量很少。

有时某物料的短缺会给系统造成重大损失。在这种情况下，不管该物料属于哪一类，均应保持较大的储备量以防短缺。为了保证对该种物料进行比较严格的控制，可以强迫将其划归为 A 类或 B 类，而不管它是否有资格归属为这两类之中。

三、库存控制系统

库存控制系统是通过控制订货点和订货量来满足外界需求，并使总库存费用最低化。库存控制系统往往要解决如下三个问题：隔多长时间检查一次库存量？何时提出补充订货？每次订多少货？

当订单发出后，要经过一段时间，所发出的订货才能够到达，库存量增加为 Q，我们称这段时间为提前期（Lead Time，简称 LT）。订货提前期是从发出订货至到货的时间间隔，其中包括订货准备时间、发出订单、供货方接受订单、供货方生产、产品发运、产品到达、提货、验收、入库等过程。显然，提前期一般为随机变量。

（一）固定量控制系统

所谓固定量控制系统，就是订货点和订货量都为固定量的库存控制系统。其工作原理是：连续不断地监测库存水平的变化，当库存水平降到订货点（Reorder Point，简称 RP）时，就按照一个固定的量 Q 向供应商发出订货，经过一段时间（提前期），订货到达，库存得到补充，如图 6-4 所示。

固定量控制系统需要随时检查库存水平，并随时发出订货，这样做虽然会增加了管理的工作量，但它能够使库存量得到严密的控制。因此，固定量控制系统适用于重要物品的库存控制。

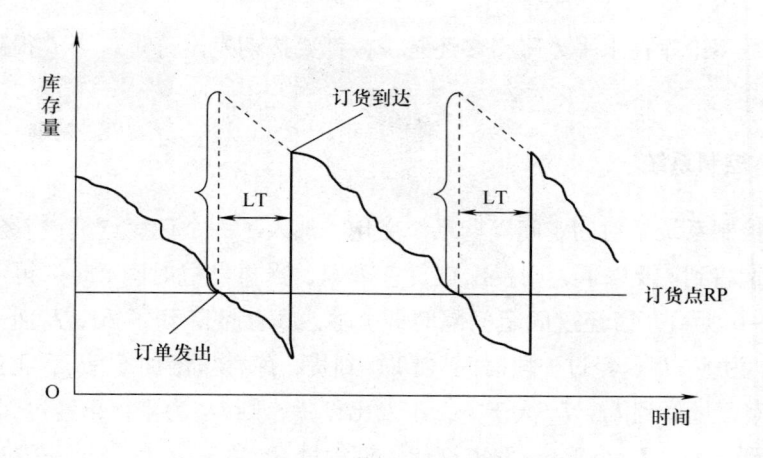

图 6-4　固定量控制系统

（二）固定间隔期控制系统

固定间隔期控制系统就是每经过一个相同的时间间隔，发出一次订货，订货量为将现有库存补充到一个最高水平 S。在这种系统中，库存水平被周期性地，而不是连续性地观测，每两次观测之间的时间间隔是固定的。如图 6-5 所示，当经过固定间隔时间 t 之后，库存量降到 L_1，发出订货，订货量 Q_1 为 $S—L_1$，经过一段时间（LT）到货，库存量增加 $S—L_1$；再经过固定间隔时间 t 之后，库存量降到 L_2，又发出订货，订货量 Q_2 为 $S—L_2$；经过一段时间（LT）到货，库存量增加 $S—L_2$。可以看出来，由于需求是一个随机变量，虽然订货间隔时间相同，但两次观测之间的需求量是变化的，因而每次的订货量也是变化的。

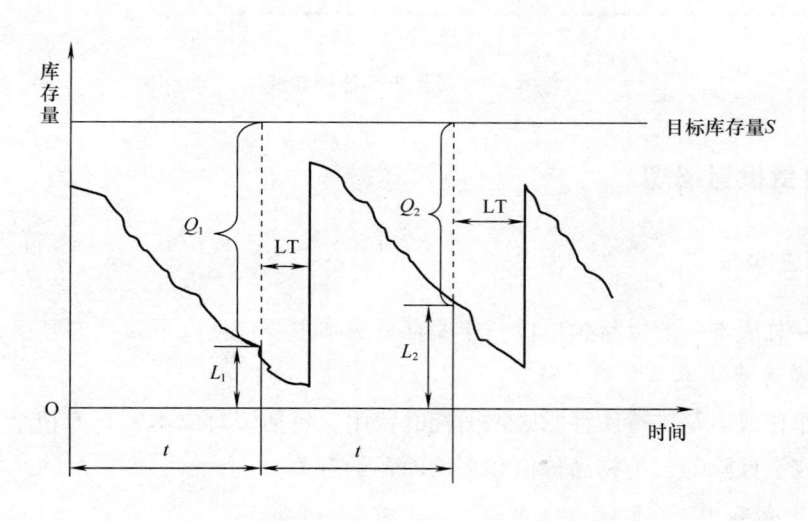

图 6-5　固定间隔期控制系统

固定间隔期控制系统不需要随时检查库存量，到了固定的时间，各种不同货物可以同时订货补充，这样既简化了管理，也节省了订货费用。不同货物的最高水平 S 可以不同。

但是，其缺点是不论库存水平 L 降得多还是少，都要按期发出订货，当 L 很高时，订货量很少。

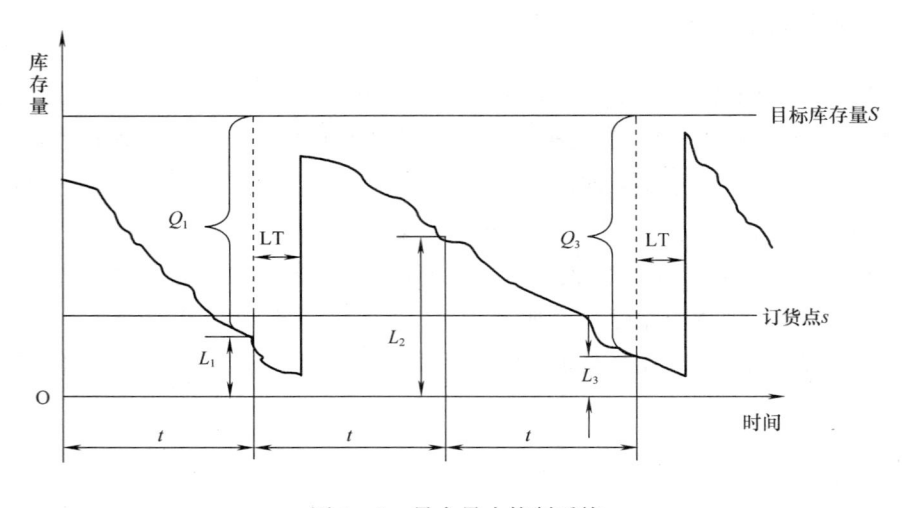

（三）最大最小控制系统

最大最小控制系统是对固定间隔期系统变化，加入了一个订货点 s。当经过时间间隔 t 时，如果库存量将到 s 及以下，则发出订货；否则，当再经过时间 t 时，再考虑是否发出订货。如图 6-6 所示，当经过固定间隔时间 t 时，库存量降到了 L_1，L_1 小于 s，发出订货，订货量 Q_1 为 $S-L_1$，经过一段时间（LT）到货，库存量增加 $S-L_1$；再经过固定间隔时间 t 之后，库存量降到 L_2，L_2 大于 s，不发出订货，则 Q_2 为零；再经过固定间隔时间 t 时，库存量降到了 L_3，L_3 小于 s，发出订货，订货量 Q_3 为 $S-L_3$，经过一段时间（LT）到货，库存量增加 $S-L_3$，如此循环，补充库存。

图 6-6 最大最小控制系统

四、经济订货批量模型

（一）库存总成本

计算库存总成本一般以年为单位，年库存总成本主要包括以下四项内容：

1. 年维持库存成本

年维持库存成本是维持库存所必须消耗的费用。包括资金成本、仓库租金、仓库及设备折旧、税收、保险等，与物品价值和平均库存量有关。

2. 年订货成本

年订货成本与全年发生的订货次数有关，而与每次订购的批量无关。

3. 年购买成本

年购买成本与价格和订货数量有关。

4. 年缺货损失成本

年缺货损失成本是由于缺货所引起的失去销售机会带来的损失、影响生产造成的损失、信誉损失等,与缺货多少和缺货次数有关。

(二) 经济订货批量模型

库存管理中的一个重要问题是确定每次订货的批量,什么样的订货批量是最优的?经济订货批量(Economic Order Quantity,简称 EOQ)模型是通过平衡总库存成本中的各项成本,确定一个使总成本最低的订货数量。该模型基于以下的假设条件:

(1) 外部对库存系统的需求率已知,整个周期内的需求率是均衡。
(2) 订货量的大小无限制。
(3) 采购、运输均无价格折扣。
(4) 产品整批到货,而不陆续入库。
(5) 订货提前期已知,且为常量。
(6) 订货成本与订货批量无关。
(7) 维持库存成本是库存量的线性函数。
(8) 不允许缺货。
(9) 采用固定量控制系统。

基于上述假设条件,现有库存量的变化如图 6-7 所示。系统的最大库存量为 Q,最小库存量为 0,不允许缺货。库存以固定的需求率呈直线下降状态,平均库存量为 $\frac{Q}{2}$。当库存量降到订货点 RP 时,就按固定量 Q 发出订货。经过固定的提前期 LT,订货到达(刚好在库存变为 0 时到达),库存量立即达到 Q。

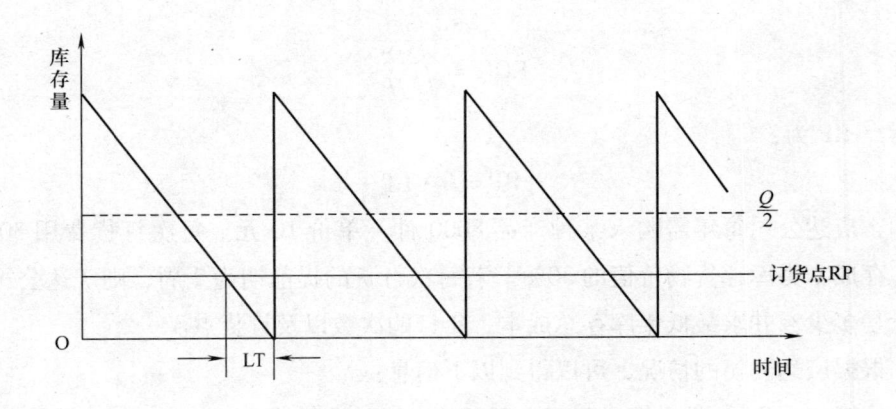

图 6-7 EOQ 条件下库存量的变化

在 EOQ 模型的假设条件下,年缺货损失成本为零,年购买成本与订货批量大小无关,为常量。因此,每次订购 Q 个产品的年库存总成本是:

$$年库存总成本 = 年维持库存成本 + 年订货成本 + 年购买成本$$

即：

$$C = H\left(\frac{Q}{2}\right) + S\left(\frac{D}{Q}\right) + pD$$

其中，C 为年库存总成本；H 为单位产品的年维持库存成本；D 为年需求量；S 为每次的订货成本；Q 为批量；p 为单价。

式中，年维持库存成本随 Q 的增加而成线性递增；年订货成本是每年订购次数乘以每次订购的成本，而每年的订购次数等于年需求量除以 Q，所以这一项随 Q 的增加而减少，如图 6-8 所示。

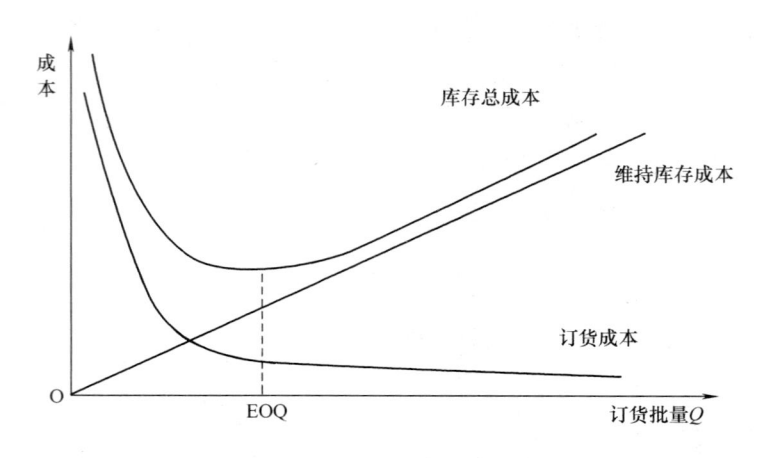

图 6-8 年库存成本曲线

从图 6-8 中可以看出，存在一个订货批量，使用该订货批量，可以使总成本最小。这个批量就是经济订货批量 EOQ。

为使年库存总成本最小，将上式对 Q 进行求导，并令一阶导数为零，可得经济订货批量如下：

$$\mathrm{EOQ} = \sqrt{\frac{2DS}{H}}$$

订货点 RP 为：

$$\mathrm{RP} = D \cdot \mathrm{LT}$$

例如，庆达公司每年需购入某种产品 8000 件，单价 10 元。每次订货费用 30 元，单位维持库存成本为库存货物价值的 30%。若每次订货的提前期为 2 周，则庆达公司的经济订货批量是多少？并求最低年库存总成本、年订购次数以及订货点。

解：根据庆达公司的情况，可以得到以下信息：

产品价格 $p = 10$ 元/件，需求量 $D = 8000$ 件/年，订货成本 $S = 30$ 元/次，订货提前期 $\mathrm{LT} = 2$ 周。单位维持库存成本 $H = 10 \times 30\% = 3$ 元/（件·年）。

因此，经济订货批量

$$\mathrm{EOQ} = \sqrt{\frac{2DS}{H}} = \sqrt{\frac{2 \times 8000 \times 30}{3}} = 400 \text{（件）}$$

最低年总费用

$$C = p \cdot D + \frac{D}{\text{EOQ}} \cdot S + \frac{\text{EOQ}}{2} \cdot H$$
$$= 8000 \times 10 + \frac{8000}{400} \times 30 + \frac{400}{2} \times 3 = 81200 \text{（元）}$$

年订购次数

$$n = \frac{D}{\text{EOQ}} = \frac{8000}{400} = 20 \text{（次）}$$

一年为 52 周，则订货点

$$\text{RP} = \frac{D}{52} \cdot \text{LT} = \frac{8000}{52} \times 2 = 307.7 \text{（件）} \approx 308 \text{（件）}$$

五、供应链环境下的库存管理策略——VMI

(一) VMI 供应链库存管理

库存以原材料、在制品、半成品、成品的形式存在于供应链的各个环节，前面的内容已经介绍了库存管理中的一些传统理论和传统方法。供应链的库存管理不是简单的需求预测与补给，而是要通过库存管理获得用户服务与利润的优化。主要内容包括采用先进的商业建模技术来评价库存策略、提前期和运输变化的准确效果；决定经济订货批量时考虑供应链企业各方面的影响；在充分了解库存状态的前提下确定适当的服务水平等。因此，供应链库存的管理难度很大，难度通常来自信息精度、供应链管理、运作问题、战略与设计问题等方面。

如图 6-2 所示，物料流通的各个环节中都有库存，而长期以来这种库存都是各个部门各自为政，分别管理自己的库存。在服装流通渠道中，零售商、批发商、供应商都有自己的库存，各个供应链环节都有自己的库存控制策略，这样就会造成供应链上的需求产生扭曲现象，无法使供应商快速地响应用户的需求。一种新的供应链库存管理方法——供应商管理用户库存（Vendor Managed Inventory，简称 VMI）则打破了传统的各自为政的库存管理模式，体现了供应链的集成化管理思想，适应市场快速变化的要求。VMI 的主要思想是供应商在用户的允许下设立库存，确定库存水平和补给策略，拥有库存控制权。

实施 VMI 策略的关键措施主要体现在以下四项原则中：

(1) 合作性原则。供应商和用户（零售商）都要有良好的合作精神，才能够相互保持较好的合作，要相互信任，保持信息透明度。

(2) 互惠原则。要实现双赢，使双方的成本都获得减少。

(3) 目标一致性原则。双方都明白各自的责任，观念上达成一致的目标，如库存放在哪里，什么时候支付，是否要管理费以及要花费多少等问题都要回答。

(4) 持续改进原则。使供需双方能共享利益和避免浪费，以获得业绩上的不断改进。

实施 VMI 策略，需要供应商和客户一起确定供应商的订单业务处理过程所需要的信息和库存参数，然后建立一种订单的处理标准模式，最后把订货、交货和票据处理各个业务功能集成在供应商一边。库存状态要透明，供应商才能够随时跟踪和检查到销售商的库存状态，从而快速地响应市场的需求变化，对企业的生产（供应）状态做出相应的调整。因此，需要建立一种能够使供应商和客户（销售商）的库存信息系统、透明连接的方法，这可以通过建立顾客情报信息系统和销售网络管理系统来实现。

一般来说，在以下的情况下适合实施 VMI 策略：零售商或批发商缺少 IT 系统或基础设施来有效管理他们的库存；制造商实力雄厚并且比零售商市场信息量大；有较高的直接存储缴获水平，因而制造商能够做到有效地规划运输。

（二）达可海德（DH）服装公司的 VMI 系统

美国达可海德（DH）服装公司把供应商管理的库存（VMI）看成是增加销售量、提高服务水平、减少成本、保持竞争力和加强与客户联系的战略性措施。在实施 VMI 过程中，DH 公司发现有些客户希望采用 EDI（电子数据交换）先进技术并形成一个紧密的、双方互惠、互信和信息共享的关系。

为对其客户实施 VMI，DH 公司选择了 STS 公司的 MMS（供应商管理）系统，以及基于客户机/服务器的 VMI 管理软件。

在起步阶段，DH 选择了分销链上的几家主要客户作为试点单位。分销商的参数、配置、交货周期、运输计划、销售历史数据以及其他方面的数据，被统一输进了计算机系统。经过一段时间的运行，根据 DH 公司信息系统部副总裁的统计，分销商的库存减少了 50%，销售额增加了 23%，取得了较大的成效。

接着，DH 公司将 VMI 系统进行了扩展，并且根据新增客户的特点又采取了多种措施，在原有 VMI 管理软件上增加了许多新的功能。

第一，某些客户可能只能提供总存储量的 EDI 数据，而不是当前现有库存数。为此，DH 公司增加了一个简单的 EDI/VMI 接口程序，计算出客户需要的现有库存数。

第二，有些客户没有足够的销售历史数据用来进行销售预测。为解决这个问题，DH 公司用 VMI 软件中的一种预设的库存模块让这些客户先运行起来，直到积累起足够的销售数据后再切换到正式的系统中去。

第三，有些分销商要求提供一个最低的用于展示商品的数量。DH 公司与这些客户一起工作，一起确定他们所需要的商品和数量（因为数量太多影响库存成本），然后用 VMI 中的工具设置好，以备今后使用。

VMI 系统建立起来后，客户每周将销售和库存数据传送到 DH 公司，然后由主机系统和 VMI 接口系统进行处理。DH 公司用 VMI 系统，根据销售的历史数据、季节款式、颜色等不同因素，为每一个客户预测一年的销售和库存需要量。

为把工作做好，DH 公司应用了多种不同的预测工具进行比较，选择出其中最好的方法用于实际管理工作。在库存需求管理中，他们主要做的工作是：计算可供销售的数量和安全库存、安排货物运输计划、确定交货周期、计算补库订货量等。所有计划好的补充库存的数据都要复核一遍，然后根据下一周（或下一天）的业务，输入主机进行配送优化，最后确定出各配送中心装载、运输的数量。DH 公司将送货单提前通知各个客户。

一般情况下，VMI 系统需要的数据通过 ERP 系统获得，但是 DH 公司没有 ERP。为了满足需要，同时能够兼顾 VMI 客户和非 VMI 客户，DH 公司选用了最好的预测软件，并建立了另外的 VMI 系统数据库。公司每周更新数据库中的订货和运输数据，并用这些数据进行总的销售预测。结果表明，DH 公司和其客户都取得了预期的效益。

六、仓库管理

服装企业的仓库是储存物料的主要场所，它起着蓄水池的作用，是各种材料存放和供应的中心。搞好仓库管理工作，对于确保生产，加强经济核算，加速资金周转，提高经济效益，具有重要的意义。

仓库管理的主要内容包括：物料的入库前准备、验收、保管、发货、清仓盘点等工作。

（一）入库前的准备

各种物料在验收入库之前都需要提前做一些准备工作，以提高效率。一般准备工作有以下几个方面。

（1）仓位准备。在货物入库前，应该根据其性能、数量、体积、重量等因素确定货物存放的位置，提前做好清扫和整理工作。

（2）收货的人员、设备需提前确认。

（3）作业操作顺序的安排。根据货物入库的数量、时间、品种做好接货、验收、搬运、堆码等各环节的协调配合。

（二）验收

货物的验收入库是指对进厂的货物在入库前要按照验收程序和手续进行凭证核对、数量验收和质量检查等工作。货物可以到供货单位或车站、码头去提，也可以直接运到企业的仓库中。

货物点收是收货的第一道工序，是由仓库收货人员与运输人员或运输部门进行货物的交接工作，检查货物的数量是否准确。收货人员要对货物名称、数量、尺寸、标志、包装等内容进行检查，以确保合格。只有当单据、数量和质量验收无误后，才能办理入库、登账、立卡等手续。如发现品种、规格、数量、质量、单据有不符合规定的，应立即查明原因，报告主管部门，及时处理。

（三）保管

货物入库后，要根据不同的物理、化学成分及体积大小、包装情况等予以妥善保管，以保持好货物原有的质量水平和使用价值，防止由于不合理保管所引起的物品磨损、变质、流失等现象。物料保管要做到不缺、不损、不变质、不混号以及账、卡、实物和资金四项内容相符。物料保管工作的主要内容包括：合理存放和科学保养两个方面。

1. 合理存放

实行分区、分类和编号。分区是指存放性质相类似货物的一组仓库建筑物或设备。例如，服装生产企业的布仓和辅料仓分开，则是分区管理的一种应用模式。分类和编号是根据仓库的场所划分若干个货位，按其地点和位置的顺序排列，采用统一规定的顺序编号。这样可以做到库容整洁、标志明显、材质不混，便于取送、发放、检查和盘点。

2. 科学保养

物料的保养工作应防患于未然，建立必要的制度，并认真执行。科学的保养，是根据物料的性能，采用必要的防潮、防锈、防腐、防霉等措施，使物料在一定时期内和一定条件下，不变质、不变形、不损坏，以保证企业生产技术上的要求。

在物料的保管过程中，还必须建立健全账、卡档案，及时掌握和反映物料库存、需求及供应等情况，发挥仓库的作用。

（四）发货

发货是指生产部门或物料需求单位提出要求，由仓库管理员根据领料凭证对相应的货物进行清点、搬运（需要时进行简易包装），然后发货。它是保证企业生产顺利进行的重要环节。仓库的物料发放一律要有凭证。

做好仓库的物料发放工作，应注意抓好以下几点。

1. 严格核对领料凭证

确认发货的品种，如规格、颜色等，仔细核对，防止出错；确保发货的数量准确无误，既不多发，也不少发。

2. 实行送料制

由仓库供应人员按计划实行定期、定量、定点送货上门。实行送料制，既能节省生产工人的领料时间，使生产工人有更多的时间用于制造产品；又便于仓库管理人员掌握生产现场材料消耗情况，及时调剂余缺，防止物料的积压和浪费；还可以及时回收用料单位现场的废旧物料。

3. 实行补料审核制度

凡工废、料废、超定额等要求补领材料时，必须经过审核批准，才予以补料。

4. 实行退货和核销制度

退货的范围通常包括：生产任务完成或工程竣工节余下来的材料；计划调整、技术改造剩余或无需使用的物料；发出的材料规格、质量不符或错发的材料；边角余料中可以继续利用的材料等。退料方式一般有实物退料和转账退料两种。同时，仓管部门要会同车间对本月所消耗的原材料、按计划完成程度和消耗定额进行核销，以避免生产资料的浪费和物料消耗情况失真。

（五）盘点

根据管理的需要和物料的性质，盘点一般采取定期检查、不定期检查和永续检查三种方法。盘点的内容是检查账面数与实存数是否相符；及时掌握库存的变动情况；检查各类货物有无超储、变质和损坏；检查库容是否整齐；检查仓库设备和安全设施有无损坏等。发现问题要查明原因和责任，对于超储积压的货物要作出处理。

第四节　物联网

一、物联网的含义与发展

物联网是新一代战略性新兴信息技术的重要组成部分。其英文名是 Internet of Things，也称为 Web of Things，是互联网和通信网的拓展应用与网络延伸技术。物联网的定义是通过传感器、射频识别（RFID）技术、全球定位系统（GPS）、红外感应器、激光扫描器、气体感应器等各种设备与技术，按约定的协议，把相关物品（物—物，物—人，人—人）与互联网相连接，进行信息交换和通信，以实现对物品的智能化识别、定位、跟踪、监控和管理的一个巨大网络。

物联网的本质是通过各种传感和传输手段，将事物的信息进行自动、实时、大范围、全天候的标记、采集、传输和分析；并以此为基础搭建信息运营平台，构建应用体系，从而增强社会生产生活中信息互通性和决策智能化的综合性网络系统。

1999 年，在美国召开的移动计算和网络国际会议首次提出了物联网的概念，当时的翻译还称之为"传感网"，认为它是 21 世纪人类社会产业发展又一个潜在的增长点。

2003 年，美国《技术评论》提出物联网相关技术将是未来改变人们生活的十大技术之首。

2005 年 11 月 17 日，在突尼斯举行的信息社会世界峰会（World Summit On The Tnformation Society，简称 WSIS）上，国际电信联盟发布了《ITU 互联网报告 2005：物联网》，正式确定了物联网的概念。2009 年，美国总统奥巴马提出了"智慧地球"的概念，并提出将物联网作为新的技术增长点，要大力投资新一代智慧型基础设施建设。

2010 年以后，物联网已成为我国乃至世界新一轮经济和科技发展的战略制高点之一，发展物联网对于促进经济发展和社会进步具有重要的现实意义。国家工信部 2011 年发布了《物联网"十二五"发展规划》，以推进中国物联网事业的发展。

二、物联网的关键领域和技术

（一）两化融合

两化融合是指电子信息技术广泛应用到工业生产的各个环节，信息化成为工业企业经营管理的常规手段。信息化进程和工业化进程不再相互独立进行，也不再是单方的带动和促进关系，而是两者在技术、产品、管理等各个层面相互交融，彼此不可分割，并同时催生工业电子、工业软件、工业信息服务业等新产业。两化融合是工业化和信息化发展到一定阶段的必然产物。

（二）移动互联网

移动互联网，就是将移动通信网和互联网二者结合起来，成为一体，即两网融合。移动互联网是互联网的延伸，打破了传统互联网的区域限制，通信技术的迅猛发展为信息和数据的传输奠定了技术基础，保证了信息流的时效性。移动互联网终端就是通过无线技术上网接入互联网的终端设备，应用广泛的手持终端具有便携式的特性，可广泛应用于生产、销售、服务和物流的各个环节，通过终端就能够实现信息的收集、处理和传输。

（三）M2M

M2M（Machine to Machine），简单地说，M2M是将数据从一台终端传送到另一台终端，也就是机器与机器（Machine to Machine）的对话。但从广义上，M2M可代表机器对机器（Machine to Machine）、人对机器（Man to Machine）、机器对人（Machine to Man）、移动网络对机器（Mobile to Machine）之间的连接与通信，它涵盖了所有实现在人、机器、系统之间建立通信连接的技术和手段。

（四）WSN技术

无线传感器网络，（Wireless Sensor Network，简称WSN）是指随机分布的、集成有传感器、数据处理单元和通信单元的微小节点，并通过自组织的方式构成的无线网络。传感网实际上是由传感器和短距离传输模块共同构成。传感器种类非常多，常见的有温度传感器、压力传感器、湿度传感器、振动传感器、位移传感器、角度传感器等，据说传感器的种类有3万余种。目前，我国从信息化发展新阶段的角度提出传感网，其研究和探讨的重点其实并不是传感器本身，而是聚焦在通过各种低功耗、短距离无线传输技术构成自组织网络来传输数据。

（五）RFID技术

中文叫射频识别（Radio Frequency Identification，简称RFID），是一种非接触的自动识别技术，RFID 系统一般由两个部分组成，即电子标签（Tag）和识读器（Reader）。在实际应用中，电子标签附在被识别的物体上（表面或者内部），当带有电子标签的被识别物品通过其可识读范围时，识读器自动以无接触的方式将电子标签中的约定识别信息读取出来，从而实现自动识别物品或自动收集物品标志信息的功能。RFID 技术应用非常广泛，它可用来追踪和管理绝大多数产品。

（六）EPC 系统

电子产品代码（Electronic Product Code，简称 EPC），首先是一个标准，它使得 RFID 技术的开发、生产及产品销售乃至系统应用有了可供遵循的标准，对于 RFID 制造者及系统方案提供商而言也是一个重要的技术标准。把 EPC 编码体系和射频识别系统以及信息网络系统三者结合起来就形成了 EPC 系统。在此系统中，RFID 标签中存储的 EPC 代码，通过无线数据通信网络把它们自动采集到中央信息系统以实现对物品的识别，再进而通过开放的计算机网络实现信息交换和共享，实现对物品的透明化管理。简单来说，EPC 是通过无线射频识别（RFID）标签和其他方式来普遍地识别物理对象的识别方案。

三、物联网对服装行业的影响

物联网能够为传统服装行业的企业运营带来巨大的变化。①通过销售终端数据的实时传输，企业能够及时掌握市场状态并做出反应；②将防伪技术与电子标签相结合，保护企业的品牌形象和市场；③实现相关环节信息的实时共享，有效提高整个供应链的运作效率；④通过提高企业运营各环节信息的准确率和时效性，提高运作效率并降低成本；⑤通过物联网升级库存管理系统，提高顾客服务的准确性并提升顾客满意度。

四、物联网在服装企业的各个环节均有应用

（一）物联网在采购环节的应用

物联网技术可以监控服装原料采购的来源、日期、数量、质量和批次等信息，从而保证采购过程的合理性和时效性，进而提高采购水平。

（二）生产环节的应用

应用 EPC 技术可以通过识别电子标签来快速从品类繁多的库存中准确地找出特定工位所需的原材料和零部件，借以实现在整个生产线上对原材料、零部件、半成品和成品的识别与跟踪，减少人工识别成本和出错率，提高效率和效益。基于 EPC 的物联网技术还能帮助管理人员合理安排生产进度，及时调整生产环节，根据生产进度发出补货信息，实现流水线均衡、稳步生产，同时也加强了对产品质量的控制与追踪。在服装生产过程中，电子标签可做成吊牌、名牌或防盗硬标签等形式植入服装内。

（三）储存环节的应用

在储存环节，EPC 技术最广泛的使用是存取货物与库存盘点，尤其是能用来实现自动化地存货和取货等操作。当贴有 EPC 标签的服装产品出入仓库时，安装在仓库的 RFID 阅读器将自动识别标签，完成盘点，进而实现仓库的有效利用，保证产品出入库的准确性，减少配送错误带来的损耗。

（四）配送环节的应用

配送环节采用 RFID 技术能加快配送速度，提高产品分拣的效率与准确率，降低配送成本。同时，企业能够及时对产品的在途情况进行实时追踪，进行精确的库存控制，实现对产品的可视化管理。

（五）销售环节的应用

物联网可以改进零售商的库存管理，实现适时补货，有效跟踪运输与库存，提高效率，减少出错。当贴有 EPC 标签的商品摆放在货架上，顾客取走货物时，自动识别系统可以自动地向系统报告，同时还可根据货架上商品的数量及时告知系统补货。在结算平台，利用 RFID 技术进行自动读取，通过信用卡结账，降低人工成本，提高顾客满意度，而且通过信用卡系统记录货物的流向，便于企业统计产品的销售细节。服装供应链从原材料生产、采购、工厂生产自动化到仓库、商店，最终到顾客终端的全套电子标签（RFID）方案，可以带来价值链和供应链的透明可视化管理和效益。

案例：ZARA——极速供应链

ZARA，一个来自西班牙的服装品牌，一个让潮流追随者流连忘返的品牌服装零售连锁店。在 ZARA 的背后，是西班牙排名第一、全球排名第三的服装零售商 Inditex。作为 Inditex 公司 9 个品牌中最出名的旗舰品牌，创立于 1975 年的 ZARA 以仅占集团三分之一的专卖店数量，贡献了 70% 的销售额。

ZARA 以快速反应著称于流行服饰业界，其成功与创新的模式成为业界标杆，堪称"时装行业中的 Dell"。它不断创造服装业奇迹的秘诀就是敢于打破所有零售规则，而其背后是"快时尚"理念引导下的快速供应链管理。

1. 潮流的快速跟随者

分布于全球 50 多个国家的 3000 多家 ZARA 专卖店，设计的总后方只有一个——位于西班牙北部加里西亚的 Arteixo，这里是 ZARA 唯一的集中设计中心和产品生产中心。在产品设计方面，ZARA 很少完全依靠自己的设计和研发方案，更多的是从其他时装品牌的发布会上寻找灵感。根据服装行业的传统，高档品牌时装每年都会在销售季节提前 6 个月左右发布时装信息。这些时装公司会在巴黎、米兰、纽约等世界时尚中心来发布其新款服装，而 ZARA 的设计师们则是其中最积极的"观众"。

这些信息被迅速反馈回总部后，马上会有专业的时装设计师团队分类别、款式及风格进行改板设计，重新组合成 ZARA 全新的产品主题系列。ZARA 总部有一个 260 人的专业团队，由设计专家、市场专家和采购专家组成，共同探讨将来可能流行的服装款式、花色、面料等，并讨论大致的成本和零售价格等问题，形成初步的企划方案。

在设计师绘制出服装草稿并完善后，这个团队还会根据草稿进一步讨论确定批量、价格等问题，进而决定是否投产。开放的团队、频繁的沟通、保证马上付诸实施，这使得 ZARA 的设计除了拥有低成本和流行元素外，更具备了 6 个月的时尚信息"提前期"。也正是在这里，ZARA 能够在仅仅两个星期的时间内使一件衬衫或外套从制图板走上货架，这甚至比行业平均时间的四分之一还短。

2. 极速生产配送

ZARA 的采购环节也非常有特色。在布匹采购方面，ZARA 主要购买原坯布（未染色的织布），根据需要进行染色后再生产。这不仅可以迅速应对市场上花色变换的潮流，还可以有效降低原材料库存成本并防止缺货的风险。为防止对某家供应商的依赖，同时也为了鼓励供应商更快的反应速度，ZARA 剩余的原材料供应来自于公司附近的 260 家供应商，每家供应商的份额最多不超过 4%。

当服装进入生产阶段，ZARA 的做法则和世界上流行的外包模式大相径庭，它不仅拥有自己的纺织厂及服装加工厂，并在欧洲一些主要地区建立了独立的物流运输企业。由 ZARA 投资控股的 14 家工厂联结成一个超大型的自动化配销仓库，完全自制自销，虽然生产成本比外包生产提高了 15%～20%，但高效率的作业管理使生产速度得到提升，并减少了存货带来的滞压成本，因此除了有效消除掉这部分可见的成本外，生产企业基本还可以维持 10% 的稳定利润。

接下来，配送环节至关重要。为加快物流速度，ZARA 总部设有双车道高速公路直通各配送中心。通常，订单收到后 8 个小时内货物就可以被运走，每周给各专卖店配货两次。

3. 店长权利"最大化"

ZARA 每一家门店的店长手中都有一台 PDA。与餐馆的服务员手里那个连接后厨的 PDA 不同，ZARA 店长们手中的这台 PDA 是和西班牙总部直接联系。通过这台特别定制的联网的 PDA，他们可以直接向总部下订单，而总部可以直接掌握每一间门店的销售情况，同时门店店长也可以和总部产品经理及时沟通。

ZARA 要求各专卖店每天必须定时把销售情况发回总部，并且每周要根据当前库存和近两周内的销售预期向总部提出两次补货申请。这些信息的准确性是对专卖店管理人员的重点考核内容。

在 ZARA 专卖店里，另外一个看似简单却功能强大的机器就是平时大卖场中常见的 POS 机。在进行结算的同时，POS 机收集了最及时、最全面的当日销售数据。所有门店每天晚上必须将各种销售数据和报表直接传送给西班牙总部。

总部拿到各专卖店的销售、库存和订单等消息后，综合分析各种产品是畅销还是滞销，如果滞销则取消原订生产计划。由于在当季销售前只生产下个季度出货量的15%左右，这样ZARA在一个销售季节结束后最多只有不超过18%的服装不太符合消费者喜好，而行业平均水平则为35%。

4. 神奇的标准化

支持ZARA高速运转的是其高度标准化的IT数据管理系统。

首先，是对时尚信息的标准化。在时尚信息的搜集和汇总完成之后，ZARA调控中心的办公人员们通过对这些时尚信息的萃取、分类、归档，将它们以标准化的格式录入总部的数据库之中。正是在这种数据标准化存储的数据库的帮助下，ZARA的设计人员才能够高效地获取并了解来自全球范围的时尚信息，进而把它们糅合为新的时尚设计。

其次，是生产过程的标准化。在ZARA服装生产的过程中，每件衣物在进行裁剪之后，都会有其相应的条形码与之相匹配，并伴随着这些配套的面料，一直经历缝合、装箱、分拣、配送和销售的全过程。这说明在ZARA的这些环节中，对衣物的识别都使用着统一的标准。因此，在整个供应链的运作过程中，关于同一款式服装的信息之间绝对不会存在任何的不匹配现象，从而保证了信息传递的流畅，进而确保了供应链的快速响应。

对于数据进行标准化处理从而疏通流程，在当今大小企业中已经屡见不鲜。数据标准化的重要性也已经得到了共识。但是，如果说ZARA在生产过程中的数据标准化通过一定的努力还可以模仿的话，那么其对服装的美学信息、时尚信息、款式的信息是如何进行标准化，进而促进设计的，这对业界人士来说至今仍然是个谜。

（资料来源：根据网络资料整理）

本章要点

随着社会分工的进一步细化，传统的单打独斗型的企业已经不能适应市场经济的潮流，传统的企业与供应商、企业与客户之间独立、竞争的关系势必成为企业发展的桎梏。只有把产品的上、下游企业（或个人）视为与自己相互依存、互惠互利、同在一个"链条"上的共同体，方可提高企业的业绩，为企业的长远发展奠定基础。供应链管理也是服装企业生产与经营管理的一个有效方法。供应链管理以集成的思想为核心，把服装企业的物流、资金流、信息流融合在一起，对企业实施全面、高效、低耗的管理方式。其中，物料是整个供应链的核心和媒介，因此服装企业的物料管理和物料采购环节非常重要。库存控制水平的高低决定了整个供应链的效益，而传统的库存管理方法是基础，针对供应链上的库存，可以采用先进的库存管理技术进行管理，如VMI系统，从而提高信息反应速度，降低节点企业的整体运作成本。

复习思考题

1. 什么是供应链管理?
2. 服装企业的物料都包括哪些?
3. 如何进行服装物料采购?
4. 库存控制系统分为哪几种,试分析它们各自的优缺点。考虑服装企业适合什么样的库存控制系统。
5. 什么是 VMI?
6. 仓库管理应注意哪几项,服装企业的仓库管理有什么特点?
7. 结合实例,说明服装企业的供应链包括哪些环节?
8. 服装企业的物料管理要达到什么目的,具体如何实施?
9. 服装企业选择供应商应考虑哪些问题?
10. EOQ 模型的应用意义是什么?结合具体实例进行说明。
11. RFID 技术在服装企业可以有哪些应用?
12. 物联网的发展趋势是什么?

第七章　企业生产成本控制与财务报表分析

- **课程名称：** 企业生产成本控制与财务报表分析
- **课程内容：** 服装企业生产成本计算
  服装企业生产成本控制
  服装企业财务报表分析
- **上课时数：** 4课时
- **训练目的：** 帮助学生树立成本管理的管理意识，提高管理水平。通过本章的学习，让学生能够了解成本计算的方法，掌握如何进行成本控制以及如何有效利用和分析财务报表，为日后学生踏入工作岗位后遇到的管理问题提供一种决策依据。
- **教学要求：** 1. 使学生能够理解成本的概念和内容。
  2. 使学生掌握常用成本计算的方法：品种法、分批法、分步法。
  3. 使学生理解成本控制的意义，掌握服装企业成本控制的内容和控制方法。
  4. 使学生了解财务报表分析的作用和重要性，掌握财务比率分析的方法。
- **课前准备：** 学习会计学原理和财务管理的相关理论知识。

第一节　服装企业生产成本计算

一、生产费用与产品成本

生产过程中发生的各项经济资源的货币表现构成了生产费用，换句话说，生产费用是指需要计入产品成本的各项经济资源耗费。从会计期间的观念来看，生产费用归集汇总的标志是"期间"。这表明，生产费用不仅与企业所生产的产品有关，而且它还表现为一定的期限性。对大多数企业来说，生产成本账户中的生产费用包括了企业在本期产品生产过程中发生的生产费用，也包括上期结转下来的在产品成本。产品成本是指在一定产品上的生产费用，这表明产品成本计算的标志是"产品"，即生产费用必须以产品为对象，进行汇总、分配，归集于一定的产品之后，才构成产品成本。

一定期间所发生的生产费用如果全部计入该期间的产品成本，那么生产成本在量上就与产品成本相等。但由于产品要经过一定的加工工序才能完成其全部的制造过程，所以，从任何一个会计期间来看，必定会出现有的产品已制造完工并验收入库，退出生产过程；有的产品在期末尚未制造完工而需要在下一个会计期间继续加工后才能完工。前者可被称为完工产品或产成品，后者则称为在制品或在产品。可见，生产费用与产品成本往往是不相等的，因为在会计期末有在产品的情况下，本期发生的生产费用就不一定全部计入本期生产完工的产品成本中，而计入本期生产完工的产品成本也不一定全部都是本期发生的生产费用。

二、成本计算的要求

成本计算是指在将企业在产品生产过程中实际发生的生产费用进行归集汇总的基础上，采用适当的程序和方法进行对象化，以计算出各成本计算对象的总成本和单位成本。

企业进行成本计算既是为了满足财务会计编制对外财务报表的需要，也是为了达到企业内部加强成本管理和控制等发展要求。另外，为了使企业所计算的产品成本资料真实可靠，并真正能够为企业内外部会计信息使用者所利用，必须做到以下五点。

（1）必须按照资本性支出与收益性支出划分、产品生产费用支出与期间费用支出划分的要求，正确确认和计量企业的生产费用支出，以保证产品生产成本计算的正确性。

（2）必须按照会计分期的原则，正确地将企业生产过程所发生的各项生产费用分别归属于不同的会计期间，以保证各个会计期间产品成本计算的准确性和会计核算的一致性。

（3）必须按照生产费用与成本计算对象之间的关系，正确划分直接费用与间接费用。其中，大部分直接材料、直接人工和一些制造费用项目，可直接计入各成本计算对象；而大部分制造费用，则无法在发生时直接计入各成本计算对象。前者为直接费用，后者则为间接费用。对于间接费用必须按受益原则，并选择适当的分配标准，在各成本计算对象之间进行分配，以保证各成本计算对象所归集的生产费用能够真正反映出各成本计算对象本期所发生的生产费用。

（4）对于各个成本计算对象所归集的生产费用，必须根据不同情况，正确地在本期完工产品与期末在产品之间进行分配，以正确反映本期完工产品成本和期末在产品成本。

（5）在各个产品生产成本计算环节之间，应根据企业生产特点和成本管理的具体要求，采用适当的方法结转生产费用，并最终计入各个成本计算对象，从而形成各种相应的成本计算方法。

三、生产成本计算方法

(一) 生产组织的特点

产品的生产成本在生产中形成,计算产品成本的目的是为了满足加强成本管理和计算损益的要求,各企业生产组织特点的不同对企业产品成本计算方法有着重要的影响。

工业企业的生产,按其工艺技术的特点可分为简单生产和复杂生产两大类。前者是指生产工艺上不能间断或者由于工作地的限制不便分散在不同的地点进行单步骤生产的生产方式。其特点是,各个中间生产步骤所生产的半成品必须全部转移到下一个生产步骤,即各个中间步骤在会计期末不存在半成品,可被视为单步骤的简单生产,如发电和采掘工业等都属于这种类型。后者是指工艺上可以间断,生产活动由多步骤来完成的生产方式。其特点是,除了最后一个生产步骤完工的产成品外,其他各个中间生产步骤生产完成的都是半成品,而且在会计期末,这些中间生产步骤都有本步骤的库存半成品,服装企业的生产就属于此种类型。

服装企业的生产按照生产的组织特点可分为大量生产、成批生产和单件生产三种类型。

(1) 大量生产是指企业在某一会计期间内不断重复、大量地生产某一种或几种特定的产品。这种类型的企业所生产的产品品种往往都比较少,但每种产品的产量都比较大,而且每种产品的规格都比较单一。

(2) 成批生产是指企业在某一会计期间按照不同品种、规格来生产一定批量的产品。这种类型的企业所生产的产品品种一般都比较多,而且不同品种的产品又各有不同的规格,至于每种产品的生产数量则视不同的企业和不同品种的产品而有所不同。

(3) 单件生产是指企业在某一会计期间内根据购货方的要求,生产个别的、款式特殊的产品,因而此类生产方式的产品品种可能就比较多,但每种产品的数量一般都很少。

(二) 成本计算方法

服装企业应根据其生产类型和成本管理的具体要求,选择适当的成本计算方法。成本计算方法很多,最主要的有品种法、分批法、分步法三种。

生产组织特点与成本计算基本方法的关系可用图 7-1 表示。

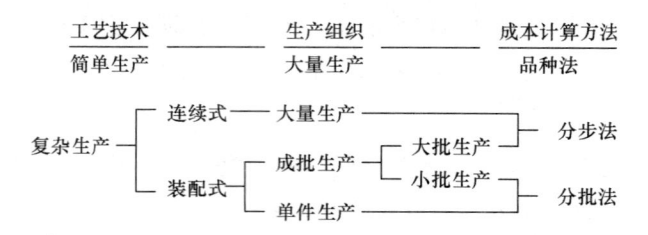

图 7-1 生产组织特点与成本计算基本方法关系图

1. 品种法

品种法是以产品的品种为成本计算对象来归集和汇总生产费用的一种产品成本计算方法。此类计算方法一般适用于单步骤的大量生产，也可用于不需要分步骤计算成本的大量、大批生产。品种法有下面四种特点。

（1）以产品品种为成本计算对象，并为产品设置产品成本明细单，用以归集生产费用和产品成本。如果企业生产的产品不止一种，就需要以每一种产品作为成本计算对象，分别设置产品成本明细单。

（2）按月计算产品成本。由于大量、大批的生产是不间断的连续生产，无法按照产品的生产周期来计算生产费用和产品成本，因而只能定期地按月计算产品成本，从而将当月的销售收入与产品生产成本配比，进而计算当月损益。因此，产品成本是定期按月计算，与报告期一致，与产品生产周期不一致。

（3）月末计算产品成本。如果没有在产品，或者在产品数量少，且占用生产费用数额不大，那么按照重要性原则，月末计算产品成本就不需要计算在产品成本，成本明细单中的全部生产费用，就是该产品的完工产品总成本。如果月末有在产品，而且数量较多，占用费用较大，就需要将成本明细单上所归集的生产费用采用适当的分配方法，在完工产品和月末在产品之间进行分配，以便计算出完工产品成本和月末在产品成本。

（4）生产费用是否需要在完工产品和在产品之间进行分配。如果是大量、大批的简单生产，一个生产步骤就完成了整个生产过程，所以月末（或者任何时间点）一般没有在产品，因此，计算产品成本时不需要将生产费用在完工产品和在产品之间进行分配；如果是管理上不要求分步骤计算产品成本的大量、大批的复杂生产，即需要经过多个生产步骤的生产，那么月末（或者任何时间点）一般生产线上都会有在产品。因此，计算产品成本时就需要将生产费用在完工产品和在产品之间进行分配。生产费用在完工产品和在产品之间进行分配有多种方法，可根据具体情况选择合适的方法进行分配。

服装企业的生产模式多属于小批量、多批次的生产模式，因此采用品种法计算产品成本的企业不是很多，在这里就不具体举例说明品种法的应用。

2. 分批法

分批法是指按照产品批别或订货合同来归集生产费用，计算产品成本的一种方法。此种计算方法主要适用于小批、单件，且在管理上不要求分步骤计算成本的多步骤生产模式，如服装业、印刷业等。在此种生产类型的企业中，由于生产多是根据购货单位的订货单组织的，因此，分批法也称订单法。

（1）分批法的特点。

①成本计算的对象是产品的批别。在小批量、多步骤的服装产品生产中，产品的种类和每批产品的批量大多是根据购买单位的订单来确定。如果一张订单上有几种服装产品或者只有一种产品，但批量较大且分批交货时，这时按订货单位的订单组织生产就不利于按产品的品种进行考核、分析成本计划的完成情况，从生产管理上来看不利于企业一次性投

料或满足不了分批交货的要求。针对这种情况，企业计划部门可将上述订单按照服装产品的品种划分批别进行生产；如果企业在同一时期接到不同单位同一产品的订单，成本计算对象就不是订货单位的订货单，企业的计划部门安排生产任务时，通知单内应对该批生产任务进行编号；会计部门将根据产品批号设立产品明细单，生产费用发生以后，就按产品的批别进行分类，直接费用直接计入，间接费用要选取合理的标准和采用适当的方法在各种产品间进行适当的分配，然后计入各产品的明细单。

②为了保证各批产品成本计算的正确性，服装企业的产品成本计算期与会计核算期可能不一致。各批产品成本明细单的设立和结算，应与生产任务通知单的签发和结束密切配合，各批订单产品的总成本要在该批产品全部完工所在月的月末进行核算。

③费用在完工产品和未完工产品之间的分配问题。对于绝大多数服装企业来说，根据其产品特性，在月末计算成本时，要么所有的产品已经完工，要么所有的产品未完工，所以就不存在完工产品和未完工产品之间的分配问题。若对于有些企业的拳头产品需要大批量、跨月陆续投放市场，这时就必须计算完工产品和月末在产品之间的费用分配问题，以便计算先交货产品的成本。通常的做法是，对先完工部分按计划单位成本或定额单位成本、又或是最近一期相同产品的实际单位成本计价，从该批产品成本计算单中转出，剩下的即为该批产品的在产品成本。在该批产品全部完工时，另行计算该批产品的实际总成本和单位成本，但对原来计算出的产品成本，不进行账面上的调整。若批内产品跨月完工的数量较多，则费用应采用适当的方法在完工产品与在产品之间进行分配。

（2）分批法应用实例。服装产品的生产成本由三个要素构成：直接材料费用、直接人工费用和制造费用。直接材料费用包括如面料费、里料费、衬料费、缝线费、附属品费等费用；直接人工费用则主要指工人的计件工资；制造费用包括车间管理人员工资福利费、生产用固定资产折旧、机物料消耗、低值易耗品、修理费、保险费、水电动力费、车间办公费和差旅费、取暖费等。

例如，某服装厂按用户要求的产品品种、规格、数量和交货期分批组织生产。该厂采取厂部一级核算形式，不要求计算各步骤生产成本，因此采用分批法计算成本。

该厂 2012 年 8 月有关的生产记录见表 7-1。

表 7-1 某厂生产记录表

批号	产品名称	批量/件	投产期	完工期
801	夹克衫	1000	2009 年 8 月 3 日	2009 年 8 月 25 日
802	职业男装	400	2009 年 8 月 15 日	尚未完工

本月发生费用如下：

①根据发料凭证汇总表，801 批产品直接消耗材料费 200000 元，802 批产品直接消耗材料费 100000 元。

②根据工资费用分配表，801 批产品应分配生产工人工资及各种工资性津贴、补贴 90000 元，802 批产品应分配生产工人工资及各种工资性津贴、补贴 40000 元。

③根据制造费用分配表，801 批产品应负担制造费用 50000 元，802 批产品负担制造费用 20000 元。

④根据上述资料，分别在 801 批和 802 批生产成本明细单中进行登记，如表 7-2、表 7-3 所示。然后，计算并结转完工产品成本。

表 7-2　801 批生产成本明细单

产品批号：801　　投产日期：2009 年 8 月 3 日　　交货批量：1000 件
产品名称：夹克　　完工日期：2009 年 8 月 25 日　　完工批量：1000 件　　单位：元

月	日	凭证号数	摘要	直接材料	直接工资	制造费用	合计
8	30	—	分配材料费用	200000			200000
	30	—	分配工资费用		90000		90000
	30	—	分配制造费用			50000	50000
	30	—	合计	200000	90000	50000	340000
	30	—	结转完工产品的单位成本	200	90	50	340

表 7-3　802 批生产成本明细单

产品批号：802　　投产日期：2009 年 8 月 15 日　　交货批量：1000 件
产品名称：职业男装　　完工日期：　　完工批量：　　单位：元

月	日	凭证号数	摘要	直接材料	直接工资	制造费用	合计
8	30	—	分配材料费用	100000			100000
	30	—	分配工资费用		40000		40000
	30	—	分配制造费用			20000	20000
	30	—	月末在产品成本	100000	40000	20000	160000

首先，根据批号建立成本计算单，按成本项目将企业范围的生产费用汇集在各批产品的成本计算单上。月末，结算各批产品发生的生产费用。

将完工产品的实际成本转入产成品账户，尚未完工产品生产成本明细单中所记费用全部为在产品成本。

3. 分步法

分步法是按照产品的生产步骤归集生产费用、计算产品成本的一种方法。它主要适用于大量、大批的多步骤生产，如纺织业、冶金业等。

(1) 分步法的特点。

①分步法的成本计算对象是各种产品的生产步骤。因此，在计算产品成本时，应按照产品的生产步骤设立产品成本明细单。如果只生产一种产品，成本计算对象就是该产成品及其所经过的各生产步骤。

②月末为计算完成产品成本，需要将归集在生产成本明细单中的生产费用在完工产品和在产品之间进行费用分配。

③除了按品种计算和结转产品成本外，还需要计算和结转产品的各步骤成本。其成本计算对象，是各种产品及其所经过的各个加工步骤。如果企业只生产一种产品，则成本计算对象就是该种产品及其所经过的各个生产步骤。

在实际工作中，根据成本管理对各生产步骤成本资料的不同要求和简化核算的要求，各生产步骤成本的计算和结转，一般采用逐步结转和平行结转两种方法，称为逐步结转分步法和平行结转分步法。

平行结转分步法是指在计算各步骤成本时，不计算各步骤所生产的半成品成本，也不计算各步骤所耗上一步骤的半成品成本，而只计算本步骤发生的各项其他费用，以及这些费用中应计入产成品成本的份额，将相同产品在各步骤成本明细单中的这些份额平行结转、汇总，即可计算出该种产品的产成品成本。其成本结转程序如图7-2所示。

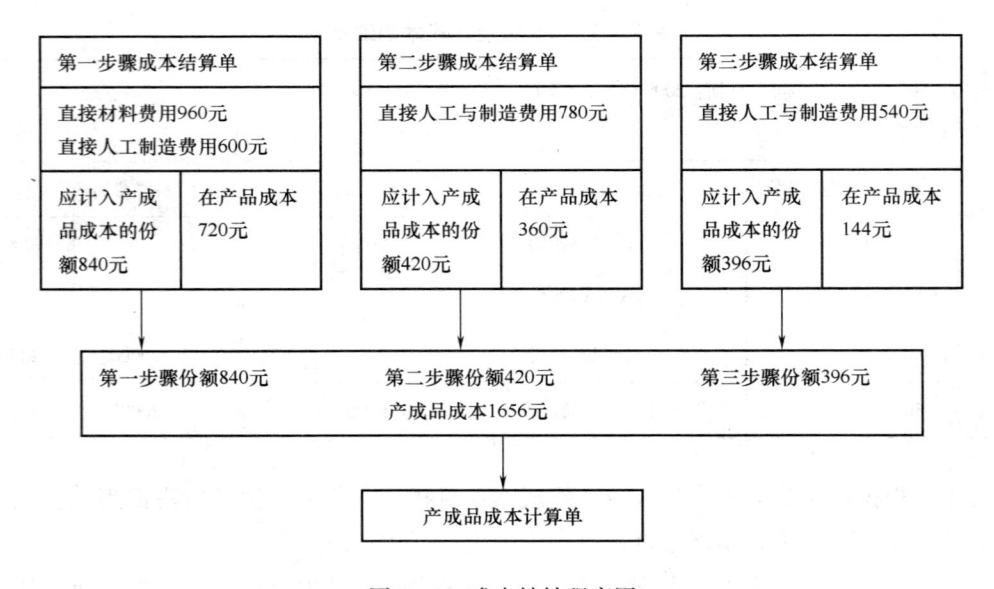

图7-2 成本结转程序图

(2) 分步法应用实例。一般服装厂设有裁剪、缝纫及整烫等多个生产车间，进行多步骤生产。有的服装企业，品种较多、批量不大，月末有完工产品和在产品，可采用平行结转分步法，按产品的产量来分配服装产品的成本。

例如：某服装厂生产全毛西服套装，分为男装和女装两个系列，归为一类计算产品的成本。该厂设有裁剪、缝纫、整烫三个基本生产车间，采用平行结转分步法计算产品的成本。2012年9月的西服产品生产情况见表7-4。

表7-4 某服装厂生产情况表

产品：××牌西服　2012年9月　　　　　　　　　　　　　　　　　　　　　单位：套

项目	裁剪车间	缝纫车间	整烫车间
期初在产品	300	400	200
本月投产量	2000	2200	2400
本月完工产量	2200	2400	2500
期末在产品	100	200	100

分步法计算成本见表7-5~表7-7。

表7-5 某服装厂裁剪车间成本计算表

车间：裁剪　2012年9月　　　　产量：本车间2200套
产品：××牌西服　　　　　　　产成品2500套

成本项目	期初在产品成本/元	本期发生费用/元	合计/元	完工产品成本		期末在产品成本/元
				分配率/%	应转产成品负担份额	
直接材料	90000	600000	690000	237.93	594825	95175
直接人工	1200	10000	11200	3.86	9650	1550
制造费用	900	8000	8900	3.06	7650	1250
合计	92100	618000	710100	—	612125	97975

表7-6 某服装厂缝纫车间成本计算表

车间：缝纫　2012年9月　　　　产量：本车间2400套
产品：××牌西服　　　　　　　产成品2500套

成本项目	期初在产品成本/元	本期发生费用/元	合计/元	完工产品成本		期末在产品成本/元
				分配率/%	应转产成品负担份额	
直接材料	—	6600	6600		6600	—
直接人工	12000	88000	100000	34.48	86207	13793
制造费用	1480	9900	11380	3.92	9810	1570
合计	13480	104500	117980	—	102617	15363

表7-7 某服装厂整烫车间成本计算表

车间：整烫　2012年9月　　　产量：本车间2500套
产品：××牌西服　　　　　　产成品2500套

成本项目	期初在产品成本/元	本期发生费用/元	合计/元	完工产品成本		期末在产品成本/元
				分配率/%	应转产成品负担份额	
直接材料	—	5000	5000	—	5000	—
直接人工	600	12000	12600	4.34	10862	1738
制造费用	400	7200	7600	2.62	6551	1049
合计	1000	24200	25200	—	22413	2787

注　各车间直接材料、直接人工和制造费用分配率的计算方法如下。

裁剪车间：

直接材料分配率 = 690000 ÷ (2500 + 100 + 200 + 100) × 100% = 237.93%

直接人工分配率 = 11200 ÷ (2500 + 100 + 200 + 100) × 100% = 3.86%

制造费用分配率 = 8900 ÷ (2500 + 100 + 200 + 100) × 100% = 3.06%

其他车间分配率计算方法类同。

本月生产男装西服1500套，女装西服1000套。女装用料是男装的0.8倍，消耗工时与男装相同。××牌西服本月成本汇总见表7-8。

表7-8 东华服装厂成本计算表

产品：××牌西服　2012年9月　　完工产品：2500套　　　　　　　　单位：元

成本项目	基本车间				男装西服		女装西服	
	裁剪车间	缝纫车间	整烫车间	合计	总成本	单位成本	总成本	单位成本
直接材料	594825	6600	5000	606425	395490	263.66	210935	210.93
直接人工	9650	86207	10862	106719	64035	42.69	42684	42.69
制造费用	7650	9810	6551	24011	14411	9.60	9600	9.60
合计	612125	102617	22413	737155	473936	315.95	263219	263.22

第二节　服装企业生产成本控制

一、成本控制的意义

在企业发展战略中，成本控制处于极其重要的地位。如果同类产品的性能、质量相差无几，那么决定产品在市场竞争中的主要因素就是价格，而决定产品价格高低的主要因素则是成本，因为只有降低了成本，才有可能降低产品的价格。

成本控制是指运用以成本会计为主的各种方法，预定成本限额，按限额开支成本和费用，以实际成本和成本限额比较，衡量企业经营活动的成绩和效果，并以例外管理原则纠正不利差异，以提高工作效率。

对服装企业进行成本控制有其重要意义，具体归纳如下。

（一）提高收益

成本控制是服装企业增加赢利的根本途径，直接服务于企业的目的。增加利润是企业的目的之一，也是社会经济发展的动力。无论在什么情况下，降低成本都对企业有利。

（二）提升竞争力

成本控制是抵抗内外压力、求得生存的主要保障。服装企业在经营过程中，外有同业竞争、政府课税和经济环境逆转等不利因素，内有职工改善待遇和股东要求分红的压力。企业用以抵御内外压力的武器，主要是降低成本、提高产品质量、创新产品设计和增加产销量。其中，降低成本是最主要的。降低成本可以提高企业价格竞争能力，使企业在经济萎缩时也能继续生存下去；提高售价会引发经销商和供应商相应的提价要求和增加流转税负担，而降低成本可避免这类外在压力；成本降低了，才有力量去提高质量、创新设计或者提高职工待遇和增加股利。

（三）有利于长期发展

成本控制是服装企业发展的基础。把成本控制在同类企业的先进水平上，企业才有迅速发展的基础。降低成本有利于削减售价以扩大销售，销售扩大后经营基础稳固了，才有力量去提高产品质量，创新产品设计，寻求新的发展。

二、成本控制的原则

虽然各个企业的成本控制系统不同，但是有效的控制系统仍有一些共同特征，它们是任何企业实施成本控制都应遵循的原则，也是有效控制的必要条件。

根据成本控制的长期经验和体会，以及人们对成本形成过程的研究，许多人提出过有效控制成本的原则，但看法并不统一。

（一）全面性原则

在现代经济社会中，成本控制应贯穿成本形成的全过程，绝不能只限于生产过程的制造成本，而必须扩大到产品寿命周期成本的全部内容，即包括产品在企业内部所发生的设计成本、研制成本、工艺成本、采购成本、制造成本、销售成本、管理成本以及所发生的运输费用和维修费用等。必须充分调动每个部门、每位职工关心成本、控制成本的主动性和积极性，同时不能因眼前的利益而忽略了对产品品种的开发和质量的提高，这是全方位和全员的成本控制。

（二）责、权、利相结合的原则

要使成本控制发挥效益，必须责、权、利相结合，任何一个成本中心在计划期开始以前，都要根据全面预算的综合指标层层分解，编制出本中心的责任成本预算。同时，应给予各成本中心在规定范围内有权决定是否支出某项成本的权利，如果没有这项权利就谈不上什么成本控制了。此外，为了充分调动各个成本中心的积极性和创造性，还必须对它们的工作业绩进行考核和评价，并将其与职工的切身利益联系起来。

（三）目标管理的原则

目标管理是企业管理部门把既定的目标和任务具体化，并对企业的人力、物力、财力以及生产经营工作的各个方面所进行的一种民主的、科学的管理方法。在制定企业的目标成本时，既要考虑到本企业的内部条件（如生产能力、技术水平、设备情况等），又要考虑到企业所处的外部环境（如市场供求情况、竞争对手的实力等）。由于目标成本是指一个总的奋斗目标，因此目标成本制定出来后，还要按照责任会计的要求，把目标成本层层分解为各个责任中心的责任成本，并形成责任预算，落实到各有关成本中心，分级归口管理，形成一个多层次的成本控制网络。

（四）例外管理的原则

例外管理原则是指在企业经营管理上，要求人们把注意力放到不正常的、关键性问题上的一种管理方法。成本的差异在每个企业的生产实践中是普遍存在且相当复杂的，企业根本无法兼顾所有的成本差异因素。为了提高成本管理的工作效率，按照例外原则，要求管理人员不要把精力和时间分散在全部成本的差异上，而应把精力集中用于那些属于不正常的、不合常规的关键性的成本差异上，同时要找出原因并将其及时反馈到责任中心，并进一步采取有力的措施把成本控制在合理的范围之内。

三、成本控制的类别

一般来说，按照控制时期的不同，成本控制可分为事前成本控制和日常成本控制。

（一）事前成本控制

事前成本控制主要是指在产品投产以前，对产品的设计成本、新产品试制成本、新材料、新工艺的成本以及产品的质量成本等所进行的成本控制，又可分为预防性成本控制和前馈性成本控制。

1. 预防性成本控制

预防性成本控制是指在产品投产前的设计、研制阶段，对影响成本各有关因素进行分析研究，并制定出一套能适应本企业具体情况的各种成本控制制度。对成本进行预防性成本控制，必须首先根据成本习性把企业的全部成本划分为变动成本和固定成本两大类，然后根据不同类型的成本采取不同的成本控制方法进行监督和指导。

凡成本总额在一定时期和一定业务量范围内与业务量（产量或销量）总数成正比例增减变动关系的，称为变动成本。但若就单位产品中的变动成本而言，则是不变的。变动成本一般包括直接材料、直接人工和变动的制造费用。对这类成本应当通过制定标准和编制弹性预算来进行控制。对于直接材料和直接人工主要是采取制定标准成本进行控制，变动制造费用通过弹性预算来限制。利用制定标准成本进行管理时，首先每一责任单位制定标准成本，再根据实际执行结果，将标准成本与实际成本相对比，计算差异并分析差异所产生的原因，以便采取措施加以纠正。标准成本系统能促使产品规格和操作工序处于比较稳定的状态。在服装生产中，有男士西装、学生服、运动服等种类，这时的管理对象以分类产品的标准成本为目标，同时根据各因素条件，按部门设定标准；另外，在管理时应注意直接面向操作现场的管理者和每位具体的操作工人，各责任区可实施工序细分原则。尤其是服装生产的方式为少批量多品种、工厂规模小、服装结构复杂时，标准成本更要详细分解，这一过程要花费许多时间，实施起来也相对困难（这时降低成本的主要方法是不断地进行标准的检查、修订，以便制定出更为合理的成本控制标准）。

凡成本总额在一定时期和一定业务量范围内，不受业务量增减变动影响而固定不变的，称为固定成本。固定成本，在实际工作中可按酌量性固定成本和约束性固定成本分别进行事前控制。

酌量性固定成本是指企业根据不同时期的财力负担来确定其开支总金额的大小，伸缩性较大。例如，科研开发费、广告费、职工培训费等。这种固定成本的经济效用难以准确计量，不易计算其最佳的合理支出额，所以，要由经理人员进行综合判断，以决定其预算数额。酌量性固定成本关系到企业的竞争能力，也是一种提供生产经营能力的成本。从某种意义上说，不是产量决定酌量性固定成本，反而是酌量性固定成本影响产量，因为广告宣传、改进技术、开发新产品，都会扩大产品销路或提高工作效率。

约束性固定成本一般是由于长期投资决策而引起的，其数额不能轻易改变，例如，企业在第一季度要购置一台新设备，那么就可相应地按项目情况分别编制与此有关的固定费用预算，如机器折旧、财产保险费、水电费等。约束性固定成本给企业带来的是持续一定时间的生产经营能力，而不是产品。由于这种生产经营能力将随时间而流逝，利用的机会将一去不复返，因此，这种成本应在发生的当期转作费用，冲减当期损益，而不应视为资产计入在产品或产品成本。

2. 前馈性成本控制

前馈性成本控制就是指在产品投产前通过开展价值工程活动，选择最优方案制定目标成本，以此为事前成本控制的主要依据。价值工程是以功能分析为核心，使产品或作业能实现适当的价值，即用最低的成本来实现它所具备的必要功能的一项有组织的活动。其实，在这里反映了成本、功能和价值三者之间的关系，即价值 = $\dfrac{功能}{成本}$，也就是说，在产品设计和研制时，要把重点从传统的对产品结构的分析研究，转移到对产品的功能进行分析研究。通过开展价值工程活动，可以发现更好的产品设计，并对它们的制造方法、工艺流程、应用材料等作出正确的决策，从而在充分利用现有设备和人力资源的基础上，降低成本，提高质量，增加赢利。

（二）日常成本控制

日常成本控制是指企业内部各级对成本负有经营责任的单位，在成本的形成过程中，根据事先制定的成本目标，按照一定的原则，对企业各个责任中心日常发生的各项成本和费用的实际数进行严格地计算、监督、制定和调节，本着厉行节约、杜绝浪费、追求经济效益的宗旨，力求使各个生产环节的生产耗费不超过预定的标准，发生偏差，应及时分析差异的原因，并采取有效的措施，达到成本目标。

日常成本控制主要有以下内容：

（1）事前制定产品的标准，并为每个对成本负有经营责任的单位编制责任预算作为日常成本控制的依据。

（2）由各个成本责任单位遵照日常成本控制的原则，对实际发生的情况进行计量、限制、指导和监督。

（3）各个成本责任单位根据实际需要，定期编制实绩报告，将各自责任成本发生的实际数与预算数或标准成本进行对比，并计算出成本差异。

（4）各个成本责任单位结合具体情况，针对实绩报告中产生的成本差异，进行原因分析，并提出相应的改进措施，来指导、限制、调节当前的生产经营活动；或据以修订原来的标准成本或责任预算。

企业管理部门根据各责任单位实绩报告中计算出来的成本差异，实事求是地对他们的业绩进行评价与考核，以保证责、权、利相结合经济责任制的贯彻执行。

四、成本控制的方法

成本控制的方法有很多，主要有标准成本控制、目标成本控制、质量成本控制、使用寿命周期成本控制等。其中的标准成本控制和目标成本控制运用比较普遍，对服装企业也比较适用，所以下面重点介绍这两种成本系统。

（一）标准成本系统

标准成本系统是为了克服实际成本计算系统的缺陷，尤其是不能提供有助于成本控制的确切信息的缺点而研制出来的一种成本计算系统。

标准成本系统是由六个要素组成的一个有机整体:
(1) 制定单位产品标准成本。
(2) 根据单位产品的实际产量和成本标准计算产品的标准成本。
(3) 汇总计算实际成本。
(4) 比较实际成本和标准成本,计算标准成本差异额。
(5) 分析标准成本差异的发生原因。
(6) 向成本负责人提供成本控制报告,负责人采取管理行动。
各要素之间的相互联系如图 7-3 所示。

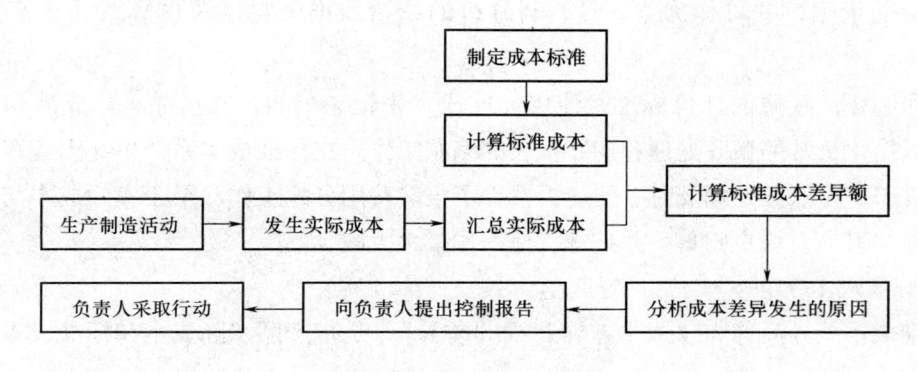

图 7-3 标准成本系统

1. 标准成本的含义及作用

(1) 标准成本是通过精确的调查、分析与技术测定而制定的,是一种用来评价实际成本、衡量工作效率的预计成本。在标准成本中,基本上排除了不该发生的"浪费",因此被认为是一种"应该成本"。标准成本要体现企业的目标和要求,主要用于衡量产品制造过程中各单位的工作效率以及控制成本,也可用于存货和销货成本计价。准确地讲,"标准成本"有两种含义。

一种是指"单位产品标准成本",它是根据单位产品的标准消耗量和标准单价计算出来的,即:

$$单位产品标准成本 = 单位产品标准消耗量 \times 标准单价$$

另一种含义是指"实际产量标准成本"的标准成本,它是根据实际产品产量和成本标准计算出来的,即:

$$实际产量标准成本 = 实际产量 \times 单位产品标准成本$$

标准成本是 20 世纪初出现的,是科学管理的作业标准化思想和成本管理结合的产物。标准成本的制定,从最基层的作业开始,分别规定数量标准和价格标准,逐级向上汇总,产生单位标准成本,建立客观标准,以"调和"劳资矛盾。

(2) 标准成本的作用主要有以下四点内容。

①作为成本控制的依据。任何控制都不可能没有控制标准。成本控制的标准有两类:一类是以历史上曾经达到的水平为依据,如上年实际成本、历史最低成本等;另一类是以

应该发生的成本为依据，如各种标准成本。标准成本是比历史成本水平更优越的控制依据。历史成本中包含了一些偶然因素和不正常因素。实际成本和历史成本对比，可以反映变化的幅度，但很难说明是否达到了尽可能节约的目的，其中往往包含着浪费和低效率的现象。

②代替实际成本作为计价的依据。由于标准成本中已剔除了各种不合理的因素，以它为依据，进行材料、在产品和产成品的计价，可使存货计价建立在更加健全的基础上。

③作为经营决策的成本信息。由于标准成本代表了成本要素的合理近似值，因而可以作为计价的依据，并可作为本、量、利分析的原始数据资料以及估算产品未来成本的依据。

④作为登记账簿的计价标准。使用标准成本来记录材料、在产品、产成品和销售账户，可以简化日常的账务处理和期终报表的编制工作。在标准成本系统中，上述账户按标准成本入账，使账务处理及时、便捷，减少了很多费用分配工作。至于实际成本与标准成本的差异，可另设账户归集一并处理，使工作量大大减少。

2. 标准成本差异

标准成本差异简称为"成本差异"或"差异"，是指产品实际成本和标准成本之间的差额，即：

$$成本差额 = 实际成本 - 标准成本$$

实际成本大于标准成本，称为"不利差异"；实际成本小于标准成本，称为"有利差异"。成本差异是实际成本脱离预定标准的信号，是需要人们注意解决的问题，它能够反映出成本控制的业绩。从管理角度来看，成本差异比标准成本更重要，是更有意义的信号。

3. 成本差异分析

在标准成本系统的实施中，最重要的环节是成本差异分析。只有通过成本差异分析，才能为实现成本控制开辟道路。成本差异分析要经过三个步骤：查明产生差异的项目，并找出其数额大小；弄清成本差异的产生原因；采取措施加以纠正。

通常的成本差异项目有：原材料消耗量差异、原材料价格差异、人工工时差异、人工工资率差异、制造费用耗费差异、制造费用效率差异等。

产生差异的原因是多种多样的，有的是可以控制的，有的是无法控制的。为了进一步弄清发生差异的原因，在分析差异项目的基础上，还要分析其明细的项目。例如，原材料消耗量差异的产生原因就有许多种类：改变加工方法、原材料的替代、余料滞留现场、工人作业安排不当、检查过严、设备和工具不适用或丢失、监督不善、工人作业不精心等。

标准成本设立后，各成本责任区域应努力贯彻执行，而且要考核实行的结果，计算标准与实际之间的差异。在稳定品种的生产中，成本差异最重要的有两条，即材料消耗差异和操作效率差异。在稳定品种的连续生产中，采用标准成本控制体系较好。而个别订货生产的品种变化量大时，不宜实行连续生产，这时可根据下面的目标成本进行管理。由于小批量服装规格多变，要将工序细分并由此制成目标成本较为困难，因此可在裁剪、缝纫、整烫等部门设定目标成本，而在各道工序上则不易设定。如果对工序上的问题不闻不问，则容易产生操作现场上的各行其是。在最初实施时，不要制定得太细，将成本部门按裁剪、缝纫、整烫等大区域划分，然后再细分，如将缝纫再分为衣身工序、衣领工序和衣袖工序等区域。

4. 降低成本的方法

当产品成本实际发生额高于预先的标准时，要找出原因，根据情况具体采取措施。如何改进，主要从降低成本的方法入手。

（1）降低直接材料的方法。

①降低购买价格，开发新型服装材料。

②减少辅料失误、布料卷边和布料门幅布局，同时尽量利用剩余材料，提高布料的利用率。

③防止裁剪和缝纫加工时生产出废品。

④利用服装 CAD 改善样板，提高排料的效率。

（2）降低直接人工的方法。

①训练工人的操作技能，培养多面手，提高工时的利用率。

②设定作业标准，进行定员管理，控制工资总额。

③加强工作地的现场管理。

（3）降低制造费用的方法。

①设法节约动力，降低燃料费。

②充分利用设备和建筑物，提高利用效率。

企业降低成本的方法有很多种，但作为管理者要意识到质量的提高是企业产品成本下降的另一重要因素。因此，在降低成本时，必须保证工作质量。

（二）目标成本法

1. 目标成本的含义

目标成本是根据预计可实现的销售收入扣除目标利润计算出来的成本。"目标成本"的概念是 20 世纪 50 年代提出的，是成本管理和目标管理相结合的产物。目标成本的制定，从企业的总目标开始，逐级分解成基层的具体目标。制定时强调执行人自己参与，专业人员协助，以发挥各级管理人员和全体员工的积极性和创造性。

目标管理思想是针对"危机管理"和"压制管理"提出来的。在危机管理方式下，领导若不重视管理目标，平时"无为而治"，一旦出了问题就会忙成一团去设法解决问题。在压制管理下，领导每天紧紧地盯着下级的一切行动，通过监视手段限制下级的行动。而目标管理方式下的领导，是以目标作为管理的根本，一切管理行为以目标设立为开始，执行过程也以目标为指针，结束后以目标是否完成来评价业绩。目标管理强调授权，给下级一定的自主度，尽量减少干预，在统一的目标下发挥下级的主动性和创造精神；强调事前明确目标，以使下级周密计划并选择实现目标的具体方法，减少对作业过程的直接干预。

2. 目标成本法

目标成本法理论上并不复杂，即企业在预期的利润水平下，预测目标成本水平，然后一步步分解下去，使企业每个环节、每个流程都有自己的目标成本，进而以此为目标实施控制。目标成本法使企业更专注于企业内部的管理与控制，从内部降低成本，以取得在市场上的竞争优势与获取更大利润。目标成本法理念简单，然而成功与否主要看两个方面：一是如何制定合理的目标成本；二是如何进行控制，以保证目标成本贯彻执行。

目标成本的确定是通过反推计算（目标成本＝目标市场价格－目标利润）出来的，是解析一个方程式的问题。然而在市场瞬息万变的今天，如何准确预测需要、确定企业产量、制定合理的目标成本，是一件非常困难的事情。这就需要企业各个管理阶层做细致的市场调查工作，进行准确预算。制订合理的目标虽然困难，却不是目标成本实施的主要障碍。管理者如何转变企业内部职工的思想观念，采取有效的控制手段以保证目标成本的贯彻执行是目标成本法实施的关键所在。

下面是实施目标成本法的过程。

（1）设置目标成本。根据总目标成本，由各级管理者将合理的目标成本层层分解，成为可操作的具体目标。成本目标的设置要得到各级员工的认可。目标的设置要客观、公平，且应该是量化了的。

（2）按照目标成本实施和控制。管理者要加强宣传导向，得到广大职工的支持。严格的控制手段和合理的制度保障是成功实施目标成本法的基础，管理者要善于运用手中的权利来制定监督和奖惩措施，同时为员工提供必要的支持，以保证目标成本的实现。管理者也可在企业内部执行"成本否决制"，将目标与职工的收入直接联系起来，使成本成为与其生活质量密切相关的重要因素，增加员工的参与积极性。

（3）目标成本法实施后的效果评价。成本控制的效果需要经过时间和实践的检验，经过一个周期的实施，管理者要组织员工对实施效果进行评价。完成效果好的部门和个人要予以表扬和奖励，完成效果欠佳的部门和个人要总结经验，找出问题并解决问题，为进一步降低成本提供依据。

（4）目标成本的调整。当原有目标成本实现后，根据外部市场环境变化和企业内部环境变化，进一步调整目标成本，使之更加合理、公正。

第三节　服装企业财务报表分析

一、财务报表分析的基本概念

(一) 财务报表分析的主体

不同的主体对财务报表分析的目的也不同，因此分析的侧重点也会有所差异。财务报表分析的主体可以是投资者、管理者、债权人和政府机构等各方面。

1. 投资者

投资者是指企业的普通股股东，他们更希望从财务报表分析中获取企业的未来收益状况和企业经营风险大小的信息，以此为进一步的投资决策提供依据。

2. 管理者

管理者是直接进行企业管理的人员，他们将财务报表分析作为管理和控制企业的一个重要手段，财务报表分析为制定管理决策提供重要依据。

3. 债权人

债权人是指借款给企业的人，他们更关注企业的赢利能力和信用。

4. 政府机构

政府机构也会对财务报表进行分析，如税务部门、证券管理机构、会计监管部门和社会保障部门等，这是政府机构履行监管职责的重要内容。

(二) 财务报表分析的对象

财务报表分析是对企业财务报表的有关数据进行汇总、计算、对比，以综合的分析和评价企业的财务状况和经营成果。其目的是了解企业财务状况和经营成果的形成原因，评价现在和预测未来，以帮助管理者进行科学决策。

企业财务报表分析的对象是企业的基本活动，主要包括企业的筹资活动、投资活动和经营活动。

1. 筹资活动

筹资活动是指企业筹集投资或经营所需要的资金，包括发行股票和债券、借款、贷款以及利用内部积累资金等。

2. 投资活动

投资活动是指企业将资金分配于资产项目，如购置长期资产和流动资产等。

3. 经营活动

经营活动是在必要的筹资和投资前提下，运用资产赚取收益的活动，包括企业的采购、生产、销售、后勤等过程。

二、财务报表分析的依据

财务报表分析的依据是能够反映企业真实状况的各种财务报表和其他相关信息、资料，这些是财务报表分析的主要数据来源。

（一）资产负债表

资产负债表是反映企业某一特定时期财务状况的会计报表，能够为财务报表分析提供基本财务数据。它是根据"资产＝负债＋所有者权益"这一会计基本等式，按照一定的分类标准和顺序，把企业一定日期内的资产、负债和所有者权益等各项目予以适当安排，并对日常工作中形成的大量数据进行整理后编制而成的。通过资产负债表，可以反映企业某一时期内的资产总额、负债总额以及结构，表明企业拥有和控制的经济资源以及未来需要用多少资产或劳务清偿债务。资产负债表还可以反映出所有者权益的相关情况，清楚表明投资者在企业资产中所占的具体份额。资产负债表和企业的基本活动之间的关系见表7-9。

表7-9 资产负债表与企业基本活动

资产		负债及所有者权益	
项目类别	投资经营活动结果	项目类别	筹资活动结果
货币资金	投资剩余（应对经营以外支付）	短期借款	银行信用筹资
应收账款	应收账款投资（促进销售）	应付账款	商业信用筹资
存货	存货投资（保证销售和生产）	长期负债	长期负债筹资
长期股权投资	对外长期投资（控制子公司经营）	资本	权益筹资
固定资产	对内长期投资（经营的基本条件）	留存利润	内部筹资

资产负债表的格式主要有两种：账户式和报告式，见表7-10~表7-11。账户式资产负债表的表体分为左右两方，左右平衡，左方列示资产各项目，右方列示负债和所有者权益各项目；报告式资产负债表，所有资产项目按一定的排列顺序列示在报表的上面，负债及所有者权益列示在下面。

表7-10 资产负债表（账户式）

资产	金额	负债及所有者权益	金额
流动资产		流动负债	
非流动资产		非流动负债	
—		负债合计	
—		所有者权益	
—		所有者权益合计	
资产总计		负债及所有者权益总计	

表 7-11 资产负债表（报告式）

资产类	金额	负债及所有者权益	金额
流动资产		流动负债	
非流动资产		非流动负债	
资产合计		负债合计	
		所有者权益	
		所有者权益合计	
		负债及所有者权益总计	

（二）利润表

利润表又称损益表或收益表，是反映企业一定期间内生产经营成果的会计报表。它是把一定期间的营业收入与同一会计期间相关的营业费用进行配比，以计算出企业一定时期的净利润（或净亏损）。对利润表进行分析时应着重分析其中反映企业经营活动的项目，经营活动的损益与企业管理水平密切相关。利润表各项目与企业基本活动的关系见表 7-12。

表 7-12 利润表与企业基本活动

项目类别	企业的基本活动
一、营业收入	经营活动收入
减：营业成本	经营活动费用
营业税金及附加	经营活动费用
销售费用	经营活动费用
管理费用	经营活动费用
财务费用	筹资活动费用（债权人所得）
资产减值损失	非经营活动损失
加：公允价值变动收益	非经营活动损失
投资收益	投资活动收益
二、营业利润	全部经营活动利润（已扣债权人利息）
加：营业外收入	非经营活动收益
减：营业外支出	非经营活动损失
其中：非流动资产处置损失	非经营活动损失
三、利润总额	全部活动净利润（未扣除政府所得）
减：所得税费用	全部活动费用（政府所得）
四、净利润	全部活动净利润（所有者所得）
五、每股收益	
（一）基本每股收益	按每股收益准则规定计量的全部活动净利润
（二）稀释每股收益	

利润表的格式分为单步式和多步式两种。单步式利润表是将本期所有收入的总和与所有支出的总和相减，一次计算出企业当期的净损益；多步式利润表是按照企业利润形成的主要环节，按照营业利润、利润总额和净利润三个层次来分步计算，详细地揭示企业利润的形成过程。我国现行的会计制度要求企业采用多步式利润表。以某公司 2011 年 12 月利润表为例，见表 7-13。

表 7-13 利润表（多步式）

编制单位：某公司　　　　　　　2011 年 12 月　　　　　　　　　　　单位：万元

项目	本期金额	上期金额
一、营业收入	218202.4	189563.6
二、营业成本	172715.4	147305.8
营业税金及附加	448.3	391.6
销售费用	21159.5	19336.2
管理费用	14569.8	13545.1
财务费用	2927.5	3788.0
资产减值损失	2285.8	1482.7
加：公允价值变动收益（损失以"-"号填列）		
投资收益（损失以"-"号填列）	1982.4	1245.9
其中：对联营企业和合营企业的投资收益	11474.3	1172.2
三、营业利润（亏损以"-"号填列）	6078.5	4960.4
加：营业外收入	897.9	591.9
减：营业外支出	133.2	238.9
其中：非流动资产处置损失	7.4	
四、利润总额（亏损总额以"-"号填列）	6843.2	5313.4
减：所得税费用	982.7	677.5
五、净利润（净亏损以"-"号填列）	5860.5	4635.9
归属于母公司所有者的净利润	4712.8	3715.2
少数股东损益	1147.7	920.7
六、每股收益		
（一）基本每股收益	0.15	0.11
（二）稀释每股收益	0.15	0.11
七、其他综合收益	291.4	-2128.2
八、综合收益总额	6151.9	2507.7
归属于母公司所有者的综合收益总额	5004.2	1586.9
归属于少数股东的综合收益总额	1147.7	920.8

（三）现金流量表

现金流量表是以现金为基础编制的，反映企业一定会计期间内有关现金和现金等价物的流入与流出的会计报表。对于经营活动的业绩，利润表以权责发生制为基础进行反映，而现金流量表以收付实现制为基础进行反映。对于筹资和投资活动，资产负债表反映其在会计期末的存量，现金流量表则反映其整个会计期间的流量。现金流量表的"现金"是个广义的概念，它不仅包括库存现金，还包括可以随时用于支付的存款以及现金等价物，具体包括库存现金、银行存款、其他货币资金、现金等价物等。现金流量可分为三类，即经营活动产生的现金流量、投资活动产生的现金流量和筹资活动产生的现金流量。现金流量表与企业基本活动的关系见表7-14。

表7-14 现金流量表与企业基本活动

项目类别	企业的基本活动
经营现金流入	经营活动：会计期间经营活动现金流动量
经营现金流出	
经营现金流量净额	
投资现金流入	投资活动：会计期间投资活动现金流动量
投资现金流出	
投资现金流量净额	
筹资现金流入	筹资活动：会计期间筹资活动现金流动量
筹资现金流出	
筹资现金流量净额	

（四）所有者权益变动表

所有者权益变动表（如为股份制企业，则称为股东权益变动表）是对资产负债表中"所有者权益"项目的进一步说明，反映了构成所有者权益的各组成部分当期的增减变动数额以及原因，有利于财务报告使用者进一步了解企业净资产状况。

（五）财务报表附注

财务报表附注是对资产负债表、利润表、现金流量表、所有者权益变动表等报表中所列项目的进一步说明，是财务报表不可或缺的重要组成部分。

三、财务报表分析的方法

财务报表分析的方法有很多种，服装企业常用的方法主要有比较分析法、指标分解法、综合评分法和趋势分析法等。

1. 财务报表比较分析法

财务报表比较分析法是将企业财务报表中的主要项目或财务指标与选定的基准相比较,明确其差异,从而衡量企业的财务状况和经营状况。比较分析法根据选择的基准不同而有所不同,企业可以将自身本期的财务数据和指标与前期的相比较,从而找出企业的财务状况和经营成果的变化规律;也可以将本期的数据和指标与期初计划值相比较,以反映计划的执行情况;企业与同行业其他企业的财务数据和指标相比较,以评价自身在行业中的地位和竞争力。

2. 财务报表指标分解法

财务报表指标分解法是指将一定的财务指标分解为各分项指标,然后再层层划分,直到找到影响该指标值的最底层因素为止。财务指标分解最常用的是杜邦分解法,也叫净资产收益率杜邦分析法,即以综合性最强的财务指标净资产收益率为中心指标,围绕企业生产、管理和销售各个环节将其分解成若干相应的财务指标,而各个指标又可以综合起来,揭示企业获得收益的内在因素。

3. 财务报表综合评分法

财务报表综合评分法是一种定量分析法,可以对能够反映企业不同方面情况的财务指标予以综合评价,以体现企业综合的财务和经营情况。即将企业财务指标的效用值(x_1, x_2, …, x_n)代入函数 $P = F(x_1, x_2, …, x_n)$,得出各财务指标的综合得分 P 来表示企业的生产经营和财务状况。此函数的形式可以理解为用相加评分法,即 P 的结果为各个财务指标效用值的总和,或相乘评分法,即 P 的结果为各个财务指标效用值的乘积。但是,由于各财务指标所反映问题的重要程度不同,也可用加权相加法来计算 P 值,即根据重要性不同,赋予各个财务指标不同的权重,再进行相加计算。财务指标的效用值通常可根据财务报表中的数据获得。

4. 财务报表趋势分析法

财务报表趋势分析法是指通过企业的财务报表的各类数据按照时间序列进行分析比较,尤其是对该分析期间内财务报表中体现的某些项目进行重点研究,从而正确判断企业的财务状况与经营成果的演变及发展趋势。

四、财务报表的财务比率分析

根据财务报表数据,通过对财务比率的分析可以从多个方面量化地反映企业的财务与经营状况。

(一) 企业偿债能力分析

企业的偿债能力是指企业对所承担的债务的偿还能力。偿债能力分析包括短期偿债能力分析和长期偿债能力分析。

1. 短期偿债能力分析

短期偿债能力是指企业用流动资产偿还流动负债的现金保障制度，它反映出企业偿付日常到期债务的实力。如果短期偿债能力不足，企业则无法偿付到期债务及各种应付账款，可以将其视为反映企业财务状况的一个重要标志。短期偿债能力通常用流动比率来反映，计算公式为：

$$流动比率 = \frac{流动资产}{流动负债} \times 100\%$$

流动比率反映了流动资产抵偿流动负债的程度，其内涵是每一元流动负债中有多少元流动资产作为保障。流动比率越高，说明流动资产抵偿流动负债的程度越高，短期债权人的风险越小，但过高的流动比率则往往意味着企业有大量的存货积压或现金利用不足，资金使用效率较低。

2. 长期偿债能力分析

长期偿债能力是指企业支付长期债务的能力。企业的长期负债包括长期借款、长期债券、长期应付款等。反映长期偿债能力的指标主要是资产负债率。

资产负债率是企业负债总额与资产总额的比率，计算公式为：

$$资产负债率 = \frac{负债总额}{资产总额} \times 100\%$$

资产负债率过高，说明企业负债过多，偿还能力弱，如果大于1，则表明企业资不抵债，面临破产的威胁；资产负债率过低，说明企业在筹资上比较保守，没有很好地借助到财务杠杆的作用为企业赢利。

（二）企业营运能力分析

营运能力是指通过企业生产经营资金周转速度的有关指标反映出来的企业资金利用的效率，表明企业管理人员经营管理运用资金的能力。主要指标包括流动资产周转率、存货周转率、应收账款周转率、总资产周转率、营运资金周转率、固定资产周转率等。

1. 流动资产周转率

流动资产周转率表示企业一定时期内流动资产周转的速度，有流动资产周转次数和流动资产周转天数两种表示方法，计算公式为：

$$流动资产周转次数 = \frac{营业收入}{流动资产平均占用额}$$

$$流动资产周转天数 = \frac{计算期天数}{流动资产周转次数} = \frac{流动资产平均占用额 \times 计算期天数}{营业收入}$$

流动资产周转次数指在一定时期内流动资产完成了几次周转，次数越多，说明流动资产周转速度越快，资金利用效果就越好。流动资产周转天数指流动资产完成一次周转需要多少天，天数越少，表明流动资产周转速度越快。

2. 存货周转率

存货周转率表示企业一定时期内存货的周转速度，有存货周转次数和存货周转天数两种表示方法，计算公式为：

$$存货周转次数 = \frac{销售成本}{存货平均余额}$$

$$存货周转天数 = \frac{计算期天数}{存货周转次数} = \frac{存货平均占用额 \times 计算期天数}{营业成本}$$

企业在一定时期内的存货周转次数多、存货周转天数少，则表明企业的存货周转速度快，生产和销售均正常顺利。

3. 应收账款周转率

应收账款周转率表示企业一定时期内应收账款的周转速度，有应收账款周转次数和应收账款周转天数两种表示方法，计算公式为：

$$应收账款周转次数 = \frac{赊销收入净额}{应收账款平均余额}$$

$$应收账款周转天数 = \frac{计算期天数}{应收账款周转次数} = \frac{应收账款平均额 \times 计算期天数}{赊销收入净额}$$

企业一定时期内应收账款的周转次数越多或一次应收账款的周转天数越少，说明企业的应收账款回收速度快，企业的坏账风险就越小。

4. 总资产周转率

总资产周转率是反映企业总资产周转速度的指标，计算公式为：

$$总资产周转率 = \frac{营业收入}{资产平均余额} \times 100\%$$

总资产周转率越高，说明企业全部资产运用的效率越好，取得的销售收入越多；反之，说明企业对各项资产的利用能力较差，资产结构不合理。

5. 营运资金周转率

营运资金周转率表示了企业营运资本的运用效率，计算公式为：

$$营运资金周转率 = \frac{营业收入}{平均营运资金} \times 100\%$$

营运资金是企业流动资产减去流动负债后的余额，周转率越高，说明企业的资金运用效率就越高。

6. 固定资产周转率

固定资产周转率是衡量固定资产周转情况、评价固定资产利用效率的指标，计算公式为：

$$固定资产周转率 = \frac{营业收入}{平均固定资产净值} \times 100\%$$

固定资产周转率越高，表明企业固定资产利用得越充分；反之，表明固定资产运用效率低，浪费严重。

（三）企业获利能力分析

企业的获利能力的衡量指标主要包括总资产报酬率、营业利润率、成本费用利润率、净资产收益率等。

1. 总资产报酬率

总资产报酬率是反映企业资产综合利用效率的指标，计算公式为：

$$总资产报酬率 = \frac{投资报酬额}{资产平均总额} \times 100\%$$

总资产报酬率越高，说明企业资产利用的效益越好，获利能力越强。

2. 营业利润率

营业利润率是用来衡量企业营业收入的收益水平的指标，计算公式为：

$$营业利润率 = \frac{营业利润}{营业收入} \times 100\%$$

营业利润率越高表明企业获利能力越强，营业收入水平就越高；反之则越低。

3. 成本费用利润率

成本费用利润率是用以反映企业在生产经营活动过程中费用与收益之间的关系，计算公式为：

$$成本费用利润率 = \frac{利润总额}{成本费用总额} \times 100\%$$

其中：

成本费用总额 = 营业成本 + 营业税金及附加 + 销售费用 + 管理费用 + 财务费用

成本费用利润率越高，说明企业的耗费所取得的收益就越高，增收节支的工作做得越好。

4. 净资产收益率

净资产收益率也叫股东权益报酬率，是衡量股东权益所获得报酬的指标，计算公式为：

$$净资产收益率 = \frac{净利润}{股东权益总额} \times 100\%$$

净资产收益率越高，表明企业有较强的获利能力；反之，说明企业的营运能力较差。

（四）企业发展能力分析

企业发展能力分析主要是对企业经营规模、资本增值、生产经营成果、财务成果的变动趋势进行分析，综合评价企业未来的营运能力及获利能力。主要的分析指标是总资产增长率、资本积累率、营运资金增长率、营业收入增长率、利润增长率等。

1. 总资产增长率

总资产增长率是反映企业总资产规模在一定时期内增长情况的指标，计算公式为：

$$总资产增长率 = \frac{期末资产总额 - 期初资产总额}{期初资产总额} \times 100\%$$

2. 资本积累率

资本积累率反映了企业当年资本的积累能力，是评价企业发展潜力的重要指标，计算公式为：

$$资本积累率 = \frac{本年度所有者权益增长额}{年初所有者权益} \times 100\%$$

3. 营运资金增长率

营运资金增长率是反映企业营运能力和支付能力的加强程度的指标，计算公式为：

$$营运资金增长率 = \frac{营运资金增长额}{年初营运资金} \times 100\%$$

营运资金是企业的流动资产与流动负债之差。

4. 营业收入增长率

营业收入增长率是反映企业产品所处的市场寿命周期阶段即产品的市场竞争能力的指标，计算公式为：

$$营业收入增长率 = \frac{本期营业收入增长额}{上期营业收入额} \times 100\%$$

5. 利润增长率

利润增长率反映了企业利润的增长情况，计算公式为：

$$利润增长率 = \frac{本期利润总额 - 上期利润总额}{上期利润总额} \times 100\%$$

案例：成本控制——百丽与达芙妮比较

1. 原料采购

原料的价格直接影响产品的成本。

（1）百丽的原料采购。百丽的采购中心设在华南地区其中一个较主要的供销中心——深圳华南国际工业原料城，以便更快、更直接地联系各种不同的材料供应商。百丽在生产上掌握了各主要部件的自产能力，在材料采购上只需要集中采购几个主要原材料，一般的半成品采购并不多，加上百丽集中于制造真皮皮鞋产品，采购种类得以降低，这也方便整合采购作业及其供应商，增加量化采购原材料并提升其议价能力。经过整合采购供应商，实践量化采购后，五大供应商已达到总额的56%，从而降低原材料价格，提高毛利率。

（2）达芙妮的原料采购。达芙妮大比例采用非真皮材料，这样能大大降低材料成本，也便于以较低的价格推出产品。毕竟，女性消费者对鞋的忠诚度低，在低价市场，价格往往是第一个战线，强大的成本控制能力是企业的生存要素。达芙妮整合了所有原料采购，有强大的议价能力，又与几个供应商合作，通过采购品种和采购量的集中，降低了生产成本。除量化手段外，它也已经实行提前采购的策略，采用期货制采购，在生产淡季时采购材料，然后组织生产一些通行的基本鞋款。

2. 生产制造

生产制造部分的优化重在整合各生产单元，达成调配灵活、营运成本低的目标。

（1）百丽的生产制造。百丽完全整合了自己的生产线，能够自行生产各种皮鞋的主要部件，各部件生产车间都在同一个厂区内，减少了部件的转运时间；加上应用了大量数据化设计、小批生产配套及设备，以帮助缩减生产周期，实现快速、小批量生产以及尽早上市的目标。百丽通过整合上线生产供应链，加快了生产周期，控制住生产成本，令毛利率超过 60%。

（2）达芙妮的生产制造。达芙妮在选择生产厂商的时候，以对方是否具备良好的产品设计开发能力和产品质量以及生产能力是否稳定为标准，来建立稳定长期的合作关系，并设立专业部门与生产厂商的部门对接。这样长期稳定的合作关系，保证了达芙妮所有外采款式，无论订单量多少，厂家都能保证"特供"。同时，达芙妮达到了各生产部分降低成本的目标。

3. 仓储运输

仓储运输环节把各成品从生产中心配送到销售点。其重点是在要求的期限内，以最低的成本交付产品。

（1）百丽的仓储运输。百丽取消了产品成品仓库，省去了成品仓库拿货提货的环节，降低了库存成本，增加了发货速度。产品从工厂直接装箱发送到十大销售区域的配送速度，并汇集所有的品牌（包括各代理品牌和运动类产品）都在统一的仓库存放，并通过统一的物流中心发货，每区以第三方物流公司分发各点所订货品，小批量多次发货，用多店铺的货量增加配送率及精度（大城开多店，小城开大店），实现大规模配送，降低成本和时间。

（2）达芙妮的仓储运输。达芙妮的物流配送体系包括 3 个全国性物流配送中心、5 个大区域物流配送中心、28 个区域物流配送中心。他们覆盖全国 30 多个省、区、市，形成了长途配送到市、短途配送到店的物流配送体系。达芙妮在一级零售店实现了 24 小时内两次配送，在二三级做到 24 小时内一次配送。

但由于达芙妮制成品大批储存仓库的成本比较高，销售点又多是较分散的街头单店，配送成本也高，造成了总成本占毛利超过 70%。

（资料来源：百度文库）

本章要点

成本控制是根据成本预测、成本决策和成本预算所确定的目标和任务以及标准成本计算，结合变动成本法所提供的实际数据，对生产经营过程中所发生各项资源的耗费，与相应降低成本措施的执行，进行指导、监督、调节和干预，以保证成本目标和成本预算任务的实施。

财务报表分析通过对资产负债表、现金流量表等财务报表的数据进行分析和处理，从而能够准确了解企业的财务状况和经营状况。通过本章的学习，了解成本计算的方法，掌握如何进行成本控制以及如何有效利用和分析财务报表，为管理者提高决策依据。

复习思考题

1. 成本计算的要求有哪些?
2. 服装企业进行成本控制的意义是什么?
3. 标准成本的作用何在?
4. 如何进行成本差异分析?
5. 生产费用与产品成本的区别和联系如何?
6. 服装企业生产成本计算方法有几种?各自的适用范围是什么?
7. 成本控制的原则有哪些?
8. 服装企业的管理者如何能够发挥财务报表分析的重要性?

第八章　企业人力资源开发与管理

- **课程名称**：企业人力资源开发与管理
- **课程内容**：人力资源管理规划
  - 服装企业人力资源招聘与培训
  - 绩效评估
  - 服装企业薪酬与激励
- **上课时数**：2课时
- **训练目的**：为学生将来从事服装企业人力资源管理工作提供理论支持，并让学生掌握人力资源管理的相关内容，强化学生重视人力资源管理的观念。帮助学生深入分析服装企业人力资源管理的特点，并结合实际，让学生掌握完整的、正确的服装企业人力资源管理的知识结构。
- **教学要求**：
  1. 使学生了解服装企业人力资源管理规划的内容和过程。
  2. 使学生掌握服装企业人力资源招聘的过程，并了解人员培训的类别和内容。
  3. 使学生了解绩效评估对服装企业的人力资源管理所起的作用，以及绩效评估的内容和程序。
  4. 使学生掌握服装企业薪酬制度的内容，并了解人员激励的经典管理理论。
- **课前准备**：了解人力资源管理的相关理论和概念，主动分析服装企业的人力资源管理现状。

第一节　人力资源管理规划

所谓人力资源，是指能够推动整个经济和社会发展的劳动者的能力，即处在劳动年龄的有能力并愿意为社会工作的经济活动人口。

人力资源管理（Human Resource Management，简称HRM）是一个综合性很强的概念，是研究如何最有效、最合理地管理和使用企业所拥有的最宝贵的资源——员工们的才能与热情，从而实现企业的既定目标，使企业的经济效益和社会效益最大化。可以说，人力资源管理就是通过若干项活动，以保证有效地管理人力资源，使个人、社会和企业受益。

人力资源管理对组织的生存和成功至关重要，通过有效的人力资源管理措施，可以提高沟通技巧，正确处理员工之间的矛盾，创造良好的组织内部环境，鼓舞士气，充分发挥员工的潜能。

一、人力资源管理的演变历程

人力资源管理是随着企业管理理论的发展而逐步形成的，是企业职工福利工作的传统做法与泰罗科学管理方法结合的产物。

（一）发展初期

20世纪初，从泰罗发表著作开始，管理人员的重点便集中在制定分析方案以选择和奖励员工和提高生产力方面。到了20世纪30~40年代，管理人员的重点转移到通过研究员工群体行为而提高个人的生产力。进入20世纪50年代和60年代，管理开始强调了个人需要和激励机制，但大多数研究仍与以前一样，都集中在如何提高组织中从事工作的员工的业绩。

（二）人力资源管理阶段

20世纪70年代，人力资源管理作为一门学科出现了。到80年代初，人们开始意识到，以前未涉及的组织特征事实上对管理人力资源有着巨大的影响。于是，一些组织特征，如结构、战略、文化、产品和生命周期等，也被包括在人力资源管理的范围内。

20世纪80年代初以后，许多发达国家如美国、日本等纷纷将原来的人事部改名为人力资源部，这不仅是名称的改变，还是观念的改变。这种变化反映了从过去只是消极地管理人，到对"人"进行开发、提高和发挥人的潜力的转变。

从组织的角度，人力资源管理已经从仅仅关心人事职能的运营发展到关心整个机构的战略和经营。人力资源管理甚至还关心供应商、顾客的经营。从管理的角度，人力资源管理人员与组织内各部门的合作比以往更加密切。人事管理的目标是吸引、留住和激励员工，而人力资源管理更关注与利润有关的竞争力、赢利能力、生存和竞争优势等。与员工的关系上，人力资源部门从过去的对立与差异的位置转到协调和平等的位置上来。在人力资源管理实践上，人事管理的目标比较狭窄，且集中于个人，而人力资源管理的目标更广泛，集中于群体。人力资源管理与人事管理的差别见表8-1。

表 8-1　人力资源管理与人事管理差异比较

项目	人事管理	人力资源管理
管理视角	视为成本	视为资源
管理活动	多为被动反应	多为主动反应
管理内容	简单	复杂
部门性质	非人力资源管理	人力资源管理
环境	国内的，内部的	国际的，内外部兼备的
组织	经营的	战略的

传统的服装企业对技术人才和销售人才比较重视，这是由于当时计划经济条件和企业处于发展初期的原始积累所限。哪一家企业的服装做工和设计好，销售人员和商业网点的关系处理得好，并且能及时上货、及时结账，那么这家服装企业的服装就卖得好。而人力资源管理人才和财务管理人才在企业中没有得到应有的重视，甚至有的服装企业根本没有人力资源管理部门，即使有，也只是管理档案或办理调动手续等，并没有真正起到为企业吸纳、培训和管理人才等方面的工作。服装企业这几年发展比较快，可是由于人力资源管理并没有跟上企业发展的步伐，因而影响了企业的进一步发展。

二、人力资源管理的过程

传统的人力资源管理的总体目标主要有三个：吸引求职者、留住优秀员工和激励员工。随着时间的推移，总体目标中又加进了另一个目标——再培训员工。

由于人力资源管理是否有效最终是反映在利润的提高上，所以在实践上，人力资源管理的特定目标是提高生产率、提高工作环境的质量、增加竞争优势和保证员工的工作能力发挥等。

人力资源管理的过程流程如图 8-1 所示。

人力资源规划 → 招聘 → 甄选 → 确定和选择有能力的员工

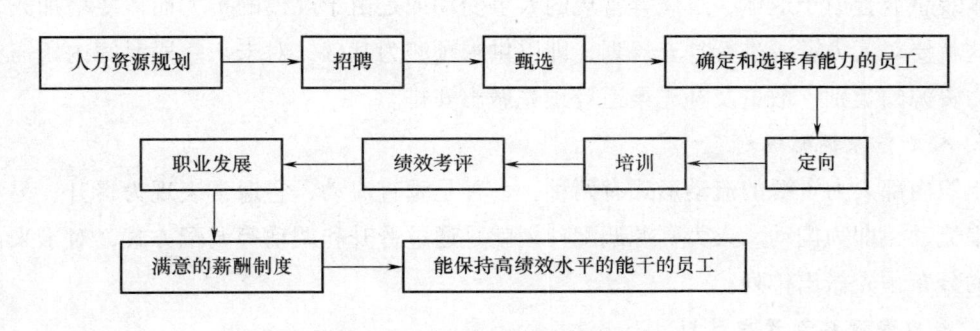

职业发展 ← 绩效考评 ← 培训 ← 定向

↓
满意的薪酬制度 → 能保持高绩效水平的能干的员工

图 8-1　人力资源管理过程

从图 8-1 中可以清楚而全面地对人力资源管理的过程有概括的了解。人力资源规划、招聘、甄选以及选择有能力的员工都是为企业寻找最适合的"人力资源"；而定向和培训是将这些"人力资源"调整到最佳状态；绩效考评、职业发展、满意的薪酬制度是对这些

"资源"的保养和维护；而那些能保持高绩效水平的有能力的员工则是公司最宝贵的"资源"。

三、服装企业人力资源规划

服装企业所要做的规划很多，既要做战略规划，又要做战术规划或经营规划，同时也要做人力资源规划。人力资源规划与其他规划是平行的，但在某种意义上，人力资源规划具有更重要的意义。服装企业要想生存和发展，就必须有合格、高效的人员结构，因此必须进行人力资源规划。

服装企业人力资源规划（Human Resource Planning，简称HRP），是指服装企业为有效地利用人力资源和实现组织及个人的发展目标而进行的有关未来一段时间内人力资源的供求预测以及综合平衡的种种活动，它是服装企业进行人力资源管理的基础。

（一）服装企业人力资源规划的目的

（1）尽量减少在未来几年里由于人力资源的不平衡而给服装企业带来的损失，并为企业战略发展提供必需的人力资源保障。

（2）为服装企业制订战略计划提供必要的信息，同时也为本企业全面战略计划的实施提供支持。

（3）为服装企业员工进行职业设计与规划，为员工确定自己的职业目标提供了必需的条件和基础。

（二）服装企业人力资源规划的内容

服装企业的人力资源规划主要包括以下四项内容：

1. 人力资源补充规划

服装企业会由于退休、解雇等常规的人事变动或是由于规模的扩大而需要增加人力资源，这就要对人力资源进行补充规划，即以供求预测为基础，对未来一段时间内所需补充的人力资源的类别、数量及补充渠道等预先做出安排。

2. 人力资源调配规划

组织内部人力资源的流动形式有两种：一种是垂直流动，它通常表现为晋升；另一种是水平流动，即为调动。人力资源调配计划就是通过晋升和调动等调配方式，对未来人力资源的分布预先做出排列。

3. 人力资源培训开发计划

其任务就是设计出本企业现有人员的培训方案，包括接受培训人员、培训目标、培训方式等的设计。

4. 人力资源职业发展规划

在服装企业的发展中，个人的职业生涯应与组织战略目标相一致。人力资源职业发展规划就是对本企业人力资源的职业生涯做出计划安排。

(三) 服装企业人力资源规划的制定程序

1. 提供人力资源信息

这是服装企业人力资源规划的第一个过程，其质量好坏对整个工作影响很大。人力资源信息包括的内容很广泛，主要有：人员调整情况；工资名单上的人员的情况；人员的培训、教育状况；人员的经验、能力和知识等情况。这些信息可以从员工档案和有关记录中查出，特别是利用计算机进行管理的服装企业可以十分方便地存储和记录这些信息。

2. 进行人力资源全部需求的预测

即利用合适的技术和信息，估计在某一目标时间内本企业所需要员工的数量。值得注意的是，从逻辑上讲，人力资源需求是产量、销售量和税收等的函数，但对于不同的服装企业，每一个因素的影响是不同的。

3. 对现有人员清查

首先要确认服装企业全体员工的合格性，对不合格的要进行再培训；对人员空缺的职位，要明确岗位职责与任务量，与该岗位所属部门沟通后，确定如何进行人员补充，可内部提拔也可外部招聘。

4. 确定招聘需要

预测得出的服装企业全部人力资源需求，减去企业内部可提供的人员，即为需要向外部招聘的人员。

5. 与其他规划协调

人力资源规划既受到其他规划的制约，同时也为其他规划服务，所以一定要协调好。如员工的工资往往取决于财务部门的预算，而销售任务又决定了员工的数目、种类等。

6. 评估人力资源规划

当完成一个周期的人力资源规划后，要对规划效果进行评估，评估时需要注意以下几点。

（1）评估过程和结果一定要客观、公正、准确。

（2）要进行成本效益分析并审核规划的有效性，没有经济效益的规划是失败的。

（3）评估时一定要征求服装企业部门经理和领导的意见，他们是规划的直接收益人，只有多数赞同的规划才是好规划。

(四) 影响服装企业人力资源规划的因素

制定服装企业的人力资源规划时，必须考虑影响人力资源规划的有关因素。只有这样，人力资源规划才能有效、实用。

1. 服装企业外部环境因素

（1）经济环境。经济环境的变化对人力资源的需求有直接的影响。例如，处于经济萧条时期，企业订单减少，人力资源供过于求；处于通货膨胀时期，劳动力成本高，会造成企业运营成本攀升。

（2）劳动力市场供求关系。对于劳动密集型的服装生产企业，受劳动力市场的供给能力影响较大，大量的工人是农民工，他们的外出务工时间会随着季节的变化而产生波动。当劳动力需求迫切但供给紧张时，就会造成劳动力不足。因此，企业在制定人力资源规划时要考虑到企业需求和市场供给的波动。

（3）技术环境。技术的发展和变化促使人力资源部门要考虑企业的某些部门员工需求的增加与另一些部门员工需求的减少。例如，当企业开始使用自动裁剪机时，就会减少对手工裁剪师的需求。

（4）竞争状况。企业的竞争就是人才的竞争，无论是企业中高层的管理人员还是技术娴熟的工人或经验丰富的销售人员，都是企业最难能可贵的资源。人力资源规划要为企业获取和保持这种资源而服务。

（5）政府的政策法规。

2. 服装企业内部系统因素

（1）服装企业的一般特征决定企业对人力资源数量和质量的要求。例如，生产企业对技术工人的需求量较大，销售企业对销售人才的需求量较大。

（2）服装企业的发展目标和发展战略会导致企业人力资源层次、结构和数量的调整。

（3）服装企业的稳定性和文化状况。企业组织稳定，文化健康向上，则员工的流动性小，反之则流动性大。

3. 服装人力资源系统的因素

例如，工人工资水平、晋升机会、培训机制和福利待遇等会对人力资源规划产生影响。

第二节 服装企业人力资源招聘与培训

服装企业是劳动密集型企业，劳动力生产率高，员工流动频繁，所以人员招聘是服装企业人力资源管理的一项重要工作，也是整个人力资源管理过程的首要环节。

一、服装企业人力资源的招聘

（一）招聘的渠道

招聘，即指按照一定的程序和方法招募、筛选和录用具备资格条件的求职者担任一定职务工作的系列活动。服装企业人员招聘的渠道很多，我们可以通过表8-2清楚地了解到各种人员招聘渠道的优缺点，各个服装企业可以根据自身的客观情况进行选择。

表 8-2　各种人员招聘渠道的特点

来源渠道	优点	缺点
广告招聘	辐射广；应聘者可事先了解企业，减少盲目性	广告费高，费用随着招聘者的增加而增加；有许多不合格的应聘者
人员推荐	节约招聘费用和程序；可能产生高素质的候选人	可能碍于情面而影响招聘；易在企业内部产生裙带关系
内部选拔	风险小；费用低；利于提高员工的积极性	供应有限
从应届毕业生中招聘	大量集中的候选人	缺乏经验，企业需要投资培训
职业介绍所与人才交流市场	广泛接触大量集中的候选人	通常为受过很少训练的候选人

（二）招聘的程序

1. 服装企业招聘员工的一般程序

（1）根据企业人力资源规划，开展人员的需求预测和供给预测。确定人员的净需求量，并指定人员选拔、录用政策，在企业的中期经营规划和年度经营计划指导下制订出不同时期、不同人员的补充计划、调配计划、晋升计划。

（2）依据工作说明书，确认职缺的任职资格及招聘选拔的内容和标准。据此再确定招聘甄选的技术。

（3）拟订具体招聘计划，包括拟订招聘岗位的类别、对拟招聘人员的素质要求、人员数量、招聘进度等信息，并上报企业领导批准。

（4）人力资源部开展招聘的宣传广告及其他准备工作。在招聘材料中，要注明企业概况、拟招聘岗位名称、岗位职责、对拟招人员要求、招聘人数、工资待遇等信息。

（5）审查求职申请表，进行初次筛选。如果是内部选拔，候选的初选可根据以往的考评记录来进行；如果是外部应聘者，需要对其资料的真实性和资格进行审查，并可以通过初步面谈，了解一些细节，及时排除那些不符合条件的应聘者。求职申请表的设计要根据工作岗位而定。具体可以通过申请表反映以下信息：个人情况（包括姓名、年龄、性别、健康状况、婚姻、地址和电话等）、教育和培训情况、工作经历、生活状况、个人兴趣等。在审核申请表时，要评价其可信度，注意应聘者的经历，并分析其过往离职的原因。

（6）笔试。根据岗位要求对应聘者进行笔试，笔试内容通常是与其应聘岗位相关的专业技术题目或测试其性格的心理测试题目。

（7）面试。通过面试，不仅可以当面考查应聘者的专业素质，还能够观察到应聘者的外貌、气质、反应等特点。面试是服装企业人员招聘中常用的一种方法，为了增加面试的效度和信度，人力资源管理部门可以按照以下建议去做：

①对所有应聘者提出一些固定的问题。

②取得与面试有关的更详细的信息。

③尽量减少对应聘者履历、测试结果等先入为主的认识。
④多提出一些要应聘者对实际问题给予解答的问题。
⑤采用标准的评价格式。
⑥面试中要做笔记。
⑦避免由于面试时间短而过早作出决策。

(8) 情境测验。情境测验是指根据被试者可能担当的职务，编制一套与该职务实际情况相似的测试项目，将被试者置于模拟的工作环境中，要求被试者处理可能出现的各种问题，用多种方法来测试其心理素质、潜在能力的一系列方法。显然，它比笔试更能体现被试者各方面的能力。由于情境模拟设计复杂，准备工作所耗时间长，费用较高，正确率高，因此往往用于招聘高级管理人员。

(9) 录用人员体检及背景调查。确定人选后，要求拟被录用人员进行体检，确保没有不适应该岗位的健康隐患和传染疾病。并且，要对其背景进行调查，以确保个人信息的准确性。

(10) 试用。招聘人员后，要经过一段时间的试用期，方能签订正式劳动合同。在试用期内，企业与应聘者双方相互考察、磨合。在进入试用期之前，双方需要签订试用合同。

(11) 录用决定，签订劳动合同。度过试用期后，如果双方没有问题，可以签订正式的劳动合同。

2. 服装企业人员招聘工作责任的划分

在传统的人事管理中，人员的招聘与录用的决定权在人事部门。在现代人力资源管理中，决定权在业务部门，而人力资源管理部门则担负组织和服务的职能，其目的是让用人单位有录用决定权。

表8-3给出了服装企业在招聘程序中人力资源管理部门与人员使用部门的职责分工。

表8-3 招聘程序中人力资源部门与人员使用部门的职责分工

人力资源部工作内容和职责	人员使用部门工作内容和职责
负责招聘广告的审批手续办理	负责招聘计划的制订和报批
负责招聘广告的联系刊登	负责招聘岗位要求的撰写
负责应聘信件的登记	负责新岗位工作说明的撰写
负责笔试组织和公司情况介绍	负责协助外地广告的刊登
负责体格检查和背景调查	负责笔试考卷的设计
负责正式录用通知的寄发	负责应聘人员的初次筛选
负责报到手续的办理	负责面试和候选人员的确定
负责加盟公司的培训	

（三）甄选

人员的甄选是指企业从若干个候选人当中经过筛选以确定最终入选者的过程。在招聘环节中的申请表的审查、笔试、面试和情境测验等环节都属于甄选的手段。甄选的效果好坏直接决定了此次招聘行为的成功与否。甄选的效果一般用效度和信度两个指标来衡量。

效度是指招聘者真正测试到的品质与想要测试的品质的符合程度。管理者所使用的任何甄选手段都必须表示出效度。选拔结果与以后工作绩效评估得分之间的相关系数就是效度系数，其数值越大，证明测试越有效。

信度是指一种手段是否能对同一事物做出持续一致的测试。假如某一项测试具有信度，则某个人的成绩就应当在相当一段时间内保持相对稳定，否则测试信度不高（假设所测试的特性也相对不变）。测试信度的高低是用对同一个人所做的几次测试结果之间的相关系数来表示。可信的测试的信度系数大多在 0.85 以上。由于测试受到多种因素的影响，所以信度达到 1.00 的可能性较小，即几次测试结果完全一样。

服装企业人员甄选手段的优劣是由它的效度和信度决定的。一种甄选手段要是不具有效度，那么它和有关的职务标准之间就不存在确实的相关关系；如果不具有信度，那么它就不可能做出持续一致的测量。表 8-4 为甄选方法的预测效度。

表 8-4　甄选方法的预测效度

方法	预测效度	方法	预测效度
工作试用	0.44	智力测验	0.53
面试	0.14	教育程度	0.10
背景调查	0.26	个人简历	0.37
学术成果	0.11	兴趣	0.10

应当注意的是，无论招聘岗位是什么内容和什么职位，其甄别的标准都要尽量客观化、定量化。

二、服装企业人力资源的培训

为了满足服装企业人力资源的需求，除了以招聘方式从外部吸收人力资源之外，更主要的是开发服装企业现有的人力资源。而培训就是服装企业开发人力资源和提高人员素质的一个基本途径，它是服装企业人力资源开发的一个重要内容。通过种种培训，除了使员工的技能得到增强外，还可提高服装企业整体的人力资源实力。

（一）培训的目标

1. 充实服装企业人员的知识

随着科学技术的发展，传统的服装企业所使用的设备、工具、方法也在不断更新，人们原先拥有的知识技能在不断老化。为了防止企业中的人员工作技能衰退导致工作效果下降，企业必须对员工进行不断培训，使他们掌握最新的知识与技能。

2. 发展员工的个人能力

培训的一个主要目标是根据工作的要求，提高员工在计划、决策、激励、沟通、创新等方面的综合能力。

3. 企业文化建设

服装企业都有自己的企业文化和价值观，要增加员工的归属感和对企业文化的认同，就要通过培训来实现。企业通过对各层次人员特别是新进员工的培训，可以使他们能够根据环境和企业的要求转变观念，逐步了解并融入企业文化之中，形成统一的价值观，将个人目标与企业目标达成一致。

4. 加强内部信息交流

通过培训可以加强员工之间的信息交流，特别是使新员工能够及时了解企业在一定时期内的政策变化、技术发展、经营环境、绩效水平、市场状况等方面情况。

5. 增加员工的满意度

培训能够增加员工对企业的认同感和满意度。员工个人的资质在培训过程中得到提升，增强了他们的自信心和工作热情。高效的培训是对员工的一种福利，是服装企业吸引优秀人才的一个砝码。

（二）培训的类别

根据不同的培训对象和培训目的，服装企业有不同的培训类别。

1. 入职培训

应聘者一旦决定被录用后，企业要对其进行入职培训，对应聘者将要从事的工作和企业的情况给予必要的介绍和指导。入职培训能够减少新人在新环境容易产生的焦虑和担忧，使他们能够尽快熟悉环境，也能够令新员工正视将要面临的工作。入职培训的内容通常包括企业的基本概况、企业文化、组织机构、企业制度、人事政策、工作程序等方面的内容。针对不同岗位，入职培训还应加入相应的技能培训，帮助新人尽快开展工作。

2. 在职培训

在职培训是为了使服装企业的员工通过不断学习，掌握新技术和新方法，从而达到新的工作目标要求所进行的不脱产培训。例如，工作轮换制，让员工到新的岗位学习多样化技能，就是一种在职培训；新进员工跟随老员工实习也是常见的在职培训。

3. 脱产培训

脱产培训是指为了使员工能够适应新的工作岗位要求而让员工离开工作岗位一段时间，专心致力于培训。脱产培训可以派员工参加外部的培训班或邀请专家到企业内部为员工实施培训。脱产培训通常安排在生产或销售淡季，尽量不要对正常的生产经营产生影响。企业也与高校联合，为员工提供学历教育，培养具有正规学历的员工。

4. 技能培训

技能培训是对员工的工作技能进行培训。例如，对新进员工的技能培训、对销售人员的日常销售技能培训、采购人员的谈判能力培训等。

5. 管理培训

管理培训主要是对管理方法及相关内容进行培训，包括激励、协调、决策和控制能力、团队合作精神、抗压能力、时间管理、沟通能力等。管理培训不仅针对管理人员，普通员工也应当接受适当的管理培训。

6. 认证培训

服装企业要增强竞争力，就要通过国际或行业认证来提高管理水平，增加企业的市场说服力。服装企业通常要进行的认证包括 ISO 9000 系列认证、SA 8000 认证等，在认证之前都要经过长期的培训，使员工掌握认证的相关知识和正确的工作方法。

（三）我国服装企业培训现状

我国服装企业在竞争中逐渐意识到培训对服装企业的影响，国内的服装企业培训市场也如火如荼。

我国有些企业在这方面成效显著，如作为羊绒工业中的领头企业的雪莲公司，在近几年纺织行业整体型势不好的情况下能够取得相当的效益，这与企业重视人力资源开发管理分不开。雪莲的领导清醒地认识到，企业要发展，必须在依靠科技进步的同时，努力提高劳动者的素质。雪莲年年开展员工培训，形式多种多样，有在职培训、脱产培训，还有分层次、分工种的培训。但无论是何种培训方式，企业都对学习内容精心安排，力求具有针对性、时效性。在学习的组织上，做到严格管理，为此还为每位员工建立了学习档案，每次学习的考勤、考试情况都及时地记录在案，学习结束后，要求每人写出心得体会。另外，公司还推出了评选"雪莲之星"等系列活动，这一成功的创意有力地促进了员工整体素质的提高。

服装企业常见的有企业内部自行筹划安排的培训和企业外部专门机构提供的培训两种。培训内容也丰富多样，有服装高级管理人员培训、车间技术工人培训、生产管理人员培训、跟单员培训、销售员培训、经销商培训、质量管理培训、财务管理培训、人力资源管理培训等。

（四）世界流行的职业培训

世界上许多国家的企业非常重视人力资源管理，一批先进的企业培训模式脱颖而出，各有千秋，很值得我国的服装企业借鉴。

1. "双元制"培训模型

德国的"双元制"培训就是学校与企业结合，以企业为主，理论与实践结合，以实践为主。其特色在于以立法形式将企业与学校联系在一起。

2. 产学合作模式

这种模式注重与高校的联合与协作。同时开设部分时间制研究生班，学员一般是有四五年工作经验的在职人员。产学合作发挥了高校科技和人才的优势，也利用了企业设施和资金的优势。两者相互促进，真正做到以产助学，以学兴产。目前，我国有很多服装企业采用这种方式。

3. 国际联合培训模式

随着我国对外交流日益扩大，跨国合作培训方兴未艾。国际联合培训有利于提高发展中国家的科技竞争力，并促进了国际技术交流。

4. 岗位轮换培训模式

岗位轮换培训能提高工人的全面操作能力，使一些资深的技术工人把自己的技能和知识传授给年轻工人。对于个人来讲，这有利于其成为一名全面的管理人才和业务人员。

5. 互联网培训模式

随着网络的发展，使得培训软件进入互联网成为可能。员工在计算机上设有一系列图符，当敲击这些图符时，计算机就会提供一些参考文件，或在工作中有了困难，这些图符就会提出建议。

第三节 绩效评估

绩效评估是对员工的工作绩效进行评估，以便形成客观公正的人事决策。绩效评估为各项人事决策（任用、晋升、奖惩等）提供客观依据，绩效评估的质量直接反映了企业人力资源管理的科学化程度和水平。

绩效考核是服装企业人力资源管理的一个重要组成部分。服装企业只有对员工绩效做出公正的鉴定和评估，才能奖罚分明，为实现本企业的目标服务。

一、绩效评估的作用

根据罗宾斯对美国 600 家企业的调查，企业进行绩效评估的用途主要是报酬、绩效反馈、培训、提升等方面，见表 8-5。

表 8-5 绩效评估的主要用途

使用目的	比例/%	使用目的	比例/%
报酬	85.6	人事管理	43.1
绩效反馈	65.1	留住或解雇	30.3
培训	64.3	人事研究	17.2
提升	45.3		

注 1. 基于做出回应的 600 个组织的调查。
    2. 数据来源：斯蒂芬·P. 罗宾斯《管理学》。

在人力资源管理中，绩效评估的作用主要表现在五个方面。

（一）为最佳决策提供依据

绩效评估的首要目标是为实现企业目标提供支持，可以使企业管理者在制定重要决策和计划时及时纠偏，降低产生失误的可能性，提高准确率。

（二）为企业发展提供支持

绩效评估的另一个重要目标是提高员工的业绩，引导员工的努力方向，使其能够跟上企业的变化和发展。绩效评估提供的相关信息资料可以作为奖惩员工、提升或降级、职务调动及进一步培训的依据。

（三）为员工进步提供参照依据

绩效评估使员工有机会了解自己的优缺点及他人对自己工作的评价，当这种评价较为客观时，员工可以在上级的帮助下有效发挥自己的潜能，在工作上取得更大进步。

（四）为确定员工报酬提供依据

绩效评估的结果为确定员工的最终报酬提供重要依据。为了鼓励员工努力工作，企业必须要设计和建立一个公正合理的绩效评估系统，对那些富有成效的员工和部门给予明确的加薪奖励。

（五）为员工潜能评价和人事调整提供依据

绩效评估中对能力的考评主要是通过考察员工在一定时间内的工作业绩，评估他们的现实能力和发展潜力，看其是否符合现任职务的要求。企业根据员工在工作中的表现，对人事安排进行必要调整。为潜能较强的员工提供更多的工作和晋升机会，能力一般的员工则应调整到其力所能及的岗位上去。

二、绩效评估的方法

（一）排序法

就是根据被评估员工绩效的相对优劣，通过比较后确定每人的相对等级或名次。排序的依据应该是一些可以量化的指标，如生产产品数量、商品销售额、客户投诉率等。

（二）考核清单法

简单的清单法通常只用于评估服装企业员工的总体状况，而不再分维度进行评估。具体做法是将与某一特定职务工作者的绩效优劣相关的多种典型工作表现与行为提炼出来，供考评者逐条对照被考评者的实际状况校核，将两者一致的各条勾出，即成为现成的评语。事实上，各工作维度对绩效的贡献是不一样的，这时可以按照各个维度的重要性而分别给予不同的权重。

（三）量表法

由于量表法设计和执行的总时间耗费较小，而且便于做出定量分析和比较，因而得到普遍的采用。

（四）关键事件法

这种方法就是评估者记录下一些能说明员工所做的是有效与否的关键事件。但应注意的是，记载下来的应是具体的事件，而非对某种品质的判断，而且所记载的必须是较突出的、与工作绩效直接相关的事，而非一般的、生活细节方面的事。

（五）评语法

就是写一份简短的记叙性书面材料，来描述一个员工的优缺点、成绩与不足以及潜能等，再提出改进和提高的建议。评语可以由员工的上级、同事或下级来完成，也可综合各方意见给出最终评价。

（六）行为定位评分法

这是日益受到重视的一种方法。它综合了关键事件法和量表法的主要因素而兼具两者之长，为各评估维度都设计了一个评分量表，并有一些典型的行为描述性说明与量表上的一定评分标准相对应，作为对被评估者实际表现评分的参考依据。

三、绩效评估的程序

（一）制定评估标准

通过职务分析，制定客观、公正的评估标准。这是为克服主观随意性所不可缺少的前提条件。

（二）实施评估

负责评估的工作人员根据评估标准，记录客观的实际数据和效果，完成评估相关表格。

（三）评估结果的分析与评定

对照评估记录与既定标准，进行分析与评价，以获得评估结论。

（四）结果反馈

评估的结论通常要告诉被评估职工，使其了解组织对自己工作的看法与评价。

（五）拟订评估改进计划

通过评估中出现的问题，采取纠正措施，拟订新的绩效评估计划和修订新的标准。

表8-6为某服装企业质量管理部门工作评估标准。

表8-6 工作评估标准

工作内容	评估标准
复检漏检率不得超过：外贸2%；终检（装箱检）漏检率不得超过3天的产量	复检每超过0.1%，扣0.5分 终检每超过0.1%，扣1分
复检存货量不得超过3天的产量（以机工产量为准）	每超一天，扣0.5分
及时催收返工产品，返修时间不得超过规定（50件以下当天返回，50件以上第二天返回）	每超一天，扣0.1分
准时报送有关报表	一次不准时，扣0.5分
严格遵守厂纪厂规	违犯一次，扣0.5分
完成领导交办的各项任务	每次做不到，扣1分

第四节 服装企业薪酬与激励

一、服装企业薪酬制度

合理的薪酬是服装企业员工从事工作的物质利益前提，是影响甚至决定员工的劳动态度和工作行为的重要因素。

薪酬实质上是企业对员工为企业作出的贡献所付给的相应的回报或答谢，是一种公平的交换或交易。

（一）人员薪酬的构成

1. 基本工资

工资是劳动报酬的基本形式，我国现在各行业较普及的是结构工资制，它是由基本工资、岗位技能工资、工龄工资和若干种国家政策性津贴构成。服装行业的企业和公司的工资形式一般有计时工资、计件工资和协商工资。

2. 奖励

服装企业常采用的奖励形式有奖金和佣金等，奖金是工资的一种必要的辅助形式，是超额劳动的报酬。奖励是依据贡献进行的，具有明确的针对性和短期刺激性，是对员工近期绩效的汇报，是浮动多变的。服装加工厂的生产工人会由于生产效率高或长期没有残次品而获得额外奖励。

3. 福利

福利报酬是指服装企业向其员工所提供的各种非工资、奖金形式的利益和优惠待遇，它是一种补充性的报酬，但往往不以货币的形式支付，而多以实物或服务的形式支付，如廉价住房、带薪休假等。有些服装企业为了丰富员工的业余生活，为员工建立图书室、篮球场、歌舞厅等娱乐休闲设施，从而为员工提供福利。

（二）薪酬的功能

服装企业薪酬的功能与服装企业人力资源管理的总功能一致。

1. 保证服装企业员工的再生产

员工的收入是决定衣食住行及文化教育的基本因素。员工获得薪酬取得基本生活资料，同时还将部分收入用于个人发展的需要。

2. 引导人员配置

从追求物质利益的角度考虑，服装企业可以利用薪酬引导人力资源的流向。例如，提高脏累难的岗位的报酬，平衡人员流动。

3. 激发员工的积极性

公平合理的薪酬对员工的积极性影响很大。

4. 调整人际关系

通过调节收入，缩减阶层差别，起到调节维护企业人际关系的作用。

（三）服装企业薪酬的制定及制约因素

影响服装企业薪酬高低的因素很多，主要包括外部因素和内部因素。

1. 外部因素

外部因素是企业所处的宏观环境或周边环境对企业薪酬造成影响的因素。例如，全社会的劳动生产率、地区人均工资水平、国家的政策法规、居民消费水平、劳动力市场的供求状况等。

2. 内部因素

内部因素是企业自身的规模和发展阶段以及管理方式等来自于企业内部的对薪酬造成影响的因素。例如，该服装企业的支付能力、企业不同种工作的差别、员工自身素质的差别、该服装企业的企业文化等因素。

（四）服装企业合理薪酬制度的要求

1. 公平性

为了保证薪酬制度的公平性，服装企业的领导要注意以下几点。

（1）薪酬制度要以明确一致的原则为指导，并有统一的可以说明的规范作为依据。

（2）薪酬制度要有民主性和透明性。

（3）要为员工创造均等的、公平竞争的机会。如果机会不均等，收入只与贡献相等，这并不是公平。

2. 竞争性

目前，服装企业竞争十分激烈，所以指定薪酬制度时要有吸引力才能取得竞争优势。究竟将企业摆在哪个位置，要根据本企业的财力，所需人员的具体条件而定，但要具有竞争力，至少不能低于市场平均水平。

3. 激励性

要真正体现奖勤罚懒的原则，就要适当拉开距离，对表现良好的员工给予更多的劳动报酬。

4. 经济性

提高企业的薪酬水平，虽然可以提高竞争力和激励性，但与此同时也会导致人力资本的上升，所以服装企业的薪酬制度要受到经济的限制。但值得注意的是，服装企业的领导在考虑人力资本时，不能仅仅看薪酬水平的高与低，还要看员工绩效的指令水平。因为员工绩效的指令水平对服装企业竞争能力的影响远远大于成本因素。

5. 合法性

服装企业的薪酬制度必须符合国家的各项相关法律法规。例如，工人加班要支付加班工资，员工收入不能低于国家规定的最低工作水平等。

二、服装企业人员的激励

激励是人力资源管理的核心。在企业管理中它作为一种职能，是根据某个具体目标，为满足人们生理、心理的愿望、兴趣、情感的需要，通过有效地启迪和引导人的心灵，激发人的动机，挖掘人的潜力，使之充满内在的活力，朝着所期望的目标前进。它在人力资源管理中具有重要的作用。人力资源管理的基本目标有四个：吸引、保持、激励和再培训，而激励是其中的核心。

（一）服装企业人员激励的原则

人员激励必须要符合相应的原则，才能达到激励的效果。

1. 激励目标设置必须体现服装企业目标要求的原则

激励的目标要与企业的目标相一致，才能实现激励的效果。

2. 物质激励与精神激励相结合的原则

对表现好的员工不仅要通过奖金等物质激励手段予以肯定，同时还要结合运用给予公开表扬或授予称号等精神激励手段，会令激励效果事半功倍。

3. 外在激励与内在激励相结合的原则

所谓外在激励，即凡是满足职工生存、安全和社交需要的因素，其作用只是消除不满，但不会产生满意情绪，如工资、奖金和人际关系；而内在激励是满足员工自尊和自我实现，具有激发力量、可以产生满意情绪的因素。

4. 正激励与负激励相结合的原则

根据美国心理学家斯金纳的强化理论，可以把激励分为正激励和负激励。正激励就是对员工的、符合组织目标的期望行为进行奖励，使员工的积极性更高；而负激励就是对员工违背目标的非期望行为进行惩罚，迫使员工的积极性向正确的方向转移。

5. 民主公正的原则

公正是激励的一项基本原则，民主是公正的保证。要避免企业内部的人情激励、无效激励等现象的出现。

（二）人员激励的经典理论

关于激励有许多经典的理论和方法，服装企业可以根据自身情况加以采用。

1. 泰勒的差别计件工资制

古典科学管理学派的代表人物泰勒认为人是经济人，工人进行工作的最主要目标是经济上的收入，他制定了一种差别计件工资制来激励工人提高劳动生产率。这种方法通过时间和动作研究为不同的岗位制定可续的工作定额，如果工人完成或超额完成定额，则定额内的部分连同超额部分都按比正常计件单价高25%计酬；如果工人完不成定额，则按比正常单价低20%计酬。虽然泰勒的理论产生于一百多年前，但差别计件工资制在计件付酬的企业尤其是服装生产企业中仍有较强的应用意义。

2. 马斯洛的"需求层次理论"

马斯洛把人类的需求归为五类，并将其按重要性和先后次序排成一个需求层次即生理需求、安全需求、社交需求、尊重需求和自我实现的需求。他认为，人的需求是以层次出现并阶梯性上升。当较低层次的需求得到满足时，它就失去了对行为的激励作用，而追求更高一层次的需求的满足就成为激励其行为的驱动力。结合需求层次理论，服装企业在针对不同的激励对象时，应当采取不同的激励措施，才能实现激励效果的最大化。

3. 赫兹伯格的双因素理论

美国心理学家赫兹伯格在大量调查研究的基础上，提出"保健因素—激励因素理论"，即双因素理论。他认为，影响员工行为的因素主要有两类：保健因素和激励因素。保健因素是那些与人们的不满情绪相关的因素，如企业的政策、管理和监督、人际关系、工作条件等，保健因素处理不好会引发员工对工作不满情绪的产生，处理得好则可以预防和消除这种不满，但这类因素不能对员工起到激励的作用，只能让他们维持工作现状。激励因素是指那些与人们的满意情绪相关的因素，如工作表现的机会、工作上的成就感、获得晋升的可能、由于良好的业绩而受到的奖励、对未来发展的期望等。激励因素处理得好，能够使人产生满意情绪，处理不好则最多只是没有满意情绪，但不会产生不满。

服装企业在对员工采取激励措施时，要注意随时保证具备保健因素，避免员工产生不良情绪，影响工作。工作成绩突出、发展潜力好的骨干员工要适当增加激励因素，提高他们的工作积极性，加快人才的成长步伐。

4. 弗鲁姆的"期望理论"

美国心理学家弗鲁姆在1964年提出，认为只有当人们预期到某一行为能给个人带来有吸引力的结果并有可能实现时，个人才会采取特定的行动。有效的激励取决于个体对完成工作任务以及接受预期奖赏的能力的期望。

根据期望理论，服装企业的激励措施要达到效果，不仅仅要提供好的许诺或结果，还要让员工看到实现结果的可能性。

5. 亚当斯的公平理论

这一理论是美国心理学家亚当斯在1967年提出，他认为：在激励过程中，员工之间常常会自觉和不自觉地把自己在工作中所付出的代价与自己所得报酬与相类似的别人进行比较。员工的参照对象通常是自己的过去、同行业同岗位的人、同事、同学或朋友等，如果他们对比后发现自己的待遇偏低，就会觉得不公平，会产生消极情绪；相反，如果待遇偏高，则会坦然接受。服装企业管理人员要重视在制定制度时，可能对员工公平感所产生的影响。

激励是管理和需要掌握的最重要也是最复杂的富有挑战性的技能。可以说，激励是艺术与科学的结合，然而更多的是艺术。我们的服装企业应该在学习国外发展经验的同时，注意积累自己的经验，从而逐步创造出适合我国国情的服装企业的激励理论系统。

案例：李宁公司——人力资源战略

李宁公司创建于1990年，目前，李宁产品结构日趋完善，已由最初单一的运动服装发展到拥有运动服装、运动鞋、运动器材等多个产品系列的专业化体育用品公司。发展至今，李宁在中国体育用品行业中已位居举足轻重的领先地位。

2002年底，李宁公司做出了战略选择，确立了公司走体育专业化的战略发展道路。要实现体育专业化的发展战略，首先需要的资源便是企业的人力资源。体育用品行业是一个快速发展的新兴行业，缺少大量的专业管理人才。这种行业人才大环境的不足，成为制约李宁公司人才引进的"瓶颈"。李宁公司从长远出发，决定在企业内部快速培养人才，通过解决问题的根本来保障企业战略的长久实现。

2004年1月，李宁公司成立了"学习与发展中心（Learning / Development Center，简称LDC）"，通过组织上的保障，把"在企业内部快速培养人才"这一理念提到公司的重要位置，进而为企业战略实现打造人才保障。

在李宁公司，LDC 把自己作为一个组织来看待，LDC 的使命是系统地提高公司核心能力，培育出体育用品行业的国际化专业团队，它将公司全体人员都作为 LDC 的客户，为每一位员工提供技能提升和专业发展的服务是 LDC 的主要任务之一。

LDC 通过五个方面帮助员工学习：第一方面，从公司的角度，坚持系统地提升公司核心能力，支持公司战略目标的实现；第二方面，从团队的角度，选拔和培养核心人才，培育国际化的经营管理团队；第三方面，从文化的角度，创建持续创新的组织文化氛围；第四方面，从员工的角度，持续提升和发展员工能力，不断增值，拓宽职业发展空间；第五方面，从行业的角度，成为中国体育用品行业管理的标杆，促进行业发展。其中，提拔和培养核心人才，培养国际化的经营管理团队是 LDC 工作的重中之重。

1. 两大胜任力模型

李宁公司对员工和经理的要求都集中体现在胜任力模型上。此模型是基于四个纬度推导产生出来的：第一是公司三年的战略和未来远景的分析；第二是公司的核心价值观，公司所倡导的文化；第三项是根据公司内部优秀经理和关键岗位优秀人员的行为特质表现，这是通过与他们的访谈提炼出来的；第四项就是瞄准国际标杆公司，看他们在员工行为和领导行为方面有什么样的特质来推导。这四个纬度总结出了李宁公司的十二项资质，也就是分别针对全体员工和领导层的要求，并由此建立了李宁公司的胜任力模型。

第一项，核心资质模型，是李宁公司全体员工必须具备的个人素质和综合能力特征，要求李宁公司的每一位员工都应该具备。核心资质与体育精神密切联系，包括职业诚信、应变能力、追求卓越、团队合作与沟通的能力。

第二项，领导力资质模型，是公司领导层必须具备的个人素质和综合能力特征。包括七项：战略思考、商业意识、创新能力、结果导向、发展员工、决策能力、影响力。

2. 有效的人才测评体系

LDC 根据领导力资质模型中的要求，集中采用了 360 度测评的方式。因为通过 360 度反馈，首先可以获得多层面人员对自己素质能力、工作作风、风格、工作绩效等方面的反馈意见，较全面地了解有关个人工作情况的信息，以作为制订改善计划、规划未来职业生涯及能力发展的参考；其次通过 360 度反馈信息与自评结果的比较能够让被测评人看到差异，引导其分析产生差异的原因。因为人的认知往往是会有偏差且并不稳定的，那么通过这种忽高忽低的反应和别人看法上的差异就可以为被测评人提供反思的依据；另外，360 度反馈方式也为公司内部管理团队开放式的沟通和互动创造了一个平台、一个机会。

李宁公司组织培训的特色就是充分地开放和充分地交流，360 度反馈都是公开、面对面的，甚至会根据得出的报告进行面对面的讨论。例如，两个人是同一级，你要帮助我看我的报告；你是我的上级或下级，你要帮助我分析：在某个方面，我是这样看的，而你为什么那样看？其他同事在战略思考、团队合作等方面的认知为什么跟我不同？

另一个角度就是运用人才评测的 PDP 工具。PDP 工具最大的好处就是使被测评人一方面可以更好地、生动地了解自己是什么样的行为风格、特质;另一方面就是可以快速地了解他的同事、伙伴、团队,他的整体上的特质是什么样的,是老虎、孔雀、考拉、猫头鹰还是变色龙?PDP 测评同时会有建议的参考数据,如对高速发展的团队而言,哪种特质要占主导性地位?人员配比要占百分之多少?所以李宁公司在选拔人才时,在组建、调整、匹配一个经理的管理团队时都可以用到这个工具来做测评。另外,李宁公司在 2005 年就开始大规模使用 PDP 工具,对公司所有的管理者都采用此工具进行测评,连续、长期地测评每一个时间节点。这样,拿到不同的数据,如一个经理就会看到他在组织发展过程中自己风格特质的变化。

3. 针对全体员工——人才盘点

"前面说的 360 度反馈、PDP 评测,都是测评公司领导层经理们的表现,360 度反馈集中于行为特质的表现,PDP 是表现个性风格。针对公司全体员工,在人才测评时还会有一项工作就是人才盘点,这也是配合薪酬福利调整的一个政策,每年的四五月份期间,我们会根据公司所有员工与他们直接经理访谈之后的结果,将他们划分为三个区间,一是前 20% 的,根据二八原则,他们就是核心员工。对核心人才,李宁公司有特殊的培养计划,他们是公司后备人才培养计划的对象,薪酬福利上也会有所调整而更多地向他们倾斜。

还有最后 5%~10% 的员工,这些人员将会退出计划,一方面公司会人性化地给他们一个观察期,告知他并给他一个改善的缓冲,在此期间如果他能够调整他的业绩、行为、技能、态度等,并且结果还符合这个岗位要求的话,那么公司会在下一个年度续签他的劳动合同。如果不能符合公司的要求,恐怕就要离开公司。对中间这一区间的员工,就进入到正常的劳动合同续签、薪酬调整阶段中。

4. 针对性的人才培养计划

通过创建胜任力模型,明确了公司对经理和员工的要求,以及基于这些要求做好了 360 度反馈与 PDP 测评之后,根据得出的数据与分析结果,李宁公司树立了人才梯度培养计划。随着公司的高速发展,关注人才的梯度培养,为公司的长远发展以及做好人才储备工作至关重要。

李宁公司有这样几方面的角色:员工、专业经理、部门经理、总监,再往上就是 CEO 等。那么他们分别承担着管理自己、管理他人、管理功能、管理多功能的系统、管理国际化生意等不同的职责。李宁公司在高速地成长,也迫切要求公司管理团队的能力要相应地增长,但这种增长并不是绝对一致的。生意的增长从战略要求上斜率是逐渐增大,速度逐渐加快。而人才数量的增长,斜率是很缓的。换句话说,李宁公司不是通过人海战术来实现业绩的增长,而是通过人员效率的增长、人才质量的增长来推动变革,最终保持了天平的平衡。

(资料来源:单元花. 李宁公司——让一切管理皆有可能 [M]. 北京:民主与建设出版社,2010.)

本章要点

人力资源管理的整个过程简单来说可以分为选人、用人、树人和留人四个方面，选人是为企业空缺岗位物色和争取最适合的员工，主要在人力资源规划、招聘、甄选阶段来确定；而用人则是要求人力资源部门配合业务单位对员工进行适当定位，帮助员工做出职业规划，并采取公平合理的绩效考评制度；树人是需要人力资源部门与业务部门共同合作对员工进行技术、思想等方面的培训，帮助员工增强职业技能，提高个人修养；留人是指通过满意的薪酬制度、有吸引力的职业规划来扩大企业对员工的吸引力，降低员工的流动性，尤其是优秀的员工更应该采取适当的激励措施进行挽留。

本章从上述这些方面系统地介绍了服装企业人力资源开发和人力资源管理的核心内容，主要包括服装企业人力资源规划、人员的招聘与甄选、人员培训、绩效评估、薪酬和激励等。

复习思考题

1. 人力资源管理如何影响到所有管理者？
2. 浅谈作为人员甄选手段的主要问题是什么？
3. 目标管理是如何影响绩效评估的？
4. 结合实际，讨论服装企业应当如何通过有效的激励措施来留住优秀员工。

第九章　服装企业信息化

- **课程名称：** 服装企业信息化
- **课程内容：** 服装企业信息化概论

　　　　　　　　服装企业业务流程再造

　　　　　　　　服装企业 ERP
- **上课时数：** 2 课时
- **训练目的：** 通过本章的学习，帮助学生认识到服装企业信息化的重要性，并为学生打开服装企业信息化管理的重要的一扇门——服装企业业务流程再造。让学生不仅能够树立正确的信息化管理理念，掌握信息化管理的基本内涵，了解 ERP 的原理与应用，并且能够将信息化管理的相关知识融会贯通。
- **教学要求：** 1. 使学生了解服装企业信息化的基本概念。
    2. 使学生了解服装企业信息化的内容及其意义。
    3. 使学生掌握服装业务流程的相关概念和流程再造的实施。
    4. 使学生掌握服装企业 ERP 含义及应用原理。
- **课前准备：** 了解服装企业信息化的程度，阅读有关信息技术的书籍和资料。

第一节　服装企业信息化概论

一、信息化的概念

（一）信息

信息（Information）的概念已经在社会的各个领域得到了广泛的应用，它是对客观世界产生影响的数据加工分析后的产物，为人们开展工作提供依据。信息的表现形式有很多种，可以是语言、文字、图形等。信息具有时效性和相对性。会对信息接收者产生近期影响或决策效用的消息、知识和认识等可以看作信息，而无效、过期或错误的消息、知识和认识则不是信息。对服装企业设计新品而言，时尚权威机构发布的当季流行趋势是信息，前一年的流行趋势就不能被看作是信息，因为已经过时了；但如果要进行流行趋势预测，需要参考往年的流行要素时，前年的流行趋势就可以被看作是信息。

原始数据是获得信息的基础，通过加工与处理往往可以获得比数据本身更多的信息。例如，企业的资产负债表给出了企业的总资产和总负债，对这两个数据进行处理，可以获得企业的资产负债率，从而可以对企业的资产状况进行评价。

在管理领域，认为信息是提供决策的有效数据和知识，管理者进行科学决策和有效管理必须建立在获得准确信息的基础上。例如，人事部门需要在了解了空缺的岗位类别和数量等信息之后，才能进行招聘；生产管理人员在安排生产计划之前先要获得客户订单的信息。

（二）信息技术

信息技术（Information Technology）是人类在认识自然和改造自然过程中所累积起来的获取信息、传递信息、存储信息、处理信息以及使信息标准化的经验、知识、技能和体现这些经验、知识、技能的劳动资料有目的的结合过程，是管理、开发和利用信息资源的有关方法、手段与操作程序的总称。

进入21世纪后，随着计算机技术的成熟发展与网络技术的普遍应用，信息技术在管理领域与传统管理思想实现了有机结合，并成为推动管理发展的一种重要工具。信息技术的体系结构主要由四个层次构成，如图9-1所示。

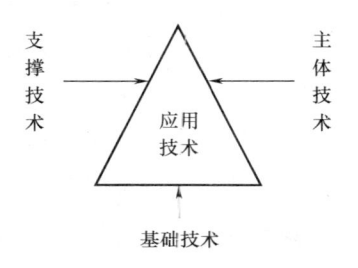

图9-1 信息技术的层次结构

1. 基础技术

基础技术主要是指新材料技术和新能量技术，如新能源技术、新型材料和信息能源等。一切信息技术都要利用某些支撑技术的手段来实现，而这些支撑技术都依赖于某种或某些材料和能量技术。

2. 支撑技术

支撑技术主要是指机械技术、电子技术、微电子技术、激光技术和生物技术等，如Auto CAD的实现必须要借助电子技术。

3. 主体技术

主体技术是指感测技术、通信技术、计算机技术和控制技术等，如销售数据实时传递就必须要借助通信技术和计算机技术来实现。

4. 应用技术

应用技术是针对种种实用目的的、由主体技术繁衍出来的形形色色的具体技术，如被企业广泛使用的办公自动化系统、会计电算化系统、决策支持系统等。

（三）信息化

随着信息技术的发展和信息资源的广泛应用，我们也逐步进入了信息化社会。因此，也可以认为信息化是信息技术和信息资源被社会广泛应用与开发的一个过程，它具有发展性和历史继承性。

美国在 1994 年提出了构建"信息高速公路"计划，经过短短的三年时间，美国 1997 年的信息科技产业就超过了 GDP 的 10%，以信息技术为主的知识密集型服务出口接近出口总额的 40%。从世界经济的角度看，全球信息化的发展加剧了全球经济一体化的趋势。信息化对人们传统的思维模式和管理模式产生了巨大的影响，不仅催生了一些诸如 IT 服务、IT 咨询等新行业，传统行业如能源开发、制造业、零售业等在信息化的过程中也得到了新的发展和提升。

二、服装企业信息化的内容

（一）服装企业信息化的意义

服装企业信息化是指企业在服装生产、经营和管理的各个环节与领域，综合运用企业运营管理思想、计算机技术、通信和网络计划、机械制造技术、电子技术等现代化方法和技术，充分开发和利用企业内外部信息资源，逐步实现企业运营现代化与自动化水平，全面提高运作效率和服务水平、降低运营成本的过程。

1. 企业信息化有利于服装企业树立正确的价值观

随着信息时代的到来，信息获取与处理能力正逐渐成为企业不断增值的无形资产，信息化将促进企业对有形资产和无形资产的有效配置，提高企业与外部社会的信息交互效率，打破传统服装企业闭塞、狭隘的局面，有助于企业提升社会责任感和"财富＝信息＋经营"的财富新观念。

2. 企业信息化有利于企业适应国际化竞争

企业信息化是企业实现跨地区、跨行业、甚至于跨国界的重要前提，是构筑服装企业国际竞争力的一个重要组成部分。

3. 企业信息化有利于企业建立良好沟通环境

企业信息化借助信息技术能够提高企业内部之间以及企业与外部环境的沟通效率，改善沟通环境。例如，借助短信平台，可以及时准确地传达企业的某项信息；产品信息完备的网站能够让顾客随时了解到关于产品的所有信息。

4. 企业信息化有利于企业优化组织结构

企业信息化可以使服装企业通过计算机网络和通信技术进行信息传递和管理，员工可以通过网络异地办公，从而使企业的组织得到外延和扩展；信息和任务的传递与沟通也可以通过网络即时实现，减少了组织层级间上传下达的不必要的管理工作。因此，企业信息化能够进一步优化组织结构，使之更加扁平化。

5. 企业信息化有利于企业建立现代化管理体系

企业信息化的前提是管理科学化，服装企业必须要规范企业制度、建立现代化管理体系，才能发挥信息化的作用。信息化能够明显改善企业内部业务流程，提高管理透明度，使各项工作更加标准化。

6. 企业信息化有利于企业提高竞争力和经济效益

企业信息化能够缩短产品设计、生产、销售的循环周期，提高运作效率，降低运作成本，为科学决策提供充分可靠的依据。服装企业在信息化的基础上，其行业竞争力能够得到较为明显的提升，获得较高的经济效益。

7. 企业信息化有利于提高员工的工作满意度

企业信息化能够降低员工的劳动强度，改善工作环境，使员工的绩效考核更加公平公正，因此能够提高员工的工作满意度。

(二) 服装企业信息化的类别

不同类别的服装企业，其信息化的种类也有所不同，根据不同的分类方式可划分为不同的类别。

（1）按照企业的经营重点划分，有服装生产企业信息化、服装零售企业信息化、服装批发企业信息化等。

（2）按照企业的规模大小划分，有大型服装企业信息化、中型服装企业信息化和小型服装企业信息化。

（3）按照企业市场范围划分，有外向型服装企业信息化和内向型服装企业信息化。

（4）按照企业信息化的程度划分，有初级阶段信息化、中级阶段信息化和高级阶段信息化等。

(三) 服装企业信息化的内容

随着信息技术和管理方法的发展，信息化在企业运作管理中的地位越来越重要，服装企业对信息化的应用也越来越普遍。信息化逐渐呈现出多功能、易操作、用途广的特点，其内容也日趋丰富。

1. 办公自动化（Office Automation，简称 OA）系统

OA 的应用是信息化的基础，作用广泛。就像企业办公时使用的纸和笔一样，OA 承担的是多样化工具的职能，它可以实现信息资源共享、内部电子邮件传输、网上公文审批、工作日程安排、小组系统办公等。办公自动化可以实现无纸化办公，处理信息量大，办事效率高、质量好，能够大幅度降低办公成本，因此得到了很多服装企业的青睐。

2. 服装计算机辅助设计（Computer Aided Design，简称 CAD）系统

服装 CAD 是利用计算机的软、硬件技术对服装新产品、服装工艺过程，按照服装设计的基本要求，进行输入、设计及输出等的一项专门技术，是一项综合性的，集计算机图形学、数据库、网络通信等计算机及其他领域知识于一体的高新技术，用以实现服装产品的技术开发和工程设计。在传统的二维服装 CAD 的基础上，现在又发展了三维服装 CAD 技术，实现随时在计算机上观察到成衣的上身效果图。

3. **服装计算机辅助设计**（Computer Aided Manufacturing，简称 CAM）**系统**

服装 CAM 是将计算机技术在服装产品的生产制造方面的应用。服装 CAM 主要应用在服装生产企业，通过计算机排料、自动放码、自动剪裁、数控机床（如绣花机）等现代化设备和信息技术，实现生产自动化。

4. **服装产品数据管理**（Product Data Management，简称 PDM）**系统**

服装 PDM 是以软件系统为基础，管理所有与产品有关的信息（包括电子文档、产品数字化文件、数据库记录等）和与产品有关的过程（如生产流程、审批流程等）的一门技术。服装 PDM 与企业信息化的其他内容紧密结合，可明显强化信息化效果。

5. **服装电子商务**（Electronic Commerce，简称 EC）**系统**

服装 EC 系统主要应用在信息访问、个人通信、网上交易、虚拟企业等方面，是网络技术的一项重要应用。EC 是对企业传统经营模式的一种创新和突破，以电子数据的网络传输替代部分传统的实物传输，大量减少了人力、物力成本，提高了效率。服装企业可以通过 EC 系统实现 B To C（企业与消费者交易）和 B To B（企业之间的交易），扩大交易范围，获得更多市场机会。

6. **服装供应链管理**（Supply Chain Management，简称 SCM）**系统**

服装 SCM 系统是通过信息技术与手段对整个服装供应链进行有效管理，以提高供应链整体运作效率。SCM 系统能够减少供应链中不确定性因素的不良影响，减少牛鞭效应；帮助供应商及时、准确地预测市场，缩短交货期；协同制造和分销系统，使零售商及时了解供应情况。

7. **服装客户关系管理**（Customer Relationship Management，简称 CRM）**系统**

服装 CRM 系统是服装企业维护客户关系、管理客户数据、提升客户满意度的软件环境。一般能够实现客户信息管理（如客户名称、代码、开户银行、关系状况等）、联系人管理（如主要联系人、电话、地址、爱好、习惯等）、时间管理（如预约时间、签订合同日、任务安排等）、潜在客户管理、销售与供应管理、客户服务、营销管理（如广告、展览会、邀请会等）、电话营销、合作伙伴关系管理、知识管理、电子商务等。

8. **服装企业资源计划**（Enterprise Resource Planning，简称 ERP）**系统**

服装 ERP 系统是企业集成化管理软件系统的主要代表，更加面向市场、面向销售，以快速响应市场。ERP 强调企业科学的工作流程和管理流程，强调建立全面完善的财务管理体系，将资金流、物流和信息流有机结合起来，将先进的管理思想与计算机技术整合为一种现代化管理技术。

第二节　服装企业业务流程再造

服装企业推行信息化，首先要做的工作就是企业业务流程再造（Business Process Re-engineering，简称 BPR）。利用先进的信息技术整合企业业务流程，从而减少企业的成本消耗，树立企业的竞争优势，是目前业务流程再造的必然选择。

一、服装企业业务流程的基本概念

业务流程是企业以顾客需求和输入各种原料为起点到企业创造出对顾客有价值的产品或服务为终点的一系列活动，由一系列工作环节或工序所组成，相互之间有先后顺序，有一定的指向。业务流程以顾客满意为目标，有两个基本特征：一是面向顾客，包括企业内部顾客；二是跨越职能部门、所属单位的现有边界。

（一）服装企业业务流程的内容

服装企业的经营过程就是将投入转变为输出，创造社会价值的过程。企业的经营过程可以分为销售过程、采购过程、库存过程、生产过程、结算过程、产品发运过程等。服装企业的主要业务流程如图 9-2 所示。

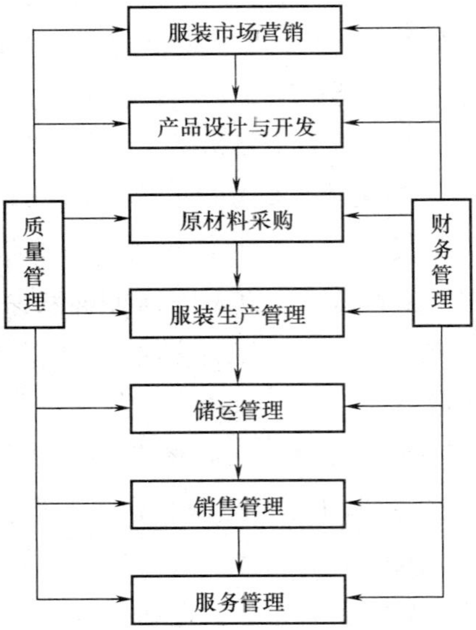

1. 服装市场营销流程

市场营销是企业经营的起点，是为了准确、及时、高效地为顾客提供产品，从而实现企业利润的商务活动。服装市场营销，是服装企业以顾客需求为导向，为给消费者提供满意的服装产品而开展的营销活动。服装市场营销流程可以细分为市场调查、市场需求、客户管理、市场预测、市场策划等流程。

2. 设计开发流程

图 9-2　服装企业业务流程

赢得顾客才能赢得市场，赢得市场才能获得利润，而赢得顾客的关键是产品。产品的设计开发是为顾客提供满意产品的出发点。服装企业主要从事服装的生产和销售，根据企业主营业务的侧重点不同，其产品设计开发略有差异。处于品牌领导地位的服装企业，符合品牌风格的服装设计是企业的核心竞争力；处于品牌追随地位的服装企业，其产品设计的重点在于模仿和改变。来料加工型企业则没有设计开发流程。

3. 采购管理流程

服装企业的采购主要有原材料采购、机器设备采购、低值易耗品采购等，经常需要进行的是原材料采购。服装企业的原材料主要包括面料和辅料。面辅料的采购又分为企业自行选择供应商、客户指定供应商、客户提供面料等。采购管理的流程可以细分为供应商管理、原材料检验、原材料入库等；又可根据面辅料是否进口分为国内采购、进口采购；根据客户对原材料要求分为自行采购、指定采购和客户供料等。

4. 生产管理流程

生产过程是实现产品的主要过程，生产管理是服装生产企业管理的核心。服装企业的生产类型根据生产任务的方式分为订货生产方式和预估生产方式。订货生产方式是根据用户要求的款式、规格、数量进行的加工，即"以销定产"，这种生产方式不会产生库存积压，但订单来源不稳定，大部分服装外贸加工企业都属于订货生产方式。预估生产方式是指服装生产企业自行决定产品结构和生产，即"以产定销"，这种生产方式的生产任务比较稳定，但易产生严重库存问题，一些自产自销或拥有自有品牌的服装企业属于预估生产方式。这两种生产方式并不是对立的，很多服装企业同时运用这两种生产方式，既分担了风险，又均衡了生产。根据不同的生产任务，其生产管理流程也有所差异。生产管理流程又可以细分为主生产计划、物料需求计划、生产作业计划等。

5. 储运管理流程

储运管理是指产品在加工前、加工过程中和加工完成后的储存和运输，这个环节主要是实现低成本、高效率。储运管理流程可以细分为供应商订货查询、进货检验受理、退货管理、客户订货查询、出货检验受理、配送管理等流程。

6. 销售管理流程

销售管理是对产品销售过程中一系列活动的管理工作。销售管理流程可以细分为销售计划管理、销售渠道管理、客户管理、报价管理、合同管理、订单管理、库存管理、汇款管理、经销商管理等。

7. 服务管理流程

服务是作为产品一种附加功能提供给顾客的。其作用：一是为了让顾客获得在产品之外更大的满足，如一些高档服装品牌为顾客提供免费清洗；二是生产过程的延伸，如一些裤装在销售后免费为顾客扦边、修改长短；三是为了弥补产品的缺陷或残次，如为顾客提供的退换货服务等。服务管理流程可以细分为服务请求、服务过程、服务质量等。

8. 质量管理流程

国际标准 ISO 9000：2000《质量管理体系——基础和术语》中对质量管理的定义是"在质量方面指挥和控制组织的协调的活动"。在质量方面的指挥和控制活动，通常包括制定质量方针和质量目标以及质量策划、质量控制、质量保证和质量改进。质量管理活动必须与企业其他方面的管理如生产管理、财务管理、人力资源管理等紧密结合，才能实现质量目标。质量管理流程可以细分为：质量培训、供方管理、质量成本管理、材料入库检验、成品入库检验、质检设备检测、残次品处理等流程。

9. 财务管理流程

财务管理是为企业合理地运用资金而开展的管理活动，与企业其他管理活动紧密相连。财务管理流程可以细分为应收款管理、应付款管理、出纳管理、工资管理、成本管理、固定资产管理等。

(二) 服装企业业务流程的特点

1. 每个流程都有输入和输出

输入和输出可以分为有形的物质和无形的信息两大类。例如，上海某纺织机械公司是按订单制造（设计、加工、装配）类型的企业组织，它的采购完成流程输入的是根据企业生产进度计划编制的采购单和相应的物料技术文件，输出的是采购回来的原材料或零部件。又如，深圳某通信设备制造公司是按订单装配类型的企业组织，其新产品研究与开发流程的输入是市场的需求和产品技术的发展信息，包括专家的建议、企业家的战略直觉与胆识，输出的是能投入批量生产的新产品，包括新产品原型、新产品的 BOM 及其各种技术文件等。该公司的售后服务流程，输入的是顾客设备的故障信息、产品升级信息以及设备和顾客的各种技术文档，输出的是顾客设备的良好运行状态以及顾客的满意度等。

2. 每个企业流程都有顾客

流程要输出结果，这个结果的接受者或使用者就是流程的顾客。顾客可以是企业外部的，也可以是企业内部的。例如，销售订单完成流程的顾客是订货的外部用户。采购完成流程的顾客是企业内部的使用该物料的生产部门以及企业外部利用该物料生产产品的真正用户。

3. 每一个企业流程都有一个核心的处理对象

一个大的企业流程往往是实现一个对象的生命周期，核心的处理对象和该流程要实现的企业目标或任务有关。例如，销售合同完成流程的核心处理对象是销售合同，整个流程完成一个销售合同，从签订订单到执行用户验收、付款，实现公司销售收入为止的全生命周期；采购流程的核心处理对象是采购合同，采购流程完成的是采购合同从与供应商洽谈、签订供应合同到供货、验货、入库、付款为止的整个生命周期；售后服务流程处理的核心对象是用户反馈的报修信息或投诉信息，该流程完成的是从受理顾客信息到解决顾客的问题，再到令顾客满意为止的整个周期。

4. 企业流程往往是跨职能部门的

大多数企业流程跨越了职能部门甚至企业之间的边界，并不受限于常规的组织结构。深圳某通信设备制造公司销售合同完成流程跨越了公司市场部、物料部、生产总部、财务部等职能部门，并与用户相连接；再如，基于 JIT 思想组织的物料采购与供应流程跨越了供应链上的各个企业组织。

（三）服装企业业务流程的范围

服装企业业务流程的范围指流程跨越不同的职能部门的数量和类别。界定流程的范围有助于落实责任，协调部门内部或部门间的工作内容。按照流程的范围不同，通常包括部门内流程、部门间流程、企业内流程和企业间流程。

1. 部门内流程

部门内流程是企业一个部门内的业务流程，流程的参与者往往只有部门内部的人员。例如，销售部门的销售流程，如图9-3所示。

整个销售流程的任务是由销售部门的工作人员负责完成。需要注意的是，在不同阶段可能需要其他不同的部门提供资源或帮助，如在出货时，要与生产部门沟通，就交货日期达成一致，另外还需要库管部门和运输部门的协助，共同完成货物的出库和运送。

2. 部门间流程

部门间业务流程是指跨越多个部门，需要协作完成的业务流程。例如，新产品开发流程，如图9-4所示。

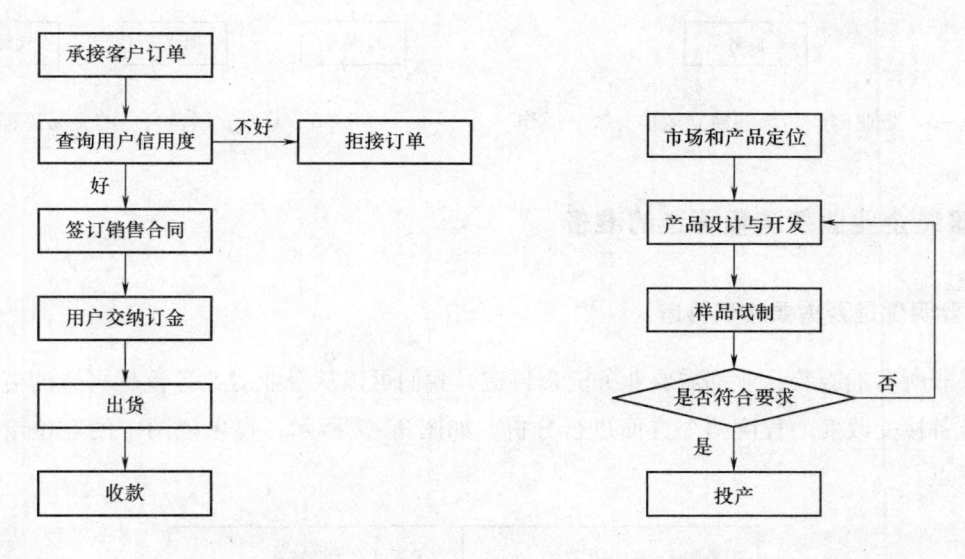

图9-3 销售流程　　　　图9-4 新产品开发流程

很多企业认为产品设计是设计部的工作，与其他部门无关。通过图9-4可以看出，产品的设计与开发需要企业内部多个部门共同协作来完成。市场和产品定位决定了产品的风格、档次、款式等因素，由市场部门调研的市场数据和战略部门确定的企业发展战略所决定，设计师据此来进行产品的设计。产品设计出来后要由生产部制成样衣，即样品试制，再由业务人员将样衣交给客户或企业的市场主管来确认该款式是否符合要求。如果符合要求，即可下单投产，如果不符合要求，根据客户修改意见，设计部门要重新进行产品设计。

3. 企业内流程

当企业具有多个产品部，企业内流程则是企业内各事业部的运行的流程。例如，企业各个产品事业部的研发生产是独立运作，市场营销活动常常统一运作，如图9-5所示。

4. 企业间流程

企业间流程是指跨越多个企业的业务流程，这些企业往往具有直接或间接的关系。例如，某成衣制造公司的交易流程，如图9-6所示。

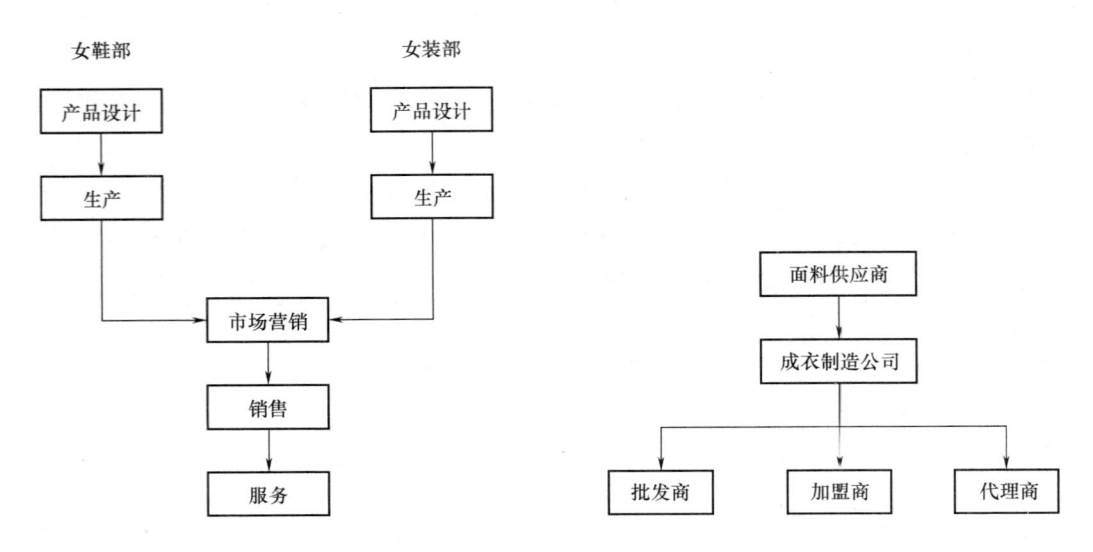

图9-5　企业内产品部的独立运作与统一运作　　　　图9-6　某成衣制造公司的交易流程图

二、服装企业业务流程再造的准备

（一）要明确是否需要流程再造

并非所有的服装企业都需要业务流程再造，我们可以从企业对业务流程再造的需求和组织准备接受改变的程度两个方面进行分析。如图9-7所示，Ⅳ象限图中的定位给出基本出发点。

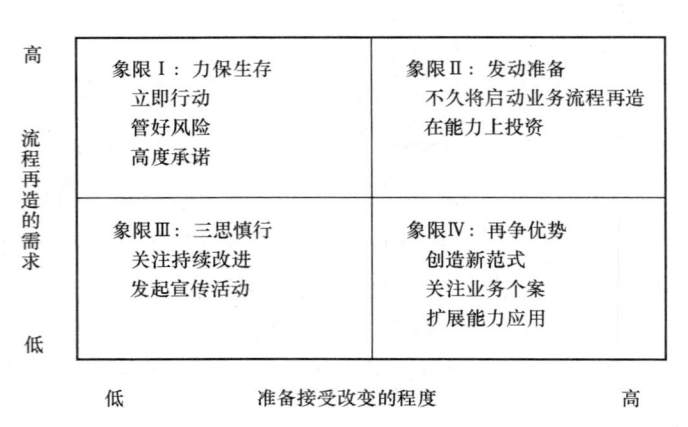

图9-7　业务流程再造企业需求与准备程度分析框架

象限Ⅰ——力保生存：这里能否尽快改善经营绩效已经成为生死攸关的问题。象限Ⅰ局面下的业务流程再造具有高风险的特点，需要上级最坚决的支持。

象限Ⅱ——发动准备：有必要改善经营绩效。由于在此区域里开展业务流程再造的风险相对不是很大，企业应该投资与业务流程再造能力的开发，做好日后启动的准备。

象限Ⅲ——三思慎行：此处公司运转正常，无须进行巨大改变。此象限内的公司往往也没做好进行业务流程再造的准备。因此，应继续做好持续改进工作，而对启动业务流程再造的问题必须谨慎。

象限Ⅳ——再争优势：虽然也无须进行巨大改变，但通过业务流程再造有可能获得新的战略优势。这一象限的服装企业已经具备了进行业务流程再造的基础，需要的是一种力闯新路的进取精神。

（二）要明确企业业务流程再造的动因

服装企业进行业务流程再造的动因，通常可归结为外部的驱动力及约束和内部的驱动力及约束。

外部的驱动力与约束包括对行业中所有企业均产生影响的经济、社会、政治和技术因素。经济方面的因素包括竞争者的行动、产品生命周期的缩短、全球市场的形成、小批量生产的需求等。不能为企业自身控制的外部经济因素往往是企业再造的原因，如企业间的联合与兼并、严峻的竞争局面等。社会方面的因素也能驱动或限制再造，如人口分布、生活方式、教育水平均影响着市场需求，从而限制企业进行业务流程再造的范围和性质。政治因素比经济与社会因素的作用更大，政府政策的变化将对企业经营产生深刻影响，如我国加入WTO对服装业的发展产生巨大影响，各地的服装产业发展政策都直接影响了企业的发展方向。

技术因素是企业业务流程再造的手段，同时也是驱动力。能更快地利用技术创新成果的企业将比竞争对手赢得更大的优势。技术创新也会给企业带来压力，如信息手段应用于生产或管理环节，都要求企业做出彻底变革。

内部驱动力与约束包括企业使命、目标、战略以及高层领导者的愿望、价值观等。一些企业可能培育了适应变革的企业文化，为再造项目的成功提供了先天的条件。另一些企业可能故步自封，长期以来形成的工作观念、工作方法成为再造的最大阻力。

产品的成本结构也会成为再造的内部驱动力。许多企业再造源于其不良的成本结构，如其管理费用、运输费用过高。成本结构也可能成为再造的约束，在短期的财政目标下阻碍对资源的重新部署。

（三）要明确流程再造的目标

在确定企业需要进行业务流程再造后，应对现有流程进行分析和审视，以明确流程再造的目标。忽视现有流程风险会造成企业无法充分利用自己长期以来积累的知识和经验，以致重犯过去的错误。相反，几乎没有哪家企业能够在现有业务的经验中成功地实施全新流程。一方面，由于新流程与现有的实际工作缺乏联系，使得员工无法适应新设计，致使新流程的实现受阻停顿。另一方面，对现有流程分析过细、过深也不利，这样会造成在设想新的工作方式时易受旧框架的约束。

对现有流程分析，首先是记录现有流程，然后进行流程诊断，分析并找出存在的问题。

1. 记录现有流程

记录现有流程需要描述整个流程，确认组成流程的要素，并记录现有流程的工作状况、流程时间、内部货运时间以及空隙时间，并以此衡量再造收益大小，把大流程划分为一系列子流程。

这项工作要求将现有流程进行文字描述，通常先勾画出需要再造的流程的大体轮廓，把一个大流程分解成若干个子流程，按照层次分析法的原理，甚至还可能将若干个子流程再分解成子流程。

2. 诊断现有流程

一般情况下，流程的病症是阻碍或分离有效工作流程的活动和业务政策，是官僚习气、缺乏沟通以及非增值活动增加的结果。因此，分析流程弊病的重点应放在确认不需要的活动、流程中的瓶颈环节以及不必要的步骤等方面。

首先，应对现有流程进行说明。现有流程的每一个活动的说明都应与企业战略目标相关。其次，在流程诊断过程中，要进一步挖掘破坏企业流程总体效率的授权体制、企业原则、工作流程、手工任务和工作项目等问题。如果整体目标是缩短人工时间和成本，还需要深入分析延误时间的原因、影响生产流程的环节、对人力的需求以及每项工作增长的消费等方面的因素。

三、服装企业业务流程再造的实施步骤

（一）战略规划

企业高层主管应当从企业战略的高度来考虑业务流程再造，这个阶段要强调管理层的全面支持。在信息化项目启动的第一阶段，高层主管就应当考虑到流程再造的必要性。过去的流程是否需要做根本的改变？企业信息化要达到什么目标？只有对这些问题都有了清晰的认识，才能推动后续的流程改造有条不紊地进行。

制定战略规划，首先要树立企业愿景，也就是企业发展的宏伟目标和远大理想，愿景赋予企业使命，给员工带来归属感，给企业增添凝聚力。企业必须打破原有的职能分工的观念，要树立起流程至上的观念，能够从流程的角度来看待问题，把流程再造纳入企业的战略规划中。

实施业务流程再造的过程中，要特别重视信息技术在其中的重要作用。信息技术是流

程再造的催化剂，具有强化再造影响的能力。支持业务流程再造的典型技术有局域网络（LAN）、面向对象的系统、成像技术、电子数据交换（EDI）、经理信息系统（EIS）、专家系统、服务器、工作组技术以及决策支持系统等。如果信息技术应用得当，可以在组织上或能力上与竞争者拉大差距，提高竞争地位。

（二）实施再学习与培训

该阶段主要是从新的视角审视服装企业的行业特性、产品特性、生产形态、产销特性、生产特性，为所有流程再造的相关方实施再培训，从企业的高层管理者到基层员工都包括在内。这个过程主要是学习新的观念，树立新的思维，学习新技术和新组织形式等，为流程再造的成功实施奠定思想和技术基础。这个过程很关键，但往往容易被企业所忽视，当员工尤其是管理人员在思想上没有做好再造的准备时，就会严重影响流程再造的效果。培训工作可采取从上至下的方式，先令高层管理者接受新的理念和方法，再对中层管理者进行培训，基层员工可以由直接主管领导对其进行培训，也可由企业统一进行安排。

（三）项目启动

在此阶段，企业高层主管要确定哪些流程需要再造、设定清晰的流程再造目标、成立流程再造项目领导小组并制订详细的项目计划。在充分了解了公司的战略目标、核心流程之后，业务流程再造指导小组将开始对提出的备选流程进行评估，以确定它们与企业的战略、产品和服务的协调一致性。分析流程再造对企业经营衡量标准的潜在影响，同时必须正确指出每项流程再造存在的难点。在充分评估和分析各个备选流程之后，按照公司的战略目标、信息技术的可行性、风险大小等指标对各个备选历程进行排序，选出进行流程再造的候选流程。

在得到了高层管理者的认可和支持后，管理层可以委托一个流程再造负责人对整个流程再造活动的运作和结果负责，流程再造项目负责人的首要工作是成立一个流程再造工作小组。项目小组成立后，要根据对核心流程的进一步分析，制订再造项目的日程表，确定再造计划。大致描述项目的资源需求、预算、进度以及要达到的目标。

（四）现有流程诊断

对现有流程和子流程进行建模和分析，诊断现有流程，发现流程中的瓶颈，为业务流程再造定义基准。此阶段的工作可以分为两步：首先表述现有流程，然后分析现有流程。

对现有流程进行记录，用文字描述出企业的现有流程，包括对活动、控制、资源、业务规则和信息流等方面的描述，当然也涉及活动、信息及其他相关流程特性之间相互关系的表达。描绘出流程图和各级子流程图，通过对流程参与者的访谈了解信息流及其相互之间的联系，做出详细的信息、资料的记录与整理。

诊断确定现有流程的弊端，利用流程分析方法如价值链分析法、ABC分析法等对现有流程进行分析，测试每一个主要活动的价值。明确描述每个流程活动的顺序及其时间与成本，以便衡量现有流程在成本、品质、服务和速度等方面是否可以进一步改善，编制流程缺陷表。

（五）设计新流程

在分析原有流程的基础上，设计新的业务流程。此阶段的主要任务包括：定义新流程的概念模型、设计新流程原型和细节、设计与新流程相配套的人力资源结构、分析和设计新的信息系统。设计新流程需要项目小组的成员有突出的创新精神，要打破常规，大胆设计。

（六）实施新流程

新的流程是否可靠、方便、完善，还有待于这一阶段的检验。在 BPR 实践中得到的经验是：在此阶段，工作方式的变革容易产生一些困惑，需要通过管理层、项目组和员工之间的广泛沟通来消除矛盾。例如，有一家服装企业在实施 BPR 的过程中，由于改变了工作方式，引起了采购部门和财务部门的争议，双方都认为应当由对方来输入采购过程中的一个单据。最后，实施小组的负责人从物流的合理性考虑，决定由采购部门输入。经过一段时间的训练，终于使得员工熟悉了新系统，结果工作效率得到很大提高。

流程再造的实施可以先进行试点，成功后再在企业内部全面推行，分阶段、分步骤地有序进行。

（七）流程评估

业务流程再造结束后，就可以根据项目开始时设定的目标对当前流程进行评估，看新的流程是否达到了预期目标。对企业的一些指标如生产率、成本、客户投诉处理周期、客户响应速度、产品质量等，进行统计和对比分析，从而可以清楚地看出流程再造后的效果。流程再造效果的评估是要确定再造目标的实现程度，同时还要将客户的新要求与再造目标相比较，以找出进一步改进的方向。

（八）持续改善

一次 BPR 项目的实施并不代表公司改革的任务完成，整个企业的绩效需要持续改善才能实现。这种持续的改善实际上就是不断对流程的分析和改变，使之处于不断完善的过程。

按照这里提出的步骤，BPR 可以有规划地进行。但是，这并非是成功的保证。企业要根据自己的实际情况，对症下药，实施流程再造。

第三节　服装企业 ERP

一、ERP 的发展

ERP 是将企业内部的各部门，包括生产、财务、物料管理、品质管理、销售与分销、人力资源等，利用现代信息技术整合连接在一起。ERP 的成熟与发展经历了一段较长的时间。

（一）ERP 的发展历程

ERP 最早应用于制造业，后来逐渐应用到其他行业，如今已在各种行业、各种规模的企业中应用广泛。ERP 最初应用于制造业库存管理和生产计划的制订之中，发展到现在经历了四个阶段。

第一个阶段是 20 世纪 60 年代使用的订货点（Reorder Point，简称 ROP）方法。这是一种使库存量不低于安全库存的补充库存方法。其基本原理是，物料逐渐消耗，库存逐渐减少，当库存量降到某个数值，剩余库存量可供消耗的时间刚好等于订货所需要的时间时，企业就要下达订单来补充库存。ROP 法主要用于解决独立需求问题，在一定的假设基础上成立。

第二个阶段是 20 世纪 70 年代发展起来的物料需求计划（Materials Requirement Planning，简称 MRP）。MRP 是根据主生产计划、物料清单和库存余额，对每种物料进行计算，指出何时将会发生物料短缺，并给出建议，以最小库存量来满足需求且避免物料短缺。最早的 MRP 信息和数据都是单向传递，没有反馈，也缺乏控制。在 20 世纪 60 年代末，为将其进一步优化，即在原 MRP 系统中加入了反馈机制，增加了计划调整功能和执行控制功能。

第三个阶段是 20 世纪 80 年代发展起来的制造资源计划（Manufacture Resource Planning，简称 MRP-II）。MRP-II 是对制造业企业资源进行有效计划的一整套方法。它是一个围绕企业的基本经营目标，以主生产计划为主线，对企业制造的各种资源进行统一的计划和控制，是企业的物流、信息流、资金流流通的动态反馈系统，也可以被简单地理解为集成了财务管理功能的闭环 MRP。

20 世纪 90 年代以来，企业资源计划（Enterprise Resource Planning，简称 ERP）出现，从而在前几个阶段方法的基础上，为企业经营管理提供了整体的解决方案。ERP 是建立在信息技术的基础上，以系统化的管理思想为企业决策层及员工提供决策运行手段的管理平台。ERP 系统由若干个相互协同作业的子系统组成，如采购系统、销售系统、生产系统、库存管理系统、财务系统、人力资源系统等。

(二) 服装 ERP 的发展

20世纪90年代末，ERP 从国外被引入到中国。由于 ERP 的实施运行必须建立在规范的管理流程基础上才能发挥最大作用，最初只是应用在规模较大、管理较为规范的传统的制造业中。随着人们观念的改变，ERP 被逐渐普及到金融、电信、能源、电子、服装等行业。

ERP 在服装行业的发展时间并不是很长，进入21世纪后，ERP 才逐步被服装企业所了解并接受。

1. 被动了解阶段

服装生产属于传统的劳动密集型行业，存在人员文化水平参差不齐，管理水平相对落后的情况。当20世纪90年代末 ERP 在别的行业被大力推广时，很多服装企业还不知道 ERP 为何物。无论是服装生产还是服装销售企业，大家都按照传统的工作流程手工制订计划、安排生产和销售任务，甚至很多企业还不知道如何有效利用计算机和网络来进行日常工作。国内外 ERP 服务商缺乏专门针对服装企业而开发的系统，此时的服装企业只是偶尔会接触到 ERP 的概念，缺乏系统和正规的了解，也没有推行 ERP 的动力。

2. 主动接受阶段

服装企业最初接触信息化是从财务软件和服装 CAD 开始，通过政府推行会计电算化使服装企业将财务与信息系统结合起来；与国外企业的合作令服装 CAD 在服装企业中流行起来。这时，服装企业开始主动去了解更加全面、更加高级的现代化技术，ERP 成为他们最渴望了解和应用的信息系统。

3. 逐步普及阶段

ERP 的发展不仅依赖于企业观念的转变，ERP 产品的功能演进和行业分化为它的普及应用作出巨大的贡献。近几年，国内外 ERP 供应商开始针对不同行业提供不同的 ERP 产品，国内也涌现出了一批优秀的专业服装 ERP 供应商。例如，国内最早进行 ERP 开发的用友软件推出了专门的服装行业的 ERP 系统；上海的百胜软件专门为服装企业提供 ERP 产品，针对不同规模、不同经营方向的企业提供专门的产品和服务；广州丽晶公司提供了专门的服装 ERP 和服装管理软件。目前，国内专门提供服装 ERP 产品和服务的企业已有数十家，并逐渐将 ERP 逐步在全行业内推广开来。

二、服装企业推行 ERP 的意义

(一) ERP 的作用

ERP 系统是一种适应性强，具有广泛应用意义的企业管理系统，它的实施对我国服装企业有着重要的现实意义，能为服装企业的发展带来诸多好处。

1. ERP 能简化工作程序，加快企业反应速度

在 ERP 环境下，业务人员只需通过计算机便可查询到整个服装企业的生产状况、成衣库存情况，即刻决定接单与否。由于能够精确掌握生产、存货的信息，许多企业可以有效地降低库存量，提高周转率。ERP 系统能够做到信息的即时性。例如，采购部门在进行采购时，系统会立刻把所发生的费用从预算中扣除。因此，查询到的信息都是即时的、真实的数据。通过 ERP 系统企业可以了解客户或供应商目前库存的最新情况，在达到安全库存量前，即可通过 ERP 系统通知客户或供应商送货，从而提高了企业对外部环境变化的反应速度，提升了服务品质，提高了客户满意度。另外，由于在线沟通的实施，减少了工作流程，减少了营销费用，也降低了企业经营成本。

2. ERP 能够改良企业的管理方式

ERP 系统是一个综合性的企业资源计划系统，完整地集成各种应用领域的所有业务功能。通过实施 ERP，企业将由人工管理向以信息技术管理为主的科学管理方式转变，从而改变信息流动的途径和方式，改变物流和资金流的流动方式，提高企业管理的效率。企业在以产定销转变为以需定产的基础上，利用 ERP 系统提供的全套科学管理模式，完善企业内部的生产管理、销售管理等。

3. ERP 系统能更新企业市场竞争观念

ERP 系统的核心思想是供应链管理，企业与销售代理、客户和供应商构成利益共同体，使得企业之间的竞争由单个企业之间的竞争发展成为一个企业的供应链同其竞争对手的供应链之间的竞争。同时，ERP 系统支持跨国经营的多国家、多地区、多工厂、多语种、多币制需求，企业可通过 ERP 系统实现全球企业、工厂的一体化管理，增强国际市场竞争能力。

4. ERP 系统能够优化企业的组织结构和业务流程

一个完善的 ERP 系统能够大大优化企业的组织结构和业务流程，从而保持信息敏捷通畅，提高企业供应链管理的竞争优势。

（二）服装企业推行 ERP 的必要性

1. 应对市场竞争的需要

相对于其他行业，服装企业有自身的特点，那就是大规模、小批量、多款式，产品周期短、季节性强，一旦产品积压，后果很难处理。同时，随着中国经济逐步转入买方市场，服装行业面临的竞争压力前所未有，从商场中服装普遍打折、甩卖的现象中可见一斑。因此，如何控制成本，以销定产，科学预测，已成为一个非常现实的问题。

服装企业目前竞争激烈的现状迫切需要企业实施 ERP 系统，将生产、调配、营销、分公司、专卖店等有机连接起来，做到销售数据实时反馈，控制生产成本，跟踪产品流动，减少管理费用，以提高管理水平和竞争能力。但企业一定要根据本企业的实际情况来选择相适合的 ERP 系统。企业在选择 ERP 产品时，首先要注重产品在同行业企业中的应用数量和实际效果，其次要注重厂商提供整体应用解决方案的能力，然后注重提供咨询服务的水平和能力。当然，价格无论何时都是一项重要因素。同样，也要把同行业的成功案例、类似企业的实施经验放在重要地位。

目前应用 ERP 系统的服装企业还比较少，水平也较低。据统计，服装企业对财务软件和 CAD 设计软件的应用相对来说比较普遍，而 ERP 系统的应用比较少，且自行开发和购买的在其中占有一定比例。许多中型甚至大型服装企业的运作都没有使用 ERP 系统，甚至也没有使用 MRP 或 MRP Ⅱ 系统，没有预测、没有计划、没有采购管理或安排计划的系统。也许他们有一套最基础的财务软件或是一个仓库发货管理系统来提供给客户运输通知，这个运输通知往往是大型零售商所必须要求的。还有些服装企业投资了电子数据交换系统（Electronic Data Interchange，简称 EDI），同样是为了满足客户需求才不得不使用的。

2. 企业持续发展的需要

在服装行业，越来越多的企业意识到 ERP 系统可以帮他们做更多的事情，他们正在积极主动地加强对 ERP 的了解，一些企业已经进行了局部的或者全面的信息化管理，并且从中获得了一定的收益。有些人甚至认为 ERP 系统能成为企业运作中的一种战略性武器。

对于服装企业来说，ERP 系统的主要功能有：面料与辅料采购管理、服装生产管理、车间作业管理、服装工艺质量管理、成衣库存管理、销售管理、客户关系管理等。传统模式中，服装企业内部各部门大都各自为政，很难实现信息共享。ERP 的作用就是整合企业各部门的各种资源，使企业资源得到有效利用。

三、服装 ERP 项目的实施

（一）ERP 项目实施的准备工作

成功地实施 ERP 项目需要有正确的实施方法指导，目前很多企业在实施 ERP 系统过程中都遇到了挫折，这与实施方法不正确或是供应商模板式的实施方式有关，从而导致了实施过程中问题百出，甚至让企业各级管理人员及业务人员对 ERP 系统失去了信心。中国有句俗语"良好的开始是成功的一半"，要为服装企业选择合适的 ERP 系统实施方法，必须做好 ERP 实施的前期准备工作，知己知彼才能取得最终的成功。

1. 建立项目领导和实施小组

一个 ERP 项目需要建立两个小组：项目领导小组和项目实施小组。

项目领导小组应该由服装企业总经理担任小组组长，主管企业经营的副总经理为副组长，成员由相关实施部门的负责人组成，他们负责对系统实施的重大问题进行决策，进行思想动员以及对实施工作进行组织协调和检查。

项目实施小组通常以企业管理部门的领导为组长，计算机管理中心主任为副组长，成员由相应部门的业务骨干、操作维护人员组成。实施小组是项目的专职常设机构，主要是贯彻领导小组各项决议与具体组织实施。

概括地说就是三类成员：领导、熟悉管理业务的人员、熟悉计算机业务的人员。但是 ERP 系统既是一个软件也是一种管理工具，管理必须由人来进行，能否用好 ERP 这个工具取决于使用者对这个工具的认识，取决于管理者对信息化管理方法所持有的观念，仅仅懂得管理或仅仅懂得技术的专家都无法完全胜任 ERP 项目实施的工作。对于 ERP 系统实施来说，它需要懂管理又要懂技术的专家，而实施 ERP 系统管理的企业内部往往找不出这样的综合型人才。有一定规模的服装企业中常常会有信息中心，信息中心的人员通常只掌握一定的计算机技术，但不太熟悉业务管理。而长期从事业务工作的人员对业务相当熟悉，但又不太清楚计算机的处理特点。他们都无法从 ERP 应用的角度对企业内部管理的现状进行透彻分析，进而提出合理、切实可行又符合企业今后发展的应用需求。因此，服装企业在建立项目实施小组时，最好请专业的、有经验的 ERP 咨询和实施机构来参与到系统实施中。由于 ERP 系统的行业性特征明显，因此 ERP 软件市场已开始进行行业细分，在选择 ERP 咨询和实施机构时最好选择那些了解服装行业特征且有过成功行业实施经验的机构。

2. 制定 ERP 项目整体规划

ERP 系统的实施必然会引起服装企业内部大的变革，业务流程重组在所难免，管理观念和操作习惯也需要做出相应的调整。这不仅要求服装企业的领导者们转变管理思想，还要求大量的企业中低层人员必须改变原有的工作方式，因此企业实施 ERP 给中低层人员带来的冲击相对而言更大。为了将 ERP 系统实施给企业带来的风险降到最低，保证 ERP 系统的整体性及适用性需要，在项目具体实施之前必须做出项目实施的全盘计划，即项目整体规划，它是指导企业 ERP 实施的纲领。

3. 企业人员培训

在实施服装 ERP 项目前就开始对服装企业管理人员进行培训是必不可少的，ERP 实施的过程是外部实施人员与企业内部管理人员频繁交流的过程，企业内部管理人员对 ERP 的处理方式理解得越多，双方的实施人员就越容易沟通，而好的沟通就是成功实施该项目最根本的保证。为了保证 ERP 项目成功实施，一旦服装企业决定使用 ERP 系统，就应该尽早开始进行培训。

要进行 ERP 知识培训，可以外派人员去学习，也可以请一些有关的咨询机构、软件公司进企业授课。较常用的方法是请进来，最好是请 ERP 领域的咨询机构。因为通过中间机构（咨询机构）可以了解更多的 ERP 行业情况：ERP 的软件、实施力量、市场份额及后续服务的保证等。通过请进来培训，可以让企业更多的人员接触到 ERP 知识。不仅要在系统实施之前进行 ERP 管理理念的培训，在整个实施进程中，培训工作需要贯彻始终。在不同的时期，培训对象和培训内容有所不同。

培训的对象应该包括服装企业高层领导、ERP 项目小组、业务人员、技术人员等，培训内容包括 ERP 的管理理念、新流程、数据分析、系统操作和维护等。

(二) ERP 项目实施的流程

ERP 项目实施过程主要包括项目规划、需求分析、实施准备、运行及切换、验收与评价五个阶段。

1. 项目规划

ERP 项目论证阶段主要是对企业现状进行调研，确认企业实施 ERP 项目的必要性和可行性，确定企业该不该运用 ERP 项目，有没有能力实施 ERP 项目。实施 ERP 费用较高，在短期内除了能帮助培养和帮助员工观念外，短期收益为负，长期收益则主要表现为效率的提高与成本的降低，帮助企业管理产生根本性的变化，优化企业流程。

我国服装企业主要以中小型企业为主，资金、技术和人才资源有限，企业是否需要 ERP 系统，是否需要 ERP 系统的所有功能，有没有能力投资 ERP 项目等都需要进行严格论证，不能盲目使用 ERP 系统。

根据国内外企业成功实施 ERP 的经验，实施 ERP 的企业必须满足一些条件，因此服装企业在调研时应着重考虑以下问题：

第一，考虑企业是不是到了需要应用 ERP 系统的阶段？企业当前最迫切需要解决的问题是什么，ERP 系统是否能够解决？无论是多么完善的 ERP 系统，都只是管理者借助的一个管理工具，而无法代替管理本身。如果企业在经营上存在问题，如没有适销对路的产品，那么企业改革的重点应该是提高产品研发能力和市场开拓能力上，而不是盲目地采用一个 ERP 项目。

第二，要考虑实施 ERP 项目的目的所在，系统到底能够解决哪些问题和达到哪些目标？ERP 项目是当前企业管理信息化实施的一个难点，难在投资大、耗时长、风险高，因此企业在项目论证阶段必须搞清楚企业实施 ERP 项目后到底能够解决哪些问题，分析目前影响企业生存与发展的障碍的真正原因，并分清主次，确认其中哪些原因是可以通过实施 ERP 来解决的。如果结论是只有 ERP 才是解决主要矛盾的最佳手段，那么投资 ERP 项目才能获得良好的投资回报。

第三，企业在财力上能不能负担 ERP 的实施？不论是企业自行开发还是购买已有 ERP 软件，ERP 项目所需的投资都较大。ERP 项目除了实际开发或购买软件和支付实施顾问企业的费用外，还需要考虑到很多的人力资源相关成本，如保证关键用户项目完成时间而引起的增加人员、项目加班、出差等一系列费用的产生，都会对企业正常运营情况下的整体预算成本造成很大的压力，这一部分机动费用也是项目预算前期需要确定的重要内容之一。企业在决定实施 ERP 项目之前必须根据自身财务状况量力而行。

第四，基础管理工作有没有理顺？企业业务人员的素质够不够高？ERP 项目的实施要求企业的各级管理者富有改革、开拓与进取的精神，并具有能从大局出发的全局观念。只有企业的管理基础扎实，管理规范且管理思想比较先进，才能贯彻 ERP 的管理理论。此外，各层管理人员和非直接生产的业务人员是 ERP 系统实施后的使用者，因此要求他们必须能操作计算机或通过培训能操作计算机。

经过详细调研和分析之后，针对企业现状就可以进行可行性分析，提交可行性报告，确定 ERP 项目实施的必要性和可行性，经过企业领导决策批准后，就可以正式对 ERP 项目立项，做出项目预算，开始启动各项计划。

2. 需求分析

在立项后，筹备小组要对企业进行需求分析。每个企业都有自身的不同特点及不同的管理需求，需求分析必须要了解企业的具体业务和各部门的需求，然后有针对性地提出企业在管理中存在的诸多问题，确定哪些是要借助 ERP 系统的实施进行管理改造的，并要得到高层领导的认可。服装行业的产品生产具有特殊性，如产品周期短、销售量不稳定、物料编码比较复杂等，因此服装企业在进行需求分析时必须充分考虑行业特征。

要详细了解各部门业务处理需求，包括业务的数据处理方式、数据流入流出的情况、产品的结构特征、物料管理特点、生产工艺等。例如，每一款服装产品的工艺路线、加工的工序、所需设备和地点、所用的加工时间、使用的辅料，面料和辅料的主要供应情况等。根据各项业务需求的重要程度，划分企业需求的分类级别，如重要业务、一般业务。

要考虑对计算机处理的业务数据的软件使用权限的设置，在不同的管理级别上对功能的使用权限是不同的，甚至某些字段或是字段内容的控制权限也不相同。例如，对各种单据的审核，只有具有审核权限的人员才能对相应单据进行审核和撤销。

要对报表需求进行分析，ERP 系统会产生大量的日常数据，数据最终将以报表的形式展现在各级管理人员面前，目前企业报表并无统一格式，不同企业的报表样式都不尽相同，表头、表体型态各异，因此报表需求需要列出详细清单。

要对数据接口的需求分析，服装企业在实施 ERP 时必须考虑与已有系统以及未来新增系统的数据接口问题，如办公系统、CAD 系统、财务管理软件等。这些系统要想实现信息共享，首先面临的问题就是系统间的数据传输问题。ERP 作为企业信息化中的一部分，要求系统数据接口实现开放性。

ERP 软件的开发工作相当复杂，工作量较大，企业自行开发的周期较长，风险也大，而我国的服装企业的信息化基础较为薄弱，尤其是中小型企业，因此服装企业最好针对自身的需求选择成熟的 ERP 软件供应商购买现成的 ERP 产品或是在购买基础上进行二次开发。

3. 实施准备

企业购买成熟的 ERP 软件会大大缩短项目实施周期，需求分析之后很快就会进入软件选型及购买、安装运行阶段。因此，在软件实际投入运行之前，需要企业筹备成立一个项目实施小组来进行一系列准备工作，包括制定一个内容详细、顺序合理、责任明确、进度积极的实施计划和可行性方案；准备和录入一系列基础数据、设置参数，如一些产品、工艺、库存等信息，系统安装调试所需信息、财务信息、需求信息等；对企业管理和业务人员进行培训，包括 ERP 管理理念、软件操作、系统如何进行维护等；为企业选择合适的 ERP 软件供应商及咨询实施机构。ERP 实施的准备阶段所需要花费的时间较长，涉及的部门人员也较多，充分的准备是成功实施的保障，关于 ERP 实施准备阶段的具体工作在下面一节中将作具体阐述。

4. 运行及切换

在人员、基础数据已经准备好的基础上，就可以将 ERP 系统安装到企业中，并进行一系列的调试、运行活动。

系统的安装设计包括软、硬件的设计和安装，ERP 软件安装之前要先建立合适的硬件系统。硬件方案的制定要考虑企业的现有资源，根据实际需要规划和建立与软件配套的硬件系统。硬件的规划应作比较全面的考虑，包括各种数据业务的采集。在基本掌握软件功能的基础上，可以选择代表产品，将各种必要的数据录入系统，组织项目实施小组进行实战性模拟，在未详细规划企业的 ERP 应用工作点之前，可在计算机中心或一些主要业务部门建立初步的系统安装和测试工作点。

系统切换过程主要实现从旧系统或是手工处理方式向新的 ERP 系统过渡。常见的系统切换方法有直接切换法、并行切换法和逐步切换法等。他们的切换方式、切换步骤和切换成本不同，适用的范围也不同。直接切换法是直接用新系统替换原有系统，切换过程简单，成本低但风险大。并行切换法则是让新系统和原有系统并行一段时间，当确认新系统能够稳定运行后再完全撤掉原有系统，这种切换方式大大降低了切换风险，但是所需切换成本高。逐步切换法是用新系统某一部分替代原有系统作为试点，然后再逐步地代替整个原有系统。这种方式综合直接切换法和并行切换法的特点，能够在一定程度上同时降低切换费用和切换风险，但是这种切换方法过程较为复杂，对新老系统的各模块之间的接口要求较高。由于 ERP 系统结构较为复杂，功能模块较多，并行切换法和逐步切换法比较适合 ERP 系统的切换，根据企业的条件（如资金、技术水平等）来决定应采取的步骤，可以各模块平行一次性实施，也可以先实施一两个模块后逐步切换。

5. 验收与评价

系统进入正常运行状态后，就要对项目实施效果进行评价和验收。ERP 对企业的影响是全方位的，效益也是多方面，评价是要综合考虑经济效益和管理效益。常见的经济效益考核指标如库存准确率、产品及时交货率、生产周期、采购周期、废品率、库存占用资金、原材料利用率、成本核算工作效率、产品销售毛利润等；也可以从企业经营机制的改革、员工素质的提高、企业文化的建设等方面对 ERP 项目实施效果进行评价，这些虽然无法用数字来衡量，但是它们会给企业带来隐性的、长期的效益。

案例：ZARA——IT 在供应链各环节的应用

每家 ZARA 店面都是一个流行情报侦测员。每销售一件商品，他们就将消费者身份、商品特征输入联机计算机。位于西班牙的 ZARA 总部收到信息，再经过分析，进一步决定如何设计下一批款式、采购哪些原材料与采购数量以及每家店不同的送货品种。也就是说，ZARA 供应链的各个环节与 IT 应用之间是密不可分的，它们之间通过信息共享、优势互补，将 ZARA 服装的设计、生产加工、物流配送以及门店销售四个环节融为一体，共同地支撑品牌"买得起的快速时尚"的品牌特性。

1. 信息收集

ZARA 的时尚情报信息主要来自于三条线索：第一条线索是设计团队中的那些时装设计师。他们可谓空中飞人，经常出没于米兰、巴黎举办的各种时装发布会，出入各种时尚场所，观察和归纳最新的设计理念和时尚动向。第二条线索来自于他们特聘的一些时尚买手和情报搜集专员。他们凭借灵敏的嗅觉，将所买下时装的款式或所看到的青年领袖的服饰特征，汇报给位于拉科鲁尼亚的设计总部。第三条线索来自于 ZARA 自己的门店，ZARA 门店每天汇报到总部的数据不但包括如订单和销售走势等硬数据，也包括如顾客反应和流行等软数据，当然这种软数据会细化到风格、颜色、材质以及可能的价格等。

为了方便每位门店经理即时地向总部汇报最新的销售信息和时尚信息，ZARA 还专门为每位店长配备了特制的手提数据传输设备。

2. 设计环节

如果说在时尚情报信息搜集的环节，流程更多地主导着 IT 的话，那么其后的服装设计环节，IT 技术则相对占据着比流程更加重要的位置。

ZARA 设立于公司新区的调控中心里，一个大办公区里有将近 20 名员工坐在电话旁工作。这些使用不同语言工作的员工们的主要职责便是不间断地收集来自世界各地有关顾客需求及需求变化的信息。通过他们，时尚情报信息每天源源不断地从世界各个角落进入了公司总部办公室的数据库。

在时尚信息收集之后的信息整合、利用与产品开发过程中，ZARA 很好地解决了信息标准化的问题，这是 ZARA 的 IT 系统应用的一大亮点。由于采用的是标准化的信息系统，因此，所有的时尚信息都被清晰地分门别类，存储于总部数据库的各个模块当中。而这些时尚信息的数据库又与其原料仓储数据库相联系。

通过数据的标准化，使得 ZARA 的设计师们可以相对轻松地，在掌握数以千计的面料、各种规格的装饰品、设计清单和库存商品信息的同时，完成其中任意一款服装的设计。可见，这种标准化的信息系统是保证 ZARA 设计团队工作能够迅速、有效地进行，每年推出大量不同的时尚设计款式的有力支撑。

同时，ZARA 应用了具有国际先进水平的 CAD/CAM 系统，配置了远程网络度身定制 CAD 系统，成立了全球服装流行色、款式、面料信息采集小组统计系统，组建了设计师与销售专家一体化团队，以完成能令顾客满意的个性化产品。

3. 生产配送环节

ZARA 所有的营销经费几乎全部用于工厂设备的扩充改善。位于西班牙加里西亚省的科卢纳的仓库，是一栋 4 层楼高的超大型建筑物，其面积相当于 90 个足球场，而此座仓库连接着 14 座工厂，仓库内有机器人 24 小时随时待命进行生产，完完全全无时间与人力浪费。因为ZARA知道，唯有自行生产制造，才能分秒不差地控制生产流程，并跟得上顾客的喜好变化速度。

一旦设计团队选中某件设计投入生产，设计师就会用计算机设计系统对颜色和材质进行优化。如果是要在ZARA自己的工厂中生产的话，他们就会直接把产品的各种规格传输给工厂中的剪裁设备及其他系统。

在这里，被裁剪后的面料上就已经有了标准化的条形码，这种条形码会伴随着它生产、配送、运输至门店的全过程。这样，整个生产直到销售的过程中，都使用着统一标准的条形码识别系统，就保证了ZARA的服装产品在整个过程中能够流畅、快速地进行流通。

另外，在服装设计之余，参与设计的采购专家与市场专家就已经共同完成了该服装的定价工作，这一价格当然也是参照数据库中类似产品在市场中的价格信息来确定的。定好的价格就会被换算成多国的货币额，并与服装的条形码一起印在标价牌上，并在生产之初就已经附着在服装上了。因此，新款服装生产出来之后无需再定价和标签，而是运输到达世界各地的专卖店之后就可以直接放在货价上出售。

在配送环节中，ZARA首先建立了非常先进的分销设施，巨大的货物配送中心下面，大约20公里的地下传送带将商品从ZARA的工厂传送至此。为了确保每一笔订单能够准时到达它的目的地，ZARA没有采取浪费时间的人工分检方法而是借用了光学读取工具。

例如，衣服上的条形码已经实行了标准化，因此这种读取工具可以最大效率地持续工作，每小时能挑选并分检超过60000件的衣服。其次，在运输环节，ZARA利用各个门店与配送中心的信息互联，最优化了配送的路径，采取了一种"公共汽车式"的配送模式，尽量缩短运输路程和空车状态的时长，将运输成本降至最低。

ZARA公司有一个企业决策管理系统ERP，能够对企业供、产、销各个环节实施有效管理与控制。除此之外，ZARA公司还拥有完整的电子商务系统和快捷的物流配送系统。特别是ZARA下属的各个服装生产工厂，都可通过各自的渠道向集团公司的大型物流配送中心直接传递产品，然后由配送中心每周两次向全球1000多个分支机构发货，以完成服装产品的终端销售。

4. 销售环节

在销售门店中，ZARA的IT应用不是特别突出，但简单、实用，通过与流程的紧密结合，发挥出了巨大的功效。

首先，信息收集方面，ZARA借助POS销售系统的应用，在顾客购买的同时，店员已经将商品特征以及顾客数据输入计算机。设计团队可掌握各种精确的销售分析与顾客喜好，再加上本身专业的时尚敏锐度，综合各因素来预计下一批商品的设计走向与数量。

其次，全球各地的ZARA店长也与设计团队保持紧密的联系，并适时地进行电话会议，透过了解各地的销售状况与顾客反应，来灵活变通和调整商品的设计方向。在ZARA，一件新款服饰的上架，并不是设计的结束，而是开始。设计团队会不断根据顾客的反应调整颜色、板型等，而这种顾客反应的信息便来自 POS 系统所显示的销售业绩和门店经理的信息反馈。

在订单下达方面，ZARA 却没有采用一贯的标准化处理，而是大胆地选择了个性化。它将 IT 系统分别部署到每个门店去，每个店有各自的货单，如法国店的货单就和意大利店不一样。而门店经理则负责查看店中的货品销售情况，然后根据下一周的需求向总部订货。总部通过互联网把这些信息汇总，发给西班牙的工厂，以最快的速度生产和发货。

5. IT 应用与业务流程紧密结合是关键

通过 IT 技术的应用，结合自身品牌的特性，ZARA 对服装行业的传统流程发起了挑战。它大量地搜集时尚信息，进行组合而不是设计；它采用各个门店订单的个性化却不采用自己在供应链前端大量应用的标准化；通过门店经理对于店中货品销售情况的掌握（门店经理直接对门店库存和销售情况负责），灵活地向总部订货，总部通过互联网把信息汇总，并以最快的速度生产和发货；它垂直地整合生产而不是选择广为应用的外包式生产方式；ZARA 使用 IT 技术对其组织形态、业务流程进行了设计，且效果卓著。

同时，ZARA 的 IT 基础架构不是一两年就建好的，现在我们看到的 ZARA 的 IT 技术成果是多年来不断投资建设的组合，是功能领域逐渐完善的成果，这些成绩的取得是业务需求与 IT 的有效结合、积累的产物。

（资料来源：根据网络资料整理）

本章要点

企业信息化就是以信息技术为支撑，以流程再造为基础，整合企业各项管理职能，通过信息化提高工作效率、提升经营业绩。服装企业信息化的关键是业务流程再造和 ERP 的实施运行。本章重点是服装企业业务流程再造的实施步骤和服装 ERP 的实施流程。

复习思考题

1. 服装企业信息化有哪些内容？能够为企业带来什么效益？
2. 结合服装企业的经营模式，绘制出从服装出口企业承接订单一直到交付产品的流程图。
3. ERP 的发展经历了哪几个阶段？
4. 服装 ERP 项目实施的流程是什么？流程的各个阶段的目的是什么？

第三篇
服装经营管理

第十章　经营计划、组织与控制

_ 课题名称：经营计划、组织与控制
_ 课程内容：经营计划
　　　　　　组织
　　　　　　管理控制
_ 上课时数：4 课时
_ 训练目的：通过本章的学习，使学生掌握有关经营计划、组织和控制的概念、基本类型和原则，了解编制经营计划和进行控制的一般步骤，并结合案例教学，使学生能够运用所学知识分析和解决企业经营中常见的问题，最终实现提高学生解决问题的能力。
_ 教学要求：1. 使学生理解计划、组织和控制的基本概念。
　　　　　　2. 使学生了解计划工作的原则和编制经营计划的基本程序。
　　　　　　3. 使学生掌握组织部门划分的基本形式及它们各自的优缺点。
　　　　　　4. 使学生了解控制的基本类型和控制过程的一般步骤。
_ 课前准备：学习管理学与组织行为学相关内容。

第一节　经营计划

计划是任何一个企业成功的保障，它存在于企业各个层次的管理活动中。管理者的首要职责就是做计划，服装企业也不例外。有些管理人员认为计划工作是管理的首要职能，组织和控制是第二位的。无论计划职能与其他管理职能相对重要程度如何，一个组织要有效地实现目标，必须做出计划。

一、经营计划的含义和层次

经营计划就是根据社会的需要以及企业自身的能力，确定企业在一定时期的奋斗目标，并对目标的实现进行具体规划、安排和组织实施等一系列管理活动。

企业经营计划体系，从纵向看，分为三个层次，即战略计划、业务计划和作业计划。它们之间的层次关系和作用大小如图 10-1 所示。

三个层次计划的特性和关系见表 10-1。

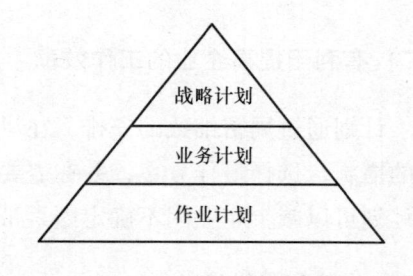

图 10-1 经营计划体系图

表 10-1 三个层次计划的特性和关系表

特性 \ 三个层次计划	战略计划	业务计划	作业计划
作用性质	战略性、统领性	业务性、承上启下	作业性、执行性
详细程度	概略	较详细、具体	非常具体和详细
时间范围（单位）	年、中期、长期（年为单位）	一年（季或月为单位）	周、旬或月（以日、班、时为单位）
计划范围	企业全局、综合性	专业领域、分支性	执行单位、综合性
计划要素	市场、产品、经营能力、资金、目标	任务、业务能力、资源限额、资金定额、标准	工件、工序、人员、设备、定额、任务单
信息	外部的、内部的、概括的、预测性的	内部的、较精确、较可靠	内部的、高度精确、可靠
复杂程度	变化的、风险大、关系复杂、灵活性较强	变化易了解、较稳定、关系明确	变化易调整、内容具体明确、容易掌握
平衡关系	全局综合平衡	上下左右相互协调	单位内部综合平衡

二、经营计划的作用

现代企业经营计划的作用体现在以下几个方面。

(一) 使决策目标具体化

计划是在决策目标确定之后，为实现既定的目标，对整个目标进行分解，根据需要和可能确定各子目标实现的先后顺序，安排相应的人力、财力、物力资源，并确定实现各目标的步骤和方法以及制定相应的策略等。任何计划的目的都是为了促使某一决策目标的实现。计划就是要围绕决策目标，根据主客观条件，设计一个具体的、协调的结构。服装企业只有具备了明确、具体的任务，才能动员全体职工为实现企业目标而努力，使各个部门、各个环节的活动围绕企业整体目标，既有分工又有协作地进行。

（二）有利于提高企业的工作效率

计划通过周密细致的安排，在尽量把握未来的各种可能性和变动趋势的基础上采取相应的措施，选择最佳方案，并在需要时进行科学修正。服装企业各部门工作衔接紧密，通过计划可以减少企业因不确定因素带来的风险，并最终提高企业效率。

（三）为控制提供标准

如果没有既定的目标和计划作为衡量的尺度，企业就无法检查和考核各环节任务的完成情况。因此，计划与控制是密切相关的，没有计划，控制就失去了标准，所有控制活动都会毫无意义。

三、计划工作的原则

（一）系统性原则

企业是双重存在的组织，企业作为一个个体存在，要处理好内部各种关系，实行自主经营、自负盈亏、自我发展、自我约束。企业作为经济社会的一环，要处理好同国家和其他社会集团的关系，承担一定社会责任，也就是说要服务于社会这个大系统。因此，企业一定要坚持系统性原则。

运用系统性原则，在计划工作中要处理好三个关系。

（1）企业与国家的关系。企业的利益要服从国家、社会的利益。

（2）企业与相关企业的关系。在竞争中合作，在合作中竞争；在自律基础上竞争，在竞争中树立良好的形象，是当今商战推崇的时尚，也是计划工作中系统性原则的具体体现。

（3）企业内部各子系统的关系。各子系统、各部门的目标都要服从于企业整体目标，计划指标要相互协调、衔接，不能相互矛盾、脱节，要保持业务上的密切协作、相互支援，不能各自为政，肆意冲突。

某些大型企业是企业集团、控股公司，那么其内部也要坚持系统性原则，以求得共同发展。

（二）平衡性原则

企业的内部和外部以及两者之间都存在着许多矛盾，从维护系统性原则来说，都需要适时、正确地加以处理。

平衡性原则的要求是：全面性、连续性、协调性和科学性。

（三）灵活性原则

计划工作必须适应企业自身的特点及其所处的外部环境的发展变化。计划的范围和种类、计划期限的长短、计划指标的繁简、计划制订的程序、计划采用的方法等，都要视企业的需要及其环境变动状况而灵活决定，具体情况具体分析，不存在适用于一切企业的最佳模式。

（四）效益性原则

以一定的消耗获得最大的经济效益，是工业企业生产经营活动的基本原则。因此，企业的经营计划必须以提高企业经济效益为中心。

（五）群众性原则

企业的计划工作必须依靠群众，吸收群众智慧，为群众所理解和执行。服装企业大都是劳动密集型企业，在制订计划的过程中更要坚持群众性原则。

四、编制经营计划的程序

虽然各类服装企业编制的计划内容差别很大，但科学地编制计划所遵循的步骤却具有普遍性。管理者在编制任何完整计划时，实际上都将遵循如图10-2所示的步骤。即使是编制一些小型的简单计划，也应按照如下完整的思路去构思整个计划过程。

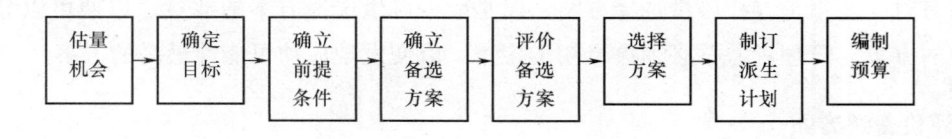

估量机会 → 确定目标 → 确立前提条件 → 确立备选方案 → 评价备选方案 → 选择方案 → 制订派生计划 → 编制预算

图10-2　计划流程图

（一）估量机会

严格地说，估量机会不属于编制计划过程的一个组成部分，它要在编制实际计划之前进行。但是留意外界环境中和企业内的机会是编制计划的真正起点。作为企业管理者应该考虑将来可能出现的机会，并对这些机会进行全面了解，并根据环境和企业的现实情况对可能存在的机会做出现实的判断。

（二）确定目标

接下来，管理者就要确定企业的目标，也就是规定计划预期的结果，并且要确定为达到这一目标需要做哪些工作，重点在哪里，如何运用战略、政策、程序、规则、预算等计划形式去完成计划工作的任务。

目标的选择是计划工作中极为关键的内容。在目标的制订上，首先要注意各类计划设立的目标应与企业的使命和总目标保持一致。其次，要注意目标的内容及其优先次序。有时企业中会有几个目标共存，它们各自的重要性可能是不同的，而不同目标之间的优先顺序将导致不同的行动内容和资源分配的先后顺序。因此，恰当地确定哪些成果应首先取得，即哪些目标优先，是目标确定过程中的重要工作。最后，目标应有明确的衡量指标，不能含混不清，对目标应尽可能量化，以便度量和控制。

目标有其层次性，组织的总目标要为组织内的所有计划指明方向，而这些方向又根据反映组织总目标的方式，规定了各个主要部门的目标。与此同时，部门目标又控制着其下属各部门的目标，如此等等，从而使得整个组织的全部计划内容控制在组织的总目标体系内。

（三）确定计划的前提

确定前提条件是要确定整个计划活动所处的未来环境。由于未来环境是极其复杂的，要把一个计划的未来环境的每一个细节都做出假设，是不切合实际的，较为实际的做法是将前提条件限于那些对计划来说是关键性的或具有战略意义的假设条件。

（四）确定备选方案

一般情况下，每一项活动都有不同的解决方式和方法，编制一个计划，需要寻求和检查可供选择的行动方案。这需要集思广益，开拓思路，因为有些方案不是马上能看得清楚的。但有时问题不是寻找可供选择方案，而是减少可供选择方案的数量，以便可以分析最有希望的方案。管理者通常必须进行初步检查，以便发现成功可能性最高的方案。

（五）评价备选方案

在找出了各种备选方案和检查了它们的优缺点后，下一步就是根据计划的目标和前提条件，权衡利弊，对各种备选方案进行评价。评价备选方案的尺度有两个：一是评价的标准；二是各个标准的相对重要性，即权数。在多数情况下，存在很多备选方案，而且有很多有待考虑的可变因素和限制条件，这会为评价备选方案带来一定的困难。

（六）选择方案

这是采用计划的关键一步，也是制定决策的关键所在。做出正确的选择建立在正确实施前面几步工作的基础上。为了保持计划的灵活性，选择的结果往往可能是两个或更多的方案，并且决定首先采取哪个方案，并将其余的方案也进行细化和完善作为备选方案。

（七）制订派生计划

选择好方案后，计划工作并没有完成，还需为涉及计划内容的各个部门制订总计划的派生计划。几乎所有的总计划都需要派生计划的支持和保证，完成派生计划是实施总计划的基础。例如，一家服装生产企业为在激烈的市场竞争中赢得优势，决定购买一批新型生产设备，以获得经营的规模优势。这一基本计划需要制订很多派生计划来支持，如采购生产设备的计划，招聘、培训生产工人的计划，建立维修设施的计划以及筹资和办理保险的计划。

（八）编制预算

计划编制的最后一步工作就是要把计划转变为预算，使计划数字化。预算是汇总组织各种计划的一种手段，将各类计划数字化后汇总，方能分配好组织的资源。预算就是将计划表述成一些数字以实现管理的条理化，它使管理人员清楚地看到哪些资源将由谁来使用，将在哪些地方使用，并由此涉及哪些费用计划、收入计划或实物投入量和产出量计划。只有明确了这些，管理人员才能自如地授权以便在预算限度内去实施计划。

第二节 组织

一、组织的含义

从管理学的角度看，组织有两种含义。

一种含义是作为组织工作或组织职能的"组织"。这是指管理者所开展的组织行为、组织活动过程，常用英文词"Organizing"来表述。组织工作的重要内容就是进行组织结构的设计与再设计，前者通常被称为组织设计，后者则被称为组织变革。

另一种含义是作为组织工作结果的"组织"。这是指体现分工和协作关系的框架，此种框架通常称为组织结构，有时也简称为组织。

组织的含义，体现了组织结构与组织过程两方面的内涵。组织是一个社会实体，由许多要素、部门、成员按一定的形式排列而成的框架体系即组织结构。组织也是一种管理职能。组织工作要合理地确定组织成员、任务及各项活动之间的关系，并对组织的资源进行合理配置。另外，组织结构的功能又是在一定的环境中发挥的，组织工作还要研究组织与环境之间的相互影响和相互作用，从而对组织结构进行必要调整。

二、组织设计

组织设计是组织工作的核心。它是以组织结构安排为中心，合理配置组织拥有的各种资源，明确各个部门、岗位的职责及其相互关系，以便有效地实现组织目标的一种管理活动。一般情况下，组织设计需要完成以下三项任务或工作。

（一）职务分析与设计

职务分析与设计是组织设计最基本的工作。它是在对组织目标进行逐级分解的基础上，具体确定出开展组织活动所需设置的职务以及每个职务的性质、任务、权利、隶属关系及任职人员所应具备的条件。职务分析与设计应该从最基层开始，就是说自下而上地进行。职务分析的实质是工作专业化分工。

（二）部门划分和层次设计

这是根据各个职务的性质、内容及相互联系，依照一定的原则，将它们组合成若干部门。这些部门单位又可以按一定的方式组合成上一层级的更大部门，这样就形成了组织的各个层次。

（三）结构的形成

这是通过职责权限的分配和各种联系手段的设置，使组织中的各构成部分联结成一个有机的整体。

组织设计的结果通常体现在两份书面文件上。其一是组织结构系统图，一般是以树状形式简洁明了地展示组织内部结构及其等级关系；其二是职务说明书，一般以文字的形式规定各种职位的工作内容、职责和职权以及各职务担当者所必须具备的任职条件。

三、组织设计的原则

（一）目标任务原则

组织结构只是实现组织目标的手段，因此，管理者在进行组织结构的设计时，必须服务于组织目标实现的需要。

（二）命令统一原则

命令统一原则的实质就是在管理工作中实行统一领导，每个下属应当而且只能有一个上级主管。要求消除多头领导、政出多门的现象。具体要求如下。

（1）确定管理层次时，使上下形成一条连续的、不间断的等级链，明确职责、权利和相互联系。

（2）任何一级组织只能由一个人负责，实行首长负责制，减少甚至不设副职。

（3）下级只能接受一个上级组织的命令和指挥，防止出现多头领导的现象。

（4）下级只能向直接上级请示工作，不能越级请示工作。

（5）上级可以越级检查工作，但一般不能越级指挥下级。

（6）职能部门一般只能作为同级直线领导的参谋，无权对下级直线领导发号施令。

（三）权责对等原则

要让管理者对工作完全负责就必须授予其相应的权利。没有明确的权利，或权利的应用范围小于工作的要求，会使管理者的责任无法履行。当然，权利也不能超过其应负的职责,否则会导致不负责地滥用权利,甚至会危及整个组织系统的运行。

(四) 有效管理幅度原则

一般来说,任何主管人员能够直接有效地指挥和监督的下属人员总是有限的,管理幅度过大,会造成指导监督不力,使组织陷入失控状态;管理幅度过小,又会造成主管人员配备增多,管理效率降低的问题。所以,保持一个合理的管理幅度是组织设计的一条重要原则。

(五) 因事设职与因人设职相结合原则

组织设计必须确保实现组织目标活动的每项内容都能落实到具体的职位和部门,做到"事事有人做"。所以,在组织设计中逻辑性地要求从工作特点和需求出发,因事设职,因职配人。但这并不意味着组织设计可以忽略人的因素,忽视人的特点和能力。组织设计应设法使有能力的人有机会去做他们能胜任的工作,使他们的能力获得不断发展。

四、组织的部门划分

按照一定的标准将组织划分成若干半自治的管理单位,这就是所谓的部门划分,也称部门化。部门划分的目的在于确定组织中各项任务的分配与责任的归属,通过部门划分,形成了组织的横向结构。组织中划分部门的方式主要有以下六种。

(一) 按职能划分部门

按职能划分部门是按业务活动的相同或相似性来设立管理部门,这种划分方式体现了组织活动的典型特点,所以是一种最自然、最方便、最符合逻辑的划分方式。一个服装企业的基本职能包括生产、销售、采购、财务、人事等(图10-3)。

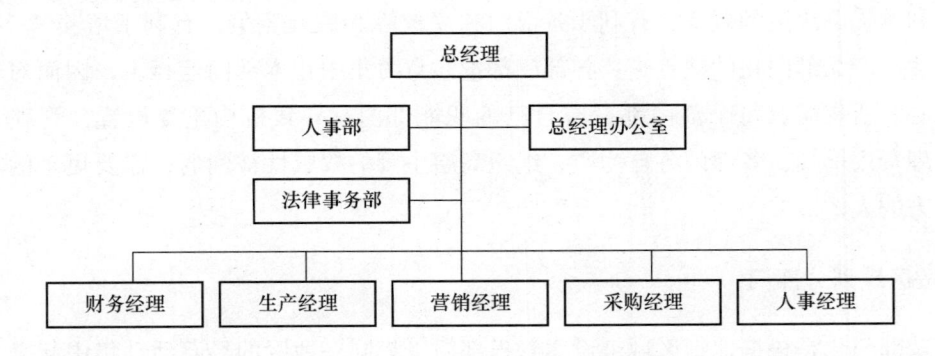

图10-3 按职能划分部门的组织图

按职能划分部门可以带来专业化分工的种种好处。由于各部门往往只负责一种类型的业务活动,所以它有利于人员的培训和相互交流。各部门在最高主管的领导下只从事组织整体的部分活动,因此有利于维护最高主管的权威性和组织的统一性。当服装企业只有少数几种产品,或者企业不同品类产品的营销方式大体相同时,采用职能型营销组织较为有效。按职能划分部门的主要优点是便于管理,强调营销各种职能(如市场研究、销售、广告、促销等)的重要性。此外,此种部门划分方式还能充分发挥员工能力,调动员工积极性,且有助于各种培训活动的开展。

(二)按产品划分部门

如果主要产品的数量足够大,这些不同产品的用户或潜在的用户足够多,那么组织的最高管理层除了保留财务、人事、公关等一些必要部门外,就应该考虑根据产品来设立管理部门,即所谓的产品部门化。例如,一个服装企业也可以在一些必要部门之外设立女装部、男装部、运动装部等。按产品划分部门可以带来专业化分工的种种好处(图10-4)。

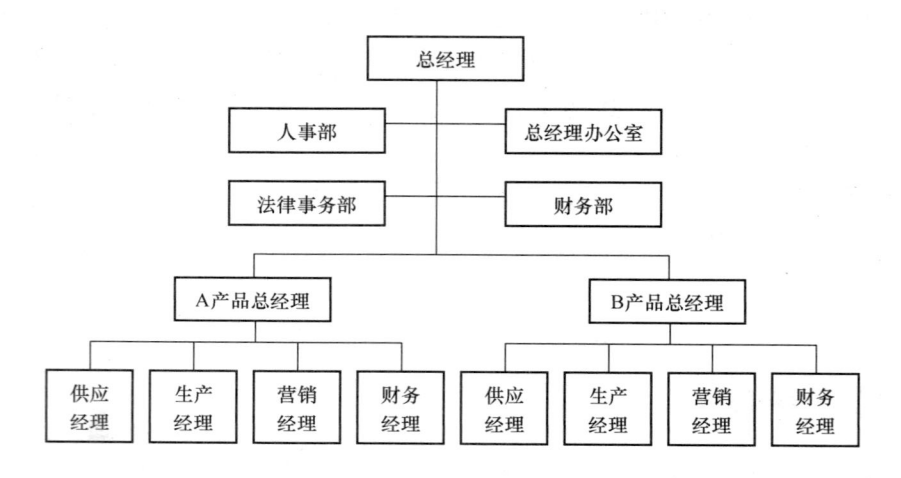

图 10-4 按产品划分部门的组织图

产品部门化具有以下优势:各部门可以专注于产品的经营,有利于本部门内更好地协作,有利于提高决策的效率,有利于各部门独立核算和展开竞争,有利于培养"多面手"管理人才。产品部门化的缺点是:各部门都把注意力集中在本部门运行上,因而对整个组织的关心有所忽略;每个部门都设有自己的职能部门,导致机构重复设置,管理人员庞大,管理费用增加;各部门各自为政,组织高层主管的权威性被削弱;需要更多的具备总经理能力的人才。

(三)按区域划分部门

区域部门化是根据地理区域来设立管理部门,将同一地区的经营活动集中起来,委托给一个主管部门进行管理。这种形式一般多见于经营区域特别广泛的大型公司,尤其是跨国公司。例如,一个大型服装企业可以在全国设立华北分公司、华南分公司、华东分公司和西北分公司。

组织活动在地理上的分散带来的交通和信息沟通困难曾经是区域部门化的主要原因,

但是，随着信息技术和网络化的发展，这种影响已显得无足轻重。更为重要的是，人们越来越清楚地认识到社会文化环境对组织活动有着非常重要的影响。不同的文化环境决定了人们不同的价值观，从而使人们的劳动态度、对物质利益和工作成就的重视程度以及消费偏好均不相同。而一定的文化背景总是与一定的地理区域相联系的，因此，根据地理位置的不同设立管理部门，可以更好地针对当地的劳动者和消费者的行为特点来组织生产和经营活动（图10-5）。

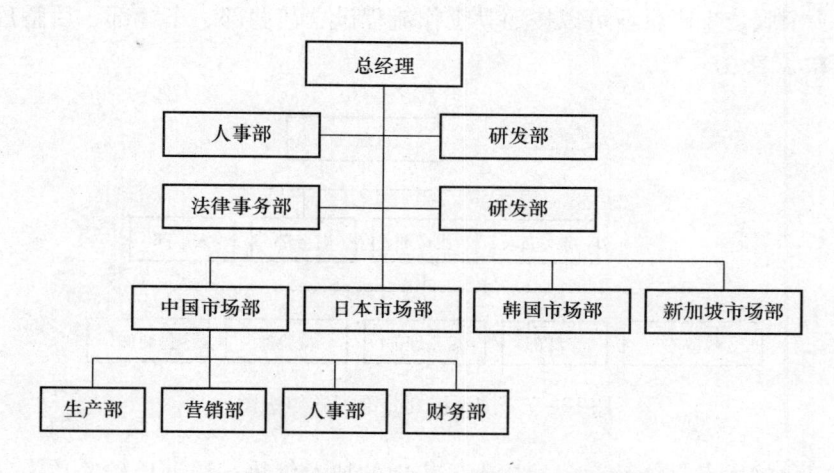

图 10-5　按区域划分部门的组织图

按区域划分部门有许多优点。可以将责任下放到低层，鼓励低层参与决策以及改善协调区域内的活动。管理者能够集中关注当地市场的需求和所出现的问题，也可以充分利用当地的人力资源，能更好地与当地利益各方沟通。从生产的角度看，此种划分方式能降低运输成本和送货时间。同时也为培训高级管理者提供了场所。按区域划分部门的缺点与产品部门化相类似。

（四）按顾客划分部门

按顾客划分部门是根据目标顾客的不同利益需求来划分组织的业务活动，将同类的目标顾客的经营活动集中起来，委托给一个主管部门进行管理（图10-6）。这种形式在服装企业当中也有广泛的应用。例如，一些服装企业在零售的基础上还针对组织市场设立了团购部，专门针对企业和集团客户进行生产和销售。

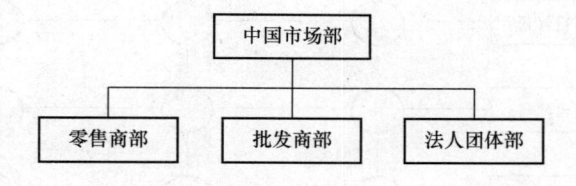

图 10-6　按顾客划分部门的组织图

顾客部门化的优点是能够较好地满足多种目标顾客的需求，并能有效获得反馈；还有利于企业有效发挥核心专长。缺点是可能会增加与顾客需求不匹配而引发的矛盾和冲突；各部门可能无法及时应对顾客需求偏好的转移。

（五）按流程划分部门

流程部门化是按照工作或业务流程来组织业务活动。这种形式一般多见于生产型企业。例如，一个服装生产企业可以按照其工作流程设立裁剪部、车缝部、后整理部、检验部和包装部等（图10-7）。

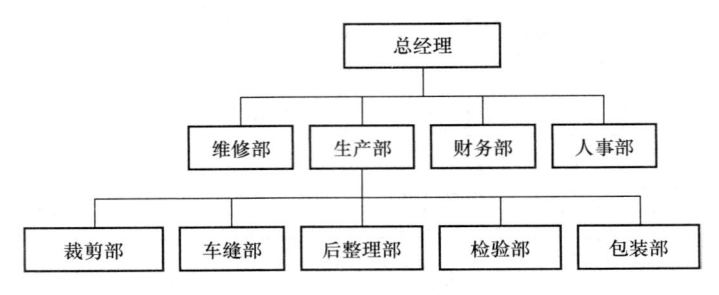

图10-7　按流程划分部门的组织图

流程部门化的优点是能够充分发挥人员集中的技术优势；培训比较简单。然而，其缺点是部门之间的紧密合作有可能得不到贯彻，甚至出现相互推脱责任的做法；权责相对集中，不利于培养"多面手"技术人才。

（六）矩阵结构

矩阵结构是由纵向职能管理系统和横向项目系统组成的一种组织方式，是从专门从事某项工作的工作小组形式发展而来。为了完成某一项目，将从各职能部门中抽调完成该项目所必需的各类专业人员组成项目组，配备项目经理来领导他们的工作。这些被抽调来的人员，在行政关系上仍归属于原所在的职能部门，但工作过程中要同时接受项目经理的指挥。项目组任务完成以后，各类人员回到原所属部门等待分派新的任务（图10-8）。

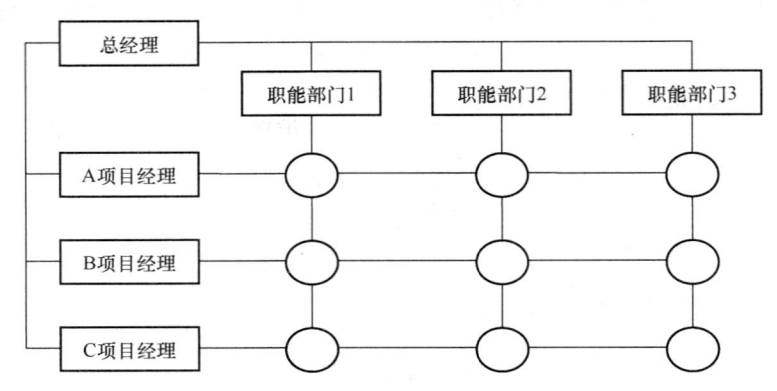

图10-8　矩阵结构组织图

矩阵结构的优点是项目人员由不同背景、不同专业、不同技能的人组成，能够取得专业化分工；加强不同部门之间的信息交流；各种专业人员在一段时期内为完成同一项任务在一起工作，易于培养他们的合作精神和全局观念，且工作中不同角度的思想相互激发，容易取得创新性成果。它的缺点是成员的工作不固定，容易产生临时观念，不易树立责任心；项目组成员往往面临多重领导，存在双重职权关系；项目经理与职能经理之间争取资源；项目成员之间容易导致权责不统一。

第三节 管理控制

无论组织计划做得如何周全，如果缺乏有效的控制，一项决策或计划仍然不能得到有效地贯彻执行，管理工作就有可能偏离计划，组织目标就可能无法顺利实现。服装企业为了更有效地进行管理，必须要建立一个良好的组织控制系统。

一、控制概述

（一）控制的概念

控制是指为了确保企业内各项计划按规定去完成而进行的监督和纠偏的过程。具体地说，控制就是通过不断地接受和交换企业的内外信息，按照预定的计划指标和标准，调查监督实际经济活动的执行情况，若发现偏差，及时找出主要原因，并根据环境条件的变化，采取自我调整的措施，使企业的生产经营活动能按照预定的计划进行或适当地修改计划，以确保企业经济目标实现的管理活动。

一个有效的控制系统可以保证各项行动的发展是朝着达到组织目标的方向进行。控制与计划既互相区别，又紧密相连。计划为控制工作提供标准，没有计划，控制也就没有依据。但如果只编制计划，不对其执行情况进行控制，计划目标就很难得到圆满实现。因此，有人把计划工作与控制工作看成是一把剪刀的两刃，失去任何一刃，剪刀都无法发挥作用。

对于服装企业而言，虽然计划可以制订得很周密，组织结构可以建构得非常有效，员工的积极性也可以通过有效的激励措施调动起来，但是这仍然不能保证所有的行动都能够按计划执行，不能保证管理者追求的目标一定能达到。因此，控制作为管理职能环节中的最后一环，是极为重要的，也是必不可少的。

（二）有效控制系统的特征

有效的控制系统一般具有某些共同的特征。当然，这些特征的重要性会随环境条件的变化而不同，但我们还是可以归纳出促使一个控制系统变得更有效的一些特征。

1. 控制的准确性

准确性控制系统产出的有关信息必须正确无误。一个提供不准确信息的控制系统将会导致管理层在该采取措施时而并没有采取措施，或在根本没有出现问题的情况下而采取措施。因此，一个准确的控制系统应当是可靠的，能提供准确的信息。

2. 控制的及时性

较好的控制必须及时发现偏差，及时分析原因，及时采取措施加以更正。如果信息已经过时了，则任何再好的信息也是毫无价值的。因而任何有效的控制系统都必须提供及时的信息。做到及时性的较好办法是采用前馈控制，采取预防性控制措施，使实施的最初阶段能严格按照标准方向前进。一旦发现偏差，就要对以后的实施情况进行预测，使控制措施针对将来，这样即使出现时滞现象，也能有效地加以更正。

3. 控制的经济性

控制工作是需要费用的，衡量工作绩效，分析偏差产生的原因，以及为了纠正偏差而采取的措施，都需要支付一定的费用；同时，任何控制，由于纠正了组织活动中存在的偏差，都会带来一定的收益。一项控制，只有当它带来的收益超出其所需成本时，才是值得的。要实现控制的经济性，首先，应根据组织规模的大小，所要控制的问题的重要程度，以及控制费用和所能带来的收益等几方面来设计详略程度不同的控制系统。其次，所选用的控制技术和控制方法，应该是能够以最少的费用就可以检查和阐明工作偏差及其发生原因。

4. 控制的适度性

适度控制是指控制的范围、程度和频度要恰到好处。这种恰到好处的控制要注意以下两个方面的问题。

（1）防止控制过多和控制不足。有效的控制应该既能满足对组织活动监督和检查的需要，又要防止与组织成员发生强烈的冲突。适度的控制应能同时体现这两个方面的要求：一方面要认识到，过多的控制会对组织中的人造成伤害，对组织成员行为的过多控制，会扼杀他们的积极性、主动性和创造性，会抑制他们的首创精神，从而影响个人能力的发展和工作热情的提高，最终会影响企业的效率；另一方面也要认识到，过少的控制将不能使组织活动有序地进行，就不能保证各部门活动进度和比例的协调，将会造成资源的浪费。此外，过少的控制还可能使组织中的个人无视组织的要求，我行我素，不提供组织所需的贡献，甚至利用在组织中的便利地位谋求个人利益，最终导致组织的涣散和崩溃。

（2）处理好全面控制与重点控制的关系。任何组织都不可能做到对每一个部门、每一个环节的每一个人在每一个时刻的工作情况进行全面控制。全面控制的代价极高，这是与控制的经济性要求相抵触的。适度控制要求组织在建立控制系统时，从影响组织经营成果的众多因素中选择若干关键环节作为重点控制对象，并据此在相关环节上建立预警系统或控制点，进行重点控制。

5. 控制的客观性

客观性就是坚持实事求是的原则。在控制工作中，坚持一切从实际出发来认识问题，而不能只凭个人的主观经验或直觉判断来采取行动。客观的控制源于对组织的实际状况及其变化的客观了解和评价，因此，控制过程中所采用的技术方法和手段必须能正确地反映组织运行在时空上的变化程度与分布状况，准确地判断和评价组织各部门、各环节的工作与计划要求的相符或背离的程度。失去客观性，控制工作不但达不到目的，甚至会走向反面，导致不良后果。

6. 控制的灵活性

控制的灵活性是指控制系统本身能适应主客观条件的变化，持续地发挥其作用。管理学家孔茨曾经说过，在某种特殊情况下，一个复杂的管理计划可能失常。控制就应当报告这种失常的情况，它还应当含有足够灵活的要素，以便在出现任何失常情况下都能保证对运行过程的管理控制。此外，组织的计划要根据组织内部因素和外部环境的变化来调整，如果在制订计划时就考虑到多种计划方案，给予计划一定灵活性，相应的控制系统设计也有些灵活性，那么当组织活动出现临时的情况变化时，就更有利于控制的灵活性。

7. 控制的战略性

控制的战略性首先表现为控制要有重点。管理者应当将自己的控制置于那些对组织成果有战略意义的因素上。控制应当涉及组织内所有关键的活动和条件。其次，控制的战略性表现在例外控制上。由于管理者不能控制一切活动，因而需要按例外原则进行控制，而忽略那些在可容忍程度之内的偏差。例外控制可保证管理者不被无边无际的有关偏差的信息淹没。只有那些超出了可容忍范围的偏差才会引起管理者的关注。

8. 控制的通俗性

控制往往涉及数学公式、各种图表、统计分析等，这些常不为人所了解，以致失去效用。所以，要尽可能用简单明了的方法表达控制，使人易于了解与接受。一个不容易理解的控制是没有价值的。因此，有时需要用简单的控制手段来代替复杂的控制手段。一个难以理解的控制系统会导致不必要的错误，会挫伤员工的积极性，以致最终会被遗忘。

二、控制的类型

根据控制时点的不同，可分为前馈控制、同期控制和反馈控制三类。

（一）前馈控制

前馈控制，又称事前控制，就是在偏差发生之前就能对它进行预测或估计，控制人员通过采取相应的措施事先消除可能产生偏差的隐患。前馈控制是最渴望采取的控制类型，因为它能避免预期出现的问题，防患于未然。

前馈控制这种面向未来的控制方法应用非常广泛。例如，在服装生产企业的质量管理中，影响产品质量通常有多种因素，管理者通过知道哪些因素对产品质量有影响，然后就可以制订有针对性的预防措施，防止质量问题的出现，这是目前质量管理过程中的惯用方法。

因此，前馈控制的关键是在问题发生之前采取管理行动。前馈控制是期望用来防止问题的发生而不是当出现问题时（如产品质量、客户流失、利润下降等问题）再来补救。这种控制需要及时和准确的信息，但不幸的是，这些要求有时很难达到。因此，管理者总是不得不借助于另外两种类型的控制。

（二）同期控制

同期控制，也称现场控制或事中控制，是指控制作用发生在行动之中，即与工作过程同时进行。其特点是在行动过程中能及时发现偏差、纠正偏差，起到立竿见影的效果，将损失降低到最低限度。其目的就是要保证本次活动尽可能地少发生偏差，改进本次而不是下一次活动的质量。

企业管理中生产现场管理活动的主要内容就是事中控制，由基层管理者执行。这种控制通常包括两项职能：一是技术性指导，包括指示适当的工作方法和工作过程；二是监督下属的工作，发现偏差时立即纠正，确保下属正确完成任务。现场控制由于要求管理者及时完成包括比较、分析、纠正偏差等完整的控制的各方面工作，所以控制工作的效果更多地依赖于现场管理者的个人素质、作风、指导方式以及其下属对这些指导内容的理解程度等因素。因此，同期控制对管理者的要求较高。

同期控制的内容与受控对象的特点密切相关。像服装生产现场这种相对的简单劳动或是标准化程度很高的工作，严格的现场控制、监督可能会收到较好的效果；但对于如服装设计这样的创造性劳动，管理者则应该更侧重于营造出一种良好的工作环境和氛围，这样才有利于工作的顺利进行和目标的实现。

随着电子计算机应用的普及和信息技术的提高，在数据收集、传递、储存方面可以很方便地实现，事件一发生，就有相关的信息（称为实时信息）出现，这为同期控制创造了很好的条件；同时，实时信息还可以在异地之间迅速传递，这样使得同期控制也可以在异地之间实现，从而扩大了现场控制的空间。

（三）反馈控制

反馈控制也称事后控制，是一种最常用的控制方法。所谓反馈控制，就是从一个时期的生产经营活动结果中获得反馈信息，并依据这些反馈信息来监控和矫正今后的活动。反馈控制主要包括财务分析、成本分析、质量分析和职工绩效评定等内容。

反馈控制为管理者提供了关于计划执行的效果究竟如何的真实信息。但由于这种控制是在事后进行的，因此，不论其分析如何中肯，结论如何正确，对于已经形成的结果来说是无济于事的，它们无法改变已经存在的事实。反馈控制的主要作用，甚至可以说是唯一的作用，是通过总结过去的经验和教训，为未来计划的制订和活动安排提供借鉴。

反馈控制的另一个致命弱点是滞后性。从衡量结果、分析比较到制定纠偏措施及实施都需要时间，很容易贻误时机，增加控制的难度，而且已发生的损失也不能挽回。此外，反馈控制是通过信息反馈以及行动调节来保持系统的稳定性，因而它要求反馈的速度必须大于受控对象的变化速度，否则，系统将发生震荡，处于不稳定状态，控制难以收到应有的效果，有时甚至起反作用。例如，盲目跟随市场潮流但总比市场发展速度慢半拍的企业，就是事后控制反馈速度滞后的典型。

以上三种方法各有特点，在实际工作中往往是交叉使用的。事前控制虽然可以做到防患于未然，但有些突发事件是防不胜防的，这时，采用现场控制就显得非常重要，否则将前功尽弃。同样，不论是事前控制或是现场控制，都要用事后控制来加以检验，因为计划是否按预定进行、目标是否达到，都必须看最后的结果才能断定。此外，在循环发展的过程中，对前一阶段是事后控制，但对后一阶段则往往是事前控制。

三、控制的过程

控制是根据计划的要求，设立衡量绩效的标准，然后把实际工作成果与预定标准相比较，以确定组织活动中出现的偏差及其严重程度；在此基础上，有针对性地采取必要的纠正措施，以确保组织资源的有效利用和组织目标的圆满实现。一般来说，控制的过程都包括三个基本环节的工作：确立标准、衡量绩效和纠正偏差。

（一）确立标准

控制的标准实际上是一些特定的目标，控制必须具有目标，没有目标，就无所谓控制。控制的目标一般来自于计划，计划是控制的前提，没有计划，也就没有控制。如何使工作达到预定的、科学合理的目标以及怎样才算达到预定的目标，必须确定一个明确而共同的衡量标准。控制标准是实施控制的基础，控制标准越具体，控制工作就越容易实施和评估。控制标准的种类有很多，可以是定量的，也可以是定性的。一般情况下，能够定量化的应尽量加以定量化，以提高控制的准确性。

1. *标准的分类*

（1）时间标准。即完成一定工作量所需的时间长度，如生产周期、生产提前期、生产间隔期、生产线的节拍等。

（2）实物量标准。即一定时间内应完成的实物任务量，如产品产量、产量定额、生产批量等。

（3）货币标准。即一定时间内应完成的价值任务量，如销售收入、利润、应交税金等。

（4）消耗标准。即完成一定工作任务所需的有关消耗，如物料消耗定额等。

（5）质量标准。即工作应达到的要求或产品所应达到的品质标准，如合格率、优等品率是工作质量标准，理化指标是产品技术标准等。

（6）行为标准。即对员工规定的行为准则要求。

2. 制定标准的方法

在实际工作中，主要有如下三种方法。

（1）经验估计法。即由经验丰富的管理人员结合实际情况，进行直接估计后制定标准的方法。这种方法的优点是简便易行，工作量小，并方便标准的及时修改。缺点是对于影响标准的各项因素不能仔细分析和计算，技术依据不足，受管理人员主观因素的影响，容易出现偏高或偏低的现象，因而水平不易平衡。利用这种方法来建立工作标准时，要注意利用各方管理人员的知识和经验，综合大家的判断，给出一个相对先进合理的标准。这种方法适用于新从事的工作或对于统计资料缺乏的工作。

（2）统计分析法。这是以分析反映企业经营在历史上各个时期状况的数据为基础来为未来活动建立的标准。这些数据可能来自本企业的历史统计，也可能来自其他企业的经验。这种方法具有简单易行的好处。但是，据此制定的工作标准可能低于同行业的卓越水平，甚至是平均水平。这种条件下，即使企业各项工作都达到标准的要求，但也可能造成劳动生产率的相对低下以及制造成本的相对高昂，从而造成经营成果和竞争能力劣于竞争对手。为了克服这种局限性，在根据历史性统计数据制定未来工作标准时，应充分考虑行业的平均水平，并研究竞争企业的经验是非常必要的。这种方法一般适合于条件比较正常、原始记录和统计工作比较健全的单位。

（3）技术分析法，也称技术测定法。这是指在分析研究生产技术、组织条件，挖掘潜力和操作合理化的基础上，通过分析计算或技术测定来制定标准的方法。这种方法主要适用于生产定额标准的制定上。

（二）衡量绩效

1. 衡量工作的核心问题

为了确定实际工作绩效究竟如何，管理者首先需要收集必要的信息，了解和掌握实际情况，对照标准进行衡量。在这里，衡量什么以及如何去衡量，是两个核心问题。

应该说，衡量什么的问题在此之前就已经得到了解决。因为在确立标准时，随着标准的制定，计量对象、计算方法以及统计口径等也就相应地被确立下来了。所以，要衡量的是实际工作中与已制定的标准所对应的要素。

关于如何衡量的问题。有四种信息常常被管理者用来衡量实际工作绩效，它们分别是个人观察、统计报告、口头汇报和抽样检查。这些信息分别有其长处和缺点。但是，将它们结合起来运用，可以大大增加信息的来源并提高信息的可信程度。

（1）个人观察。最普通的衡量是通过个人观察，直接观察受控对象的工作完成情况，特别是在对基层工作人员工作业绩的控制以及衡量因素比较简单时，这是一种非常有效的、无可替代的衡量方法。因为通过直接观察得到的是第一手资料，避免了间接信息在传递过程中可能出现的遗漏、忽略和信息的失真。但是个人观察的方法也有其局限性：首先,这种方法工作量大,需要花费管理者大量的时间,不可能全程跟踪;其次,仅凭简单的观察往往不能考察更深层次的工作内容;再次,由于直接观察时间占整个工作时间的比例有限,往往不能全面了解各个方面的工作情况;最后,工作表现在被观察时和未被观察时往往不一样,管理者所看到的有可能只是假象。

(2)统计报告。统计报告就是根据衡量标准,采集相关的数据并按一定的统计方法进行加工处理而成的报告。采用统计报告时特别要注意两个问题:一是所采集的原始数据要真实、准确;二是所使用的统计方法要恰当。否则,统计报告就没有实际意义。此外,统计报告要求全面,要求包括涉及工作衡量的各个重要方面,特别是其关键点不能遗漏。随着计算机运用越来越广,统计报告的地位会越来越高,作用也越来越重要。

(3)口头报告。口头报告的优点是快捷方便,而且能够得到立即反馈。根据口头汇报来衡量工作绩效的缺点是:报告内容容易受报告人一时的主观意识所左右,也不便于存档查找和以后重复使用。与书面报告相比,后者的质量更容易取得别人的信任。

(4)抽样检查。在全面检查工作量比较大而且个人工作质量比较平均的情况下,通过抽样检查来衡量工作业绩不失为是一个好方法。抽样检查就是随机抽取一部分工作作为样本,进行深入细致的检查、测量,再通过样本数据的统计分析,从而推测全部工作的情况。这是一种科学有效的方法,如大批量生产型的企业,其产品的质量检查通常就采用这种方法。

2. 分析衡量结果

获得了实际工作的真实、可靠的信息,就是获得了衡量结果。那么,分析衡量结果,就是要将实际结果与控制标准进行对照,找出差距,为进一步采取管理行动做好准备。

(1)确认存在的偏差。事实上,实际结果与标准完全相同是不可能的,如果实际结果与标准只是稍有出入,那么则并无大碍。因此,人们往往规定了一个可以浮动的范围,只要实际结果在这个范围之内就可以认为不存在偏差,而一旦实际结果在允许范围之外,就可以认为存在偏差。存在偏差时又可以分为两种情况:一种是结果比标准完成得还好,将它称为正偏差;另一种是实际结果没有达到标准的要求,则称为负偏差。出现负偏差当然是不理想的事情,但是,出现正偏差时也不一定就没有问题,同样需要做一些必要的分析。由于一些偶然因素的作用或是目标定得太低等原因而出现的正偏差,在控制要求比较高的情况下也不能被忽略,否则对今后的工作会带来不利的影响。

(2)分析出现偏差的原因。如上所述,一种实际结果是受到多方面因素影响的,也就是说,出现偏差的原因也可能是多种多样的。问题的关键在哪里?主要原因是什么?这些都必须通过进一步分析来确定。

(三)纠正偏差

一个控制过程的最后一个环节就是采取管理措施,纠正偏差。

1. 修订标准或预订计划

在某些情况下,如负偏差过于严重或是有疑问的正偏差,就要考虑原来的标准或计划是否存在不切实际的地方。如果标准定得过高或过低，即使组织内外部各因素都处在正常状态，也必定会出现预料之外的偏差。有两种情况需要对计划或标准进行修订：其一，原先的计划或标准有不科学、不合理的地方，在执行中发现了问题；其二，原来是正确的计划或标准，由于客观条件发生了较大的变化而需要做出调整。在做出修订标准的决定时，管理者一定要保持慎重的态度，防止被用来作为工作业绩不佳的借口；应从控制的目的出发做详细的分析，确认标准或计划的确存在不合理的地方才做出修订的决定。

2. 采取纠偏措施

在多数情况下，需要采取措施以纠正偏差。确定纠偏措施以及实施过程中要注意如下问题。

（1）使纠偏方案双重优化。针对某一对象的纠偏措施可以是多种多样的，一个可行的纠偏方案，其经济性必须优于不采取任何措施、使偏差任其发展可能带来的损失，如果实施纠偏方案的费用超过存在偏差带来的损失，其经济性就不好，这是第一重优化；第二重优化是在此基础上，将经济可行的方案进行对比，选择经济性较好的且追加投资量少、纠正偏差效果满意的方案来组织实施。

（2）充分考虑原计划实施带来的影响。当发现偏差时，已部分或全部实施了原计划。由于客观环境发生了重大变化或是主观认识能力的提高，而引起纠偏的需要，可能会导致对部分原计划，甚至全部计划的否定，从而要对企业的活动方向和活动内容进行重大的调整。这种调整可以称为追踪决策。

（3）注意消除人们对纠偏措施的疑虑，协调好组织成员之间的关系。任何纠偏措施都会在不同程度上引起组织的结构、关系和活动的调整，从而会涉及某些组织成员的利益。因此，管理人员要充分考虑到组织成员对纠偏措施的不同态度，协调好组织成员之间的关系，争取更多人的理解和支持，以保证纠偏措施能更顺利地进行。

控制过程的三个基本步骤，也是控制工作的三个基本内容，它们是相互联系，不可或缺的。没有第一步确立标准，就没有衡量实际业绩的依据；不进行工作业绩的衡量和把它与标准进行比较，就不会知道是否存在偏差以及产生偏差的原因是什么；不采取纠偏措施和落实纠偏措施，控制过程就会成为毫无意义的活动。

案例：T品牌产品生产的计划与控制

T品牌成立于2008年，主要针对16~22岁、追求时尚和个性表达的年轻消费群体的需求，经营街头潮人风尚的服饰产品。品牌追求"小价格·大时尚"的理念，以品牌定位为根本，以市场为导向，以国内外时尚潮流为参考，进行独立自主的服饰产品设计，平均每月推出100个新款。经过4年时间的发展，该品牌已经在我国20多个省开设了近400家品牌店铺，年营业收入达4亿元人民币。

在经营模式上，T品牌以外包生产和特许加盟相结合的模式进行产品的生产和销售，而商品企划与产品设计则完全由公司负责。品牌商品企划部的主要工作包括产品生产计划以及商品销售计划的制订和执行跟踪。商品企划部根据公司制订的年度战略规划总目标，围绕品牌定位和目标消费群，规划制订符合T品牌形象，满足目标消费群体需要，充分适应公司自身经营模式，也能充分发挥公司供应链管理能力的产品设计、生产和销售计划。设计中心根据计划与商品企划部一同拟定针对该产品季节的产品结构设计方案，确定各设计模块的款式结构、款式数量和成本结构等内容。在产品设计环节上，公司完全实行自主研发，由自身设计团队在把握国内时尚女装市场趋势和国际流行时尚趋势的基础上，从公司每年设定的业绩目标出发，设计适合目标消费群的、能够充分体现流行时尚元素的各类潮流服饰产品。

  T品牌服饰产品的面料、辅料及成衣的生产全部外包。在面料与辅料生产环节上，公司完全依赖于经严格甄选的面、辅料供应商。在成衣生产环节上，公司外包所有的成衣生产于同样经过严格甄选的成衣厂。为保证生产质量并控制生产成本，公司从自身业务模式的特点出发，建立了职责分明、结构完善的组织体系（图10-9），负责产品生产的各个环节。此外，公司通过流程与制度设计、合同条款设计、供应商选择、生产流程跟踪以及产品质量检测五个方面，对产品质量、生产进度和生产成本进行严格把控（表10-2）。

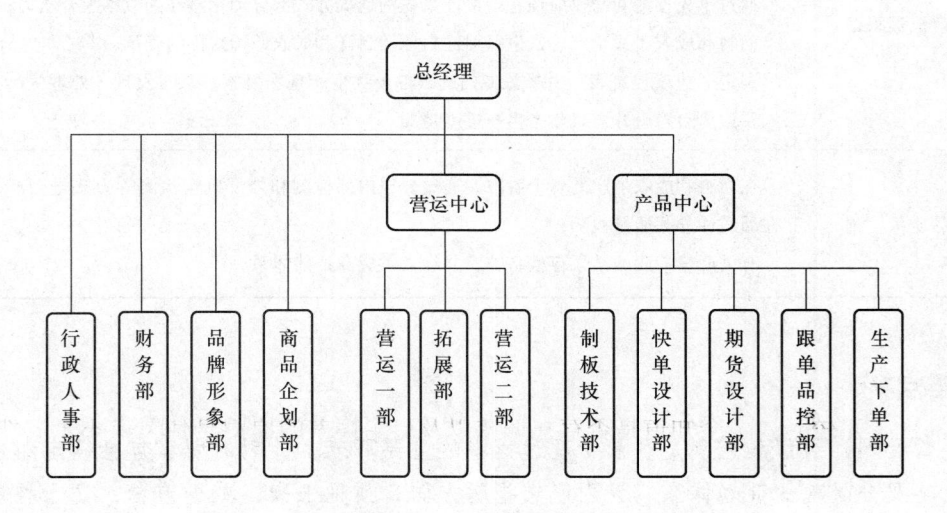

图 10-9　公司组织结构图

表 10-2　公司的生产质量、进度和成本控制体系

主要方面	涉及的主要内容
流程与制度设计	建立了完备的"采购—生产"整体流程； 各部门内部也建立了细致的工作制度和流程及各岗位人员的职责描述，保证各项工作有章可循

续表

主要方面	涉及的主要内容
合同条款设计	面、辅料和成衣的质量必须符合公司规定的"质量标准","质量标准"中未有规定的则按照国家一级品标准执行; 严禁供应商擅自委托第三方生产; 对生产过程中发生的内在品质和外观质量问题,或生产进度延误等问题,制定明确而全面的责任承担机制,并根据情况的严重程度采取整改、返修、赔偿及取消订单等措施; 在成衣到达公司收货地点前所出现的任何质量问题均由相应的责任方承担
供应商选择	对新面料、辅料供应商和成衣厂进行严格的审核,根据各项评分标准纳入"供应商数据库",作为公司可以合作的合格供应商; 每季产品生产前,公司将对供应商产能等现状进行考察并填写"供应商产能调查表",从而合理地安排产能并有效保证交货期; 通过竞价方式择优选择合格供应商承担具体批次的生产任务,从而有效控制生产成本; 根据供应商等级评估制度,每年对当年合作过的供应商进行评估并填写"供应商评估表",跟踪并确保供应商的生产质量
生产流程跟踪	在产品设计过程中,生产计划拓展部会同设计中心、商品企划部品类部门和面辅料采购部一同确定样衣成本。多部门的共同参与有助于从各个角度进行生产成本控制; 通过事先预测和与供应商在生产前事先沟通等方式部分消化潜在的成本上升压力; 面料和成衣正式生产前,进行对面料原始封样和成衣原始封样的确认; 制定"进度控制表"并委派专门的跟单员到生产现场督察,及时发现、处理生产过程中的质量风险隐患并监督整个生产进度情况
产品质量检测	在面料和成衣生产的各个阶段,通过公司内部检测和外部机构检测等方式进行产品的内在品质和外观质量检测; 有关质量检测的结果存档备查,并纳入供应商评估体系

本章要点

经营计划、组织和控制是企业管理过程中的重要环节。计划的内容包括确定组织的目标和战略及分层次的计划体系。计划能够指明方向,预见未来,减少浪费,便于控制。计划工作具有首要地位和普遍性。目标是计划的基础。企业在设定目标时必须考虑利益相关者对企业的要求,因而企业的目标不仅是经济的,也是社会的。掌握编制计划的步骤和方法是计划工作的必要技能,编制各类计划其实都可以遵循一种统一的步骤,这些步骤构成了计划编制流程。

组织的含义,体现了组织结构与组织过程两方面的内涵。组织是一个社会实体,由许多要素、部门、成员按一定的形式排列而成的框架体系即组织结构。组织也是一种管理职能。组织工作要合理地确定组织成员、任务及各项活动之间的关系,并对组织的资源进行合理配置。组织可以按照职能、产品、顾客、地域、流程等划分组成不同的组织结构。不同的组织结构各有其优缺点。

控制也是企业经营管理的基本职能之一，没有有效的控制，管理工作就有可能偏离计划，组织目标就可能无法顺利实现。控制的类型有前馈控制、同期控制和反馈控制。控制过程一般都包括确定控制标准、衡量实际工作成果、发现并纠正偏差三大步骤。

复习思考题

1. 市场经济条件下，服装企业为什么还要重视计划工作？
2. 制订经营计划的具体步骤有哪些？
3. 组织设计的基本原则有哪些？
4. 组织部门化有哪些基本形式？它们各有什么优缺点？
5. 什么是控制？为什么要进行控制？控制和计划的关系是什么？
6. 控制的主要类型及具体内容？
7. 控制过程一般包括哪些步骤？其主要内容是什么？

第十一章　服装企业经营环境

▫ **课题名称：** 服装企业经营环境
▫ **课程内容：** 经营环境概述
　　　　　　　宏观环境因素
　　　　　　　行业环境因素
　　　　　　　企业内部环境因素
　　　　　　　经营环境信息的获得
▫ **上课时数：** 2课时
▫ **训练目的：** 向学生介绍服装企业经营环境的构成要素以及服装企业获取经营环境信息的众多渠道。使学生不仅从理论上了解企业经营环境的构成，更能从实践的角度结合服装企业的实际情况进行经营环境分析。
▫ **教学要求：** 1. 使学生掌握服装企业经营环境的概念、特点。
　　　　　　　2. 使学生掌握宏观环境和行业环境的含义和内容。
　　　　　　　3. 使学生能够恰当分析经营环境对服装企业的影响。
　　　　　　　4. 使学生了解经营环境信息的获取方法。
▫ **课前准备：** 阅读企业经营环境方面的文章或书籍。

第一节　经营环境概述

环境是指某一事物赖以生存和发展的外部条件或是影响其生存和发展的各种外在因素。企业环境是指对企业生产经营活动产生影响的内外部条件。现代服装企业要在日趋激烈的市场竞争中求得生存和发展，就必须对市场营销环境进行分析和研究，密切关注营销环境的发展变化，分析和鉴别由于环境变化而给企业带来的机会、威胁和挑战，以避害兴利，化险为夷。

任何一个企业都受到来自这些环境力量的影响，而那些能够通过"与环境力量合作"，做出适当反应的企业便是成功的企业。这种合作可以表现为许多不同的方式。不论在哪种情况下，企业为了生存必须同环境力量相互作用，如图11－1所示。如果不能做到这一点，往往意味着企业的失败。

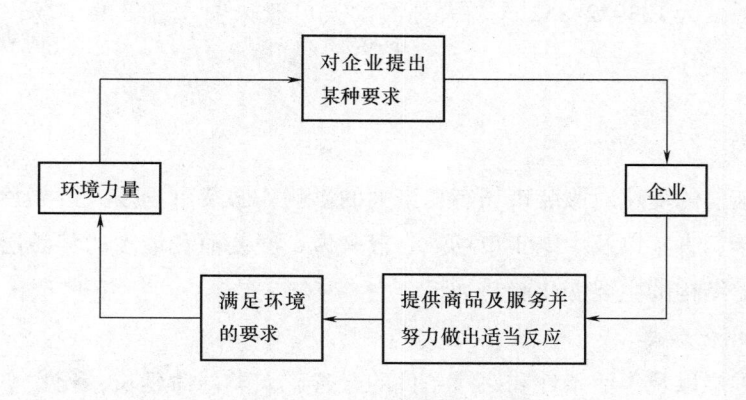

图 11 - 1　企业与环境的相互作用

一个企业的经营环境由许多亚环境因素构成。这些亚环境因素相互交错、相互影响、但又相互区别，各有独特之处。企业的经营环境按照层次不同可以分为宏观环境、行业环境以及企业内部环境。

第二节　宏观环境因素

服装企业与它的供应商、经销商、竞争者和消费者都处于一个存在各种因素的宏观环境中。这些因素可能会给企业带来机会或造成威胁，它们都是企业所不能控制的，但企业可以通过调整和控制自身的营销活动来适应这种宏观环境变化，并改善这种宏观环境。

服装企业的市场营销宏观环境因素主要包括人口、经济、自然、科技、政治法律和社会文化等因素。

一、人口统计环境

人口是市场的主体，是市场营销活动的直接对象，服装市场正是由有购买欲望同时又有支付能力的人构成的。人口的数量、结构和分布密度都在不断变化，服装市场的规模也随之不断发生改变，它主要受人口数量和实际收入水平、实际购买力水平的制约。

服装市场的人口环境主要从区域或全国市场的人口规模与增长率、人口的年龄结构与民族构成、教育程度、家庭结构、区域特征与人口迁移等角度进行分析。由于市场需求指的是"有效需求"，也就是有购买能力的需求，所以居民的实际收入水平也是市场宏观环境的重要内容，这部分内容将在经济环境中加以讨论。

（一）人口总量

根据 2010 年对世界 60 个国家的公共人口进行普查的结果显示，世界人口已经从 2000

年的 60 亿增加到了 2009 年的 68 亿。2010 年，我国第六次人口普查登记（已上报户口）的全国总人口数量为 1339724852 人。大规模的人口意味着大容量的市场，这对我国服装业十分有利。

（二）年龄结构

人口年龄结构的变化对服装市场有相当大的影响。服装市场按人口年龄的不同可划分为儿童、青少年、青年以及中老年市场。一般来说，服装消费最多的年龄层在 15～39 岁。目前，人口年龄结构的主要变化趋势如下。

1. 人口老龄化加速

由于科技进步以及生活条件和医疗条件的改善，人类寿命延长，死亡率下降，人口老龄化成为当今世界的必然趋势。2010 年我国第 6 次人口普查显示，60 岁及以上人口占全国总人口的 13.26%，比 2000 年人口普查上升 2.93 个百分点，其中 65 岁及以上人口占 8.87%，比 2000 年上升 1.91 个百分点。老年人口绝对数和相对数的增加为中老年服装市场带来了广阔的发展前景。

2. 出生率下降

美国等发达国家的人口出生率下降，这给儿童服装的生产经营者带来一定的威胁。当然这却使得很多年轻夫妇有更多闲暇时间用于关注流行时尚，而且可用于购买时尚服装的支出也有所增长。

计划生育政策的实施虽然在一定程度上降低了我国的出生率，但我国儿童的绝对数和相对数仍然非常可观。2010 年人口统计数据显示，我国 14 岁以下的儿童人口为 222459737 人，占 16.60%，这显示了我国童装市场的巨大规模和利润空间。

（三）性别结构

2010 年人口统计数据显示，大陆 31 个省、自治区、直辖市和现役军人的人口中，男性人口为 686852572 人，占全国总人口的 51.27%；女性人口为 652872280 人，占全国总人口的 48.73%。总人口性别比（以女性为 100，男性对女性的比例）由 2000 年第五次全国人口普查的 106.74 下降为 105.20。

女装是服装中最为丰富多彩，同时也是服装类商品中销售最为活跃的服装类型。当代女性有欲望也有条件通过服装去取得情感和精神的满足，去追求认同、魅力和权利。随着男性生活方式和工作需求的转变，男性的着装品位和时尚意识也在日益提升，男装同样需要为男人的不同生活方式、不同场景、不同心情去设计开发，在营销策略、品牌宣传等方面也要进行精心策划。

（四）教育程度

受教育水平的差异、从事职业的不同，这些也都会造成消费者的服装消费差异。受教育越多，对产品的鉴别能力越强，购买理性程度越高，对产品的质量和品牌就越挑剔；受教育程度越高，对商品需求层次越高，对书籍、艺术、文化、旅行等的需求越大。同时，受教育人数越多，意味着劳动者素质较高，意味着现代知识型企业及以知识为竞争基础的时代的到来。一般来说，即使白领与蓝领工人收入相同，但是由于各自不同的职业取向，他们的服装消费取向也会大相径庭。

据 2010 年人口统计结果显示，具有大学（指大专以上）文化程度的人口为 119636790 人；同 2000 年第五次全国人口普查相比，每 10 万人中具有大学文化程度的人数由 3611 人上升为 8930 人，上升一倍有余，这将意味着行业中劳动者的素质得到了普遍提高，随着其收入的升高，这部分人群对服装的消费也有了大幅度提高。

（五）家庭结构

家庭户数、家庭规模以及家庭组成状况对服装产品的潜在需求量和需求结构具有重要影响。随着计划生育、晚婚、晚育政策的倡导和实施，职业妇女的增多，丁克家庭、单亲家庭和独身者的涌现，消费者对服装产品的需求也与过去发生了较大的变化。

20 世纪 80 年代以来，计划生育政策的实施使家庭规模逐步缩小。2010 年，我国平均每个家庭户的人口为 3.10 人，比 2000 年第五次全国人口普查的 3.44 人减少 0.34 人。

（六）城镇人口比重大幅上升

2010 年人口普查显示，居住在城镇的人口为 66557 万人，占全国总人口的 49.68%。同 2000 年相比，城镇人口比重上升 13.46 个百分点。我国城镇化的速度在加快，这为我国创造了新的经济增长点，进而促进了经济的增长，扩大了服装的消费需求。

（七）体型特征

对服装而言，合体性是非常重要的。《服装号型》国家标准中对于人体体型及相应的服装号型进行了划分。人们的体型会随着时代发展而发生变化，服装号型也需要随之进行不断修订。另外，不同国家、不同种族、不同地域的体型差异也是非常显著的，因此服装企业必须了解消费者的身体尺寸，这是达到服装合体性的基础。

国外的服装号型尺寸划分非常细致，其中女装共有 44 种尺码（瘦型 11 种、普通型 11 种、成熟型 10 种、青少年 7 种及青少年加大 5 种）；男装中的运动装、工作装、内衣及睡衣有 41 种尺码，西装外套与夹克则划分为 13 种尺码。

（八）地理分布

人口在地理区域上的分布密度关系到服装的潜在需求量。以我国为例，人口分布的总体趋势是东多西少，而且西部的经济发展和消费水平相对而言也低于东部，因而中国服装业的重心在东部和中部地区。

除此之外，人口的地理分布还会影响到服装的需求结构和需求数量，这是因为不同地域的地理环境、气候条件、自然资源和风俗习惯有很多不同，人们的体型特征也存在较大差异。以我国为例，我国地大物博，是个多民族国家，56个民族构成了一幅多姿多彩的民俗画。仅在云南就有26个民族、26种语言、26种习俗，形成了独特的服装文化及着装行为。

二、经济环境

经济环境指影响企业营销方式与规模的外部经济因素，其运行状况及发展趋势会直接或间接地对企业营销活动产生影响。

市场不仅是由人口构成的，这些人还必须具备一定的购买力，因为市场需求指的是"有效需求"，也就是有购买能力的需求。经济环境往往决定购买力。因此服装企业应特别关注宏观经济状况、收入、生活费用、利率、储蓄及消费模式等方面的主要变化。

（一）宏观经济状况

服装企业在进行经济环境分析时，首先要考虑当前的宏观经济处于何种阶段：是萧条、停滞、复苏还是增长以及宏观经济以怎样的周期规律变化发展。国际、国内的经济形势会对服装的消费产生重大影响。在众多衡量宏观经济的指标中，国内生产总值（GDP）是最常用的指标之一，它是衡量一个国家或地区经济实力的重要指标。

（二）收入与支出状况

1. 收入水平

消费者收入是指消费者个人从各种来源中所得的全部收入。消费者的购买力来自消费者的收入，但消费者并不是把全部收入都用来购买商品或劳务，购买力只是收入的一部分。因此，服装企业在研究消费收入时要注意分析以下数据。

（1）人均国民收入：指GDP与总人口的比率。这个指标大致反映了一个国家人民生活水平的高低，也在一定程度上决定着商品需求的构成。一般来说，人均收入增长，对消费品的需求和购买力就增大，反之就减小。

（2）个人收入：指城乡居民从各种来源所得到的收入。各地区居民收入的总额可用以衡量当地服装消费市场的容量，而人均收入的多少则能反映服装购买力水平的高低。

（3）个人可支配收入：指在个人收入中扣除税款和非税性负担后所得余额，是个人收入中可以用于消费支出或储蓄的部分，它构成实际的购买力。

（4）个人可任意支配收入：指个人可支配收入中减去用于维持个人与家庭生存不可缺少的费用（如房租、水电、食物、燃料、基本衣着等各项开支）后剩余的部分。这部分收入是消费需求变化中最活跃的因素，也是服装企业开展营销活动时所要考虑的主要对象。

2. 消费结构

随着消费者收入的变化，消费者的支出模式会发生相应变化，继而一个国家或地区的消费结构也会随之发生变化。西方一些经济学家常用恩格尔系数来反映这种变化。恩格尔系数表明，在一定的条件下，当家庭个人收入增加时，收入中用于食物开支部分的增长速度要小于用于教育、医疗、享受等方面的开支增长速度。食物开支占总消费量的比重越大，恩格尔系数越高，生活水平越低。根据联合国粮农组织的标准划分，恩格尔系数在40%~49%为小康，30%~39%为富裕，30%以下为最富裕。从国外来看，美国自1980年以来，恩格尔系数平均为16.45%，日本1990年以来平均为24.12%。

2011年，我国城乡居民家庭恩格尔系数分别为36.3%和40.4%。我国恩格尔总体下降的格局没有改变，但降幅在逐步缩小。总体来看，我国农村居民生活已初具小康水平，而城镇居民生活水平已基本达到富裕，这对服装业而言是好消息。

3. 储蓄

储蓄指城乡居民将可任意支配收入中的一部分储存待用。储蓄有多种形式，可以是银行存款、购买债券或是手持现金。较高的储蓄率会推迟现实的服装消费，而加大潜在的服装购买力。虽然我国的人均收入水平不高，但储蓄率较高，从储蓄存款余额的增长趋势看，国内服装市场的潜在需求量规模较大。

（三）通货膨胀水平

货币供给、物价水平和通货膨胀大小一直是经济环境的敏感因素。适度的通货膨胀可以刺激经济增长，但过高的通货膨胀对经济造成的损害往往难以预料，甚至导致经济的崩溃。消费品价格上涨太快，使人们基本生活需要支出大幅增加，误导的价格信号会使某些消费行为提前，某些消费行为又被推迟，个人可自由支配收入的降低会长时间抑制耐用消费品的需求，特别是高通货膨胀率造成的社会心理损害将对整个市场供求关系产生深层次的影响。如果企业不能对此做出正确估计，或者说日后的通货膨胀程度大大超过企业所能承受的范围，则企业的既有战略就形同虚设。

（四）跨国经营涉及的经济因素

对于从事跨国经营的服装企业来说，必须考虑的经济因素还包括关税种类及水平、国际贸易支付方式、东道国政府对利润的控制、对外国企业的各种待遇、东道国关税制度等。东道国政府有时限制外国企业的利润汇出，有时还会对外国企业的股份比例加以限制，并有可能要求外国企业在本国生产的产品中必须有一定比例的本国零部件，否则课以重税等。税率水平的不同使得企业可以选择在税负较轻的国家注册。

现在，有多个国家组成的政治—经济联盟已成为影响企业跨国经营活动的重要力量，其中较为重要的是石油输出国组织、欧洲联盟、北美自由贸易区和东盟自由贸易区。

三、自然环境

自然环境是指企业业务涉及地区或市场的地理、气候、资源、生态等环境。目前全球的自然环境有四种变化趋势：原材料短缺、能源成本增加、污染加重、政府在环保中的使命变化。而服装企业所面临的机会与威胁也恰恰是与这四种趋势密切相关的。

由于全球环境日益恶化，资源严重破坏，人类的生存环境受到影响。在这种时代背景下，服装绿色化、环保化将是大势所趋。服装环保化将改变从纺织原料种植、生产到加工、直至消费的整个过程中人们的传统理念和方法，将对人们的消费习惯和生产方式产生深远影响。

如今德国、瑞士等欧洲的服装大买家或高档服装零售商都把环保和功能指标引入到服装质量标准中，并按此标准进口服装。若进口的服装中使用了国际上禁用的染化料或含有对人体健康有害的物质（如面料上残留的游离甲醛、鱼腥味、重金属等），将被列为不合格商品而被拒绝进口。可见，环保已成为服装进入国际市场的通行证。

另外，服装企业对废弃物的处理也应符合环保要求。对消费者使用过的质量基本完好的旧衣服和滞销积压服装或残次品，经严格消毒后，本着充分利用的原则，可捐献给慈善机构或受灾地区；无法穿用的旧衣服可回收重新制作成工业用的纺织品；难以回收利用的废弃物则要进行卫生处理，以有利于环境保护。

我国加入世贸组织给纺织服装业带来利好消息的同时，也警示了业内要对产品环保提出更高的要求。ISO 14000 系列标准的实施，也使世界贸易市场的环境原则提到了日程上。无论是生产商还是销售商都要树立环保和绿色营销意识，积极开发和生产生态纺织品和绿色环保服装，以增强产品的市场竞争力。

四、科学技术环境

科学技术环境是指企业业务所涉及国家或地区的科技水平、科技政策、新产品开发能力以及科技发展动向等。从总体上讲，服装业包括面料设计、款式设计、样板设计、辅料设计、生产管理、市场营销等众多环节，是一个庞大的系统工程。先进科学技术的应用将使每个环节的配合与衔接更为科学，更为快捷。

（一）纤维与面料

科技的发展使服装材料的性能和特征产生重构，许多面料不仅具有天然纤维的舒适性，而且在某些功能方面表现出更大的优越性，如莱卡、Tencel 纤维、莫代尔纤维、竹纤维、大豆纤维、天然彩棉以及将含有多种微量元素的无机材料通过技术合成制成超细微粒再添加到化学纤维中而制成的具有某些特殊功能的微元生化纤维。纳米材料的小尺寸效应和宏观量子隧道效应也会大幅度提高材料的强度、弹性、耐磨性和热稳定性。将高科技应用于面料开发，可赋予面料不同的特殊功能，既能满足人们对面料的生理和心理要求，又能提高服装的档次和附加值。

（二）计算机技术

数字化与信息化的迅速发展也给服装业带来了新的生存环境与新的发展契机。现代服装企业以数字化信息为基础，以计算机技术和网络技术为依托，通过对服装设计、加工、销售等环节中信息的收集、整合、存储、传输和应用，最终可以实现服装企业资源的最优化配置。

五、政治法律环境

政治法律环境是指企业营销活动的外部政治形势以及国家或地方政府颁布的各项法律、法规、法令和条例等。现代市场经济是法制经济，是在政府干预下运行的经济系统，因此政治与法律环境正越来越多地影响着服装企业的市场营销活动。政治法律环境因素对企业来说是不可控的，带有强制性的约束力，企业只有适应这些环境因素的要求，使自己的行为符合本国及经营所在国或地区的政策、法令、法规的要求，才能生存和发展。

六、社会文化环境

社会文化环境是指企业业务涉及国家或地区的民族特征、文化传统、价值观念、生活方式、宗教信仰、伦理道德、教育水平、社会结构、风俗习惯等情况。社会文化环境对服装企业的产品开发、商标设计、广告宣传、服务内容等各方面都起着制约作用。社会文化环境涵盖的内容非常广泛，在此仅择要分析对服装营销影响较大的四个方面。

（一）文化

纵观服装发展史可以看到，东西方服装在外观造型和内部结构上存在着本质的差异，其中的一个重要原因就是东西方在文化上的差异。

中国历史的发展基本上是各个朝代的纵向更迭，疆土的变化并不大。而欧洲的历史却是由欧洲各个国家、各个民族历史的横向交织而形成的，跨越亚、非、欧三大洲的疆界，形成了极为丰富多样的文化形态。表现在服装上，东方服装的演变具有明显的传承性，远不及西方服装那样变化频繁；而西方服装的演变则具有不断的否定性。东方服装一直走着平面化的道路，而西方服装却走上立体化的道路，且不断变化成我们今天的服装形式。另因西方服装一直受西方艺术风格，尤其受其中的建筑、雕塑和绘画的影响。各个时期的服装造型都与当时的艺术风格紧密关联，这也是西方服装强调几何形体、注重三维空间构成的原因。而东方服装一直是受儒、释、道的哲学思想的影响，忽视服装外观形式的存在而追求"低仰自德"的内在精神境界。

（二）亚文化

不同民族、宗教、种族、地域的文化内涵差别很大，主要表现在语言、文字、民族性格、传统观念、生活方式、风俗习惯、价值观念等方面，这对人们的服装偏好与消费习惯有着重要影响。

以服装色彩为例，某些色彩在某些地域或民族已被人为地赋予象征性。由于宗教信仰、自然环境等因素，使生活在世界各地的人们对色彩有着不同的印象，色彩的象征性也就不同，因而形成了自己固有的用色习惯，这使不同地区、不同民族在服装色彩等方面形成了自己的特点和偏好。

（三）流行

流行又称"时尚""时髦"，与社会上的其他事物发展运行规律一样，也有其发展周期，即流行周期。流行周期是指一种流行的兴起、高潮和衰落的过程。流行是影响消费者心理的最关键因素之一，也是激起消费者购买欲望的最大吸引力之一。流行对服装的销售有着至关重要的影响。

在市场经济条件下，服装企业面对流行趋势并非只能被动跟随。服装流行在很多时候是人们有意倡导和策划的，是通过设计师的调研设计、制造商的制作、新闻媒介和衣着创新者的传播而盛行起来的。

（四）生活方式

菲利浦·科特勒在《营销管理》中对"生活方式"的定义是"一个人在世界上所表现的有关其活动、兴趣和看法的生活模式"，它描绘出同环境有相互影响的"完整的人"。生活方式影响着服装消费行为的所有方面。服装企业为了稳固其在行业中的地位，提升自身品牌形象，就必须针对服装潮流趋势及消费者生活方式及时更新设计理念和经营路线。

第三节　行业环境因素

企业不仅要在宏观环境中进行生产，而且还要在特殊的领域或行业中从事经营活动。一般环境对不同类型的企业都会产生一定程度的影响，而与企业所在的具体领域或行业有关的特殊外部经营环境则直接、具体地影响着企业的经营活动。

企业是在一定行业领域内从事经营活动的，行业环境的特点直接影响着企业的竞争能力。在进行行业竞争状态分析时，可以运用美国著名管理学者迈克尔·波特的行业竞争分析法。该理论认为，公司最关心产业内的竞争程度，因为行业的竞争程度决定了该行业的根本赢利能力，行业竞争的特色也从根本上决定了该行业中企业竞争战略的特色。波特认为，有五种力量决定了行业竞争强度的高低，它们分别是：新进入者的威胁；现有企业之间的竞争；替代品的威胁；购买者的讨价还价能力；供应商的讨价还价能力。"这些力量的合成最终决定了一个产业的赢利潜力"。每一股弱的力量都是机会，每一股强的力量都是使利润降低的威胁，如图11-2所示。

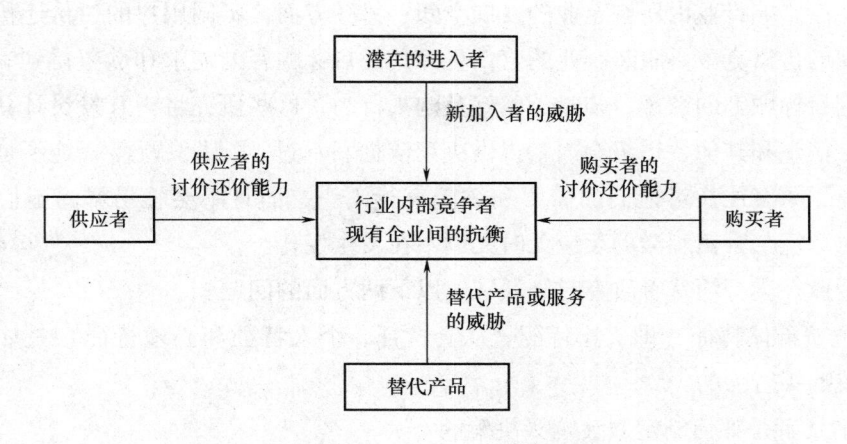

图 11 – 2　服装行业竞争结构分析模型

一、供应商

企业从外部获取生产所需的许多生产要素，而提高这些生产要素水平的经济组织则在相互联系的两个方面制约着企业的经营：一方面，能否根据企业的要求按时、按质、按量地提供所需的生产要素，影响着企业生产规模的维持和扩大。另一方面，提供货物时所要求的价格决定着企业的生产成本，影响着企业的利润水平。综合起来看，对供应商的分析需要可从以下四个方面着手。

（1）是否存在其他货源。
（2）供应商所处行业的集中程度。
（3）寻找替代品的可能性。
（4）企业后向一体化的可能性。

传统理念中，供应商与本企业是一种零和竞争状况，也就是供应商获利多一些，必然损害本企业的利益。因此，许多企业在选择原材料、零部件供应商时，会向许多厂商同时发出邀约，继而在众多厂商中选择价格及质量等各方面性价比最高的供应商。另外，企业在不断寻找更好的供应商。企业与供应商之间只有一种供与求的关系，基本上不存在合作关系。

事实上，日本企业与供应商之间采取一种合作的方式，使得日本企业在国际竞争中领先于其他国家的企业。

对于服装企业来说，面辅料的设计水准、科技含量、质量等级、供应的及时性等对于企业经营至关重要，因此，服装企业应将供应商视为战略合作伙伴，建立起长期、稳固的合作关系，实现双方共赢。

二、购买者

购买者在以下两个方面影响着企业的经营：一方面，对产品的总需求决定着行业的市场潜力，从而影响行业内所有企业的发展空间；另一方面，不同用户的讨价还价能力会诱发企业之间的价格竞争。服装企业的营销目标是使目标顾客的需求和欲望得到满足。营销者必须研究目标顾客的欲望、知觉、偏好及购买行为，这些研究将为开发设计新产品、价格、渠道、信息和其他营销组合因素提供决策依据。不过，"认识顾客"绝不是一件轻而易举的事情。顾客往往对他们的需要和欲望言行不一，而且不会轻易暴露他们的内心世界，他们对环境与营销刺激的反应无时无刻不在发生变化。

服装企业在进行消费者研究时必须了解以下两方面的问题。

（1）消费群体特征（即文化特征、社会特征、个人特征和心理特征）是如何影响消费者的服装购买行为的？

（2）消费者是如何制定服装购买决策的？

三、潜在竞争对手

一种产品的开发成功，会引来许多企业的加入。这些新进入者既可以为行业注入新的活力，促进市场竞争，也会给现有厂家造成压力，威胁它们的市场地位。

新厂家进入行业的可能性大小，既取决于由行业特点决定的进入难易程度，又取决于现有厂商的反击程度。如果进入障碍高，现有企业激烈反击，那么潜在的加入者就难以进入该行业，对已加入者的威胁较小。决定进入障碍大小的主要因素有：规模经济、产品差别优势、资金需求、转换成本、销售渠道和与规模经济无关的成本优势等。

四、现有竞争者

企业面对的市场通常是一个竞争市场，制造和销售同种产品的企业通常不止一家。多家企业生产相同的产品，必然会采取各种措施争夺用户，从而形成市场竞争。现有竞争对手之间经常采用的竞争手段有价格战、广告战、引进产品以及增加对消费者的服务和保修内容等。任何组织，即使是寡头垄断厂商，也会有着一家以上的竞争对手。没有任何企业能够忽略竞争，否则其代价将是非常昂贵的。对现有竞争者的研究主要内容如下。

1. 基本情况研究

研究基本情况的目的是要找到主要竞争对手。一般来说，可以从以下问题入手：竞争对手的数量有多少？分布在什么地方？他们在哪些市场活动？各自的规模、资金、技术力量如何？其中哪些对自己的威胁特别大？

为了在众多的生产同种产品的厂家中找出主要竞争对手，必须对他们各自的竞争实力及变化情况进行逐一分析和判断。反映企业竞争实力的指标主要有三个：销售增长率、市场占有率和产品的获利能力。

2. 对主要竞争对手的研究

比较不同企业的竞争实力，找出了主要竞争对手后，还要研究其所以能对本企业构成威胁的主要原因。研究主要竞争对手的目的是要找出主要对手竞争实力的决定因素，以帮助企业制定相应的竞争策略。

3. **对竞争对手发展动向的研究**

竞争对手的发展动向包括市场发展或转移动向与产品发展动向。要收集有关资料，密切注视竞争对手的发展方向，分析竞争对手可能开辟哪些新产品、哪些新市场，从而帮助企业先行一步，争取时间优势。对竞争对手发展动向的研究是企业在竞争中争取主动地位的重要手段。在判断竞争对手的发展动向时，要着重分析对方推出某一产品生产的难易程度。

此外，对于竞争不能仅仅局限于片面理解。竞争是多方面的，不止于争取顾客，在取得原材料、贷款方面也包含竞争，在技术发展、改进产品上更是竞争激烈，而这些竞争最终又将是管理的竞争、人才的竞争。因此，企业的经营管理人员必须保持清醒的头脑，仔细分析、研究本企业的竞争状况及竞争对手的实力和发展动向，并及时采取适宜的竞争策略予以应对。

五、替代品生产厂家

替代品生产厂家的分析主要包括两个内容：第一，确定哪些产品可以替代本企业提供的产品。这实际上是确认具有同类功能的产品的过程。第二，判断哪些类型的替代品可能对本企业的经营造成威胁。为此，需要比较这些产品的功能实现能够给使用者带来的满足程度与获取这种满足所需付出的相应费用。

第四节 企业内部环境因素

企业内部环境是指企业的资源、技术、营销、成本和管理等。对这些方面进行系统而客观的评价，从而发现企业的强项以及弱点所在，进而更加高效地利用外部发展机会。

一、资源因素

企业的生产经营离不开人力、物力、财力，因此可对此三种资源进行分析研究。

（一）人力资源

根据不同的标准可以将人力资源划分成不同的类型。人力资源研究就是要分析这些不同类型人员的数量、素质和使用状况。在竞争日益激烈的今天，企业之间的竞争归根结底是人才的竞争，企业应重视人力资源的培训和储备。

（二）物力资源

物力资源研究，就是要分析在企业的经营活动过程中需要运用的物质条件的拥有数量和利用程度。

（三）财力资源

财力资源是一种能够获取和改善企业其他资源的资源形式。财力资源研究就是要分析企业的资金拥有情况、构成情况、筹措渠道、利用情况，也包括分析企业是否有足够的财力资源来组织新业务的拓展、原有活动条件和手段的改造，以及在资金利用上是否还有潜力可挖等。

二、技术因素

企业要对自己的技术状况进行分析。企业的产品设计、工艺装备是否先进，产品功能结构、技术人员比重、产品的科技含量、技术进步贡献率、新产品试制成功率、工人的技术水平等在同行业中是否处于领先地位，这些都是需要着重分析的技术因素。

三、营销因素

在市场经济条件下，经营的重心转向营销，企业必须重视对自身经营情况的分析。通过对企业营销人员的素质、企业营销的能力及成果进行评价，企业才能了解自己竞争实力的真实强弱程度。

四、成本因素

产品成本是反映企业的生产、技术和经营成果的综合性指标。产品成本的高低，决定企业能否为社会提供更多的价廉物美的产品来满足社会需求，同时也决定着企业的经济效益及竞争能力。企业可通过成本的比较，对成本构成及成本构成中的有利因素和不利因素进行分析。

五、管理因素

通过管理可以寻求企业内部各要素的最佳结合形式，从而实现企业的经营目标。所以，企业必须对自己的管理工作进行分析，才能提高管理水平，取得更好的经济效益。

服装企业可依据表 11 – 1 中列出的项目进行企业内部环境分析。

表 11 – 1　服装企业内部环境分析项目

项目	主　要　内　容
财务状况	利润—销售收入比，利润—有形资产净值比，利润—流动资本比，每股收益，流动比率，现金流量，资本结构，返款率，存货周转
公司结构	现阶段公司结构类型，公司结构图表，公司权利与责任关系是否明确，计划与控制程度及实施效果，组织内部的协调与合作

续表

项目	主 要 内 容
管理者数量与素质	最高管理者组成结构，管理者风格（专制型与参与型），董事会的作用，最高管理者对近几年盈亏结果所负的责任，管理能力评价，最高管理者的经营观
业务人员数量与素质	生产技术人员技巧与能力，员工工作动机和态度，技术开发及其他业务人员占全部员工的比例，现有业务人员对未来的适应性，工资政策
竞争地位	公司在产品与服务方面的优势和缺陷，价格政策及所处地位（价格领导者，价格接受者，价格跟随者），市场占有率及其稳固程度，顾客，供应商，销售商，中介组织，竞争者，政府对企业的评价，市场发展趋势（扩大，稳定，收缩，转移），产品系列及其兼容协调
设备状况	生产设备效率，制造工艺和设备的特性，生产设备的剩余能力，生产设备的发展及适应未来竞争的状况
营销能力	营销能力与产品系列特性相配的程度，市场营销活动（调研、销售、价格、服务、广告、促销），销售渠道的现有状况，顾客满意度及产品开发与市场拓展的能力
设计与开发	设计与开发能力的特性和程度，技术能力、新品开发情况
过去的战略目标	过去5年的公司目标及其实现程度，过去战略成功的原因，过去战略失败的原因，过去战略对今天和未来的影响

第五节　经营环境信息的获得

服装企业生产经营环境错综复杂，涉及的信息类型多种多样，只有把握了全面的环境信息来源，并遵循科学的环境研究程序，才能确保经营环境信息的准确、及时获得。

一、环境信息的类型

从企业环境层次看，环境信息可以分为宏观环境信息、微观环境信息。由于企业中不同用户在企业中所处的地位、工作性质、职责、涉及的决策问题等不同，他们的信息需求也不同，我们可以根据需求者不同对环境信息进行分类。

（一）最高决策者需要的信息

最高决策者包括：董事长、总经理、总工程师、总会计师等。在企业的经营管理过程中，他们需要确定企业未来发展与战略的目标，因此他们对信息的需求以全局性、分析性为主，具体可分为政策法规、企业内部信息、市场情报和行业动态信息四个方面。

(二) 职能部门决策者需要的信息

各职能部门决策者的需求依据部门的不同各有特点。

1. 销售部门需要的信息

（1）具体的销售数据。

（2）市场调查分析报告。销售主管需要的信息除了常规的新产品市场定位、市场调查、产品的生命周期预测等专题报告之外，还有针对企业网站获取的用户访问信息、客户反馈信息的分析报告。

2. 生产部门需要的信息

生产部门决策者需要了解企业的生产经营状况、发展趋势、市场情况等，具体包括以下四个方面的信息。

（1）常规的生产数据。

（2）最终产品的规格、质量与成本耗费等。

（3）新工艺、新技术、新方法的跟踪信息。

3. 供应（采购）部门需要的信息

（1）常规的原材料或外购件价格、供应保证状况、生产设备的技术水平以及维修状况。

（2）新材料、新技术设备方面的动态信息。

（3）原材料、新设备采购计划。

4. 研发部门（R&D）需要的信息

研发部门的决策者一方面要了解本企业的生产经营状况、发展趋势、市场动向等信息，另一方面更着重于科技信息的收集与研究。

5. 财务部门需要的信息

（1）企业资产的历史及现状，如筹资能力、资金利用率、资金收益率、资金周转率、企业其他负担、总营业额等。

（2）竞争对手的财政年度报告。

6. 人力资源部门需要的信息

（1）员工基本情况。

（2）人员调动、招聘方案。

（3）竞争对手的人力资源结构分析。

（4）员工业绩评估方案。

以上各个职能部门需要的信息之间具有一定的重合性及相互关联性。

(三) 企业其他员工需要的信息

销售、研发等部门需要的信息可以通过信息主管、首席信息官或各职能部门主管赋予一定的资源访问权限而得到满足。

二、环境信息的来源

根据来源不同,环境信息可以分成三个部分,即企业内部信息、企业外部信息以及内外交叉信息。

(一) 企业内部信息

这部分信息主要是指企业各职能部门管理系统中的信息。

(二) 企业外部信息

企业可以从公开出版物和非公开出版物中获得大量的战略信息。现在,利用计算机网络可以使企业更便捷地收集、消化和评价信息。

(三) 内外交叉信息

内外交叉信息主要是指企业在与外部发生的各种活动中产生的信息。这部分信息的收集一方面依赖于企业员工的竞争意识与企业的凝聚力,及时向企业管理信息系统部门提供企业与外部发生的各种活动中产生的信息;另一方面,由管理信息系统部门根据各级决策层对信息的需要去收集特定的企业内外交叉信息,如企业网站上用户的访问记录、客户的反馈信息等。

三、环境研究的程序

环境研究首先是收集各种环境信息,其次是评价信息,最后是运用一系列管理工具,分析研究环境信息,辨认环境的性质,为企业制定战略决策做好准备。

(一) 环境信息的收集

环境信息的收集方法:
(1) 通过企业内部各部门收集信息。
(2) 通过企业内部图书资料部门收集信息。
(3) 通过因特网收集信息。
(4) 通过联机数据库收集信息。
(5) 通过人际网络收集信息。

在收集环境信息的过程中,可以采用一种或多种方式进行信息收集工作。据调查研究,国内企业在收集信息过程中,最常用的是行业期刊,其次是专利及科技文献,再次为通过行业专家收集信息,见表 11-2。

表 11-2　信息收集方法列表

收集方法	使用程度	使用该方法的程度（≥4）的企业的百分比
行业期刊	5.73	91.67%
专利及科技文献	5.24	79.86%
行业专家	5.01	81.94%
外部出版物	4.99	82.64%
行业协会	4.68	75.00%
关系（个人关系网络）	4.52	71.53%
互联网	4.49	66.67%
外部联网数据库	4.36	65.28%
内部网	4.24	64.58%
个人访谈（面对面）	4.21	63.89%

资料来源：《企业竞争情报系统》，包昌火、谢新洲主编，北京：华夏出版社，179~180页。

（二）环境信息的评价

收集来的信息量非常大，且其中可能会存在鱼目混珠的现象，因此要从收集的大量信息中获取真正所需的信息，这就要求必须对发现、挖掘和整理出来的原始信息进行价值评价，去伪存真。根据待评价信息的基本特征或特点，分别置于相应的评价体系中，进行适度评价和筛选，以利于信息的针对性使用。

对信息的评价应依据准确性、完备性和重要性原则。

1. 准确性

指信息的可信程度，主要包括可信性和一致性两个方面。

2. 完备性

指相对于原有信息的完备程度，主要包括新颖性、互补性和周期性三个方面。

3. 重要性

指信息的重要程度，是否及时、前瞻、适用和具有带动作用，主要包括及时性、先导性、适用性和带动性四个方面。

企业在制定战略时，就需要按照以上原则对收集的信息进行评价。根据目标不同，对以上各个原则可以有不同的侧重点。例如，企业要发掘潜在的竞争对手，则信息的及时性、可信性、新颖性、互补性这四个属性要求尤为重要。

（三）环境信息的分析

环境信息分析的目的是为企业制订战略决策服务，因此对环境信息的分析主要是从竞争角度进行。按照信息的主要领域和核心内容，可以把环境信息分析分成三类，如图11-3所示。

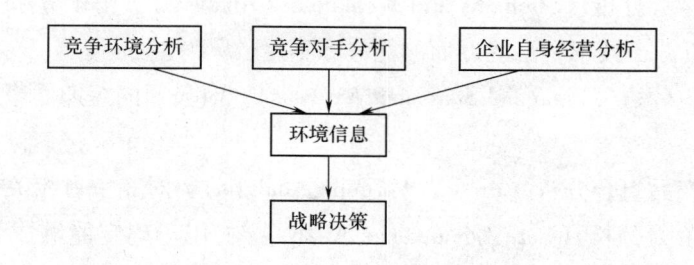

```
竞争环境分析    竞争对手分析    企业自身经营分析
              ↓
           环境信息
              ↓
           战略决策
```

图11-3　环境信息分析的主要领域与核心内容

1. 针对竞争环境的分析方法

（1）政治及国家风险分析（Political and Country Risk Analysis）：该方法用于评估企业在国外运作的风险类型与程度。

（2）产业情景预测（Industry Scenarios）：该方法可以用来对未来的各种可能的产业结构进行内在连续的详细描述。

（3）五种力量产业模型（Porter's Five-forces Model）：该方法用于分析驱动产业竞争的五种基本力量，即供应商讨价还价的能力、购买商讨价还价的能力、替代品的威胁、新进入者的威胁和现有竞争者之间的竞争。

（4）BCG产业矩阵（BCG Industry Matrix）：基于企业取得竞争优势的潜在资源的数量以及一个领先企业能够获得的优势的大小来鉴定一个产业的吸引力。

（5）产业细分化（Industry Segmentation）：用于分析一个产业内部分立的各个竞争层面。其细化的标准通常是产品类别、购买者特征、销售渠道及地理划分。

（6）技术评价（Technological Assessment）：用于掌握行业中技术方面的关联及变化。

（7）SWOT分析（Strengths，Weaknesses，Opportunities and Threats Analysis）：用于帮助企业识别其相对环境、竞争对手的优势、劣势、机会和威胁，找出影响成功的关键因素，提供可选择的战略，这是一种常用的综合分析方法。

（8）事件分析（Events Analysis）：用于帮助企业找出必须面对的某些关键的机会和问题，从而保持或增强其竞争地位。

（9）市场信号分析（Marketing Signaling Analysis）：指竞争对手若有任何行动，它将提供竞争对手的意图、动机、目标或内部状况的直接或间接的暗示。

（10）战略集团分析（Strategic Groups Analysis）：识别产业内可划分的不同企业集团，每一战略集团内的企业采用相似战略，有相似的管理系统；它们倾向于被相同的竞争行动和外部事件所影响以及对这些竞争行动和外部事件做出相近的反应。

2. 针对竞争对手的分析方法

（1）定标尺（Benching）：将任何本企业业务活动（如售后服务）与从事该项活动最佳者进行比较，从而提出行动方案以弥补自身的不足。

（2）关键成功因素分析（Key Success Factors Analysis）：分析一个企业为了获取成功必须充分关注的几个因素。

（3）优势及劣势分析（Strengths and Weaknesses Analysis）：用于分析一个企业相对于其竞争者而言在资源、技术和潜能方面的优势和不足。

（4）财务报表分析（Financial Statement Analysis）：对公司的短期健康运营和长期资金来源进行评估。

（5）竞争者产品组合分析（Product Portfolio Analysis）：对竞争者相关市场的分析。

（6）核心竞争力分析（Core Competence Analysis）：用于确定能够成为一个本企业独具特色的某项价值链活动，它既能够创造价值，又是可持续竞争优势的源泉。

（7）兼并与收购分析（M&A Analysis）：指发现、评估并推荐兼并、收购对象企业的方法。

（8）专利情报分析（Patent Analysis）：指对来自专利说明书、专利公报中的大量的、零碎的专利信息进行加工及组合，并利用统计方法和技术使这些信息成为具有总揽全局及预测的功能。

3. 针对企业自身的分析方法

（1）价值链分析和区域图（Value-chain Analysis and Field Maps）：用于分析一个企业的基本活动（指企业内外的后勤、运作、销售和服务）以及支持性活动（包括公司基础设施、人力资源管理、技术开发和采购）。

（2）经验曲线（Experience Curve）：可显示生产某种产品（或服务）的成本随着生产经验的累积而降低，这种成本减低贯穿于整个产品生命周期。

（3）利益相关者分析及基本假说评测（Stakeholder Analysis and Assumption Surfacing and Testing）：分析和评测影响企业目标实现或受企业目标影响的任何个人或团体的目标。

（4）顾客满意度调查（Customer Satisfaction）：用于评估企业满足顾客需求的程度以及怎样才能改进企业的产品及服务。

由于现在的企业面临的是一个比以前更加易变的环境，因此企业只有不断地扫描环境，不断地收集环境信息，评价分析信息，并监控环境中出现的任何新的变化，才能抓住环境中的机会，躲避威胁，充分发挥企业的强势、克服劣势，在竞争中立于不败之地。

本章要点

企业环境是指对企业生产经营活动产生影响的内外部条件。任何一个企业都受到来自这些环境力量的影响，而那些能够通过"与环境力量合作"、做出适当反应的企业便是成功的企业。

企业的经营环境按照层次不同可以分为宏观环境、微观环境以及企业内部环境。服装企业的市场营销宏观环境因素主要包括人口、经济、自然、科技、政治法律和社会文化等因素。服装企业的微观环境分析主要是行业竞争结构分析。企业内部环境是指企业的资源、技术、营销、成本和管理等。对这些方面进行系统而客观的评价，从而发现企业的强项以及弱点所在，进而更有效率地利用外部的机会。

服装企业生产经营环境错综复杂，涉及的信息类型多种多样，只有把握了全面的环境信息来源，并遵循科学的环境研究程序，才能确保经营环境信息的准确、及时获得。

复习思考题

1. 企业为什么要研究经营环境？
2. 服装企业的宏观环境包括哪些要素？
3. 波特的五种竞争力量有哪些？应该如何分析这五种力量？
4. 企业内部环境包括哪些方面？
5. 针对竞争对手的分析方法有哪些？

第十二章　服装市场调查和预测

▁ **课题名称**：服装市场调查和预测
▁ **课程内容**：服装市场调查
　　　　　　　服装市场需求测量和预测
▁ **上课时数**：4课时
▁ **教学要求**：1. 使学生了解市场调查的含义。
　　　　　　　2. 使学生了解市场预测的含义。
　　　　　　　3. 使学生能够独立编制调查方案、独立设计问卷、独立撰写调研报告。
　　　　　　　4. 使学生能够掌握市场需求的测量方法。
　　　　　　　5. 使学生能够熟练运用市场预测方法分析问题。
▁ **课前准备**：阅读有关市场调查、市场预测基本原理方面的书籍。

企业在生产经营的全过程中，无时无刻不涉及做什么和怎么做的问题。然而，在决定做什么和怎么做之前，应该先针对有关问题进行市场调查，收集和分析市场信息，预测事物可能的发展趋势，并在此基础上做出决策。由此可见，服装市场调查和预测对服装企业有着极其重要的作用。

第一节　服装市场调查

任何形式的市场活动都必须以信息作为引导和沟通的重要手段。信息流是构成市场经济活动的基本要素。而市场调查的作用，就是"给营销决策者提供信息，以帮助他们认识营销机会和营销问题，并做出反应"。概括地说，市场调查就是帮助市场决策者更好地决策。只要有商品经济存在，就有市场调查活动存在。实际上每个营销人员都在自觉或不自觉地接收各种信息，并据此做出自己的判断。

一、市场调查概念

根据美国营销协会（AMA）关于市场调查的定义，市场调查是把消费者、客户、大众和市场人员通过信息联结起来，而营销者借助这些信息可以发现和确定营销机会和营销问题，开展、改善、评估和监控营销活动，并加深对市场营销过程的认识。这个定义不是抽象的，它将市场调查的实际作用概括为：收集、分析并解释营销和各级管理层的其他决策所需的相关信息。

市场调查作为营销决策的基础，其业务范围很广。根据美国市场营销协会的统计，美国企业中最常见的一些调查项目如下。

（1）市场特点研究。
（2）市场需求的衡量。
（3）市场份额分析。
（4）销售分析。
（5）商业趋势研究。
（6）竞争产品研究。
（7）短期预测。
（8）新产品的市场接受情况及需求量调查。
（9）长期预测。
（10）定价研究等。

我国的市场调查是以产品使用及认知态度调查和促销调查为主要内容，其中促销调查更为普遍，包括广告效果追踪、媒体行为、产品包装等。

二、市场调查的内容和步骤

（一）市场调查的内容

市场是不断变化的，顾客的需求各不相同。通过市场调查，能够发现新的商机和需求，还可以发现企业产品的不足及经营中存在的问题，可以及时掌握企业竞争者的动态，掌握企业产品在市场上所占份额的大小，可以了解整个经济环境对企业发展的影响，预测未来市场可能发生的不利情况，及时地采取应变措施，以减少企业的损失。服装市场调查的主要内容如图 12-1 所示。

（二）市场调查的步骤

市场调查的目的是为决策者更好地进行决策提供信息，因此，调查应围绕这一目的开展。具体步骤如下。

1. 分析现状，提出决策问题

即分析企业现状，找出企业存在的"管理决策"问题。这一步骤在决策者无法清楚理解其问题所在时显得尤为重要。

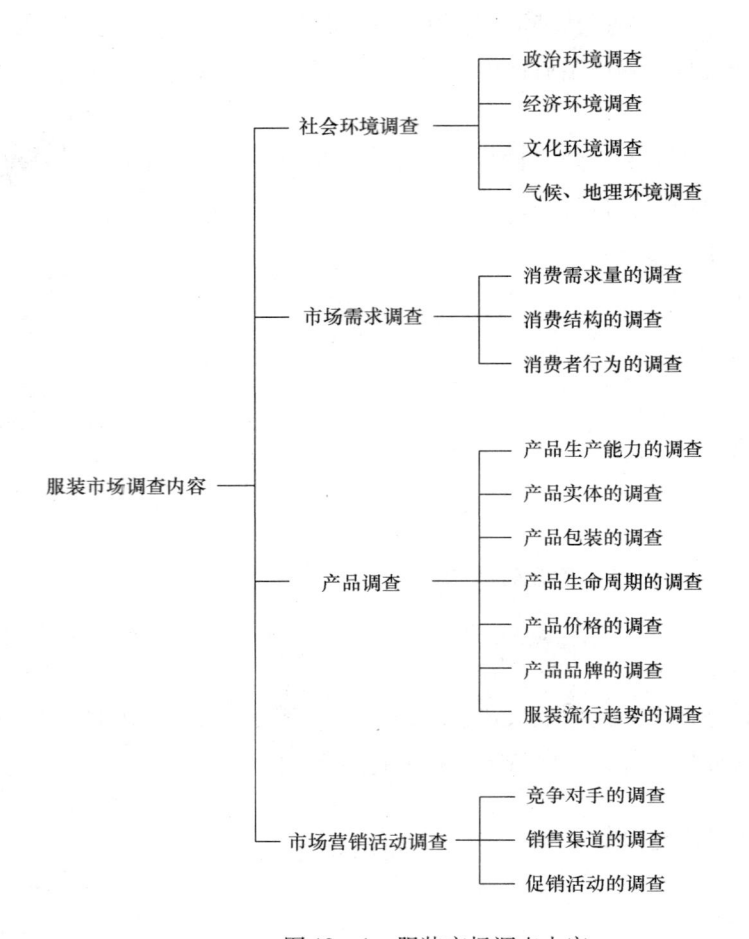

```
                              ┌─ 政治环境调查
               ┌─ 社会环境调查 ─┼─ 经济环境调查
               │               ├─ 文化环境调查
               │               └─ 气候、地理环境调查
               │
               │               ┌─ 消费需求量的调查
               ├─ 市场需求调查 ─┼─ 消费结构的调查
               │               └─ 消费者行为的调查
               │
               │               ┌─ 产品生产能力的调查
服装市场调查内容 ─┤               ├─ 产品实体的调查
               │               ├─ 产品包装的调查
               ├─ 产品调查 ────┼─ 产品生命周期的调查
               │               ├─ 产品价格的调查
               │               ├─ 产品品牌的调查
               │               └─ 服装流行趋势的调查
               │
               │                ┌─ 竞争对手的调查
               └─ 市场营销活动调查 ┼─ 销售渠道的调查
                                └─ 促销活动的调查
```

图 12-1　服装市场调查内容

2. 明确"市场调查"问题

即把"管理决策"问题转化为"市场调查"问题。管理决策问题是指经理人员要做的决策，而市场调查问题是指为帮助其能更好地决策提供信息。

3. 设计调查方案

这是调查活动的最重要环节，主要包括：

（1）设计、选择调查方法和测量技术。

（2）根据调查方法确定调查地点、测试对象和抽样规则。

（3）确定数据分析方法和提交报告的形式。

（4）进行费用预算。

（5）人员培训和时间安排。

（6）以文字形式写出调查方案。

4. 实地调查

实地调查对象主要分为消费者的商业区调查和入户调查、经销商的调查、生产厂商的调查等。

5. 数据处理与分析

对调查数据的处理根据调查方法的不同应有所不同。例如，面谈（座谈会或访谈）法调查数据的处理过程是审核、分类、编码、整理、音像带、补充、统计（半自动）、制图表、打印、归档等；问卷法调查的数据处理过程是审核、分类、编码、录入、缺损检验、分维度统计、制图表、打印、归档等。

经过以上步骤后，便是报告形成、提交以及总结、反馈。

市场调查的步骤如图12-2所示。

三、市场调查方法

正确地选择市场调查方法，对调查的结果影响很大。市场实地调查方法有很多，其主要方法可分为访问法、观察法、实验法，如图12-3所示。

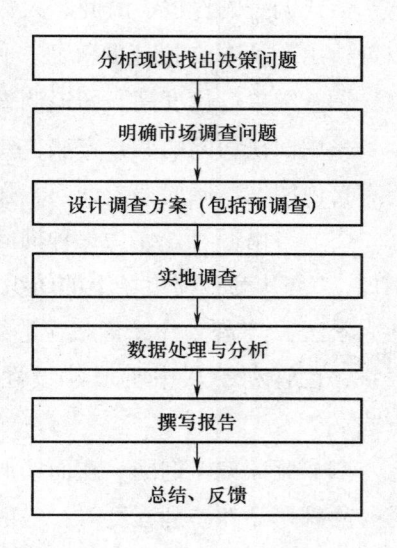

图12-2　市场调查步骤

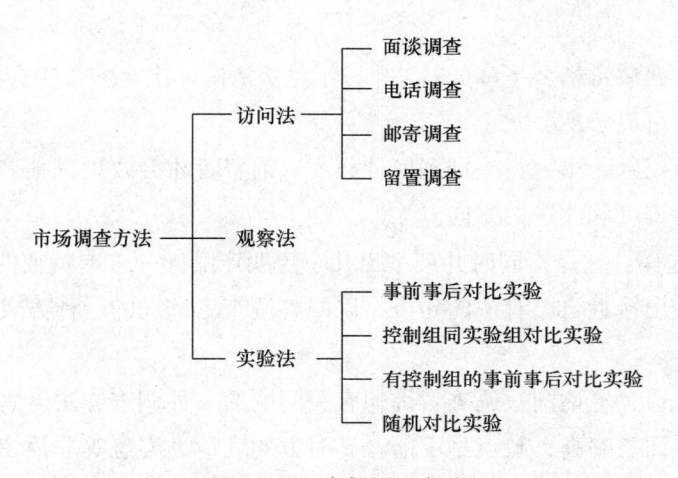

图12-3　市场调查方法

（一）访问法

访问法是通过询问的方式向被调查者了解市场情况的一种方法。根据调查人员同被调查者之间接触方式的不同，可分为面谈调查、电话调查、邮寄调查和网络调查。

1. 面谈调查

面谈调查，是指调查人员同被调查者直接交谈，询问有关问题的方法。询问问题，通常是按规定的顺序发问，也可以采用自由交谈的方式进行。面谈调查的方式，可以采取个人访问，也可以采取集体座谈；可以安排一次面谈，也可以安排多次面谈。这要从实际出发，根据调查目的和要求决定。

面谈调查的对象、时间、人数、形式可以由调查人员掌握，较为灵活。当面交谈，可以创造出一种融洽和谐的气氛，便于深入交换意见。另外，面谈调查了解问题的回收率高，调查结果可信度高。面谈调查的主要缺点是费用大、时间长，对调查人员的要求高。

采用面谈访问的调查方法，要特别研究选用不同的询问方式。一般来讲，询问方式主要有自由回答、倾向偏差询问、强制性选择三种。

（1）自由回答。作为一种询问方式，它的主要特点是被调查者可以不受限制地回答。例如，"您认为目前市场上的纺织品供应情况如何？""您对当前市场上销售的儿童服装有什么看法？""您为什么喜欢穿牛仔服？"实践证明，这种询问方式有利于创造一种融洽的气氛，也有利于从中听取建设性意见。因此，面谈访问开始时，一般采取自由回答的方式。

（2）倾向偏差询问。在面谈调查访问中，如果想了解消费者由消费某种品牌产品改为另一品牌产品的差别程度时，一般采用倾向偏差询问方式，例如下面的访问内容。

问：您穿什么品牌的西装？

答：甲牌。

问：目前，多数消费者很喜欢乙牌，您今后是否还要选用甲牌？

答：是的。

问：据说乙牌西装价格要下降3％，并一年免费清洗一次，您是否会选用乙牌？

答：是吗，这可以考虑。

这种方式，可以判断出究竟差别到何种程度，消费者才会改用其他产品，进而分析出对相关产品的支持程度和改进的方向。

（3）强制性选择。这是指同时并列举出几个说明产品同一方向特征的问句，使被调查者不得不从中选择出接近自己看法的句子，以回答调查者询问的一种方式。

2. 电话调查

电话调查是指通过电话向被调查者询问有关问题的一种调查方法。它的最大优点是取得信息的速度快、回答率高；缺点是不能看到对方的表情、姿态等非语言信息。只能适用于有电话的调查者，交谈时间不宜太长，不宜收集深层信息。此种方法一般适用在组织市场的调查，如面料生产企业对服装企业面料使用情况的调查、服装生产企业对零售商的调查等。

3. 邮寄调查

邮寄调查是调查人员将印制好的调查问卷或表格，通过邮政系统寄给选定的被调查者，由被调查者按要求填写后再寄回，从而获取信息的访问调查方法。邮寄调查有以下两种主要的形式。

（1）传统邮寄调查。传统邮寄调查就是将问卷装入信封，通过邮局寄给选定的调查对象，并要求他们按规定的要求和时间填写问卷，然后再寄回调查机构。

（2）固定样本组邮寄调查。固定样本组邮寄调查指的是事先抽取一个地区性的或全国性的样本，样本中的家庭或个人都已同意参加某方面研究的定期邮寄调查，然后由调查机构向这个固定样本组中的成员定期地邮寄调查问卷，样本组成员将问卷按要求填写后及时地寄回调查机构。此种调查方式下，通常需要给家庭成员们各种物质刺激作为补偿。固定样本组邮寄调查常用于对电视收视率、广播收听率、报纸杂志阅读率的调查，以及其他商业性的定期调查等。为防止样本的老化，要定期地调整更新样本。

4. 网络调查

网络调查也称网上调查，是指企业利用互联网了解和掌握市场信息的方式。网络调查具有很多传统调查方法不可比拟的优势：时间短、费用低、组织简单；调查结果的客观性强；采集信息的质量可靠；没有时空、地域限制；强大的二手资料数据库等。目前，网络调查有以下四种形式。

（1）电子邮件调查形式。利用电子邮件调查形式，首先要制作电子问卷，一般是纯文本形式的，并通过在市场调查公司的数据库中以随机抽样方式或由客户提供被访者电子邮件地址的方式进行被访者的选择；其次，向被访者发送电子问卷，被访者接收到电子问卷后，可以利用空余时间在离线的情况下回答问卷，完成访问后再反馈给市场调查公司。最后，根据客户的要求，提交给客户调查结果。

（2）网页调查形式。网页调查形式是与电子邮件调查形式相似的访问方式，不过网页调查形式所使用的是网络语言，即超文本链接标示语言（HTML），并将其放在网站上。可以从调查机构所持有的潜在调查对象数据库中在线招募被访者，或者用常规的方法（邮寄、电话）招募调查对象。网页调查形式要求调查对象到一个特定的网址去完成调查，并允许所有的网站浏览者或每隔若干个浏览者参加调查。网页形式调查与电子邮件调查相比有几个优点：前者可以用 HTML 而不是纯文本来构造按钮、选框和数据输入域；跳跃格式可以编入程序自动执行；可以在答案输入时确认其是否有效；可以利用附加的调查刺激，如图表、图像、动画和与其他网页的链接等。

（3）自助式市场调查形式。自助式市场调查形式是完全改变传统形式的市场调查方法，使市场调查更加透明和简化，客户更有自主性。虽然自助式市场调查形式不能完全取代传统的市场调查方法，但它完全可以把一些常规和简单的传统市场调查方法通过专业市场调查公司提供的自助式市场调查平台来实现。传统的市场调查运作和自助式市场调查运作价值链如图 12-4 所示。

在自助式市场调查运作中，市场调查/研究咨询公司和资料收集公司的价值所在将会改变。市场调查/研究咨询公司根据市场调查的理论和实际，做出一些常规和通用的市场调查解决方案，当然包括标准的问卷题库和以便客户选择、修改和保留自己企业独特的问卷题库，并能做简单的统计表。同时，公司也要有大容量的消费者样本库以供抽样调查之用，问卷的编辑和抽样、发送、回收和统计都在自助式市场调查平台上完成，市场调查/研究咨询公司的价值是提供具备专业市场调查知识的平台和大容量的消费者样本库供客户租用。可以说租用了专业自助式市场调查的平台，客户就相当于拥有了虚拟的市场调查部

传统市场调查价值链

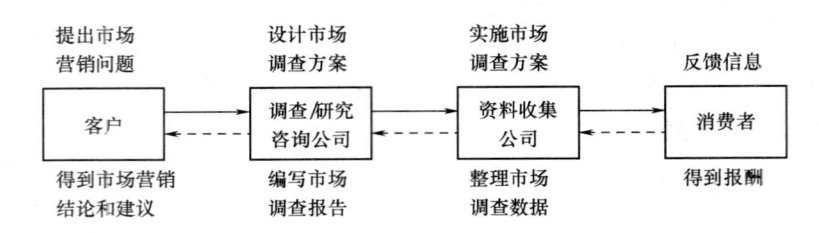

```
提出市场          设计市场         实施市场
营销问题          调查方案         调查方案        反馈信息
  ┌───┐      ┌─────────┐    ┌─────────┐      ┌─────┐
  │客户│ ───→ │调查/研究 │ ──→│资料收集 │ ←─── │消费者│
  │   │ ←─── │咨询公司  │ ←──│公司     │ ───→ │     │
  └───┘      └─────────┘    └─────────┘      └─────┘
得到市场营销      编写市场         整理市场         得到报酬
结论和建议        调查报告         调查数据
```

自助式市场调查价值链

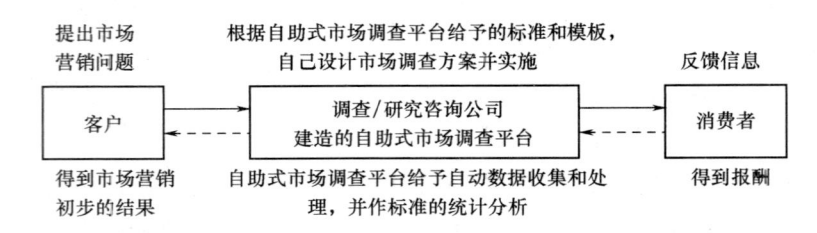

```
提出市场      根据自助式市场调查平台给予的标准和模板，
营销问题      自己设计市场调查方案并实施              反馈信息
  ┌───┐      ┌─────────────────────┐              ┌─────┐
  │客户│ ───→ │调查/研究咨询公司      │ ←────────── │消费者│
  │   │ ←─── │建造的自助式市场调查平台│ ──────────→ │     │
  └───┘      └─────────────────────┘              └─────┘
得到市场营销  自助式市场调查平台给予自动数据收集和处     得到报酬
初步的结果    理，并作标准的统计分析
```

图 12-4　传统市场调查与自助式市场调查价值链

门或公司，他们得到的利益是：市场调查不再是时间跨度长、费用高的一系列过于复杂或过于专业的工作。客户有其自主性和灵活性，他何时何地有什么市场营销的问题（当然是一些常规问题），都可以随时、随地地使用专业的自助式市场调查来做市场调查，为解决市场营销的问题提供依据。

（4）网上在线座谈会。网上在线座谈会比传统的面对面的座谈会费用低，客户将会快速了解到市场的信息和消费者的反应，并且可以方便接触一些传统座谈会难以接触到的人群。网上在线座谈会主要可以用于概念测试、产品测试、广告测试等。

如何进行网上在线座谈会呢？主要步骤如下。

①甄别与会者。根据每一次调查的要求，在市场调查公司的基础资料库或客户的网站内的访问者中初选合格的与会者，再用传统的电话甄别方式确认与会者的资格，最后用电子邮件的方式发给符合资格的与会者进入虚拟座谈会室的时间和个人密码。

②设置虚拟的座谈会议室。市场调查公司的网上在线座谈会软件含有多窗口的界面，允许客户在"虚拟的单透镜"后观察主持人同与会者的交谈，并且同时也可以单独与主持人沟通。如果客户不懂当地的语言，市场调查公司可提供现场翻译来直译与会者和主持人进行交谈的情况。

③虚拟的座谈会。一般情况下，市场调查公司将邀请 8~10 名与会者在特定的时间内，进入市场调查公司的虚拟座谈会室，进行 120~150min 的讨论。市场调查公司将根据调查的需要，将相关的文字、图片、声音、影像等通过网络给予与会者进行评价。

市场调查公司将会提示与会者提前 15min 进入座谈会区域，其技术人员将测试并帮助每一位与会者解决疑难问题。作为客户可以在自己认为方便和舒适的地方（如公司、家里或地球的某个地方），利用便携式计算机上网观看座谈会的整个进程，并可以同时与主持人进行双向沟通。

④研究结果。完成网上在线座谈会后，市场调查公司马上就可以提供完整的座谈会原始记录，定性研究人员会在不超过一周的时间内将完成的专业定性分析结果交付客户，其报告形式可以是电子版或打印稿。

（二）观察法

观察法是调查人员通过在现场观察具体事物和现象来收集资料的一种方法。通过耳闻目睹来概括顾客对市场的反应，或利用各种工具仪器记录所需要的资料。

这种方法的优点是：调查人员和被调查者不发生接触，而是由调查人员直接或借用仪器把调查者的活动按实际情况记录下来，这样，被调查者的活动不受外界的影响，因而取得的资料会更具真实性。另一方面，其缺点是：不能了解被调查者内在因素的变化，如消费心理变化，这需要反复观察才能取得结果，因而花费的时间较长。

（三）实验法

实验法来源于自然科学的实验求证法。一般是先进行小规模的实验，然后再研究是否采用大规模推广的市场调查方法。这种方法的适用范围很广，凡是某一种商品改变品种、花色、造型、包装、价格、广告、陈列等销售因素时，都可以先了解消费者购买行为的变化及其对产品和销售活动的意见，然后对实验结果进行分析和总结，以决定是否大规模或以何种方式继续推广。此外，在展销会、试销会、交易会、订货会中，均可进行实验法调查。这种方法的优点是科学、灵敏，结果比较准确；缺点是实验时间较长，成本较高。

在实践中主要有以下简便易行的方法。

1. 实验组事前事后对比实验

这是一种最简便的实验调查，是采取单一实验设计的方法，即只选择一组实验所要认识的客体，称实验单位或实验组，如商店、消费者、商品等。确定实验时期，观察引入某一实验变量前后所产生的变化。采用这种实验调查，事前要对正常经营情况进行测量，然后再测量实验后的情况，进而进行实验前后的对比，通过对比观察了解实验变量的效果。

2. 控制组同实验组对比实验

这是采用实验组对照设计，即选择一组实验对象作为实验组的同时，再选择一批与实验组相同或相似的实验对象作为控制组。在同一时期内，努力使实验组和控制组同时处于类似实验环境中，对实验组引入实验变量变化，而控制组不予变化，观察对比两种实验结果。简言之，就是以非实验单位（控制组）同实验单位（实验组）进行对比的一种实验调查法。

3. 有控制组的事前事后对比实验

这是指控制组同实验组事前事后之间进行对比的一种实验调查方法。

从以上的介绍可以看出，采用实验法进行市场调查，关键是要做好实验调查的设计，选好实验单位、实验时间，严格把握好实验条件，才能保证实验结果的可靠性与准确性。

四、设计市场调查问卷

在访问法中常常会使用问卷来收集信息，问卷的设计涉及以下内容：

（1）调查问卷应该具备的条件：
①语言简明扼要，内容全面具体；
②方便评价，易于分析；
③包括数条过滤性问题，以测试答卷者诚实严肃与否；
④便于答卷者无顾虑地回答；
⑤保证答卷者觉得回答此问题与己无害；
⑥避免提出与主题无关的问题。

（2）问卷设计程序：
①拟定调查提纲，确定调查的目的、对象、时间、方式（邮寄、留置）；
②设计全部问题并排序；
③小范围预调查，以测试问卷；
④修改问卷；
⑤正式调查。

（3）提问的技巧：
①所有问题都必须简短；
②直接提问和间接提问相结合；
③一般不要直接使用商品的品牌；
④被调查者凭一般知识就能回答的问题，不可过度专业或数据化；
⑤不要提具有歧义、争议性或多重解释的问题；
⑥不要问太触及个人隐私的问题；
⑦个人化的问题放在最后。如回答者的姓名、年龄、教育程度等个人背景。

（4）问卷还需注意的问题：
①问卷纸张的大小及问卷内容的多少要适当，内容不宜过多；
②问卷表面设计要明快、简洁、庄重认真；
③问卷中每个问题都必须给对方留下足够的空间回答；
④条理清楚，所有问题必须编号，一目了然，以方便阅读和回答；
⑤统一编号，每份问卷要在右上方印上统一编号，以便查阅和管理，同时也让人感觉到调查的严谨性，以便收到更好的效果。

（5）问卷调查表由三部分组成，即被调查者项目、调查项目和调查者项目。被调查者项目主要是指被调查者姓名、性别等个人背景；调查项目是将所要调查了解的内容具体化为一些问题和候选答案，供被调查者选择填写；调查者项目主要包括调查人员的姓名、编号、工作单位、调查日期和调查地点等。

（6）调查表设计的调查项目是调查的核心内容，项目设计合理与否是调查能否成功的关键，它在很大程度上决定着调查表的回收率、有效率、答案的准确性、误差程度及其实用性。

调查项目的关键是如何命题及怎样确定命题的答案。其主要方式有以下几种：

①开放式问题，又称自由式问题。调查表上没有拟定可供选择的答案，被调查者可以自由回答问题，不受限制。

②封闭式问题。对调查表中提出的问题列出几种可能的答案，被调查者只选择其中一个或几个答案即可。

③是非式问题，又称两项选择或对比式问题。被调查者只能在诸如"是"与"否"、"有"或"无"等两个可能的答案中选择一个。设计时要注意"两项选择"是客观存在的，不能凭空臆造。如问："您婚否？"答案只有一个，"婚"或"否"。

④顺序式问题，又称序列式问题。是在多项选择的基础上，要求被调查者对所询问问题的答案，按照自己主观上的重要程度进行顺序排列。

⑤量度问题。在市场调查中，往往涉及被调查者的态度、意见、感受等有关心理活动方面的问题，较难采用定量表达方式。下面介绍两种服装企业常用的量度调查方式。a. 评价量表。由调查者预先把调查问题按不同的态度列出一系列顺序排列的答案，并按顺序分配分值，由被调查者自由选择回答。评价量表可分若干阶段（上面所列为七段量表），企业可根据具体情况而定，一般以三、五阶段量表比较适宜。b. 数值分配量表。由被调查者在固定数值范围内，对所测量的问题依次分配一定数值而得出不同评价的一种态度测量表。例如，您对下列各项服务的期望值如何？对所接受服务的好坏如何评价？请使用 10 分量表为其打分。其中 10 分为最高分，表明您对该项服务的期望值或绩效评价非常高；1 分为最低分，表明您的期望值或绩效评价非常低。

五、市场调查报告

市场调查报告是市场调查研究成果的一种表现形式，它是通过文字、图表等形式将调查的结果表现出来，以使人们对所调查的市场现象或问题有一个全面、系统的了解与认识。市场调查报告是市场预测和管理决策的重要依据，也是用户评价调查活动的重要指标，调查报告的撰写是市场调查活动的最后一步，也是关键的一步。市场调查报告的结构和内容是多种多样的，没有完全统一的标准。但是，无论市场调查报告的格式如何，一些必要的内容都应该包括其中。这些内容可概括为以下七个方面。

（一）封面

封面包括的内容有报告的题目、报告的提供对象、报告的撰写和发布（提供）日期。

对于企业内部调查，报告的提供对象是企业某高层负责人或董事会，报告撰写者是内设调查机构。对于外部调查服务，报告的提供对象是调查项目的委托方，报告的撰写者是提供调查服务的市场调查专业机构。在后一种情况下，有时还需要写明双方的地址和人员职务。

（二）提交信

提交信是调查报告撰写者以个人名义向报告提供对象个人写的一封信，表示前者将提交信给后者的意思。在此信中，撰写者向报告提供对象汇报调查的情况和一般的成果，其所用语气是个人对个人，因而可不受机构对机构的形式约束，便于双方沟通思想。在正规或较为正规的调查报告中，都应该具有提交信。只有当调查报告的正规性要求较低时，才可以省略提交信。

（三）授权书

授权书是由调查项目执行部门的上司给该执行部门的信，表示批准这一项目，授权某人对项目负责，并指明可用于项目发展的资源情况。在许多情况下，提交信会提及授权问题，这样也可以不将授权书包含在调查报告中。但是，当调查报告的提供对象对授权情况不了解，或者他需要了解有关授权的详情时，授权书就是必要的。

（四）目录

目录用于详细列明调查报告的各个组成部分及其页码，以方便阅读和资料查询。如有必要，还应该包含以下目录：表格目录，详细列明报告中所用的各种表格及其页码；图表目录，详细列明报告中所用的各种图示及其页码；附录目录，详细列明报告中所用的各种附录及其页码；证据目录，详细列明报告中所包括的各种证据材料及其页码。

（五）摘要

摘要是用简单扼要的语言对调查结果和概括。摘要包括的内容主要有为什么要调研；如何开展调研；有什么发现；其意义是什么；如果可能，应在管理上采取什么措施等。其目的在于使企业有关人员尽快了解有关市场调查的基本结果，从而决定采取相应的措施。摘要是调查报告中相当重要的内容，这主要是为经理等主管人员准备的，因为许多经理级主管人员往往没有时间阅读整份报告，也往往对调查过程的繁复细节不感兴趣，他们只想知道调查所得出的主要结果、主要结论以及他们如何根据调查结果行事。所以，摘要应当简洁而概括，详细的论证可以放在正文部分。在次序安排上，摘要应放在整个调查报告的前列，但其撰写工作应在报告的其他部分完成以后进行。

（六）正文

正文是市场调查报告的主要部分。调查报告的正文部分包括引言，调查过程，调查发现、结论、建议与局限四大部分。

1. 引言

书面报告正文的开始内容是引言，引言的作用是向读者提供进行市场调查的背景资料和相关信息，如企业背景、面临的市场营销问题、市场现状、调查目的等，使读者能够大致了解进行该项市场调查的原因和要解决的问题。要明确该项调查的特定目的，例如，调查目的就是了解消费者对不同品牌休闲装的偏好等。

2. 调查过程

调查过程包括调查准备、调查设计和实施两大过程。调查准备部分是对调查项目立项前所做准备工作的总结。这包括对指导调查的理论基础和已有的分析模型的考察；各种影响因素分析；可行性研究过程；调查假设的设立；项目的投入产出分析预测；其他风险预测等。这部分内容还包括与委托方的探讨交流过程和调查面对的种种约束和限制。调查设计和实施部分是在对整体策划方案概括描述的基础上，对调查方案的实施过程进行详实、客观、公正的记录。

3. 调查发现

调查应该能够帮助我们实现调查目的，所以调查发现将重点阐述该调查帮助企业澄清了哪些问题，了解了哪些重要信息，有哪些新的发现等。

4. 结论、建议与局限

结论和建议是市场调查人员根据所获得的信息资料，进行理性分析研究后提出的见解。局限则是叙述由于时间、预算、组织限制等因素的制约而导致的市场调查项目的局限性。既要注意小心地阐明项目的局限性所在，避免客户过分依赖调查结果，也要避免致使客户怀疑调查结果的情况。

（七）附录

技术性强或很详细的材料不应编入正文部分，而应编入附录。这些资料可能只有部分读者会感兴趣，或者与调查没有直接的关系。附录通常包括的内容有：调查提纲、调查问卷和观察记录表，被访问人（机构单位）名单，较为复杂的抽样调查技术的说明，一些关键数据的计算（最关键数据的计算，若所占篇幅不大，应编入正文），较为复杂的统计表和参考资料等。

第二节 服装市场需求测量和预测

一、市场需求测量

企业进行需求测量，主要包括两项内容，一是市场需求的测量和预测；二是企业需求的测量和预测。这两方面的内容都要涉及需求函数、预测量和潜量等重要概念。

(一) 不同层次的市场

市场，作为营销领域的范畴，是指某一产品的实际购买者和潜在购买者的总和，是对该产品有兴趣的顾客群体，通常也被称为潜在市场。从市场的概念还可以引出有效市场、合格有效市场、目标市场、渗透市场等概念。

有效市场是对某种产品感兴趣且有支付能力，并能获得该产品的顾客群体。同样的产品，往往因购买者必须具备某一特定条件，才能获得该产品。例如，"规定到一定年龄才能购买汽车"，有效市场中具备这种条件的顾客群体，便构成了该产品合格有效的市场。

企业可以将营销努力集中于合格有效市场的某一细分市场，这便成为企业的目标市场。

企业及竞争者的营销努力，必须售出一定数量的某种产品，购买该产品的顾客群体，便形成渗透市场。图12-5说明上述不同含义的市场。

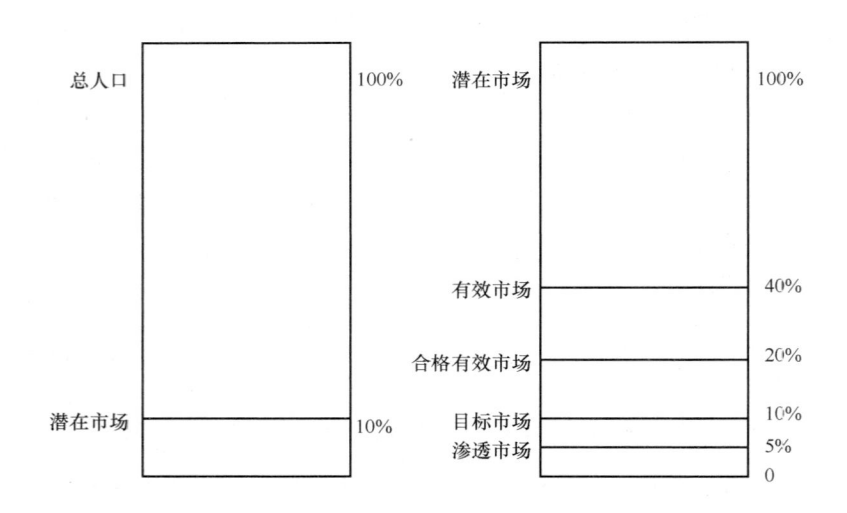

图12-5 市场定义的层次

图12-5说明潜在市场占总人口的10%，而有效市场仅占潜在市场的40%，合格有效市场又只占有效市场的50%。经过市场细分，企业选定占合格有效市场的50%的细分部分为目标市场，已经渗入的市场占目标市场的50%，占潜在市场的5%。

(二) 市场需求

某一产品的市场总需求，是指经过努力而达到一定的营销水平，一定时期内在特定地区、特定营销环境中，特定顾客群体可能购买的该种产品的总量。对需求的概念，可以从八个方面理解：

（1）产品。首先确定所要测定的产品类别和范围。

（2）总量。可用数量的实物形态和货币形态的绝对值表述。

（3）购买。指订购量、装运量、收货量、付款数额或消费数量。

（4）顾客群。要明确是总市场的顾客群，或是某一层次市场的顾客群，又或是目标市场的顾客群，还是某一细分市场的顾客群。

（5）地理区域。根据非常明确的地理界限测量一定的地理区域内的需求。企业根据具体情况，合理划分区域，测定各自的市场需求。

（6）时期。市场需求测量具有时间性，预测时期越长，测量的准确性就越差。

（7）营销环境。测量市场需求必须要确切掌握宏观环境的变化及其对需求的影响。

（8）营销努力。市场需求也受可控制因素的影响，市场需求受产品策略、价格、分销和促销等策略的影响，一般会表现出某种程度的弹性，而不是一个固定的数值。图 12 – 6 反映出市场需求与行业营销费用的函数关系。

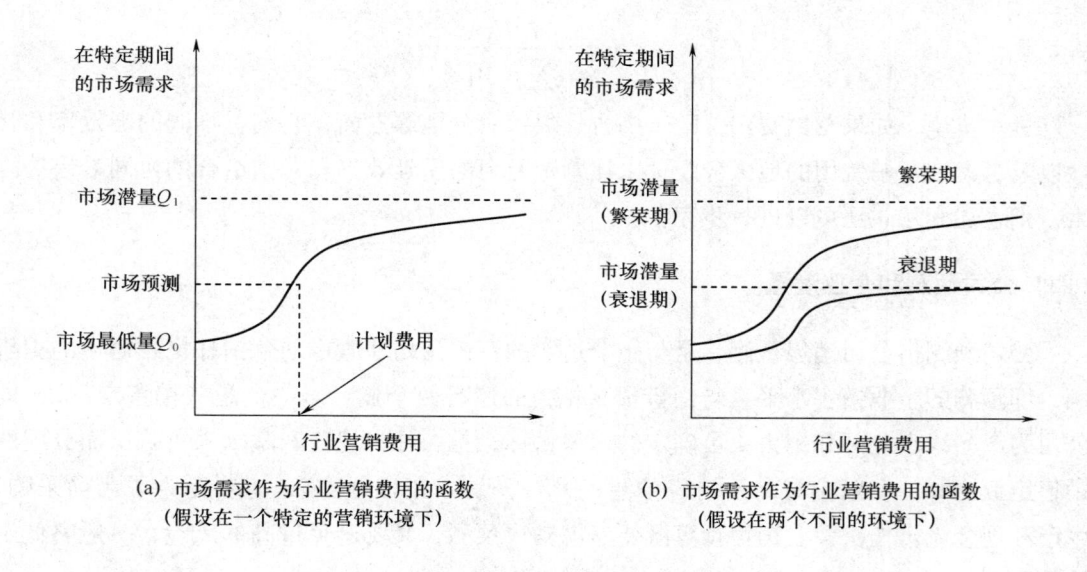

图 12 – 6　市场需求与行业营销费用的函数关系

图 12 – 6（a）表明，基本销售量或市场最低量，在不需支出营销费用的情况下也会发生。随着行业营销费用的增加，刺激消费的力度加大，市场需求一般会随之加大，但报酬率则由递增转为递减。当营销费用超过一定水平后，就不能进一步促进需求，市场需求所达到的极限值，称为市场潜量。由于市场环境变化深刻地影响着市场需求的规模、结构和时间等，也深刻地影响着市场潜量，图 12 – 6（b）即说明经济繁荣期的市场潜量比经济衰退期的市场潜量要高。

（三）企业需求

企业需求指在市场需求总量中企业所占的份额。用公式表示为：

$$Q_I = S_I Q$$

式中：Q_I——I 公司的需求；

S_I——I 公司的市场占有率；

Q——市场需求，即市场总需求。

在市场竞争中，企业的市场占有率与其营销努力成正比。假定营销努力与营销费用支出成正比例：

$$S_I = \frac{M_I}{\sum M_I}$$

式中：M_I——I 公司的营销费用；

$\sum M_I$——全行业的营销费用。

由于不同企业的营销费用支出所取得的效果不同，以 a_I 代表公司营销费用的奏效率，则 I 公司的市场占有率计算公式为：

$$S_I = \frac{a_I M_I}{\sum a_I M_I}$$

进一步说，如果营销费用分配于广告、促销、分销等方面，它们有不同的奏效率和弹性以及考虑到营销费用的地区分配、以往营销努力的递延效果和营销组合的协同效果等因素，则上述表达式还可以进一步完善。

（四）公司预测和企业潜量

公司预测指公司销售预测，是与企业选定的营销计划和假定的营销环境相对应的销售额，即预测的企业销售水平。与销售预测相关的还有两个概念。一个是"销售定额"，即公司为产品线事业部和销售人员确定的销售目标，是一种为规范和激励销售队伍而分配的销售定额之和，一般应略高于销售预测；另一个是"销售预算"，主要是为了当前采购、生产和现金流量作决策。销售预算既要考虑销售预测，又要避免过高的风险，一般略低于销售预测。

企业潜量即公司销售潜量，指公司的营销努力相对于竞争者不断增大时，企业需求所达到的极限。当公司的市场占有率为 100% 时，企业潜量也就是市场潜量，但这种情况很少。

二、估计目前市场需求

（一）总市场潜量

总市场潜量指一定时期内、一定环境条件下，经过努力营销，一个行业中所有企业可能达到的最大销售量。用公式表示为：

$$Q = nqp$$

式中：Q——总市场潜量；

n——既定条件下特定产品的购买者人数；

q——每一购买者的平均购买数量；

p——单位产品平均价格。

（二）地区市场潜量

企业在测定市场潜量后，为选择拟进入的最佳区域，除了合理分配营销资源外，还应测量各地区的市场潜量。常用的有两种方法：市场累加法和购买力指数法。前者多为工业品生产企业采用，如棉纱、化纤原料等企业，后者多为消费品生产企业采用，服装生产企业多采用后种方法。

1. 市场累加法

主要用来估量生产资料的区域市场潜量。具体方法是采用美国普查局的"标准行业分类系统"来确定每个区域市场上所有潜在的生产资料的购买者数量及其购买量。该分类系统把整个制造业分为若干个大行业群，进而把每个行业群划分为若干个行业组，每个行业组又再进一步细分为若干个产品品种。这样，每一个产品品种都可以用行业群代码、行业组代码和品种代码的组合标志出来。当企业掌握所有潜在买主的名单以及每个企业可能购买产品的估计量时，可直接应用市场累加法。

2. 购买力指数法

是指借助与地区购买力有关的各种指数来估计其市场潜量的方法。购买力指数法可用公式表示为：

$$B_I = 0.5Y_I + 0.3R_I + 0.2P_I$$

式中：B_I——I 地区的购买力占全国总购买力的百分比；

Y_I——I 地区个人可支配收入占全国个人可支配收入的百分比；

R_I——I 地区销售额占全国销售总额的百分比；

P_I——I 地区人口占全国总人口的百分比。

0.5、0.3、0.2 是三个因素的权数，且各因素权数之和为 1，表明该因素对购买力的影响程度。

上述公式可以反映大多数服装产品的地区市场潜量。产品不同，权数应有所调整。若需精确地测量，还应考虑季节性波动、市场特点等因素。

（三）行业销售额和市场占有率

企业为识别竞争对手并估计他们的销售额，同时正确估计自己的市场竞争地位，以便在竞争中知己知彼，正确制定营销战略，有必要及时了解行业的销售状况和本企业的市场占有率。

企业一般是通过国家统计部门或权威部门公布的统计数字了解全行业的销售额。通过对比分析，可计算本企业的市场占有率，还可将本企业市场占有率与主要竞争对手比较，计算出相对市场占有率。

为分析企业市场占有率增减变动的情况和变动的原因，通常要分析以下几个重要因素：产品本身的因素，如品质、款式、包装等；价格差别因素；营销努力与费用因素；营销组合策略差别因素；资金使用效益因素。

三、市场预测的概念与方法

市场预测作为一种专门的理论和技术，是商品经济高度发达和科技商品迅速发展的必然产物。随着我国市场经济的确立与逐步完善，市场预测工作也得到了普遍的重视。所谓预测，是指在市场调查的基础上，根据过去和现在的已知因素，运用已有的知识、经验和科学方法，去预计和推测事物今后可能的发展趋势，并做出定性和定量的估计和评价。

（一）服装市场预测的种类和内容

市场预测，从最终结果来说，就是预测市场需求（从企业的角度来说，就是预测市场销售）。但不论是需求还是销售，都表现为一定产品、一定地区、一定时间的需求或销售。这样，市场预测就可以按产品层次、空间层次、时间层次划分为不同的类型。

1. 按产品层次划分

按产品层次划分，市场预测可以分为单项产品预测、同类产品预测、分消费对象的产品预测和产品总量的预测。

（1）单项产品预测。即对某单项产品（衬衫、西服等）按品牌、规格、档次等分别预测其市场需求量。

（2）同类产品预测。即按产品类别（如服装按针织品、纯棉、纯毛类等）预测市场需求量。

（3）分消费对象的产品预测。包括两种情况：一是按某一消费对象（如女大学生、儿童等）需要的各种产品进行预测；另一种是按不同消费对象所需要的某种产品的花色、款式、规格进行的预测。例如，运动套装不仅可以按男装、女装进行预测，还可以按老年、中年、青年及胖、中、瘦体型分别进行预测。

（4）产品总量预测。就是对消费者所需求的各种产品总量进行预测。

2. 按空间层次划分

按空间层次划分，市场预测可以分为国际市场预测、全国性市场预测、地区性市场预测、当地市场预测以及行业或企业市场占有率预测等。

3. 按时间层次划分

市场预测的产品层次和空间层次，都受到时间层次的限制，即进行市场预测所得出的市场需求量，必定属于运动时间内某地区对某商品的需求量，如果没有时间界限，这种市场预测就会失去实际意义。按照时间层次，市场预测可分为近期预测、短期预测、中期预测和长期预测。

上述市场预测的产品层次、空间层次和时间层次的预测种类如图12－7所示。

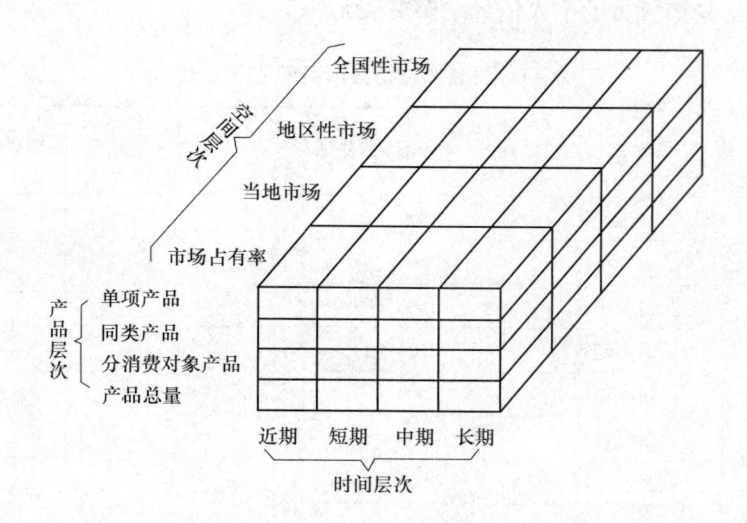

图12－7 市场预测种类结构图

服装市场预测的主要内容：展望市场发展趋势，制定营销策略；分析市场信息，进行商品策划（包括服装价格、产品组合、促销方式、分销渠道的选择等）；目标利润的预测，风险利润的对比；流行主题的预测等。

（二）市场预测的程序与方法

市场预测工作应遵循一定的程序，以便更有效地为决策工作服务。市场预测程序如图12－8所示。

进行市场预测不仅需要掌握必要的资料，而且需要运用科学的方法。市场预测的方法很多，据西方国家统计，有上百种之多，其中使用广泛且有效的约20～30种，经常使用的有十余种。服装市场预测常用的方法大体归纳为三类，即直观预测法、时间序列分析法和相关分析法。

1. 直观预测法

直观预测法也称判断分析预测法，它是由预测人员根据已有的历史资料和现实资料，依靠个人的经验和综合分析能力，对市场未来的变化趋势做出判断，即以判断为依据做出的预测，这是一种定性预测方法。

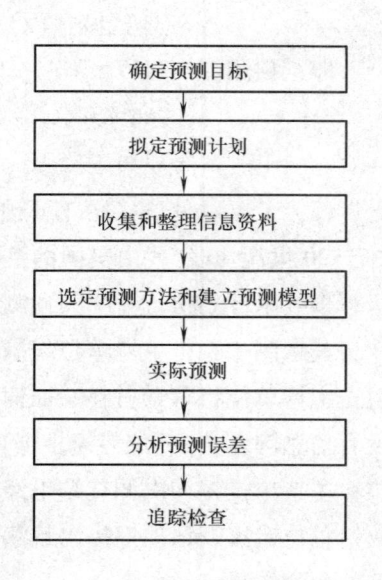

图12－8 市场预测程序

（1）综合销售人员意见法。即通过听取销售人员的意见预测市场需求。销售人员包括企业基层的营业员、推销员及有关业务人员。销售人员最接近市场，比较了解顾客和竞争对手的动向，熟悉所管辖地区的情况，能考虑到各种非定量因素的作用，较快地做出反应。通常这种方法的最终预测结果，可用期望值即加权平均值表示。

例如，某服装企业某地区的销售情况采用综合销售人员意见法进行预测，预测时，选择三位销售员，这些销售员的个人估计结果见表 12 – 1。

表 12 – 1　销售人员销售预测意见综合表

销售人员	预测项目	销售额/万元	概率	期望值 $\dfrac{(a+4b+c)}{6}$
销售员甲	最高销售	3000（a）	0.4	2417
	可能销售	2500（b）		
	最低销售	1500（c）		
销售员乙	最高销售	2500（a）	0.3	2000
	可能销售	2000（b）		
	最低销售	2000（c）		
销售员丙	最高销售	2800（a）	0.3	2267
	可能销售	2300（b）		
	最低销售	1600（c）		

如果销售人员的预测准确性不同，其概率如表 12 – 1 所示，则平均销售预测值为：

　　预测值 = 期望值（甲）× 概率（甲）+ 期望值（乙）× 概率（乙）+
　　　　　　期望值（丙）× 概率（丙）

即：预测值 = 2417 × 0.4 + 2000 × 0.3 + 2267 × 0.3

　　　　　 = 966.8 + 600 + 680.1

　　　　　 = 2246.9（万元）

（2）专家意见法（德尔菲预测法）。它是一种有组织的专家集体判断法。德尔菲预测法于 20 世纪 40 年代由美国的兰德公司首创和使用，在 20 世纪 50 年代以后盛行。最初用于军事技术计划执行情况的预测，后被广泛应用于经济预测。

其预测步骤：主持单位编制调查提纲，拟订征询调查题目；组织 10 ~ 30 人的专家小组；主持单位将背景材料、征询题目和一些注意问题分别发放给被调查者（被调查者之间没有信息沟通）；各位专家根据自己的分析做出初步的判断，并将预测结果返回给主持单位；主持单位将初次调查结果经过分析和调整后，把重新拟定的征询调查题目再次分别发放给各位专家，请他们提出预测意见。如此反复几次，在广泛征求意见的基础上，形成最后的预测结果。

采用这种方法需要注意的是，专家们是背对背地进行预测，避免人为因素的影响，以便做出较为客观的预测。

（3）调查分析法。就是根据市场上某种商品的供求状况和消费者购买意向的详细调查来预测其销售状况、销售量和销售额的一种专用方法。

调查分析一般从以下几个方面进行：调查商品本身目前处于产品寿命周期的哪个阶段；调查消费者的个人情况，如职业、年龄、收入、文化背景、个人兴趣爱好、生活方式等因素；调查竞争对手的情况，如竞争对手的销售区域、市场占有率、销售额等；调查国际、国内的销售环境和发展趋势。

2. 时间序列分析法

时间序列分析法就是将经济发展、购买力增长、销售变化等同一变数的一组观察值，按时间顺序加以排列，构成统计的时间序列，然后运用一定的数学方法，使其向外延伸，预计市场未来的发展变化趋势，确定市场预测值。这是一种定量预测方法。

这里仅介绍两种适用于服装产品预测的方法，即简易平均法和季节指数法。

（1）简易平均法。这是用一定观察期时间序列的数据求得平均值，以平均数为基础确定预测值的方法。这种方法简便易行，不需要复杂的模型设计和数学运算，是市场预测中最简单的定量预测方法。

简易平均法有很多种，最常用的有算术平均法、几何平均法和加权平均法。这里只介绍算术平均法。

算术平均法是，设观察变量有 n 个观察值 X_1，X_2，…，X_n，则以这些观察值的算术平均数 $\overline{X}$ 作为预测值 $\hat{X}$。

即：

$$\hat{X} = \overline{X} = \frac{1}{n}\sum_{i=1}^{n}X_i$$

算术平均法的优点是计算方便。当预测对象并无明显长期变动趋势和季节变动时，采用此方法的预测结果可以令人满意。缺点是所有观察值无论新旧在预测中一律同等对待，这是不符合市场发展的实际情况的。为了克服此缺点，在预测中给每个观察值以其重要性判断赋予不同的权数，就是加权平均法。

（2）季节指数法。季节指数法是以市场的季节性周期为特征，计算反映在时间序列资料上呈现明显的、有规律的季节变动系数，达到预测目的的一种方法。

周期性演变的经济活动是常见的事情。尤其是四季服装的市场需求变化，往往受季节影响而出现季节性变动规律。掌握季节变动规律，就可以利用此变动规律来预测市场需求（销售）量。

利用季节指数法进行预测时，时间序列的时间单位或是季、或是月，变动循环周期也就是4个季或是12个月。季节指数是某季或某月受季节影响而引起的周期性变动比率。预测中用季节指数修正没有考虑季节影响的预测值才是该季或该月的预测值。因此用季节指数法进行预测，在考虑用什么方法计算季节指数的同时，必须考虑没有季节影响的预测值该用什么方法计算。计算季节指数法的方法很多，本节只介绍其中一种，即平均季节指数法。

计算方法如下：

$$某年各季平均需要量 = \frac{当年市场销售量}{4}$$

$$某季市场需要量的季节指数 = \frac{某季的市场销售量}{当年该季平均销售量} \times 100\%$$

$$某季需要量预测值 = \frac{预计年需要量}{4} \times 平均季节指数$$

3. 相关分析法

相关分析方法也称因果分析法，是指现象之间存在着的内在联系，且是不确定的因果关系。我们将这种内在联系用数学模型来表达，并分析其相关的性质及密切程度，由此来预测产品市场需求量和发展趋势的方法。因果分析法适用于中长期预测，其方法有多种，这里重点介绍回归分析法。

我们把现象之间确实存在但又是不确定的依存关系用一个数学模型表现出来，并通过具体方法求出方程式，这种反映不确定关系的方程式被称为回归方程式。所谓回归分析法是指在确定了自变量值后，通过方程式来分析自变量与因变量之间的数量变化，并利用方程式求得因变量的估计值或预测值的方法。回归分析法中，根据自变量的多少可分为一元回归和多元回归；根据变量之间的关系可分为线性回归和非线性回归，又称线性相关和非线性相关；在线性相关中，根据变量之间相关的方向又分为正相关和负相关。

下面重点介绍最基本的回归方程：一元线性回归方程。如果只分析一个自变量与因变量之间的变动关系，并且当自变量发生变动时，因变量基本等额变动，从散点图上可以看出，散点大致分布于一条狭长的带状区域内，基本呈直线状。此时可配合直线模型，建立一元线性回归方程：

$$\hat{y} = a + bx$$

式中：$\hat{y}$——因变量的估计值；

x——自变量；

a——回归直线截距；

b——回归直线斜率。

回归方程中的两个未知参数 a 和 b 可用最小二乘法求得。用最小二乘法来估计未知参数的两个条件：一是因变量的实际值与估计值的离差之和为 0，即 $\sum (y - \hat{y}) = 0$；二是因变量的实际值与估计值之间离差平方和达到最小，即 $\sum (y - \hat{y})^2 = $ 最小值。通过求偏导数，可得出两个未知参数的公式：

$$a = \frac{\sum y - b \sum x}{n}$$

$$b = \frac{n \sum xy - \sum x \sum y}{n \sum x^2 - (\sum x)^2}$$

(三) 服装市场流行预测

服装的流行作为一种社会现象，其影响的因素很多，而社会文化、经济等因素是最重要的因素之一。因此，服装流行预测带有许多不确定性，服装流行理论对服装流行预测有很大影响。国际上有很多著名的服装流行预测机构，如美国的"第一视觉"、"色彩箱"、"这是哪里"等，国际上一些服装集团每季都向这些机构购买流行预测的商业情报。我国也先后建立了一些流行预测机构，如中国服装协会、中国流行色协会等。

另外，对于国内服装市场预测，除了及时收集国际流行信息，掌握国际市场发展趋势以外，还要根据国情，对国内市场进行大量、系统、科学的调查。调查的主要内容如下：

（1）某一地区的人口构成，包括民族、年龄、性别比例、受教育程度、宗教信仰、就业情况等。

（2）某一地区的消费者购买力，包括收入总额、支出总额、消费结构、消费者生活方式、消费者消费心理特点等。

（3）某一地区内消费市场的基本情况：销售方式；服装色彩、面料、款式的演变过程及发展趋势；纺织品、辅料和配件的演变过程及发展趋势；各大类服装制作工艺的演变过程及发展趋势；各大类服装包装体系和展示形式的演变过程及发展趋势；各大类服装的价格体系演变过程及发展趋势。

服装市场流行的预测都是在对这些收集的资料进行分析之后得出结论的。因此，企业必须做好市场调查工作。

案例：S品牌服装顾客满意度市场调查方案

1. S品牌服装背景

S品牌服装公司成立于1985年，是一家服装中外合资企业。该公司年产服装百万件套，年营业额达到4亿元人民币。2006年经过有关部门严格认定，"S"商标被国家工商局认定为"中国驰名商标"。1996年，S公司率先在北京市服装行业获得ISO 9000质量管理体系认证，并于2006年获得中国质量认证中心和国际认证联盟（CQC & IQNET）颁发的"卓越绩效管理组织奖"。2007年1月，公司完成了ISO 14001环境管理体系认证；目前，S品牌服装公司正在申请SA 8000社会责任管理体系认证。

S公司在国内建立了强大的销售网络，公司在昆明、成都、贵阳、郑州、石家庄、西安、天津、乌鲁木齐、大连、北京等地设立了分公司。在许昌、大同、安阳、临汾、南阳、邢台、保定、驻马店、包头、呼和浩特等地建立了特许经营店。现在公司已经拥有包括专卖店、店中店、特许经营店在内的60余个销售网点，所有店面都有统一的CI形象。"顾客至上"是公司的服务理念，并贯穿于服务培训体系。S公司产品年出口量达百万件套以上，远销日本、欧洲、澳大利亚、南美洲、美国、东南亚等地。产品涵盖高档男女西服、男女时装、休闲装等十几个种类。

2. 市场调查目的

随着市场竞争的激烈，S 公司也遇到了市场冲击和企业在自身发展过程中出现了新问题和矛盾。当企业实施多元化发展战略以后，企业的品牌形象和产品竞争力受到了不同程度的削减和缩小，所以其公司领导和企划部门希望能通过一个一定范围内的顾客满意度测评来检测公司在市场中的位置以及品牌形象，了解顾客对企业的真实感受和满意度状况，以此来提升顾客对品牌的忠诚度，并发掘一些需要改进甚至摒弃的不良策略和方法，最终达到提高企业经营绩效的发展目的。

3. 市场调查的范围及调查对象

本次调查的范围是北京市 S 品牌服装的销售店铺，市场调查对象为 S 品牌服装的现实消费者。此次市场调查的样本总数为 400 个。

4. 市场调查方法

本次调查采用访问法，在 S 品牌服装的销售店铺内对消费者进行访问，并以问卷形式收集信息。

5. 市场调查内容

（1）消费者了解服装品牌信息和宣传广告的途径以及对 S 品牌服装的认知途径。

（2）顾客满意度测评指标和模型变量的分解，包括产品、价格、销售渠道、品牌形象和服务。

①产品方面：质量、款式、面料、品种、做工、包装。

②价格方面：价格定位。

③销售渠道方面：购买服装的场所、购买服装的方便程度、店面档次、卖场环境、促销方式。

④品牌形象方面：店员的服务态度、业务水平及专业知识、服饰仪表、宣传、品牌社会认知与社会贡献、品牌形象代言。

⑤服务方面：收银、取货、处理顾客抱怨、处理退货。

（3）人口属性数据，包括性别、年龄、教育、职业、收入等背景资料。

6. 数据处理和分析

（1）回收调查问卷、编码及数据录入。

（2）所用分析软件：SPSS。

（3）核心结果分析方案是指顾客对服装品牌的满意度状况分析。

①不同特征的消费者在购买服装时关注价格、款式、面料、品牌等各因素的程度。

②消费场所对顾客满意度的影响。在对消费者的购买服装场所进行调查数据分析时，不同特征的消费者的经常购买地点的百分比趋势走向。

7. 市场调查进度安排

整个项目在 55 个工作日内完成整体调查和报告初稿。具体工作日程安排见表 12-2。

表 12-2　市场调查进度安排表

市场调查工作环节	时间分配（工作日）
确定调查目标	2
调查方案论证、设计	5
二手资料收集	2
实施调查	20
数据整理、录入和分析	18
撰写调查报告初稿	2
修改调查报告并定稿	4
报告呈交	2

8. 市场调查费用

本项目费用总计 27700 元，具体预算见表 12-3。

表 12-3　市场调查费用预算表

支出项目	金额（元）	备注
方案策划费	3000	方案设计、问卷设计及修改
问卷印刷、装订费	1500	—
访问员、督导员劳务费	12000	400 个样本
数据录入费	1000	数据录入员负责数据录入
统计分析费	2000	数据分析专员负责数据处理
撰写报告费	5000	数据分析研究，报告撰写
管理费	1200	项目经理负责项目流程时间及质量控制
杂费	2000	通信和交通费用等
合计		27700

本章要点

　　美国营销协会（AMA）关于市场调查的定义：市场调查是把消费者、客户、大众和市场人员通过信息连接起来，而营销者借助这些信息可以发现和确定营销机会和营销问题，开展、改善、评估和监控营销活动，并加深对市场营销过程的认识。这个定义不是抽象的，它概括了市场调查的实际作用是：收集、分析并解释营销和各级管理层的其他决策所需的相关信息。

　　市场调查作为营销决策的基础，其业务范围很广。根据美国市场营销协会的统计，美国企业中最常见的一些调查项目有：市场特点研究；市场需求的衡量；市场份额分析；销售分析；商业趋势研究；竞争产品研究；短期预测；新产品的市场接受情况及需求量调查；长期预测；定价研究等。而我国的市场调查是以产品使用及认知态度调查和促销调查为主要内容，其中促销调查更为普遍，包括广告效果追踪、媒体行为、产品包装等。

正确地选择市场调查方法，对调查的结果影响很大。市场实地调查方法有很多，其主要方法可分为访问法、观察法、实验法。

所谓预测，是指在市场调查的基础上，根据过去和现在的已知因素，运用已有的知识、经验和科学方法，去预计和推测事物今后可能的发展趋势，并做出定性和定量的估计和评价。

市场预测，从最终结果来说，就是预测市场需求（从企业的角度来说，就是预测市场销售）。但不论是需求还是销售，都表现为一定产品、一定地区、一定时间的需求或销售。这样，市场预测就可以按产品层次、空间层次、时间层次划分为不同的类型。总体说，市场预测方法有定性和定量两种方法。

复习思考题

1. 市场调查有哪些步骤？
2. 市场调查方案包括哪些内容？
3. 什么是访问调查法？访问调查法有哪些类型？
4. 一家服装企业开发出一种新产品，想了解消费者的欢迎程度，你认为采用哪一种调查方法好？为什么？
5. 什么是市场预测？市场预测有哪些类型？
6. 某服装企业想通过市场调查了解某地区老年市场需求特点以及消费偏好，试为其设计一份市场调查方案。
7. 找5~7名本校其他专业的学生，就服装的选择、购买、穿着、品牌、偏好程度等问题进行个案访问，将访问的结果整理成一份1800字的调查报告。
8. 采集数据，运用一种或几种预测方法，进行模拟预测。

第十三章　服装消费者研究与品牌战略

- **课题名称**：服装消费者研究与品牌战略
- **课程内容**：服装消费者研究
  服装品牌战略
- **上课时数**：4课时
- **教学要求**：1. 使学生了解服装消费心理特征、服装消费心理动机。
  2. 使学生掌握影响服装消费行为的因素、服装购买类型以及服装购买决策过程。
  3. 使学生理解服装品牌内涵及定位。
  4. 使学生能够理解和运用各种服装品牌战略。
- **课前准备**：阅读有关消费心理、品牌战略方面的书籍。

服装企业不仅要深入研究消费者，还必须制定清晰、具体、有力的品牌战略，明确品牌定位、品牌概念与形象，这样才能获得目标群体的认可，塑造强有力的服装品牌。

第一节　服装消费者研究

对消费者来说，服装是一种象征、一种语言和一种工具。服装消费是日常生活中很重要的消费行为。对于服装企业来说，研究服装消费者心理与行为就显得尤为重要。

一、服装消费心理特征

消费者的着装态度不同，在服装的选择和穿着上有不同的看法，在服装消费的心理状态上也是千差万别、多种多样的，大致可归纳为以下四种服装消费心理特征。

（一）多样性

服装消费心理上的多样性，是由于个人或群体的文化传统的不同，宗教信仰的不同，年龄段的不同，所在周边环境和地域的不同，职业及经济能力的不同，各人爱好与性别差异上的不同，生理需要及各种各样自我满足方式的不同所造成的。例如，奇装异服是满足刺激与别出心裁的需要；量体裁衣不光是为了突出体型上的优势，有时也是为了掩盖身体缺陷上的需要。

（二）发展性

由于人们生活及生存的层次和环境不同，所以对服装的要求也相对有所不同。但是，人们对服装由原始的低层次阶段向高层次阶段转变的发展过程是相同的。由于人类文明的不断发展与进步，服装也由原来的防寒遮体功能转变成了美化自我、美化生活的功能，同时为了更进一步地完善人与人之间的交往而逐渐向艺术品化方向发展。

（三）变化性

变化性指消费者由于自身内部的变化、经济上的变化、社会地位上的变化和外界大环境的刺激，观念与需求都会产生巨大的转变。这也是服装变化的根据，它会促成新的流行，循环往复以至无穷。

（四）选择性

如果在服装款式与品牌丰富多样的情况下，消费者的选择性就显现了出来。消费者可以从服装面料、色彩、款式、甚至品牌的名称等方面都进行反复推敲和考虑，从自我喜爱出发，要求服装的各种条件都要达到要求才会去购买。

二、服装消费心理动机

消费者购买服装时的心理动机是多种多样的，有外界因素的刺激，如商场打折、换季、电视广告、橱窗模特的穿着、售货员的推荐等；也可能是自己需要一件特殊场合穿着的服装；还可能是想跟上服装的流行趋势等。总体来说，人们进行服装消费的心理动机，主要有以下五种心理状态。

（一）求实心理

求实心理是消费心理动机中最普遍和常见的一种心理动机因素。"实在"，"实惠"是其心理特征。存在这种消费心理动机的人或消费人群，多为经济收入低的人。他们对服装消费的要求比较宽松，如他们不追求服装的款式、颜色、造型是否流行，而注重服装的面料及质量是否耐用和保管方便，商场打折服装和过时服装是他们的消费首选产品。我国目前的生活水平和世界发达国家相比处于温饱阶段，求实的服装消费心理动机是比较普遍和常见的一种心态。

（二）求新心理

追求服装外观新颖，追求服装流行色和流行款式，这些消费者对服装的价格与实用性考虑较少，只要是新的、奇的、特别的就行。这是服装消费中求新心理的特征。由于人们生活水平的不断提高，物质生活的丰富，人们对外界的了解及大众媒体的宣传影响，现代人对表现自我心态的开放，追求刺激，追求新奇，渴望被别人关注和崇拜，所以不怕花大价钱追求流行和领导潮流。持有这种消费心理的服装购买者多为年轻人和经济收入较高者。

（三）求美心理

"爱美之心，人皆有之"。创造并利用美的事物来美化自身，这是人类的共性。随着服装艺术化的转变，一些有文化、有品位的消费者开始较多地思考服装的整体感，服装与服装配饰的搭配效果，服装的穿着场合等。他们把求美作为第一原则，对服装的价格等其他方面并不会过多考虑，这是较高档次的服装消费者。

（四）求廉心理

这是消费者普遍存在的一种心理动机。只要价格低，见什么买什么，只要便宜便容易产生购买欲望，这些人的消费行为特别容易受外界环境的影响。这是消费者特别注重价格因素所造成的反应。

（五）求名心理

这是一些消费者的名牌心理。不是名牌不买，拥有这种消费心理的人群有时不看款式、颜色、面料等方面的细节，只要是名牌便购买。这些消费者用名牌服装显示自我价值、社会地位，有较强的炫耀心理。

三、影响服装消费行为的因素

服装的消费行为取决于消费者对于服装的需求与欲望，而人们的需求和欲望受文化、社会、个人、心理因素的影响，这些因素对消费者行为影响的程度不同。表13-1为影响消费者行为的因素。

表13-1 影响消费者行为的因素

文化因素	社会因素	个人因素	心理因素
文化	相关群体	年龄	动机
亚文化	家庭	生命周期	感觉
社会阶层	角色	职业	知觉
	地位	经济状况	学习
		生活方式	信念
		个性	态度
		自我观念	

（一）文化因素

文化因素包括文化、亚文化和社会阶层，它对人的消费行为有着广泛和深刻的影响。

1. 文化

文化是人类在社会历史发展过程中所创造的物质财富和精神财富的总和。文化是无形的，但可以感受到它的存在，文化是服装消费观念和偏好的基础。比较东西方女性服饰文化历史，便可感悟文化差异对服装潜移默化的影响。

中华民族具有五千年的历史，人们着装讲究体面、端庄，加之受儒家、道教思想的影响，其服饰崇尚含蓄、自然、严谨和大方的风格。用宽松的"无形之形"服饰包裹人体，体现了中国人追求和谐美与"天人合一"的宇宙观；而日本、韩国、印度等亚洲国家的传统服饰也基本是"宽"的文化展现。东方的服饰多用纹样、刺绣、镶边等传统工艺点缀，以强调和修饰人体的美。在西方，受希腊、古罗马雕塑和绘画的影响，人们着装讲究比例、匀称、平衡、和谐的整体感，追求人性美、人体美。他们运用自然垂褶表现自然形体，用束胸、卡腰和蓬松裙身等立体造型方式重塑人体，以曲线美来突出西方服饰的文化特点。西方女性的着装讲究体饰美，认为服装是装饰、美化人体的，崇尚人体和谐之美。

2. 亚文化

亚文化是主文化的一部分，其成员具有独特的行为方式。某一亚文化的成员所具有的独特的行为模式，是建立在该群体的历史与现状之上的。亚文化包括民族亚文化、宗教亚文化、种族亚文化、地理亚文化等。例如，中国新娘喜欢穿红色的礼服，因为中国人认为红色象征喜庆、吉祥；而西方新娘在婚礼上则穿象征圣洁的白色婚纱。

3. 社会阶层

社会阶层是指一个社会的相对稳定和有序的分类。同一阶层具有类似的价值观、兴趣和行为；人们以阶层来判定社会地位；一个人的社会归属不仅仅由一个变量来决定，还由出身、职业、收入、教育等多方面的差异而形成。消费者对服装的偏好会受到其所处社会阶层的深刻影响。保罗（Polo）衬衫是为上层社会中趋于保守的男士设计的，而真维斯服装则更多地被一般平民所服用，布鲁克兄弟西服的目标市场是商界人士或有社会成就的男士。

（二）社会因素

影响消费者行为的社会因素主要有相关群体、家庭、角色和地位等。

1. 相关群体

每个人的日常行为都会受到许多群体的影响。相关群体是指能直接或间接影响一个人的态度和行为的所有群体，分为认同群体和参照群体。

认同群体是对人直接产生影响作用的那些群体，即人们所归属和相互影响的群体，如家庭、朋友、同事等。参照群体是指人们非所属但却崇拜或期待归属的群体。参照群体对人的行为产生间接的影响，但并不一定比认同群体的影响力弱。有的青少年会狂热地崇拜某些影星、歌星或体育明星,并模仿他们的衣着服饰和风度举止。政界人物、皇室成员、娱乐明星都影响着消费者的服装消费选择,如20世纪60年代,美国第一夫人杰奎琳·肯尼迪著名的药丸礼帽引发了一场妇女对礼帽的采购狂潮;麦当娜使内衣外穿成为一种可接受的着装风格。

2. 家庭

家庭是消费者最基本的相关群体,也是对消费者的购买行为最具有影响力的群体。一个人一生中一般要经历两个家庭,其一是自己所出生的家庭,主要由父母和兄弟姐妹所组成。每个人从小都受到家庭,特别是父母的潜移默化的影响,而形成某些偏好、兴趣和行为倾向。因此,在不同家庭中长大的孩子,在消费习惯和购买行为上有着不同的特点。其二是自己所组成的家庭,主要由配偶和子女组成。这种家庭既是社会中最基本的购买单位,对消费者的购买行为的影响也最直接。

在我国城市中,以年轻夫妇和一个孩子组成的所谓核心家庭最为常见。对于服装消费,妻子一般是家庭成员的主要规划者,但当购买高档、昂贵的服装时,丈夫有时参与决策或起到决策者的作用;随着孩子年龄的增长,孩子的观点不仅对个人的服装购买起决定性的影响,而且对父母服装的选择也常发表个人见解,起到影响者的作用。

3. 角色与地位

角色是指一个人与其社会地位相适应的社会期待的行为模式。每个人都在社会生活中扮演着一些角色。常见的角色类型有性别角色、年龄角色、职业角色和家庭角色等,不同的角色有相应的穿着方式。

服装的美具有整体性,服装本身的款式设计、色彩搭配只是构成美的基本条件,更重要的是,服装应与穿着者的气质、身份以及穿着情境相协调。穿着吊带裙或超短裙出现在讲台上,或者穿着高档西服去野外郊游都是不恰当的。着装还应与穿着者的年龄、职业、不同场合的角色相匹配,因此才有了正装、休闲装、职业装、礼服、运动装、家居服等类别的服装,以适应消费者不同角色的着装选择。

(三)个人因素

影响消费者购买决策的个人因素主要有年龄、性别收入、生活方式和个性等。

1. 年龄

消费者的需求和购买量随年龄的增长而变化。例如,青少年市场越来越受瞩目,法国著名的服装品牌蔻凯(Kookai)针对的就是处于叛逆期的少女。2000年,美国青少年(12~19岁)消费总额为1550亿美元,家庭25%~35%的支出是用于青少年的消费,消费的方向大多在服装方面,其余依次为娱乐、快餐、小食品和个人用品。

2. 性别

由于男女两性生理、心理的差异,对服装的需求存在天然的差异,所以性别一直是服装市场细分的依据。两性对服装的偏好从孩童时期就表现出不同,以色彩为例,男性喜欢青、绿系色彩，女性喜欢红、紫系色彩。

在购买服装时，除共同重视款式和品位以外，男性比女性更重视品牌和价格，而女性更重视质地、购物环境和服务态度以及是否有赠品或打折（季节销价）等。

3. 收入

收入是决定消费者购买能力的重要因素，经济收入的不同，使服装消费在质量、档次等方面存在明显差异。在我国，富豪型和部分富裕型家庭（个人）消费者追求名牌、注重场合、讲究搭配，主要购买国内、国际知名品牌，属高档消费群；部分富裕型、小康型、部分温饱型家庭（个人）消费者重视质量、款式、模仿名牌，要求价格适中，属中档消费群体；部分温饱型和贫困型家庭（个人）消费者注重实用，要求价格低廉，属低档消费群体。

4. 生活方式

生活方式是一个综合的概念，包括人们在物质消费、精神文化、家庭及日常生活领域中的活动方式。生活方式综合反映了一个人的日常需求、动机、兴趣、偏好、态度、价值观和活动方式，通过一个人的生活方式，可以清楚了解他的所作所为。一般而言，不同生活方式群体在人口学特征、服装持有类型和数量、穿着方式及流行意识方面存在明显差异。

生活方式对消费者服装偏好的影响不容忽视，他们购买的服装也反映了他们的生活方式，因此，服装企业越来越多地利用消费者的生活方式来细分市场。例如，女性服装制造商遵循杜邦公司的劝告，为"简朴的女性""时髦的女性"和"有男性气质的女性"设计不同的服装，取得了较好的效果。

5. 个性

个性是指一个人带有倾向性的比较稳定的心理特征，包括兴趣、爱好、能力、气质、性格等因素。通常用内向、外向、情绪稳定（不稳定）、独立、顺从、自信、好交际等来描述一个人的个性。研究证实，消费者对产品的偏好、兴趣和购买行为受其个性的影响。性格外向的人和内向的人，情绪稳定的人和不稳定的人对服装式样、色彩、花纹等有不同偏好，性格外向的人往往偏爱色彩鲜艳、对比强烈、款式新颖的服装；而性格内向的人，一般比较喜欢深沉的色调。

消费者的个性不同，对服装的态度、购买行为和接受新产品的能力不同。在我国，服装邮购系统虽不完善，但调查发现，选择邮购的顾客一般注意自我，喜欢变化，勇于尝试，希望以时尚领袖的形象出现。企业根据赋予自己的产品与消费者个性相符合的品牌个性，可以获得消费者的认同。耐克公司设计与其运动产品的内涵相一致的品牌个性：成功、竞争、决策、有趣、获胜等，这些特征正是体育爱好者（耐克产品的消费者）所具有的或希望具有的个性特征。

（四）心理因素

影响消费者服装选择和购买行为的心理因素主要有知觉、学习和后天经验、信念和态度等。

1. 知觉

心理学理论认为，感觉是对事物个别属性的反映，而知觉是对事物特征的整体把握。人们在选择和购买服装时，首先通过视觉和触觉形成对服装各种属性的感觉，如式样、色彩、花纹图案、线条，材料的表面效果（如面料的纹理、悬垂性、丰满度等）、手感和柔软性等，并在此基础上形成对服装的知觉，如设计是否协调，面料是否高档，样式是否流行等。实际上，对同一事物或情境的知觉因人而异，也就是知觉受个人状况和经验的影响。经常注意和购买服装的人与对服装不太关心的人，对服装的流行性、面料的种类、价格的贵贱等问题的知觉程度不同。

2. 学习和后天经验

人的大多数行为都是通过后天学习获得的。心理学家认为后天经验的形成是驱力、刺激物、提示物、反应和强化相互作用的结果。

环境以奖励的方式提供正强化，加强了反应并使消费者做出适当的行为。例如，一位姑娘穿着迷人的服装后得到了赞赏，这位姑娘以后会继续买这种产品。通过环境的惩罚提供了负强化，加强了反应并使消费者做出适当的行为。例如，服装厂商的一则广告中：一位姑娘由于没有穿某个品牌的服装，周末的晚上没有人约会，独自待在家中。这里传递的信息是：只要穿着这种服装就会避免这种负面的效果，从而激励消费者选择这个品牌。

3. 信念和态度

信念是一个人对事物所持有的描述性思想。有的消费者认为耐克品牌信誉卓著，产品质量值得信赖，价格虽贵但物有所值；而有的消费者则认为耐克产品虽比其他品牌的产品质量好，但是并不值那么多钱。这些都是消费者关于耐克的信念。信念的形成可以基于信仰或者情感。顾客的信念决定了企业和产品在顾客心目中的形象，决定了顾客的购买行为。经营管理人员应高度重视顾客对本企业或品牌的信念，如果发现顾客的信念不利于产品销售时，应利用有效的活动进行纠正。

态度指一个人对某些事物或观念长期持有的认识评价、情感感受和行为倾向，表现为赞成或反对、喜欢或厌恶、接近或远离的倾向。态度一旦形成便具有相对的稳定性和一致性。人们对衣着打扮、服装服饰、流行时尚都有自己的态度，态度还反映在人们对服装款式、色彩、面料的偏好上。态度能使人对相似的事物产生相当一致的行为，按照已有态度对所接触到的事物做出反应和解释能够节省时间与精力。消费者的态度具有相对稳定性，企业应使自己的产品和服务符合消费者的既有态度，而不是试图去改变。态度改变较难，但不等于态度不会改变。新的经验或新的信息会使态度发生某种程度的变化。如果改变一种态度带来的收益大于为此而消耗的成本，则值得尝试。

四、服装购买类型

在上述购买类型中，消费者对购买的介入程度在很大程度上受其对产品的熟悉程度的影响。如果消费者经常购买某一种产品或品牌，就会因多次购买而熟悉产品和品牌差异，从而成为一种常规的或习惯性的购买。但对价格贵而很少购买的产品或品牌，由于消费者不熟悉，购买过程则会比较复杂。因此，从消费者的购买介入程度和对产品或品牌的差异程度可划分出四种类型的购买行为，见表 13-2。

表 13-2 服装购买类型

购买介入程度 品牌差异	高度介入	低度介入
品牌间差异很大	复杂的购买行为	寻求多样化的购买行为
品牌间差异很小	减少失调感的购买行为	习惯性的购买行为

（一）习惯性的购买行为

大多数的日用消费品，都是在消费者低度介入和品牌差异性小的情况下被购买的。在服装类产品中，价格较低的、日常穿着的，如普通内衣裤、袜子等属于这类商品。这类商品一般价格低廉，购买频率高，消费者只是由于熟悉某一品牌而购买，也不一定会进行购后评价。

（二）寻求多样化的购买行为

有些产品品牌之间有明显不同，但由于价格不贵，消费者一般不会花太多精力去比较购买，而是经常转换品牌或样式，寻求多样化，如一些价格便宜的小饰品。

（三）减少失调感的购买行为

消费者对不经常购买、价格较贵、有一定风险，但认为品牌之间差异不大的产品，会产生减少失调感的购买行为。这种情况下，购买者一般会先四处询问，看何处可买到该产品，但由于品牌差异不大，购买者可能因价格便宜或地点方便而作出购买决策。购买以后，消费者也许因发现该产品的某些缺陷而不太满意，也许听到别人说起其他品牌的某些优点，而失去心理的平衡，即感到心理不协调。这时消费者可能会进一步收集有关信息，并力图证明自己的购买是值得的和正确的，以消解或降低失调感。

（四）复杂的购买行为

消费者如果花较多的时间、精力介入一项购买，并且了解同一产品各品牌之间的差异，则会产生复杂的购买行为。花费时间、精力高度介入一项购买，通常是因为该项购买的产品属于价格昂贵的、不常购买的、冒风险的和高度自我表现的。多数情况下，消费者对这类产品缺乏了解，需要经过认知性的学习过程，首先了解产品性能、特点和用途，从而对产品形成某种信念和态度，最后作出谨慎的购买决定。由于服装，特别是高档西服、时装等具有自我表现的特点，可能产生复杂的购买行为。例如，购买西服的消费者可能首先会收集有关西服的信息，然后根据他所重视的属性，如款式、颜色、面料、价格、知名度等，形成对不同品牌西服的描述性看法，并从中选购最能满足他当前需要的品牌。

五、服装购买决策过程

上面已经看到由于产品的种类、特点、价格以及消费者的熟悉程度的不同，会形成不同的购买行为类型。对消费者来说，有些购买会非常迅速，而有的购买则相当花费时间和精力，这种比较复杂的购买行为据有关研究认为一般要经历五个阶段，即确认需要、信息收集、备选方案评价、购买决策和购后行为。这一购买模式强调购买过程在实际购买之前就已开始，而其结果则在实际购买以后仍持续很久。下面结合服装的购买行为来分析购买过程的五个阶段的特点。

（一）确认需要

购买过程始于消费者意识到某种需要的不满足，即消费者发现现实状况与想要达到的状况之间有一定差距，对这一问题的确认或认知，导致消费者去寻求能弥补这一差距的物品。一个人受内部或外部刺激的作用，而产生某种需要，当需要达到一定的强度就成为动机，驱使人们去选择某种物品以满足这种需要。以服装为例，促使消费者确认需要的原因可能有以下六个方面。

1. *自然破损*

衣服在穿用过程中破损，失去了使用价值，必须更换。

2. *心理欲望的不满*

衣服本身并无破损仍可穿着，但因已过时，不合潮流而放弃，希望添置新的时装。

3. *经济收入的变化*

收入增加会刺激更多的需求。有的消费者会更多地考虑购买高档时装。

4. *环境地位的改变*

从农村进入城市工作的青年，或毕业后进入外资、合资企业或大公司工作的大学生，前者可能会考虑购买符合城市风格的穿着，后者则有可能改变学生时代穿着随意的风格，转而追求成熟、稳重的着装形象。

5. *时尚潮流或新产品的影响*

款式新颖的流行服装会吸引人们的注意、刺激人们的需求，手感良好、外观漂亮的新面料也会诱发人们的购买欲。

6. *服装的整体搭配*

由于服装服饰整体配套对协调的穿着很重要，已日益引起人们的重视。例如，买了名牌西装的男士，需要相应的领带、衬衫、皮鞋、提包等进行搭配。

（二）信息收集

当消费者意识到满足某种需求的必要性后，便可能会去寻求有关产品的信息。如果消费者的购买要求强烈，且能满足自己需求的物品买得起又不难买到，那么他可能会立即购买；否则，消费者就会把需求保存在记忆里，根据需求情况而采取行动。如果需求不是很强烈，消费者可能会放弃进一步行动。如果需求比较强烈，消费者则可能会积极地收集信息，打听自己所要购买的产品的特点、价格、品牌等情况。这主要取决于消费者对产品的熟悉程度和其购买行为的复杂程度。一个想购买时装的女性会比平时更加注意有关时装的广告、橱窗陈列、展销会等信息，也会注意朋友、同事或街头同龄人的穿着。

消费者的信息收集主要有两种方式：内部信息收集和外部信息收集。内部信息是由过去的经历存储在消费者记忆中的信息，消费者可能看到过某一品牌的广告或对某品牌产品有印象，通过回忆而想起与当前需求相关的内容。当消费者依靠内部信息仍不能解决问题时，便会借助于外部信息源获得帮助。外部信息源一般可分为以下四类：

（1）人际来源，指家庭成员、朋友、邻居、同事或其他熟人。
（2）商业来源，指广告、售货员、经销商、商品包装、展示会等。
（3）公众来源，指大众传播媒介、消费者评比组织等。
（4）经验来源，指产品的操作、检验或使用中得到的经验。

这些信息源的相对重要性和影响程度随着产品类别和购买者特征的不同而异。一般而言，大多数产品信息来自于商业途径，特别是广告，而有说服力的信息则主要来自于亲朋好友。因此，每一种信息源对消费者购买决策的影响作用并不相同。商业信息一般执行告知功能，而人际来源则执行认可或评估的功能。对服装来说，喜欢时髦的人，比较重视商业信息，特别是时装杂志、时装展示和时装表演；追求品牌知名度的人，从人际或公众来源获取更多的有关名牌的信息；重视实用效果的人，可能更多地从试穿、触摸或过去的穿着经验中获得信息。由于服装，特别是时装属于选择性很强的产品，有时销售人员的建议会对购买者产生较大影响。

（三）备选方案评价

消费者通过信息搜集的活动，形成产品的选择组合。接下去，消费者将对这些产品进行评估、比较并作出购买决定。一般认为，以下因素有助于了解消费者的评价过程。

1. 产品属性

每一种产品都可以看作是一组属性的组合，如服装的属性有款式、颜色、面料、价格、做工、流行性等。消费者对产品各种属性的关心程度因人而异。他们最关心的是那些最能满足其当前需要的属性。服装市场通常可以按照不同消费者群体所重视的主要属性的不同加以细分，如重视流行的消费者、重视品牌的消费者、重视价格的消费者等。

2. 品牌形象

消费者通过分析、比较和结合以往的经验，会对选择组合中的不同品牌产品形成一组品牌信念，如 A 款式流行，B 款式保守。并由此形成对某一特定品牌的信念组合，称为品牌形象，如 A 品牌服装款式流行、色彩明快、做工精细、价格较贵，而 B 品牌款式保守、色彩深沉、做工一般、价格适中等。

3. 期待效用

消费者总是为了满足某种需求而购买产品，这是因为该产品具有满足这种需求的效用。可以假设消费者期待从产品中获得的满足是随产品每一属性的差异程度而变化的，如消费者理想的服装可能是样式新颖、做工精致、知名度高而价格便宜的。一件服装越接近这一"理想产品"，消费者从中便越可得到更大的满足。

4. 评价过程

消费者通过对各种品牌的评价而形成态度（判断、偏好）。如果某一品牌在各方面都优于其他品牌或者购买标准比较单一，如只要款式好而不在乎价钱，或便宜而无所谓款式，这时消费者很快会作出购买决定。但大多数情况下，不同品牌各具特色和优势，需要消费者对不同品牌的各种属性或品质进行衡量，从中选择。有时人们会面对不同品牌、款式、颜色的服装犹豫不决，拿不定主意。这时消费者认为最重要的那些属性或品质会起较大的影响作用。

服装购买评估的标准因产品类别、消费者类型及购买情境等而不同。服装从价格昂贵的高级时装、裘皮服装到价格低廉的普通内衣等有很大差异，消费者会因服装种类的不同而有不同的选择基准。

（四）购买决策

通过备选产品的评估过程，消费者已在几种品牌中形成了偏好和购买倾向。正常情况下，消费者会产生实际的购买行动，购买他所喜欢的品牌。但有时消费者会受他人的态度、非预期的情境因素和知觉风险等影响，放弃或暂缓作出购买决定。

他人的态度对消费者购买决策的影响大小取决于他人与该消费者的关系密切程度、否定态度的强度以及消费者顺从他人意愿的动机。他人的否定态度越强烈以及此人与购买者关系越密切，则该消费者放弃购买的可能性越大。相反，如果消费者尊敬或喜欢的人喜欢同一品牌或产品，则会促使他作出购买决定。由于服装具有装饰外观和在他人面前表现自我的作用，因而人们在购买服装时一般会比较在意他人的看法，在拿不定主意时常会与伙伴、亲友等一起商量选购。

消费者的购买决定还受到非预期的情境因素的影响，如涨价、家庭收入的突然减少或其他必需的支出增加等。因此，消费者即便形成了偏好和购买意愿，也并不意味着就一定会发生实际购买行为。消费者放弃、暂缓或修正某项购买决策，还受到知觉风险的影响。关于知觉风险的影响将在下一节进行专题介绍。

（五）购后行为

消费者已经做出了实际购买，但并不意味着购买过程的结束。购买后消费者将会感受到某种程度的满足或不满足，并在使用中发现产品的某些优点或缺陷，这将直接影响到消费者作出是否继续或重复购买的决策。

购买者的满足是购买者的产品期望与产品的直观绩效之差。如果产品与期望相称，则消费者是满意的，如果产品超过期望，则消费者是高度满意的；如果产品低于期望，消费者是不满意的。服装，特别是外衣类，由于具有明显地被他人观察到的特点，因此，购买者购买后都期望得到周围人，特别是与自己关系密切的那些人的赞扬和肯定，如果能够获得肯定的评价，消费者则会感到满足，否则会感到不满足。消费者的期望还与其获得的有关产品的信息有关，如果一则防寒服的广告声称是由新型保暖材料制成，具有比其他防寒服更强的防寒功能，消费者则有可能对此有较高的期待。如果穿着证明并非如此，则会导致消费者的不满。不满意的顾客可能会采取一些方法来消除不满感，恢复心理的平衡，如退换、向他人抱怨、寻找能证实产品具有高价值的信息、弃之不用或诉诸法律等。

关于衣料及服装的满足因素，有人尝试做了以下分类：

（1）感觉或知觉的因素：颜色、花纹图案、材质、样式、外观及其他设计特性。

（2）社会心理的因素：适合性、协调性、穿着得体、流行性、自我显示等。

（3）物理或生理的因素：身体适合性、运动机能性、耐久性、做工、易保养性、色牢度、热温生理特性等。

（4）经济因素：价格。

这些因素因服装及其用途、使用状况等而在不同程度上影响消费者的满足程度。对服装面料的满足或不满足因素的一项研究发现，对面料感到不满的消费者相较于感到满意的消费者，衣服的价格、耐久性、生物或物理的舒适感常常是其重要的评价基准，即服装的机能的、经济的特性是形成消费者不满足的主要因素。

购买之后，紧接着的便是使用过程。有些消费者在购买服装后会经常穿着，另一些消费者则可能很少或几乎不穿。随着人们生活水平的提高，流行周期的变短，因样式陈旧、不合时宜而放弃穿着的消费者越来越多。

关于服装购买后满意或不满意的结果会对后续消费、品牌忠诚度的维持、穿着使用的影响以及服装弃用过程的问题，在我国尚未引起足够的重视。例如，服装的弃用数量、弃用服装的处置方式、弃用原因和过程等对服装的更新周期、环境保护等有密切关系。

第二节　服装品牌战略

品牌是企业更重要、更长久的资产，品牌的知名度、美誉度、忠诚度、认知形象、认知质量以及诸如专利、商标和渠道关系等其他资产越高,品牌资产价值也就越高。在服装行业国际化、竞争同质化的大背景下,服装产品的质量与创新已不是获取持续竞争优势的关键性因素,而系统性、战略性品牌的塑造与管理才是建立顾客忠诚度、赢得市场竞争地位的核心所在。因此,服装企业应当把品牌管理作为一种重要的营销工具。

一、服装品牌内涵

在服装界,品牌是人们经常提及的一个名词。服装品牌不仅包含着商品形象、设计品位等信息,还包含着拥有该品牌的企业形象。对于服装商品而言,品牌和设计师一样,都是重要的附加价值来源。

(一)服装品牌定义

服装品牌是一些名称、术语、标记、符号或设计的组合运用,目的是用于辨认某个服装生产或经销商及其提供的产品和相关服务,并把它与竞争对手及其产品和服务区别开来。

服装品牌对单一顾客而言是多种信息元素的综合体,它混杂着消费者的情感投射、价值展现、自我形象、审美品位及价格敏感度等。服装品牌的基本功能是用于区别不同的服装企业,而它的内容又关系到企业的产品、服务及相关的承诺,因此服装品牌的内涵应该包括它所代表的企业文化、企业形象、产品个性、设计品位和服务水平,而服装品牌的核心内涵则是它所具备的一种能够被顾客所认同的价值。

(二)服装品牌价值

服装品牌的意义首先在于它能够创造更多的附加价值。高附加价值是所有成功品牌所具有的共同特征,因此名牌服装可以标出非常高的价位,如国际知名品牌古驰(Gucci)、范思哲(Versace)、阿玛尼(Armani)等,在整体消费水平并不很高的我国服装市场上,它们的一套女装标价在万元左右,但仍然会有人购买。这充分说明,许多人购买的不仅是一件服装,更主要的是一种展示心理,一种归属上流社会的心理需要。这个事实反映了一个基本原理:一个品牌能够让顾客获得产品实用功能以外的心理满足感,从而使他们愿意认同并且追求这种附加价值,这是实现品牌价值的前提。

服装品牌的价值固然离不开企业的刻意创造和倾力经营,但却是因为顾客的认同才能成为现实;顾客对服装品牌的认知通常源于经验,并且感性成分多于理性,因此具有很强的个人色彩;顾客之间的差异主要表现在对品牌的认知程度和对品牌价值取向的理解方面;同时由于传媒的影响和顾客的互相交流,品牌的知名度和时尚性对顾客的影响十分明显;而顾客的个性和文化修养也决定了他们对待服装品牌的态度和取向。

(三)服装品牌层次

服装品牌的价值并不是与生俱来的,它需要一个从无到有、从小到大、从肤浅到深刻的发展过程，这可以被归纳为品牌层次。也可以说，品牌层次代表着品牌发展的不同阶段。

1. 产品品牌

此阶段服装品牌所体现的是它最基本的功能，即品牌的识别功能。它的作用是使顾客借助品牌名称和品牌标识识别拥有该品牌的服装企业及其产品。产品品牌的核心价值主要体现在产品和服务上，因此企业经营的中心任务是改善产品设计，提高产品质量和服务水平。现在对这个区分功能有了新的理解和相应的措施：即把品牌的命名、设计、产品风格和包装共同作为形成品牌形象的个性要素加以考虑，把突出个性作为设计和推广的重点。

2. 概念品牌

当一个服装品牌引起顾客的关注时，它的象征意义就变得十分重要。根据这个原理，企业可以为品牌加上某个概念，如"白领阶层""自然主义者"等，其目的在于把品牌名称、标志和服装的设计元素、风格特点、实用功能与一个概念结合起来，从而使品牌和产品同某种特别的意义建立联系。由此这个品牌就成为某种兴趣、品位、生活方式或价值观念的象征，顾客在接触这个品牌时，也会因思想和情感上的共鸣而对其产生好感。

一个产品品牌被成功地赋予某种概念，就升级为概念品牌。顾客在购买服装商品时，由于某个概念而引起愉快联想和归属感，就会使他们首先考虑相应的品牌。

3. 企业文化品牌

如果能够成功地把企业文化注入品牌，使顾客面对品牌时能认识到企业所坚持的价值观念和行为准则，这时的服装品牌就升级为企业文化品牌。企业文化品牌可以体现出信用功能，即顾客通过品牌与企业文化的结合，看到了企业为品牌承担的一系列承诺和保证，从而与品牌建立起稳固而长久的关系，并因此形成品牌优越信念。

4. 理念品牌

此处的理念并不是指设计理念或是消费理念，它所反映的是某种价值体系或生活态度，即生活理念。现实生活中每个人都会通过不同的方式来表达自己的价值观念，并且与他们所认同的社会观念相适应。当一个服装品牌能够被它的顾客群体用来表达某种生活方式或价值取向，甚至成为他们生活态度的象征时，就可以被认为是一个理念品牌。

理念品牌的价值在于它超越了产品本身，同时又不局限于某个具体的概念，而是上升到社会观念的层次，成为顾客生活方式的组成部分。因此，理念品牌体现的不再是物品的价值，而是观念的价值。

5. 精神品牌

所谓精神，是指某种情感、意志、境界或信仰，是人在社会文化影响下形成的内心世界。精神品牌是服装品牌的最高层次，它具有丰富的文化内涵和强大的感召力，可以与顾客的内心世界产生共鸣，从而成为他们的精神寄托。

精神品牌所代表的是一种人生哲学，是一种理想信念，是一种对现实的超越，它满足了顾客最高层次的需要,因而能够产生强大的凝聚力和广泛的影响力。精神品牌的核心价值是深远、持久和不可模仿的。

二、服装品牌定位

服装品牌形象是消费者头脑中与某个服装品牌相联系的属性集合和相关联想,是消费者对服装品牌的主观反映。服装品牌要想从激烈的品牌角逐中脱颖而出,就必须通过清晰的品牌定位和鲜明的品牌形象去感染消费者,使他们能够理解、接受和认同。

服装品牌定位是服装商品企划的前奏,也是企划的核心内容。严格地讲,品牌定位与市场定位、产品定位是相互关联但性质不同的概念。市场定位是指服装企业根据自身的性质、特点以及技术、资源配置,把产品和服务准确定位于一个顾客群体,所以市场定位又称目标顾客定位;产品定位是指服装企业根据目标顾客的具体特点和消费需要,对产品类别、功能、风格、价位等属性的确认;品牌定位则是服装企业通过市场定位,在以顾客为主导、以产品为基础的原则下,对服装品牌形象所做的定位。就三者的关系而言,市场定位是品牌定位的参照和前提,产品定位是品牌定位的内容之一。

服装品牌定位可以按照以下几个要素加以明确:决定品牌名称、锁定目标顾客、描述品牌概念、刻画生活方式、基本设计企划。

(一)决定品牌名称

品牌名称即商标名称,它是区别于其他同类产品的独特的识别标志。服装品牌的名称应当能够体现其品牌概念,并与其将要设计生产的服装产品形象相符。

为了使服装品牌尽快、尽广地传播开来,品牌名称就必须易念、易记、易懂。如果受众不能很好地理解服装品牌名称的意义,那么品牌的宣传推广工作就难免事倍功半。因此,服装企业可以通过品牌渊源故事、品牌名称解释等方式去深层阐述品牌名称的文化内涵和意义,帮助消费者理解和记忆,并激发目标顾客对品牌的认同与好感。

(二)锁定目标顾客

确认目标顾客是服装品牌定位的关键。服装品牌定位要以市场定位为参照,而市场定位则以企业模式为参照。也就是说,确定目标顾客要从服装企业的实际出发,而不应盲目追求市场热点或盲点。

确认目标顾客通常要经过划分、评估、判断、定位四个阶段。

1. *划分*

对顾客的基本类型进行划分,如性别、年龄、职业、阶层、收入等。

2. *评估*

对选定的顾客群体进行分析,了解他们的生活方式、消费习惯、审美品位、兴趣爱好、品牌意识、品牌价值观念等。

3. 判断

根据分析，推断顾客群体的服装审美观念、消费动机、品牌敏感度、认识品牌的途径等。

4. 定位

根据顾客品牌观念、生活方式、文化品位、消费动机等共性特点，并加以概括从而形成有关概念，最终确定目标顾客的身份类型及其分布。

服装企业在进行顾客定位时，一定要以消费者在关键要素上的一致性作为依据，而不能简单地以年龄、职业、收入等基本特点作为依据。例如，顾客的购买动机为"身份炫耀"，那么他们的品牌价值取向应该是"高价位名牌"，顾客的身份就可能是绅士、富人或成功人士。目标顾客定位必须经过反复的类比、归纳以及认真的论证和准确的判断，绝不能依据主观臆想简单行事。

（三）描述品牌概念

所谓品牌概念描述，就是对服装品牌及其产品的物质属性与精神属性的一种表达或诠释，明确指出产品特质、价格档次、象征意义和带给顾客的消费体验，并将其整合为一个完整的价值体系。服装企业一般可以利用图片、图表等形式向企业内部人员及经销商描述品牌概念，以取得人们的理解。

（四）刻画生活方式

服装品牌提供给消费者的不应仅仅是产品本身，而应该是一种价值观念和生活方式，它煽动人们的消费激情，刺激人们的购买欲，并不断追求人们内心深处那种难于彻底满足的欲望。福塞尔在《格调》一书中通过大量例子表明了消费所表明的社会等级和地位，认为人们是通过消费来表现其品位、格调和生活方式。

服装企业必须有意识地通过发现、甄别、培养或创造某种核心价值观念和生活方式来构建服装品牌背后的文化内涵，并使其与目标顾客群体实现共鸣。为实现这一目标，服装企业首先必须清晰地描述目标顾客群体过着怎样的生活，也就是向人们展示这个新创品牌为哪种生活方式的人服务，或者说企业希望那些购买新创品牌产品的人是何种生活方式的消费者。生活方式的表现是极为丰富的，一个人吃什么、穿什么、用什么、说什么、有什么兴趣、看重什么、喜爱什么休闲活动、对哪种艺术感兴趣，无一不从某个角度反映出一个人的生活方式和价值取向。

（五）基本设计企划

在服装商品企划中，产品的系列设计是重中之重，产品设计的优劣直接关系到新创品牌能否成功冲击市场并生存发展下去。因此，服装企业在明确了品牌概念和目标消费群体的生活方式之后，接下来要做的一项重要工作，就是通过服装效果图或剪贴图片的形式来展现新创品牌的具体企划和基本设计，以便直观地宣传品牌形象，并指导设计师的系列设计方案，包括风格设计、款式设计、面辅料设计、配饰设计、细节设计等。

三、服装品牌形象塑造

服装品牌形象是服装个性的精神提炼，它不是服装本身，却是与人的直觉直接对话的载体。从心理学的角度讲，形象是客观事物在人们心理上的一种反映，包括感觉、认知和联想，它是客观事物的属性、人的认知方式和认知情境共同作用的结果。因此，绝对不能简单地把服装品牌形象理解为一块招牌、一个标志或一句口号，这些只是品牌形象的表达方式。真正的服装品牌形象应当是消费者头脑中与某个服装品牌相联系的属性集合和相关联想，是消费者对品牌认知的结果。

服装品牌形象可以分为内在形象和外在形象两个层面，于是"修身养性"和"精心雕琢"也就成了服装企业打造完美品牌形象的必修课程。

（一）品牌内在形象

从西方几百年的服装品牌发展史来看，优秀的世界级品牌必定具有深刻而充实的内在价值形象。

1. 阿玛尼

阿玛尼是意大利式时装美学的经典，它优雅含蓄，简洁大方，做工考究，"看似简单，又包含无限"是阿玛尼赋予品牌的精神。阿玛尼追求的是自我价值的肯定和实现，因而成为事业有成和现代生活方式的象征。

2. 范思哲

范思哲是艺术华衣的绝佳演绎者，它色彩斑斓，华丽典雅，极度妩媚，将性感表达得淋漓尽致。范思哲用大胆、富于诱惑性的美学倡导了一种奔放、热烈的生活方式。

3. 博斯（Boss）

博斯体现了德国式的严谨的阳刚味道，不奢华却又讲究品质，同时融合了职业与运动的衣着风貌。它以成功的都市男性为目标顾客，他们懂得生活品位，从不随波逐流，没有矫情的细节，没有多余的配饰，却注重社会的认同。

思考之后不难发现，服装品牌的内在价值形象是文化特质在品牌中的沉淀与精炼，它包括了文化背景、时代特征、生活情趣、价值取向等多元化的延伸。各具特色的品牌内在价值体系是他们竞争的核心力量，正如迈克·波特所说，"真正的取胜者是独一无二的，是有别于其他公司的。"

人们需要通过多种途径来表达自己的情感，服装也就成了带有某种观点性的文化产品，传达对不同生活方式的追求。文化价值需求是消费者选择服装的内在依据。服装品牌的内在价值形象一旦形成，就应当在一定时期内相对稳定，以强调品牌鲜明的特色。但决不能简单地将其理解为"一成不变"，因为文化需求本身就处于不断否定、不断更新的流变状态。因此，服装品牌要善于抓住时代的特征，在"变"与"不变"之间取得完美的平衡。

20世纪初，两次世界大战在影响现代欧洲女性社会生活空间的同时，也促成了现代女装根本性的变革；20世纪70年代，由中东战争引发的石油危机导致了西方消费价值观的改变，蕴涵着东方哲学思想的"解构主义"时装得以在欧美兴起；20世纪80年代，当环保意识、绿色消费等观念日益深入人心时，处在世界时装舞台最前沿的是融入了生活化特征的美式休闲服装；21世纪初，平等、民主日益成为世界主流文化，人类更加珍惜生命、热爱自然、崇尚运动，于是人们对运动的狂热加速了时装运动化的脚步。回顾服装发展的历史，我们不难发现，服装的审美、风格总是与同时期的社会环境变化保持着惊人的一致。而许多优秀的世界级品牌也总是对社会环境及服装潮流的演变有着灵敏的触觉，如路易·威登（Louis Vuitton）、海尔姆特·朗（Helmut Lang）、薇薇安·韦斯特伍德（Vivienne Westwood）、普拉达（Prada）、夏奈尔（Chanel）等众多品牌为了及时应对2002年的运动潮流，纷纷调整设计路线，在各自的"前卫概念店"中推出了以丝绸、羊绒等贵重面料为材质的高级女装版的运动时装。

从这些大品牌对运动时装潮流的应对中，我们可以得出这样一个符合当今服装品牌发展的规律——作为一个享有高知名度的服装企业，为了稳固其在行业中的地位，保持引领时尚潮流的位置，就必须顺应社会环境和价值观念的发展趋势，在保持品牌核心价值形象的同时，及时进行适当更新。

（二）品牌外在形象

"修身养性"只是让服装品牌形成了与目标群体价值共鸣的内在形象，当然这是至为重要的关键，它如同一个人的品性和气质。但是毋庸置疑，外表和装饰会在很大程度上决定我们对一个人的判断和评价。同样道理，服装企业也要内外兼修、精心雕琢，塑造自己的品牌视觉风格，这就是品牌的外在形象。主要包括以下四个方面。

1. *产品形象*

服装产品本身的设计和风格是最能直接体现品牌形象的直观道具。例如，阿玛尼的服装善于通过朴素简洁的材料表达精巧柔美的气质，是潮流与传统的完美结合。阿玛尼的系列品牌都定位在柔和、非结构性款式，善于运用层次和色彩的变化，经常调整比例，较多采用"无色彩"的面料，风格高雅，含而不露。而范思哲的设计风格则非常鲜明，具有强烈的视觉冲击力。范思哲强调快乐与性感，吸取了古典贵族的奢华风格，运用各种高档面料，借助斜裁的方式，在生硬的几何线条与柔和的身体曲线间巧妙过渡。两者在设计风格上的迥异，足以令熟悉品牌的消费者非常容易地辨认出究竟是阿玛尼还是范思哲。

"变化"是服装界唯一不变的恒定真理，当然服装品牌也必须跟随时代潮流适当地更新服装的设计风格。最具说服力的例子当属1908年创立于伦敦的李·库珀（Lee Cooper）牛仔裤。它是世界上最著名的服装品牌之一。近百年来，该品牌的设计风格不断随时代创新：20 世纪 40 年代自由无拘束，50 年代叛逆个性，60 年代轻松时髦，70 年代豪放粗犷，80 年代新潮下的标新立异，90 年代返璞归真等，正是由于不断创新而使李·库珀保持了旺盛的生命力。

2. 店面形象

卖场的设计风格也是体现服装品牌形象的关键，它以强烈的视觉效果构成一种现场感召力，吸引顾客进入一种氛围，让顾客全身心地体验品牌的魅力。此处所指的店面形象包括商店设计、装修、橱窗、陈列展示、人体模特、道具、POP 广告、产品宣传册、商标及吊牌等，是一个完整而系统的集合概念。不同的视觉语言会传递不同的文化理念和独特的品牌个性。

例如，坐落于纽约曼哈顿第 57 大街上的耐克城，其建筑设计灵感来自于漂流瓶中的船，建筑师构思了一座楼中之楼，外楼从一所学校的旧体育馆获得启示，在帕拉蒂奥式窗户上的山墙上铭刻着"勇敢、守信、团结、诚实"几个字。在内部，中庭周围是一个透亮的极富未来感的展示中枢，共享五层楼面的空间中展示着众多的商品，这个中枢暗喻耐克是世界运动创新的代表，希望这种观点能与耐克的目标消费者在"竞争"这一核心上产生共鸣，以适应运动爱好者热情向上的"生命步履"。

纽约耐克城室内设计的特点还在于大量的参与性展示，人们通常去耐克城也正是为了感受耐克城独特而引人入胜的购物经历。例如，四层一个展示耐克空气技术的精彩场景以及五层悬挂着的普通拳击吊袋，分别是通过用手指把一个个塑料空气袋捅瘪或猛击拳击袋来购物，这简直无法想象，然而耐克的数字化鞋类排码系统设施却使计算机做到了这一点。在耐克城的中庭还设置了一块 11m × 6.7m 的屏幕，随时放映一些有关运动的短记录片，吸引了大量观众。设计师也非常注重细节设计，如水磨石地面上绘有详细的纽约马拉松路线图，运动鞋踩在地板上会发出奇怪的声音，耳边不时会传来网球拍拍打网球的回声等。纽约耐克城成功地运用了多媒体、三维广告相结合的形式，当顾客在店内闲逛时，一些商品还会出其不意地在旁边动了起来，顾客在惊奇与兴奋之余，一定会感受到强烈的运动激情。

3. 设计师形象

许多世界级服装品牌的品牌形象都体现了设计师个人的设计风格，巴黎高级女装协会的 18 家会员更无一例外都是世界顶级的设计师品牌。即使某位设计大师引退了，他或她一贯的个人风格也仍然主导着服装品牌的形象。

在时装界里，纪梵希（Givenchy）几乎成为"优雅"的代名词。纪梵希的男装简洁、清爽、周到、得体，刚柔并济，经典永恒。服装中还会巧妙地添加一些新的流行元素，但它们总能与主调风格融合得天衣无缝。纪梵希男装几乎就是设计师纪梵希个人风格的化身，他本人在任何场合出现时总是那么儒雅爽洁，风度翩翩，被称为"时装界的绅士"。1995 年，当纪梵希在他最后一次高级时装发布会上宣布引退时，*Harper' Bazaar* 杂志甚至评论道：一个优雅的时代结束了。而加布里埃尔·夏奈尔（Gabrielle Chanel）本人的传奇故事和独特魅力也使夏奈尔品牌成为女性时尚经典的代名词。

这说明什么？是设计师的才华和个人魅力造就了杰出的品牌形象！不夸张地说，大师的个人时装旋风甚至可能促成一个全球品牌。当然，以上两个例子都是世界级的设计师品牌，而我国目前更多的是制造商品牌和特许品牌。即便如此，服装企业在塑造品牌形象时也不要忽视设计师个人魅力的作用。

4. 代言人形象

代言人穿着某一品牌的服装及配饰在广告或各种公开场所露脸及宣传，可以将服装品牌内涵中那些"只可意会，不可言传"的信息准确地传递出去。例如，代言人可以通过自身形象（如年龄、性别、种族、财富、职业、个性等）以及他们所扮演的角色、行为和围绕他们发生的故事来生动地呈现服装品牌形象，这当然比文字表达更丰富、更直观、更有效。而且代言人也以其自身魅力为服装品牌增加了独特的附加值，丰富了品牌形象。社会各界名流是名牌的忠实拥护者，在穿着上使用名牌是他们身份和地位的象征；而名牌也需要名人的活广告效应，做到让顾客觉得"花钱是一种快乐享受"，这才是至高境界。

耐克掌门人菲利普·奈特从商学院毕业后组建了耐克公司。他一心想在现实生活中塑造一个符合本公司形象又不乏个性的"超人"的形象，并使之成为年轻人追寻的梦想，成为耐克的代言人。他看中了乔丹潜在的发展势头和鲜明的个性及优良的品德。"Just do it!"是乔丹的个性，也是耐克公司的个性。在耐克公司的包装下，乔丹的形象脱颖而出，耐克品牌也随即深入人心。从与耐克签约起，乔丹为耐克带来了26亿美元的收益，耐克商标的无形资产更是无法估量。这是服装企业借助代言人塑造品牌形象的最好例证。

值得一提的是，除了这种签约某一品牌的广告代言人之外，时装界还有一种"隐性代言人"，那就是身着名牌服装出现在各种社交场合的文艺界及政界要人。范思哲的服装就得到了无数名人和演艺人士的青睐。前英国王妃戴安娜、名模辛迪·克劳馥与克劳迪亚·席佛，流行乐坛艾尔顿·约翰、斯汀、蒂娜·特娜，影星泰勒、波姬·小丝等都是范思哲的贵宾客户。每当这些名人身着范思哲出现在各种社交场合时，总会引起人们的纷纷效仿和购买热潮，品牌形象自然也就得到了更好的强化。

（三）品牌形象传播

服装品牌形象的塑造是一项系统工程，除了内在形象和外在形象的设计之外，还必须进行有效的品牌形象传播，才能使消费者产生品牌认同和品牌忠诚。

服装品牌形象的传播应当以立体的战术通过多种渠道来实现，即品牌形象的整合传播。广告中所传达的人物形象、时尚精神、生活方式以及企业的销售促进、主题活动、社交行为、赞助项目等，都是服装品牌形象推广的手段。服装品牌形象整合传播的核心是实现品牌信息的一致性传播。传播服装品牌形象就是要让它所倡导的价值观念和生活方式像病毒一样侵入消费者的头脑和精神，使目标消费群体进入一种近乎"走火入魔"的状态，无时无刻不能感受到品牌的存在及其潜移默化的号召力。

众多欧洲服装名牌都有自己塑造品牌形象的"杀手锏",对目标消费者心理战术的运用可谓炉火纯青。夏奈尔一贯强调其创始人夏奈尔女士的创新精神和高尚品位,这与其时尚女性的目标群体紧密相关。夏奈尔女士在各个时期的名言一直被她的继承者们适当地采用和宣传着,如"让女性生活得更好"、"自信和自由是女性的必需"等。另一名牌爱马仕则一直以宣传其 160 多年的悠久历史为主,将爱马仕的家族产业打造成一个不朽的完美神话。这对追求时尚的人士无疑具有强大的吸引力。各大名牌至少每年举行两次新款发布会,这是直接推广产品的大好时机。当季的设计理念、流行款式和颜色、饰品搭配都经过大肆宣传,而实际销售结果也表明,新款发布之后的一段时间是"旺销期"。

客户至上的个性化服务是服装名牌的另一大特色。例如,爱马仕皮包等饰品销售往往需要客人预定,然后由爱马仕专业制作人员根据客户需要定做。如果一些公司需要制作带有本公司标志的领带,爱马仕也提供定制服务,在领带上绣上公司或个人的名字。另外,定期对 VIP 顾客提供优惠和特别服务,也是服装名牌塑造形象、稳定消费群的有效手段。

耐克在营销中最值得借鉴的地方是它的品牌传播。它选用青少年崇拜的偶像如乔丹等作为品牌形象代言人,还利用计算机来设计耐克的专属电子游戏。每当推出新的产品款式,总是请来乐队进行演奏,通过娱乐的方式传播出一种变革思想和品质。耐克的另一做法就是免费赠送球鞋给运动员们。除此之外,耐克还拿出大量资金用于举办跑步讲习班,赞助各种职业球赛和民间赛事,如街头篮球精英赛和高中男子篮球联赛等。当这些身着"NIKE"标志的队员们出现在运动场上时,实际上就是在为耐克公司做广告宣传。耐克的这种传播策略,不仅使其品牌知名度迅速提升,而且还建立了一种高度认同感的品牌资产价值。

迪斯尼所采用的"主题品牌营销"方式非常值得服装企业借鉴。这是一个注意力和认知主导的时代,服装企业要想塑造品牌形象、培育忠诚顾客,光靠广告为主的浅层沟通已经行不通了,必须进行更深度的沟通,让品牌魅力无处不在,如此才能在消费者心中占据稳固的地位。

服装企业在进行品牌深度沟通时可以采取多种手段,但是必须遵循一个大主题,那就是品牌的核心价值。具体到企业的每一项传播活动,都应该有自己特定的小主题。当然这些小主题必须紧密围绕大主题进行,这些小主题也就是所谓的"概念营销"或"事件营销",是服装企业根据社会文化现象和发展趋势以及消费者的心理需求来创造一个概念或一个事件,通过它向消费者传播服装品牌的价值理念、文化内涵和时尚观念等,以引起广泛共鸣。

四、服装品牌延伸

当一个服装品牌成功地塑造了自己的形象,就会对目标顾客形成一定的影响力,并且这种影响会随着品牌层次的提升而增强。一旦形成这样的局面,某品牌的目标顾客就会以这个品牌作为选择服装的标志。如果该品牌只有一种或有限几种产品,那么这些忠诚顾客就无法享受丰富多样的产品和服务，这无疑会成为目标顾客对该品牌产生动摇的理由。因此，成熟的服装品牌大都会选择品牌延伸策略，即通过建立二线品牌或扩大产品线为顾客提供更全面的产品和服务，以维系与顾客的长期关系，稳固自己的市场地位。

服装品牌提供给消费者的不应仅仅是服装产品本身，而应该是一种价值观念和生活方式。既然如此，服装企业自然也应当从"大服装"的视角来思考品牌形象。许多国外知名品牌都是从商品构成的丰富和商品群的组合搭配中来体现自身独特的品牌风格与核心价值，更有一些企业推出二线品牌来丰富自己的产品组合和品牌线。例如，范思哲的产品就包含女装、男装、配饰、香水、化妆品、瓷器和玻璃器皿、家具摆设等众多品类。范思哲集团旗下拥有八个不同的品牌，其中范思哲系列是华丽典雅、极度女性化、妩媚性感的高级成衣路线，包括晚装与复杂的日装，定位于比较成熟的贵族女性；韦尚时（Versus）系列比较年轻，是连接街头文化与高级时装的桥梁，设计细节更加轻松活泼，但依然秉承了性感风格，只是设计中充满了反传统和有趣的元素，以适合年轻的时尚贵族；范思哲经典V2系列（Versace Classic V2）是为有时尚敏感度的高级白领设计的系列，价格更便宜，舍弃了一些比较复杂的元素，保留了一两处范思哲的精髓，线条简单明朗，大部分为做工精良的套装与休闲装；而范思哲家居系列（Versace home Collection）则是近几年推出的优雅华丽的家具和摆设系列。对于一个时尚人士来说，范思哲为之提供的是一种全方位的高品位生活，怎能不让人倾心？

耐克的"大品牌"思维也许更具借鉴意义。众所周知，耐克是世界上最大、最著名的体育用品品牌之一。但你是否知道，耐克也有MP3产品系列？耐克联手计算机硬件界的强手帝盟公司推出了名为"PSA"的MP3播放器。PSA是"Portable Sport Audio"的缩写，意思是"音乐任你行"，是专门为运动人士设计的MP3播放器。它不仅外形小巧，可以戴在胳膊上或挂在腰间，而且具备防震和防水功能，让人们在运动的同时也能享受音乐的乐趣。数码产品和服装是不是离得远了点？也许是的。但耐克品牌却延伸得如此自然甚至为消费者所感激。为什么呢？原因就在于耐克一直将"体育、表演和洒脱自由的运动员精神"作为自己的品牌个性文化，致力于让人们获得运动的乐趣，它所倡导的是一种"大服装"视角的生活方式。

目前国内的许多服装品牌仍在以单品的形式进行经营。然而仅仅有单品的经营很难全面体现品牌的视觉形象和价值内涵，也很难反映一个服装品牌的整体风格。因此，服装企业应当深入了解特定目标群体的生活方式、价值取向和消费需求，进而在品牌理念的主导下，以服装为依托延伸到更多产品大类。这不仅能促进与服装相关的生活时尚产品的销售，而且有助于丰富品牌形象、提升品牌层次。如此才能使服装品牌真正具有长久不衰的生命力。

不过仍要注意的是，服装品牌延伸应该具有明确的目的性，不能为了延伸而延伸；在实施过程中，还必须遵循品牌发展的内在规律，始终坚持以顾客为中心的原则。

五、服装品牌策略模式

服装品牌策略选择是服装企业的根本性决策，也是服装品牌经营的指导性纲领。服装企业如果缺乏品牌整体运作的长远思路，就会导致品牌经营混乱无序，进而对品牌资产造成极大损失。不同服装企业面临的内外部环境千差万别，因此所采取的品牌策略也各不相同，概括起来主要有以下六种模式。

（一）单一品牌策略

单一品牌策略指服装企业在所有品类上都使用同一个品牌，如福建石狮七匹狼集团公司经营的服装为"七匹狼"品牌男士系列，皮尔·卡丹的服装产品也只使用这一个品牌。这样做的好处在于可以节约传播费用，有利于推出新品和彰显品牌形象。以目前现状而言，国内大多数服装企业比较适合采用单一品牌策略。

单一品牌策略也有其劣势，只要其中某一产品出现问题，就会产生恶性连锁反应，影响全部产品甚至整个服装企业的信誉。另外，使用单一品牌的产品间也不宜出现太大反差，否则会使消费者相互混淆难以区分。

（二）多品牌策略

多品牌策略指服装企业同时经营一个以上的或相互关联、或相互独立的品牌，如阿玛尼旗下就有高级时装品牌乔治·阿玛尼（Giorgio Armani）、高级成衣品牌乔治·阿玛尼黑标（Giorgio Armani Collezioni）、二线成衣品牌安普里奥·阿玛尼（Emporio Armani）、三线品牌阿玛尼休闲系列（Armani Exchange）、阿玛尼牛仔休闲服及牛仔装品牌（Armani Jeans）系列、乔治·阿玛尼童装（Giorgio Armani Junior）系列、乔治·阿玛尼雪衣（Giorgio Armani Neve）系列、乔治·阿玛尼高尔夫球（Giorgio Armani Golf）系列等众多品牌。这些品牌针对不同的目标市场，在服装品类上也有所不同。

多品牌策略可以通过品牌延伸、品牌拓展及品牌并购三种方式实现。

1. 品牌延伸

品牌延伸是将单一的服装品牌发展为相互联系的品牌家族。通常每个服装企业的产品线只是该行业的一部分，如果企业超出现有范围来增加产品线长度，即成为产品线延伸，它包括向下延伸、向上延伸和双向延伸。国际知名服装品牌大多采用了品牌延伸策略，特别是向下延伸，即二线、三线品牌。

以1982年由两位男性设计师创始于意大利的高级成衣品牌杜嘉班纳（Dolce & Gabbana）为例，公司旗下共有三个品牌：

（1）杜嘉班纳（Dolce & Gabbana）。针对高中收入消费者的一线品牌，也就是通常所说的正牌。该品牌内部又细分为奢华大胆的Black Label和优雅感性的White Label两条风格线，以满足不同个性的目标消费者的需要。

(2) D&G。针对中等收入年轻人的二线品牌。从市场渗透度来看，D&G 的风头甚至超过了正牌。自由、个性以及反叛的味道，这正是 D&G 品牌给人的感觉。

(3) &。& 是 2000 年冬季推出的三线品牌，比 D&G 更年轻，是适合每日穿着、可以随意搭配的休闲服装，风格中性化，式样侧重基本款，价格也更便宜。

2. 品牌拓展

品牌拓展与品牌延伸类似，是在原有成功服装品牌的基础上开发新品牌，但品牌拓展通常在名称上会比较独立，品牌形象也较丰富，具有互相独立的品牌风格。

由于每个品牌有不同的风格，因此可以满足不同风格消费者的需求，扩大市场占有率。不过不同品牌的设计可能比较容易出现重复或相似的现象，这就需要各品牌设计师之间良好的沟通与协调。

3. 品牌并购

近年来服装企业的兼并与收购大有愈演愈烈之势，许多世界著名服装企业正以迅雷不及掩耳之势进行跨国并购，实现多元化品牌经营，抢占市场份额，并进行行业大整合。由于国际著名服装品牌都拥有较长的历史和深厚的文化积淀，而品牌延伸与品牌拓展则很难在短时间内使某一公司创立起众多国际知名品牌，因此只能通过兼并与收购来达到这一目的。

以意大利著名品牌普拉达为例，其所属的公司已成为全球著名的奢侈品集团，它的并购策略是寻找类似的品牌和有相同经营理念的伙伴，并购后各公司基本保持自治，以此形成多元化品牌经营。

普拉达创始时以箱包和饰品为主，后来陆续推出鞋靴、女装、男装及运动装系列，已拥有普拉达及其二线品牌缪缪（Miu Miu）两个世界知名品牌。1999 年，普拉达销售额达 10 亿美元，净利润 1.63 亿美元。普拉达在 1999 年底到 2000 年 5 月这短短 5 个月时间内就完成了对海尔姆特·朗、吉尔·桑达及芬迪的并购。并购后，各品牌的市场定位也体现出普拉达的多元化策略。海尔姆特·朗的价格定位低于普拉达 25%，是成熟而又年轻的品牌；吉尔·桑达则定位高于普拉达 15%～20%，属含蓄而时尚的风格；芬迪的经营则会由普拉达与另一大股东路易·威登公司协商进行。众所周知的路易·威登公司也已通过品牌并购成为世界另一大奢侈品集团。

上述三种方式都是服装企业采用多品牌策略的常见做法。实施多品牌策略可以最大限度地占有市场，实现对消费者的交叉覆盖，而且有助于降低经营风险，即使一个品牌失败了，其他品牌也不会受到太大影响。不过多品牌策略需要高额的促销投入，对企业的资源和实力是一种挑战，因此如果不是强势服装企业，那么对多品牌策略一定要慎重采用。

（三）副品牌策略

副品牌策略指服装企业以一个成功品牌作为主品牌来涵盖企业的系列产品，同时又给不同产品选择一个生动活泼、富有魅力的名字作为副品牌，以突出产品的个性形象。例如，双星集团就有"双星老人健身鞋""双星情侣鞋""双星婚礼鞋""双星名人驾驶鞋""双星爸爸鞋""双星妈妈鞋"等，通过副品牌赋予众多产品强烈的情感色彩。副品牌虽然适用面窄，但内涵比主品牌更为形象丰富。

不过服装企业要注意的是，在实施副品牌战略的过程中，品牌传播的重心一定要放在主品牌上，而副品牌则属于从属地位。

（四）品牌联合策略

品牌联合策略指服装企业在同一个产品上使用两个或更多品牌，相互借势，以实现"1+1＞2"的效果。

在北京、上海、广州等都市经常有以"莱卡"为主题的各类时装秀和商业聚会，这个曾被《财富》杂志列入"20世纪影响人类生活的十大服装品牌"、有着"世界纺织业八大品牌"之誉的"莱卡"，其实既不是成衣品牌，也不是面料和制衣原料，它只是一种中间辅料型产品——美国杜邦公司于1958年发明并生产的一种人造弹性纤维。莱卡非凡的伸展与回复性能令所有织物大为增色，含莱卡的时装带来时尚、舒适的新体验，它改变了人类的着装观念，代表了现代人一种全新的生活方式。莱卡品牌对消费者产生了独特的魅力，这当然是服装厂家不能拒绝的，莱卡与服装制造商之间的合作，就是典型的品牌联合策略案例。

莱卡的合作伙伴不仅仅有阿玛尼、宝姿、黛安芬、夏奈尔、博斯等世界著名品牌，还有越来越多的本土服装制造企业，如逸飞、三枪、豪门、AB等都与之建立了合作关系，把自己的品牌商标和"Lycra ®"的三角形商标图案精心编织在一起，参与分享莱卡已经形成的品牌优势。杜邦公司认为，通过推广莱卡品牌，使杜邦优秀的技术与产品形象为更多人所熟知，包括合作客户和消费者；通过与消费者的近距离沟通，传达一种可以体验的感觉，即卖的不是氨纶而是舒适与活力；通过与服装品牌厂商的供应关系，授权在其成衣产品上悬挂莱卡吊牌等方式，增加对市场的拉力，把两个品牌都带到一个新高度，服装的附加值也得以增加；通过不断的软硬广告活动的推广，聚焦莱卡形象，突出其在产业中的核心价值，加强自身的供应商地位。可以说，莱卡与其应用厂家之间已经超越了简单的上下游买卖关系，它实际上是在围绕莱卡的技术核心，用品牌联合的方式来提升双方的品牌价值。

再如，江苏雅鹿与美国杜邦的合作也是这种类型。江苏雅鹿是国内最大的羽绒服生产企业之一，它与杜邦的合作是为了利用杜邦生产的高科技羽绒衬里，推出"特达"品牌，而非杜邦或雅鹿。波司登与杜邦的合作更为新颖，双方制定了可以互用品牌联手进军高科技的双边协议。根据协议，在国外，波司登公司可用"杜邦—波司登"标志；而在中国，杜邦则可用"波司登—杜邦"的标志。

（五）品牌特许经营

品牌特许经营指服装品牌特许者将自己所拥有的商标、产品、专利和专有技术、经营模式等以特许经营合同的形式授予受许者使用，受许者按合同规定在统一的业务模式（如统一的店面设计、服务水平、产品促销、操作流程等）下从事服装经营活动，并向特许者支付相应的费用。

皮尔·卡丹是第一个采用特许经营方式的服装品牌。从 1960 年开始，它就通过特许经营方式将品牌推向各类生活用品，产品涉及时装业、家具业、艺术界及环境领域，现在皮尔·卡丹的特许经营品种有 900 多种，遍布 140 多个国家，这种商业运作模式的成功使皮尔·卡丹发展成为一个庞大的集团。

特许经营是一种以服装品牌无形资产为核心的资产运作模式，可以实现服装品牌的快速扩张，并能借助受许者的资金降低成本与风险。不过这种品牌经营模式更适合于品牌优势强大的服装品牌经营者，他们往往需要经历一段比较艰难的品牌开发过程，而且在品牌宣传上要进行大胆的、大量的投资。

（六）品牌虚拟经营

品牌虚拟经营作为一种全新的经营模式，是对传统服装企业自给自足生产经营方式的一种革命。品牌虚拟经营专注于企业的核心优势与核心业务，对企业价值链上的非核心能力环节强调与优势企业甚至顾客、竞争对手等紧密合作，外包、联营、联盟等合作经营手段都是虚拟经营的典型形式。虚拟经营的魅力就在于，它可以使服装品牌持有者从繁琐的生产事务中解脱出来，从而可以集中精力从事品牌开发与管理、市场开发、产品开发、销售渠道管理与控制、营销信息管理等纯品牌经营行为。

虚拟经营在国外服装企业中应用较为普遍，成功案例也非常多，如耐克，其产品有运动鞋、运动衣、运动帽、运动器材、服装配件以及电子产品，是一个典型的多元化企业。不过耐克只抓住两个核心环节——设计和营销，其余的任务则是寻找成本更低、质量更好的外包厂商实行虚拟经营。

温州的美特斯·邦威公司是目前国内成功运用虚拟经营策略的服装企业之一。这家创立于 1994 年、以生产休闲系列服装为主导产品的企业，目前已拥有 800 多个品种，年产销量达 300 多万件。美特斯·邦威创立之初就在国内服装行业率先实行虚拟经营，将产品外包给广东、江苏等地的 20 多家企业生产，仅此就节约了 2 亿多元的生产基建投资和设备购置费用。销售上则主要采取特许经营的方式，而公司的主要精力则放在产品设计、市场管理和品牌经营上，以便于集中精力去创造竞争优势。

案例：杜嘉班纳的品牌战略

1. 品牌介绍

杜嘉班纳（Dolce & Gabbana）品牌由意大利设计师多梅尼科·多尔斯（Domenico Dolce）和斯特凡诺·加巴纳（Stefano Gabbana）于 1985 年创立。多梅尼科·多尔斯和斯特凡诺·加巴纳于 1994 年推出了杜嘉班纳的二线品牌 D&G，成为年轻人向往的欧洲风格的流行标志。杜嘉班纳于 2001 年推出了第二个二线品牌、童装品牌 D&G Junior。多梅尼科·多尔斯和斯特凡诺·加巴纳成立了品牌 27 年，现在品牌的价值已达 14.6 亿美元，在全球有 252 个零售分销点，雇佣了 3400 多名员工，截止 2011 年 3 月 31 日为止，税前收入已达到 37600 万美元，公司的投资也高达 5380 万美元。

2. 品牌定位

（1）风格

杜嘉班纳：奢华、性感、夸耀。

杜嘉班纳品牌所面对的客户是女强人，她们自爱并受人喜爱；穿着杜嘉班纳的女性是国际化的女性，穿梭全球；杜嘉班纳的女性大方地穿着极端性感的紧身衣或在透明的服装下露出文胸，衬以极端男性化的细白条纹服装，并搭配领带和白衬衫或男装背心。她们总是穿着高跟鞋，迈着极为女性化且十分性感的步伐。

杜嘉班纳的男性也一样，轻松自在，为自己而穿着，带点享乐主义者的味道，非常注重细节，喜欢一切非公式化的东西，追求自由，并获得成功。他们上班时可穿着完美无瑕的细白条纹西装，或以脱线牛仔裤搭配布雷泽外套。杜嘉班纳的男性是规定的制定者，这就是为什么多梅尼科·多尔斯和斯特凡诺·加巴纳总是出现在各种媒体的报道中：他们的服装为他们代言，风格清晰，总是以相同的语言表达出准确的信息，但同中求异，不断发展，通过服装演绎着世界上的各种风格。

D&G：更年轻、更华丽的产品线，是一个兼容并蓄的现代品牌，代表着都市的魅力，引领潮流，展现着不断变化的世界。

D&G Junior：和 D&G 一样更年轻、更华丽、更有趣的品牌风格。

（2）消费者

杜嘉班纳：品牌价格较高，适合于高、中收入消费者。

D&G：价位在 1500 美元以上，基本款价位较低，消费人群是 15 岁以上、年轻大胆、个性比较张扬的中等收入年轻人。

D&G Junior：13 岁以下的不同年龄的儿童。

（3）产品线

一线品牌杜嘉班纳产品线：男装、女装、皮草、泳装、针织物、婚纱、内衣、香水、珠宝、眼镜、手表、真丝方巾、领带、手袋、围巾、皮带、小件皮具、小型化妆袋、帽子、平跟女鞋和头箍等。

二线品牌 D&G 产品线：男装、女装、牛仔装、内衣、海滩装、眼镜、香水、手表、配饰、限量版小汽车等。

二线品牌 D&G Junior 产品线：男童装、女童装、婴童装、鞋、帽。

（4）营销推广

杜嘉班纳通过各地分公司管理全球销售渠道；通过赞助体育赛事、与演艺明星合作来进行品牌推广和提高品牌知名度。

①秀：自 1985 年首次发布会以来，品牌一直保持着极其性感的大胆展示女性魅力的特征。自 1994 年的 D&G 开始，品牌每一季的发布会都有突出的主题，因其多彩的印花图案和大胆创新的主题被人们所熟知。2012 春夏女装系列成为 D&G 时装史上最华丽、大胆的一个系列，丝质印花裙、超宽大的帽子、面料鞋面的坡跟凉鞋和厚重夸张的金属配饰为鲜艳花哨的色彩和印花增添了更多的表现力。

②广告：杜嘉班纳每季的广告都有非常明确的主题，有着大胆、震撼、强烈的视觉感官冲击。同时，银幕明星、球星、超级名模已成为品牌惯用的广告主角。

③终端：品牌十分重视全球市场渠道的扩张，通过各地分公司管理全球销售渠道，目前通过直销和分销，已经在全世界 80 多个国家拥有了完整的销售渠道和分销渠道。发展至今，该品牌在我国 10 个城市有 11 家店面。

④公关：杜嘉班纳每年都会推出一个与运动员合作的广告系列，除了足球队，还包括意大利游泳队和沙滩排球队，这当中还赞助了中国国家足球队。

本章要点

服装消费研究是服装企业了解消费者心理与行为的重要工作。本章从服装消费心理特征、服装消费心理动机、影响服装消费行为的因素、服装购买类型和服装购买决策过程五个方面对服装消费研究进行了分析和论述。服装消费心理特征呈现出多样性、发展性、变化性和选择性的特征。服装消费心理动机主要有求实、求新、求美、求廉、求名心理。服装的消费行为取决于消费者对于服装的需求与欲望，而人们的需求和欲望则受文化、社会、个人、心理因素等各方面因素的影响。从消费者的购买介入程度和对产品或品牌的差异程度可划分出四种类型的购买行为，即习惯性的购买行为、寻求多样化的购买行为、减少失调感的购买行为和复杂的购买行为。其中，复杂的购买行为一般要经历确认需要、信息收集、备选方案评价、购买决策和购后行为五个阶段。

系统性、战略性品牌的塑造与管理是建立顾客忠诚度、赢得市场竞争地位的核心所在。本章从服装品牌内涵、服装品牌定位、服装品牌形象塑造、服装品牌延伸以及服装品牌策略模式五个方面对服装企业的品牌战略进行了分析和论述。服装品牌的核心内涵是它所具备的一种能够被顾客所认同的价值。服装品牌定位可以按照以下几个要素加以明确：决定品牌名称、锁定目标顾客、描述品牌概念、刻画生活方式、基本设计企划。服装品牌形象的塑造应当从内在形象和外在形象两个层面着手。服装品牌延伸应该具有明确的目的性，不能为延伸而延伸；在实施过程中，还必须遵守品牌发展的内在规律，始终坚持以顾客为中心的原则。服装品牌策略选择是服装企业的根本性决策，概括起来主要有以下几种模式：单一品牌策略、多品牌策略、副品牌策略、品牌联合策略。

复习思考题

1. 服装消费心理动机有哪些？

2. 影响服装消费行为的因素有哪些?
3. 一个服装购买决策如何形成?
4. 服装品牌定位包括哪几方面内容?
5. 常见的服装品牌策略有哪些?各自的优缺点分别是什么?

第十四章　产品决策与价格决策

　课题名称： 产品决策与价格决策
　课程内容： 服装产品组合策略
　　　　　　　服装品类组合决策
　　　　　　　服装产品生命周期及营销策略
　　　　　　　服装产品定价策略
　上课时数： 4课时
　训练目的： 向学生介绍服装产品决策和价格决策的决策内容和决策方法以及处于不同生命周期的服装产品所适合的营销策略。使学生能将产品决策、产品生命周期、定价策略等市场营销学的重要内容与服装产品特点紧密联系在一起。
　教学要求： 1. 使学生了解服装产品组合的相关概念。
　　　　　　　2. 使学生掌握服装产品组合策略、产品生命周期的阶段特征及营销策略。
　　　　　　　3. 使学生熟悉服装品类组合的相关内容。
　　　　　　　4. 使学生熟悉服装定价的一般方法、基本策略与价格调整策略。
　课前准备： 阅读产品决策、价格决策方面的文章或书籍。

在服装营销管理过程中，当品牌定位之后，就要依据目标市场的需求和相关环境因素制定营销组合策略——产品、价格、渠道和促销。产品是服装营销组合中最为重要的决定性因素，是整个营销组合策略的基石。如果产品不能满足消费者的需求，其他组合要素也就失去了意义。

本章将探讨如何进行服装商品企划、发展什么样的服装产品组合来满足目标市场的需求、如何根据服装产品的生命周期制定适当的营销策略、如何根据产品的市场竞争力和消费者的承受能力来决定服装产品的价格。

第一节　服装产品组合策略

营销学中所指的服装产品是一个复杂的多维概念，企业提供给目标市场的并不是单一的产品，而是产品组合。服装产品组合（也称服装品种配置）指特定服装企业生产销售的所有服装产品和产品品目的组合，包括各种产品及其品质以及数量比例等。

一、服装产品组合概述

服装产品组合由产品线和产品项目组成。

产品线指同一产品种类中密切相关的一组产品。这种密切相关表现在它们以类似的方式发挥功能，或销售给同类顾客群体，或通过同一类型的渠道销售出去，或属于同一个价格范围。

产品项目指一个品牌或产品线内的明确单位，服装产品项目可以依据尺寸、价格、款式、规格或其他属性加以区分。

表14-1列出了某服装企业的产品组合。以该表为例，服装企业在规划产品组合时应从以下角度加以分析。

表14-1 某服装企业的产品组合

	产品组合的广度		
	休闲男装	休闲女装	休闲包
产品组合的深度	A型 B型 C型 D型 E型	F型 G型 H型 I型 J型 K型	L型 M型 N型 O型

1. 产品组合的宽度

产品组合的宽度是指企业有多少产品线或产品大类。本例中该服装企业的产品组合包括休闲男装、休闲女装、休闲包三条产品线，即产品组合的宽度为3。

2. 产品组合的长度

产品组合的长度是指产品组合中所包含的产品项目总数。本例中该服装企业的产品组合共包含5（A~E）+6（F~K）+4（L~O）=15个产品项目，因此产品组合的长度为15。

3. 产品组合的深度

产品组合的深度是指各产品线所包含产品项目的多少。本例中休闲男装产品线深度为5（A~F），休闲女装产品线深度为6（F~K）；休闲包产品线深度为4（L~O）。各产品线的平均深度为$\frac{15}{3}=5$。

4. 产品组合的关联度

产品组合的关联度是指各条产品线在最终用途、生产条件、分销渠道或其他方面相互关联的程度。本例中该服装企业拥有三条产品线，均为休闲服装产品，说明该组合具有较强的相关性。

一般服装企业的产品组合通常包括服装（男装、女装、童装、运动装、内衣等）、配饰（鞋类、腰带、帽子、箱包、珠宝等）、化妆品（护肤品、彩妆）及香水系列。

除了上述不同产品线的组合外，产品组合还包括单条产品线内产品项目的组合方式。休奇公司由原来只生产博斯牌男装扩展为适合三种不同类型男性穿着的服装系列，也是产品组合的一个典型例子。博斯男装定位于比较传统的商人形象，是休奇·博斯公司的主要产品品牌。1993年，公司在激烈的市场竞争中及时调整战略，又创立了两个新品牌Hugo和Baldessarini。Hugo适合年轻人穿着，Baldessarini以最佳的质地和品位代表了既有钱又有品位的高层次男士形象。

一般情况下，服装企业产品组合的宽度、深度和关联度要受三个条件的制约：一是企业所拥有的资源情况，产品选择上要扬长避短；二是市场需要状况，应选择有市场潜力的产品；三是竞争条件，当某些产品存在强大竞争对手时，企业应进行多方权衡。服装企业产品组合的关联度通常都比较高，而其深度则主要受产品性质的制约。有些服装如西装，由于顾客需求偏重于合体及做工精细，因此产品线内可能会设定多种规格，即多品种、小批量、深度较深；而休闲装则偏重舒适宽松，规格一般不会很复杂，因而产品线深度较浅。

服装企业改变产品组合的宽度、深度和关联度，会给企业经营带来不同的影响。扩大产品组合的宽度，即拓展了企业的经营领域，可以更好地挖掘企业的潜在资源，提高经济效益，分散经营风险；增强产品组合的深度，可以更好地满足同类产品不同消费者的需求，稳固现有市场；加强产品组合的关联度，则有利于企业在相关产品领域内赢得声誉和产品专家形象。

二、服装产品组合分析

产品组合状况直接关系到服装企业的销售额和利润水平。由于市场环境不断发生变化，因此服装企业必须依据合理、有效、全面的指标体系适时地对现行产品组合进行系统分析和评价，并据此调整产品组合，决定哪些需要扩张，哪些需要调整，哪些可以收获，哪些必须撤退。

服装产品组合的分析角度主要有两个方面：一是销售量和利润，服装企业需要了解产品线上每一个产品项目对总销售量和利润的贡献率；二是市场地位和前景，服装企业还必须针对竞争企业的产品线情况来分析一下自己的产品线是如何定位的。

（一）波士顿矩阵分析法

"成长—份额矩阵法"是由美国波士顿咨询公司首创和推广的，用于评价一个公司内部各战略业务单位的现状，从而帮助公司对其采取相应对策。在企业营销活动过程中，该分析法还常用来作为企业内部产品组合的分析方法。具体做法是利用市场成长率和相对市场占有率两个指标作为横纵坐标，并确定两个高低分界点，从而将企业的所有产品分成四大类，即问题类、明星类、现金牛类、瘦狗类，如图14-1所示。

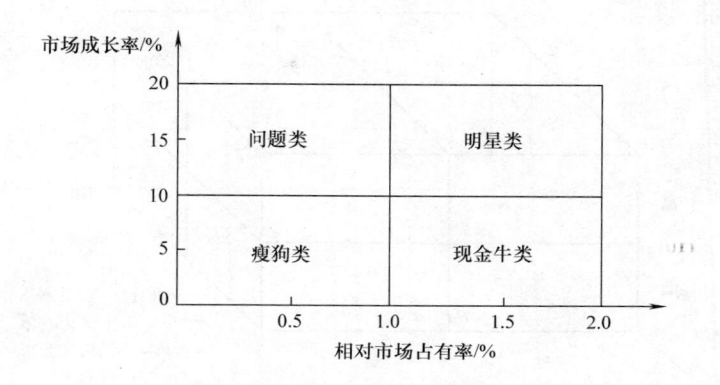

图 14-1　波士顿咨询矩阵

图中的市场成长率代表这项业务所在市场的年销售增长率，可以以10%作为分界点。相对市场占有率为本企业某产品的市场占有率与该市场最大竞争对手的市场占有率之比值，可以选择1作为相对市场占有率的高低分界点。

根据市场成长率和相对市场占有率的高低分界点可以形成四大类产品。

1. *明星产品*

一般处于产品生命周期的成长期时，企业应采取积极发展的方针，如改进产品质量、降低成本、加强售后服务等。

2. *现金牛产品*

一般是发展成熟的明星产品，生产成本较低，销售费用相对较少，能为企业创造丰厚的利润。对此企业应重点保护并加强管理，保护其市场占有率，防止其过早衰退。

3. *问题产品*

其发展方向既有向明星产品转化的可能，也存在随时夭折的危险，因此企业应密切关注，做好两手准备。

4. *瘦狗产品*

假如能够通过修改营销策略复苏，则产品的新生计划将给企业带来利润；当然，如果产品的衰退是不可避免的，企业应采取防止积压、监视边际利润并逐步撤退的战略方针。

（二）三维分析法

如图14-2所示，按照图式中三个指标的高低组合，可以得到八个位置空间，处于不同位置上的产品，其市场状态也不同。表14-2列出了不同位置点上的市场占有率、销售增长率、利润率三个指标的分布情况。

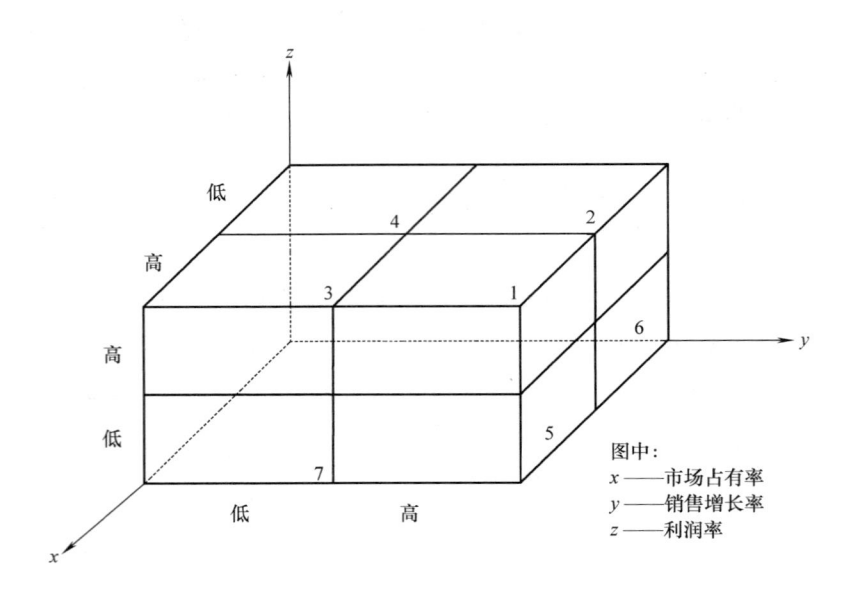

图 14-2 三维分析图

图中：
x —— 市场占有率
y —— 销售增长率
z —— 利润率

表 14-2 三维坐标产品情况表

空间位置	市场占有率	销售增长率	利润率
1	高	高	高
2	低	高	高
3	高	低	高
4	低	低	高
5	高	高	低
6	低	高	低
7	高	低	低
8	低	低	低

服装企业把产品组合中的产品与表 14-2 对照，就可以决定哪些产品应该保留或发展，哪些产品应该减少或淘汰。其中，处于 1 号位置的产品是最受企业欢迎的，8 号位置的产品是面临淘汰的，而处于 2~7 号位置的大多数产品则必须结合具体环境和服装企业的经营目标加以分析。

三、服装产品组合决策

服装产品组合决策是指根据企业目标和市场状况对服装产品组合的宽度、深度和关联度进行决策。在决策时需要考虑服装企业所拥有的资源条件、市场基本情况和竞争条件方面的限制。通过产品组合策略的制定，可以帮助服装企业达成渗透市场、争夺市场或稳固既有市场地位的目标。

(一)扩大产品组合

扩大产品组合策略着眼于尽可能地向市场提供更多产品。扩大产品组合的方式主要包括以下三种。

1. 增加产品组合的宽度

即增加产品线的数量,扩大企业经营范围,使企业获得新的发展机会。当服装企业通过市场调查和分析,预测到现有产品线的销售量和利润将有可能下降时,可考虑增加新的具有高赢利能力的产品线。

2. 增加产品组合的长度和深度

即使各产品线内拥有更多款式、色彩、规格、型号的服装产品,能够更好地满足消费者的不同需求,从而扩大市场占有率。不过这样做会增加许多相应费用,如设计开发费、订单处理费、转产费、仓储费、运输费及新产品项目的广告费和促销费。

3. 增加产品组合的关联度

这样可以发挥服装企业在其擅长领域的资源优势,提高企业在该领域的专业化声誉。

扩大产品组合策略可以说是所有名牌服装经常使用或者终将使用的。服装名品的系列化发展是对产品组合的宽度进行开拓,增加新的产品线。国际知名品牌如迪奥、皮尔·卡丹、伊夫·圣·洛朗等几乎都经历了从女装到男装、香水、领带、皮鞋、皮具、化妆品等产品类型的不断扩展,最终覆盖到精品世界的方方面面,而且各系列的风格、品位相互陪衬,搭配出整体的和谐。另外,随着服装企业规模的扩大和实力的增强,会对消费者的服装需求进一步细分,进而在同一产品线中增加新的产品项目或增加新的产品线。

扩大产品组合可以充分利用服装企业的人、财、物、信息等各项资源,利用剩余生产能力,有助于降低成本,丰富品牌形象,增加企业竞争力,同时还可以减少季节性和市场需求的波动,分散企业的经营风险,使企业在更大的市场领域中发挥作用。特别是对于名牌服装,该策略最有价值的一点就在于可以充分利用其深厚的品牌资产,利用原有产品的信誉和商标,使推出的新品迅速在市场上获得成功,这将大量节省创建新品牌所需的营销费用。

需要注意的是,扩大服装产品组合往往会分散经销商和销售人员的精力,增加管理困难,有时会使边际成本加大,甚至由于新产品的品质等问题而影响品牌形象及原有产品的声誉。

(二)缩减产品组合

当服装企业面临资金短缺、经济不景气、生产能力不足等问题时,应考虑缩减产品组合,主要方式有以下两种。

1. 缩减产品线

剔除获利很小甚至无利可图的产品线,使服装企业集中资源于优势产品线的生产经营。

2. 缩减产品项目

剔除赢利能力差的产品项目，集中资源于提高产品质量，降低消耗，提高促销和分销效率，同时减少资金占用，加快资金周转。

应用本策略的服装企业将取消一些产品系列或产品项目，集中企业力量实行高度专业化，试图通过生产经营较少的服装产品来获得更多利润。名牌服装只在某些特殊情况下才偶尔采用该策略。驰名世界的李维斯（Levi's）公司最著名的产品是牛仔裤，后来在此基础上又发展了高档运动装系列，可是不久企业便由于竞争激烈等多方面因素而陷入困境，连牛仔裤也大失市场。到了 20 世纪 80 年代，企业为了恢复其原有的竞争优势，便果断地将产品组合缩减为只对李维斯牛仔裤的单一产品生产，这才保住了李维斯牛仔裤在牛仔王国的领导地位。

四、服装产品线决策

（一）产品线延伸策略

大多数服装企业在开始时都是先提供少数产品线在一部分市场销售，当市场状况不错、有更多市场机会时，企业就跨越原有范围，开始追加产品线提供给其他细分市场，这就是产品线延伸策略。产品线的延伸有三种，即向下延伸、向上延伸和双向延伸。

1. 向下延伸

即在一种产品线内增加廉价（次位品牌）的产品项目。服装企业采用向下延伸策略可能基于以下原因。

（1）高档市场容量有限，增长缓慢甚至正在停滞或衰退，资金设备得不到充分利用，不能给企业带来满意的回报。

（2）期望利用高档服装品牌的声誉吸引更多购买力水平较低的消费者购买本企业较低档次的产品。

（3）企业可能注意到低档市场存在强劲的增长机会。

（4）填补企业产品线的空白，以排斥新的竞争者。

（5）企业最初进入高档服装市场的目的就是为了树立品牌形象。

（6）企业可能希望通过进入低档市场来直接打击来自低端市场的竞争者，因为这些竞争者正试图进入中高档市场。

服装企业采用向下延伸策略会面临一些风险，如可能会影响企业形象和声誉；新的低档服装可能会蚕食企业自身的高档市场；或者可能会促使竞争企业转而开发高档服装市场等。

2. 向上延伸

即原来定位于中低档服装市场的企业逐渐增加一些高档的产品项目。服装企业采用向上延伸策略可能基于以下原因。

（1）高档服装市场有较高的销售增长率和利润率。

（2）企业重新进行产品定位，期望能把自己定位成完整产品线的服装生产商，并以高档产品来提升整条产品线的档次。

服装企业采用向上延伸策略会面临一些风险，如企业竞争压力增大；消费者对新推出的高档服装产品的品质缺乏信心；企业的销售代表和经销商可能欠缺高档服装分销的相应能力和知识等。

3. 双向延伸

即原来定位于中档服装市场的公司同时朝向上和向下两个方向扩展其产品线，以赢得更多的顾客群。前文提到的向上延伸与向下延伸需要注意的问题，服装企业在此都必须事先考虑。

例如，精工表曾在20世纪70年代后期着手跨入较高级与较低级的钟表市场。它以"帕尔萨"（Pulsar）品牌渗透到低端市场，同时在瑞士设立子公司生产高价位手表，借此渗透到高端市场。这是通过不同品牌成功进行双向延伸策略的典型案例。

（二）产品线填充策略

即服装企业在现有产品线范围内增加新的产品项目。服装企业采用产品线填充策略可能基于以下原因。

（1）期望获取增量利润。

（2）满足那些经常抱怨由于品种缺乏而失去销售额的服装经销商。

（3）试图利用企业剩余的生产能力。

（4）争取成为领先的产品线、完整的服装企业。

（5）设法填补市场空隙，防止竞争者的侵入。

需要注意的是，有些服装企业为了丰富产品组合而尽量增多产品项目，虽然也能达成服装品类及款式多样化的策略性目的，但过多的产品会给消费者带来选择上的困难，可能会导致新旧产品项目之间的市场残杀，同时也会增加更多报表填写和库存管理的费用。因此，服装企业在采用该策略时一定要考虑上述可能会发生的问题。

（三）产品线现代化策略

即服装企业不改变产品线长度，而是在现有产品组合中有选择地改进已有产品，使产品线现代化。产品线现代化有两种方式：一种是渐进式现代化；另一种是一步到位式现代化。

服装企业采用该策略时必须选择改进产品的最佳时机，使之不至于过早（否则会使现有产品线的销售受到不良影响），也不至于过迟（否则竞争者会以较先进的产品抢先树立良好声誉）。

名牌服装常使用改进设计、板型等方式来适应新的市场或满足消费者不断变化的需求。例如，皮尔·卡丹西装在进入中国市场时，面临东西方人体结构的差异，为使欧洲板型中国化甚至"南方化"或"北方化"，皮尔·卡丹对中国市场进行了全国性的调查，对原有板型进行改造，最终生产出了适合中国消费者穿着的皮尔·卡丹西装。

（四）产品线削减策略

若服装企业出现以下情况，可考虑采取产品线削减策略：
（1）产品线中含有会使利润降低的、卖不掉的滞销商品。
（2）企业缺乏生产能力，只能集中生产利润较高的服装品种，削减那些微利甚至亏损的产品项目。

产品线削减策略有利于优化产品线结构，指导服装企业发现和经营那些销量大、赢利能力强、增长潜力大的服装产品。

第二节 服装品类组合决策

任何服装品牌总是为目标消费者提供所需的各种各样的产品类别。例如，某职业装品牌，每一季既要推出主题不同的几个职业装产品系列，而且还会为消费者提供所需的休闲装、运动装以及其他服装服饰产品。服装品类组合设计就是要确定品牌商品在品类构成、价格设定、尺寸设定等方面的组合构成。要求在符合服装组合搭配原则下，参考经验来动态进行与调整。对于已有品牌，在此项工作前应总结上一季的实际销售业绩，找出各品类商品在销售中的问题、原因，以调整品类组合。

一、服装组合搭配

组合搭配（Coordinate）原意指对事物的整合，在服装领域中，指将两种以上的服装品类或品目组合形成的某种整体风格。

组合搭配作为一种服装技术的称呼，20世纪80年代开始在我国流行，尤其重视色彩的组合搭配；20世纪90年代进入组合搭配第二个阶段，即在新品上市时，将上装、裤、裙、鞋、包等搭配起来，形成某个品牌的商品企划；而近年来，国际知名服装品牌，开始将多种服装品类或品目与卖场布置、陈列展示等组合搭配，其目的在于向消费者推销一种生活方式。

目前，随着消费观念的成熟，消费者已不满足于某些品牌组合好的服装，而是希望通过自己的独创性，搭配出独一无二的属于自己的服饰。这就要求服装品类组合搭配企划丰富而有层次，以此实现多样化与差异化。

无论哪种形式的组合搭配，都要求服装品牌平衡和组合不同廓型、细节、色彩、图案、材料的服装，塑造一种统一协调的形象。

(一) 服装组合搭配的要素

个性、时尚是目前服装消费的主要特征，消费者对于服装组合搭配的要求从简单的服装之间的组合搭配，已逐渐发展到对服装与生活场景的搭配需求层次。服装品牌必须满足消费者的这些搭配需求。

1. 服装之间的组合搭配

包括上装与下装之间的搭配、外穿服装与内穿服装之间的搭配等。

2. 服装和配饰之间的搭配

指服装与鞋、袜、箱包、皮带、围巾、项链、戒指、手表等配饰之间的组合搭配。

3. 整体风格和发型、化妆之间的搭配

指服装的整体风格效果与口红颜色、发型、肤色、化妆整体效果等之间的组合搭配。

4. 服装和着装者之间的搭配

指服装和脸型、身体比例、肤色等身体条件间的组合搭配。

5. 服装和着装场合之间的搭配

指服装和穿着场合、生活场景的组合搭配。

(二) 服装组合搭配的类型

组合搭配过程中，为体现一致的着装风格或生活方式，往往以某个要素特征为主进行组合设计。根据搭配所依据的要素特征，可分为四种类型的服装组合搭配。

1. 款式搭配

将不同廓型、细节、品类的服装组合搭配，形成一定的风格。例如，20 世纪 80 年代，我国流行宽松上装与紧身下装搭配，由于款式对比强烈而成为视觉的焦点，因此服装整体风格也以此为特征。

2. 色彩搭配

将各种各样具有不同视觉感受的色彩和谐、巧妙地组合在一起，以形成预期的视觉冲击，吸引顾客注意，促进销售。例如，家居建材企业宜家的员工服装由明度较高的蓝色和黄色进行搭配，严谨的蓝色和热忱的黄色形成鲜明的对比，不仅起到广而告之的作用，且无形中宣扬了宜家的经营理念。

3. 图案搭配

利用图案大小和阴阳的搭配，形成一定的风格特征。

4. 材料搭配

不同材料的感觉特性不同，因此，在塑造产品风格时，也可通过不同材料的组合搭配实现。

二、服装商品构成

服装商品构成设计就是要确定所策划的商品款型的构成比例，并按各季进行具体确定。商品构成设计包括三个阶段。

（一）决定商品构成的比例

即对所策划的商品整体中主题商品、畅销商品、常销商品所占的比例进行决策。

服装品牌进行商品企划设计时，通常将商品分为主题商品、畅销商品、常销商品三大类。其中，主题商品表现品牌某季的理念主题，突出体现时尚流行趋势，常作为展示的对象；畅销商品多为上一季卖得好的商品，并融入一定的流行时尚特征，常作为大力促销的对象；常销商品是在各季都稳定销售的商品，受流行趋势影响小，通常为经典款式和品类。

三类商品的比例，应根据品牌和目标消费者的特性设定。例如，某时装类品牌，针对的目标消费群体主要是大都市的年轻消费者，他们追求时尚，易于接受新产品、新流行，因此主题商品比例可稍大。但为保证市场销售的稳定性，通常需要设计较大比例的常销商品或畅销商品，主题商品比例一般最小，图14-3为商品构成常用比例。

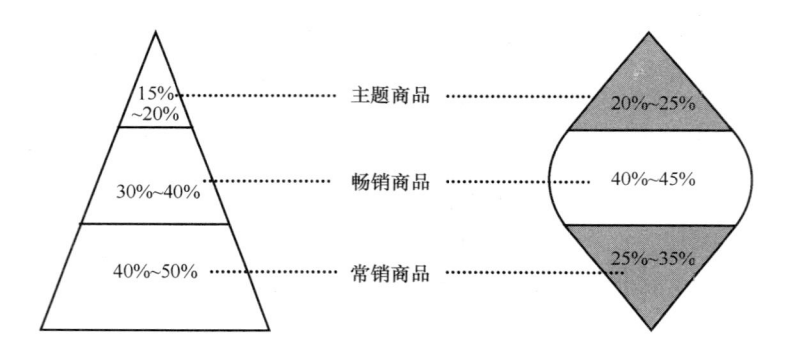

图14-3 商品构成常用比例

（左图：金字塔型）
- 主题商品 15%~20%
- 畅销商品 30%~40%
- 常销商品 40%~50%

（右图：菱形）
- 主题商品 20%~25%
- 畅销商品 40%~45%
- 常销商品 25%~35%

1. 主题商品

主题商品流行主题含量高，能鲜明表现出品牌的季节主题，同时由于设计、材料、色彩的组合搭配新颖，因而具有很强的生活方式提示性和倡导性。由于该类商品主要针对那些对时尚敏感度很高的消费者，因此往往对市场销售期望很大，但难以准确预测，其毛利通常较大，而风险也最大，一般放在卖场的前面，形成一角，主要表现时尚的着装方式。

2. 畅销商品

畅销商品是对上一季主题商品中市场反应好的品类加以筛选再进行批量生产的品类。由于所针对的穿着场合清晰明了、易于理解，有较大的市场需求，企业通常期待这类商品有较好的市场销售额，这类商品毛利中等，风险也中等，常被放在卖场中央构成一角，主要表现穿着的场合。

3. **常销商品**

常销商品常以单品形式出现，具有品类丰富、易与消费者原有服装组合搭配的优点。对于此类商品，可预期稳定的销售增长，其毛利较小，风险中等，通常集中放置在卖场的一侧，易看、易摸、易挑选。

（二）确定服装品类构成比例

即确定裤装、针织品、裙装、套装、夹克、连衣裙、大衣等所有服装品类产品的生产数量占品牌当季服装总产量的比例。已有品牌，可根据上一季或上一年的同一季节服装品类的销售构成比例，适当调整品类的生产构成比例。

（三）决定各品类的构成比例，设定各品类下属的商品款型

在一个品类下，通常不仅只有一种款式，如冬季的裙装这一品类下，可能有正规型、浪漫型两个款型。在此阶段，需根据消费需求确定各款型的比例，如对于职业女性，正规型的裙装需求较大，因此，可设计60%为正规型裙装，40%为浪漫型裙装。另外，在此阶段，需确定各个服装品类下各种款型服装的风格。

值得注意的是，经济学中的帕累托定律在服装商品企划中也有所反映。帕累托定律的基本思想是在整个经济结构中，80%的经济发展受到20%经济力量的作用，即二八定律。在服装品牌的商品构成、品类构成、款型构成中，20%的商品往往决定80%的销售额。

三、服装规格尺寸设定

在确定了将要生产的服装各款式、品类商品的数量后，需考虑一下各款型商品生产总量中的规格如何设定，是采用一个规格还是几个规格，若是几个规格，各规格构成的比例如何。

我国服装企业在设计规格尺寸时，往往参考国标中的《服装号型》标准，其根据对中国消费者体型特征的调查和研究，归纳总结得到适用的服装号型系列。

服装品牌根据对目标消费者体型特征的了解，通过号和型有效的组合搭配，即可确定服装品牌各款型商品的规格有哪些以及各规格尺寸的构成比例。服装规格尺寸设定通常有以下三个阶段。

（一）确定服装规格尺寸搭配形式

通常号与型搭配的形式有三种。

1. **号型同步配置**

一个号、一个型，如160/84、165/88、170/92、175/96。

2. **一号多型配置**

一个号、多个型，如160/80、160/84、160/88、160/92。

3. 多号一型配置

多个号、一个型，如 155/84、160/84、165/84、170/84。

不同商品，号与型搭配方式选择不同，常见的是第一种配置方式。

(二) 确定具体规格尺寸

在选定的号型搭配方式中，选择各款型商品具体的规格尺寸。若针对北方女装市场的服装品牌，套装这一品类在选择产品规格尺寸时，常选择 160/84、165/88、170/92、175/96 四个规格。

(三) 确定各规格的构成比例

即确定每种款型的每个规格的生产数量占该款型总产量的比例。上例中，考虑到北方女性大多身高较高，因此，165/88 和 170/92 这两个规格的比例应较大。

第三节　服装产品生命周期及营销策略

产品生命周期的概念最早出现在经济管理领域，当时提出的目的是研究产品的市场战略。产品生命周期概念能够用于分析一个产品种类（如休闲装）、一种产品形式（如牛仔裤）、一种品牌（如李维斯品牌牛仔裤）。不过产品生命周期理论对产品种类、产品形式、产品品牌的适用程度是有显著差异的。一般而言，产品种类具有最长的生命周期，许多产品种类如西装、休闲装、职业装的销售成熟阶段可以无限期地延续下去，其生命周期的变化与人口增长率呈正比关系。

一、产品生命周期概述

任何产品都不会永远畅销不衰，而是有一个由产生、成长、成熟到衰亡的存在过程。产品生命周期，即一种产品从投放市场到被淘汰出市场的整个过程。营销学上通常用销售量（额）或利润来描述这一运行轨迹。影响产品生命周期的因素众多，但决定性因素主要有两个：需求和竞争。

典型的产品生命周期有四个阶段：导入期、成长期、成熟期及衰退期，如图 14-4 所示。

1. 导入期

即新产品刚刚进入市场，尚不为消费者所了解，产品销售呈缓慢增长状态的时期。

2. 成长期

即产品被消费者迅速接受，销售额迅速上升的时期。

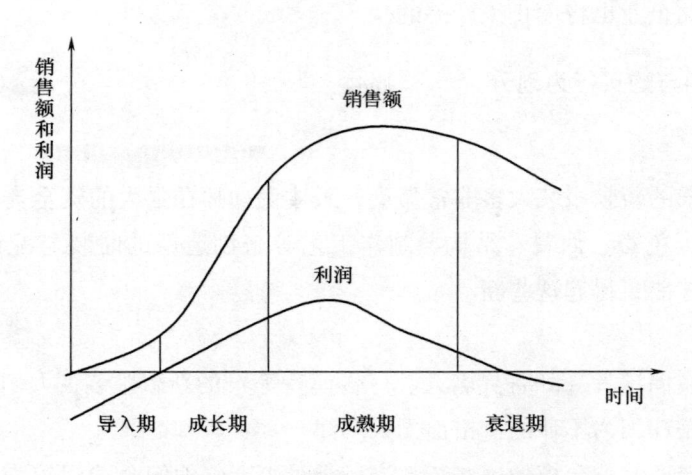

图 14-4 典型的产品生命周期曲线

3. 成熟期

即大多数购买者已经接受该产品，销售额增长缓慢甚至下降，市场竞争最为激烈的时期。

4. 衰退期

即销售额迅速下降，利润渐趋于零的时期。如果不能进行产品革新再创新的生命周期，该产品必将退出市场。

并不是每一种产品都一定会经过这种标准的周期模式，有些产品一上市就因为不被消费者认同而退出市场，但有些产品却能突破衰退期而开创新的生命周期，如杜邦尼龙。

二、服装产品生命周期的划分

(一) 按市场销售特征划分

1. 创新阶段

相当于典型产品的导入期。由于服装产品的新颖特色而吸引了一批对时尚和服装特别敏感、愿意出高价购买的服装创新者。

2. 模仿阶段

相当于典型产品的成长期。很多消费者开始模仿服装创新者的衣着，该类型的服装产品也开始大量生产和销售。

3. 经济模仿阶段

这时该类服装产品已经在消费者中流行，服装企业以低成本大量生产，产品价格也更低，以满足更多价格敏感型的消费者。这标志着该服装产品已经跨越成长期而进入了成熟期，并且即将走向衰退。

4. 衰退阶段

某种样式一旦过度，这种样式便进入衰退期，从而失去了原有的魅力，人们转而开始寻求其他服装，而企业也将停止该产品的生产。

(二) 按流行接纳与购买行为划分

1. 介绍阶段

出于介绍阶段的新款服装大多非常昂贵，天才设计师在强大的资金支持下通过改变服装的线条、外形、色彩、面料、结构、制作工艺等来创造新的时装与配饰。因为成本高昂，只有少数人才能买得起这些新品。

2. 流行阶段

对于少数服装倡导者（如各界名人、广告模特等）的新款服装，人们会表现出极大的关注和兴趣，可是却因为不菲的价格而无人问津。

这时服装制造商们就会模仿这些新款进行批量生产，他们会选用较为便宜的面料或者改变一些设计细节以降低成本，然后以较低的价格销售出去。

出于自我保护，许多高级时装设计师也设计二线服装、过渡服装和推广服装，他们自己就能以较低的价格大量出售那些原创服装的修改版。

3. 流行高峰阶段

通过快速传播和相互模仿，该类服装已经被广大消费者接受，市场需求量相当大，很多服装企业都加紧生产它的仿制版和修改版，且价格相差较多。

4. 流行衰退阶段

该类服装的流行程度和发展规模达到高峰后，同款服装随处可见，对流行敏感的消费者已经对此厌倦，开始寻求新的款式。虽然消费者仍然可以穿着这些产品，但已经不愿意按照原价购买了，于是经销商便把这些过季服装打折出售。

5. 过时阶段

消费者的注意力和兴趣已经转移，该类服装已经成为过时样式而被淘汰。

三、服装产品生命周期各阶段的特性

为从企业角度出发，此处采用按市场销售特征划分的方法，将服装产品生命周期划分为创新阶段、模仿阶段、经济模仿阶段和衰退阶段。各阶段的市场特性如下所述。

1. 创新阶段的特性

在此阶段，新品销售量有限，广告费用和其他营销费用较大，设计经费投入较多，利润较小甚至出现亏损。

一般来说，由于创新阶段服装企业在设计、裁剪、缝制和工艺上花费很大，所以新款刚进入市场的时候总是处于最高价位。当这种服装或配饰出售成功时，仿制品就会以较低价位现身市场。

2. 模仿阶段的特性

在此阶段，该类服装在市场上有较大吸引力并迅速为消费者所接受，成本大幅下降，市场价格逐渐回落,销售额迅速上升,企业的营销费用水平稳定或略有提高,但占销售额的比例下降,企业利润也得到明显的改善。由于销售量迅速增长,致使竞争者纷纷加入,市场竞争日趋激烈。如果新款被接受,大量的仿制品就会以不同价格在市场中出现。

3. 经济模仿阶段的特性

在此阶段,该类服装已经在消费者中广泛流行,服装企业以低成本大量生产,产品价格更低以吸引更多价格敏感型的消费者,产品市场销售额从显著上升逐步趋于缓慢下降,同类产品竞争加剧,为维持市场地位必须投入更多营销费用或发展新的差异性市场,因此会导致企业利润趋于下降。不同服装产品的成熟期长短也不一样,经典款式可能会持续几个季节,而流行款式甚至不到一季。

4. 衰退阶段的特性

在此阶段,该类服装产品已经成为被消费者抛弃的过时样式,销售额下降的趋势继续增强,企业利润急剧下降并逐渐趋于零。

四、服装产品生命周期各阶段的营销策略

服装产品生命周期各阶段的特点不同,服装企业在各阶段的营销目标也不同,应根据这些特点来制定相应的营销策略。总的宗旨是:尽可能使新品迅速被市场接受;经济模仿阶段尽可能使产品畅销;尽可能推迟衰退阶段,使产品缓慢地被市场淘汰。

(一) 创新阶段的营销策略

新款服装商品化后,营销管理者可调整各个营销变量,如价格、促销、分销和产品等,运用恰当的营销策略使利润最大化。如果只考虑价格和促销这两个变量时,共有四种营销策略可供选择。

1. 快速撇脂策略

这一策略的特点是以高价格和高促销费用推出新产品。服装公司采用高价格是为了在每单位销售中尽可能获取更多的利润;同时投入巨额促销费用是为了引起目标市场的注意,高水平的促销活动可以加快市场渗透率,使企业能尽快占领市场。

采用这种快速撇脂策略,应满足以下四种条件。

(1) 潜在市场的大部分人还不知道该产品。
(2) 知道该产品的消费者渴望得到它,并有能力照价付款。
(3) 公司面临潜在竞争。
(4) 公司想在短时间内建立品牌偏好。

2. 缓慢撇脂策略

此策略即以高价格和低促销水平推出新产品。推行高价格是为了从每单位销售中获得尽可能多的毛利;低水平促销则是为了降低营销费用。高价位、低促销两者结合可望从市场上赚取大量利润。

采用这种策略，应满足以下条件：

（1）市场规模有限，如目前国内整体消费水平不高，能负担得起万余元西服的顾客仍为少数。

（2）大多数消费者已知晓这种产品，如伊夫·圣·洛朗这种世界顶级品牌早已为国内时尚人士所熟知。

（3）购买者愿出高价。

（4）潜在的竞争并不迫在眉睫。

3. 快速渗透策略

此策略即以低价格和高促销水平推出新产品。这一策略的目标是期望能给服装企业带来最快速的市场渗透和最高的市场份额。

采用这种策略，应满足的条件有：

（1）市场很大，如我国有十多亿人口，市场潜力巨大。

（2）市场对产品不知晓，如20世纪70年代末期，国人的服装尚为一片蓝灰，皮尔·卡丹以时装表演的形式唤起人们对美的追求及对高级时装的渴望。

（3）大多数的购买者对价格敏感，如20世纪80年代初我国人民的经济承受能力十分有限，对价格敏感，皮尔·卡丹以低于国际市场的价格在我国出售服装，目的在于培养该品牌的消费群体。

（4）潜在的竞争很激烈，一旦人们的收入水平提高，用于服装的支付增多，就会有国内外的其他企业加入到服装市场的竞争中，竞争就会加剧。

4. 缓慢渗透策略

此策略即以低价格和低促销水平推出新产品。低价格将促进市场迅速接受该产品；降低促销成本则可以实现较多的利润。此时，服装企业确信市场需求的价格弹性很高，而促销弹性较小。

这是众多中小服装企业所惯用的营销策略，由于企业规模小，没有能力进行高水平的促销；又由于生产的是大众化服装，面对的是消费大众，消费规模很大，同时消费者对价格敏感，因而采用这一策略较为合适。

（二）模仿阶段的营销策略

模仿阶段的服装产品步入成长期，必然会有新的竞争者加入市场竞争，因而此阶段的课题是如何争夺市场占有率，主要策略有进入新的细分市场，进入新的分销渠道，产品差别化，将建立产品知名度的广告转向说服消费者购买等。

服装企业可以采取适当的优惠酬宾、有奖销售等促销手段与广告宣传配合，进一步鼓动消费者的消费热情，吸引更多的消费者购买。针对竞争对手的挑战，则可以展开差别化策略，强调产品的设计特色，突出产品的优越性及与其他同类产品的差异性。当有假冒伪劣产品冲击市场时，服装企业应积极、有力地开展打假活动，并适当地发布提醒广告，借此提高产品的地位。

(三) 经济模仿阶段的营销策略

此阶段大多数潜在消费者都已经接受该类服装,市场总量和各品牌的市场占有率也趋于稳定,但销售量在创下高点后会由盛转衰,此时市场占有率的维持策略是服装企业营销的主要课题。常见的策略如下。

1. *市场修正策略*

寻求尚未使用过该产品的新市场,刺激目前使用者增量使用及市场重新定位。

2. *产品改良策略*

包括改变设计细节、更换面辅料、改善品质、增加产品特点等手段。

3. *修正营销组合策略*

削价以吸引新的消费者,推出各种促销活动,开发销售新渠道,使用提示性广告等。例如,恒源祥为了强化其品牌记忆度,广告通篇都在叫"羊、羊、羊——恒源祥绒线羊毛衫",并有其"小囡"的品牌标志,即是提示性广告。

(四) 衰退阶段的营销策略

几乎所有的服装产品都会步入衰退期,服装产品加速步入衰退期有两个重要原因:一是流行趋势转向,消费者的喜好也会发生改变,现有产品已经过时;二是杀价竞争激烈,产品无利润可图,此产品自然很快会从市场上消失。

衰退阶段可采用的营销策略有:

(1) 减少各项营销资源的投入。

(2) 缩小营销范围。

(3) 以最有利的方法结束该产品。

综上所述,服装产品生命周期理论对企业的营销活动有十分重要的启发意义。但在制定具体营销策略时,必须结合服装企业和市场的实际情况加以灵活运用,才能取得良好成效。

第四节 服装产品定价策略

价格是市场营销组合中十分敏感、活跃的因素。在市场经济条件下,服装价格对市场供求和消费者购买行为有着重要的影响。一方面,价格的高低关系到企业的赢利水平和经济效益,因而影响着企业产量和市场供应量;另一方面,价格高低影响着消费者购买行为和产品需求量。同时,价格还是一种重要的竞争手段,竞争服装企业之间对产品价格的变化特别敏感,适当的价格能够提高产品竞争能力和市场占有率。因此,无论是生产者、消费者还是竞争对手，对服装产品的价格都十分关注。

一、影响服装定价的因素

市场经济条件下的服装是一种处于完全竞争状态下的商品，服装价格以其成本和利润为基本构成因素，同时还要受国家经济政策、供求关系、竞争因素、消费心理等众多因素的影响。这些因素基本可分为两大类，一是凝集于服装本身的内部因素，这些因素决定了服装产品价值的高低；二是与服装本身无关的外部因素，这些因素造成了服装产品价格偏离其价值的经常性剧烈波动。

（一）内部因素

1. 成本

和任何其他商品一样，成本是决定服装产品价格的首要因素。一般说来，企业生产和销售服装产品所发生的一切成本和费用都必须得到足额补偿，企业才能得以持续生存；而只有在补偿之外拥有一定的赢利余额，企业才能得以持续发展。

从管理的角度看，服装企业的全部经营成本可分为变动成本和固定成本。服装企业应认真分析变动成本与固定成本的相互关系，平均固定成本和变动成本的静态与动态差异，以寻求一定生产经营规模下的成本最小化和利润最大化。

2. 品质

服装的品质是其产品价值的具体表现，也是消费者认定其使用价值大小的具体依据。可以说，服装品牌给予消费者的是其价值高低的总体判断，而产品质量则给予消费者对其价值的具体鉴别，是消费者真正看得见、摸得着的。出于满足不同消费层次、不同细分市场的目的，即使同一品牌的同类服装产品，其质量往往也有高低好坏之分。

服装品质指的是服装的各种自然效用属性，具体包括面、辅料档次、设计水平及加工制作水平等方面。在品牌地位及档次相当的情况下，品质好坏往往成为消费者挑选服装的主要依据，也是决定服装价格高低的关键因素。

3. 品牌

尽管成本是决定服装价值大小的首要因素，但消费者选购服装时既不知道也很少考虑其成本究竟是多少，更无从根据成本的多少来判断其价值的高低。直接综合地向社会和消费者表明其价值高低的则是服装品牌，也是消费者认定其价值大小的总体依据。品牌是不同服装相互区分的主要标志，品牌价值是服装内在价值的重要组成部分，并且在服装价值中所占的比重越来越大。知名度高的服装品牌是服装企业宝贵的无形资产。

（二）外部因素

1. 社会文化与心理因素

社会文化是一个国家或地区长期积淀形成的民族特征、价值观念、生活方式、风俗习惯、宗教信仰、伦理道德、教育水平、语言文字等的总和。社会文化对服装企业定价决策的影响是全方位的、渗透性的和多层次的。价值观念的差异直接影响着消费者对同一商品的不同价值判断。例如，美国消费者与中国消费者、都市消费者与乡村消费者对绿色环保服装产品的价值判断就存在很大差异。

2. 定价目标

定价目标是指服装企业通过特定水平的价格制定或调整所期望达到的预期目标。定价目标是服装企业营销目标体系的具体目标之一，它的确定必须服从于企业营销总目标，也要与其他营销目标（如促销目标）相协调。

服装企业可能的定价目标主要有追求最大利润、获得一定的投资回报率、保持和提高市场占有率、稳定价格、应付和防止竞争等。在前两种定价目标下，往往制定相对合理而较高的服装价格；在后三种目标下，通常制定相对合理而较低的服装价格。

3. 流行状况

服装的流行性表现极为明显，流行的周期长短也很不一样。流行性是由消费者选购服装的社会趋同性引起的。流行性可以从很多方面表现出来，如服装类别、款式、色彩、面料的流行性等。服装的流行周期可大致划分为流行初期、流行期、流行末期三个阶段。同一服装产品因其在流行周期中所处的流行时段不同，内在价值也会存在较大差异，因而市场价位差别很大。在流行初期服装价格较高且表现为不断上升，在流行期服装价格较高且保持比较稳定，在流行末期服装价格则较低且不断下降。

4. 季节转换

我国绝大部分地区四季分明，人们的着装会随季节更替而交替变化。服装销售呈现明显的季节性，冬装和夏装尤其如此。服装企业在旺季时适当提高售价，一般不会影响产品的正常销售，可以使企业获取较多赢利，并弥补淡季时可能发生的亏损。在淡季时则可适当降低售价，以增加销售，减少资金占用量，加速存货周转，使消费者和企业双方受益。

5. 关联商品及供求关系

商品的关联性是指商品之间存在的替代可能性或互补性。某种商品的价格变动会影响其关联性商品的市场供需，同时商品的市场供求变化又会对其关联性商品的价格造成影响。

（1）替代性商品的价格与供求关系。替代性商品是指由于使用价值相同或相近故而可以相互替代的商品。例如，冬季服装中的皮衣、羽绒服、棉衣甚至保暖内衣，都属于替代性商品。消费者原本想买件皮衣，后来由于某种原因买了羽绒服，这样一般就不会再买皮衣或其他冬季服装了。如果羽绒服因为涨价而超出了支付能力，消费者也许就会购买其他棉衣。

（2）互补性商品的价格与供求关系。互补性商品是指使用价值具有某种关联，它们必须互相补充才能实现其整体效用的商品。例如，消费者买了一套白色裙装，与之相配就要穿白色内衣。因此白色裙装便可以带动白色内衣的销售。

6. 竞争状况

服装产品的价格不仅取决于成本和市场需求，还与市场上竞争企业同类产品的价格有关。可以这么说，最高价格取决于市场上对该服装产品的需求，最低价格受成本的制约，而在此之间究竟定多高的价格，则要受竞争者同类产品价格的影响。

二、服装定价的一般方法

根据定价时所采取的基本依据不同，服装定价方法一般分为三类，即成本导向定价法，需求导向定价法和竞争导向定价法。不同导向的定价方法各有利弊，服装企业定价时必须考虑如何将三种导向合理结合。

（一）成本导向定价法

所谓成本导向定价法，就是指服装企业以提供产品的全过程中所发生的成本为定价基础，根据成本高低来确定服装产品价格的方法。常见的四种成本导向定价方法如下。

1. 成本加成定价法

成本加成定价法即在服装产品的单位成本上加一定比例的毛利，定出产品价格。其计算公式为：

$$P = C \times (1 + R)$$

式中：P——单位服装产品的价格；

C——单位服装产品的成本；

R——成本加成率。

例如，一件休闲外套的生产成本是120元/件，流通费用为140元/件，加成率为30%，则这件外套的价格是：

$$P = (120 + 140) \times (1 + 30\%) = 338（元）$$

这种定价方法简单实用，但是它忽略了服装产品在质量、品牌、流行等方面的差异，忽视了市场需求的变化，采用的加成率也不是各个企业的期望利润水平，而是部门的平均利润。另外，按规定的加成率定价容易招致激烈的价格战，因此加成率应由需求弹性和竞争状况来决定，如果需求弹性较大或竞争激烈，加成就小。

2. 目标利润定价法

目标利润定价法即服装企业根据预期的总销售收入（销售额）及总产量来确定产品价格。这种定价方法有一个重要缺陷，即企业先要估计未来阶段可能达到的最高产量和总成本，然后才能制定出具体价格，它是根据销售量反过来推算价格，殊不知价格恰恰是影响服装销售量的重要因素。

3. 盈亏平衡定价法

盈亏平衡定价法即服装企业按照生产某种产品的总成本和销售额维持平衡的原则来制定服装产品的保本价格。其公式为：

$$P = AVC + \frac{TFC}{Q}$$

式中：P——单位服装产品的价格；

AVC——单位产品变动成本；

TFC——总固定成本；

Q——产品总销量。

盈亏平衡定价法能够帮助服装企业在特定时期决定产品的保本价格。此法常用于短期竞争，尤其是企业自身生产能力过剩时。

4. 边际贡献定价法

边际贡献定价法即以服装产品的可变成本作为定价依据，认为只要所定的价格高于可变成本，企业就可以获得一定的边际贡献。这种方法实际上是把企业的固定成本视为沉没成本而未加以考虑，或认为固定成本已经得到补偿。在供过于求、竞争激烈的市场环境下采用这种方法可提高服装产品的价格优势。

（二）需求导向定价法

亚瑟·马歇尔对价格做出了十分直观的描述，他认为销售价格是愿意买的人向愿意卖的人支付的为了换取产品而提供的货币数额。需求导向定价法正是从愿意买的人即服装消费者的角度出发，主要考虑消费者的需求和心理，并以此为基础制定产品价格。

1. 认知价值定价法

认知价值定价法是需求导向定价法中最基本、最重要的定价方法。基于自身需要的迫切程度、支付能力及对市场供给状况的认识等，消费者对其想购买的服装商品通常都有一个价值判断，这个价值判断就是消费者对服装产品的认知价值。认知价值定价法即企业根据消费者对服装产品的感觉或认知价值来指定产品基本价格。

企业可以运用营销组合因素中的非价格因素去影响消费者对服装产品的价值理解，使之形成对企业有利的价值观念，然后再根据服装产品在消费者心目中的价值来定价。

认知价值定价的基本依据是消费者对服装价值的理解。运用好认知价值定价的关键是如何准确地界定目标市场对产品的认知价值，而进行市场调研则有助于此。一般来说，帮助服装企业发现认知价值的方法有三种：直接价格评定法、直接评价认知价值法和诊断法。

（1）直接价格评定法。即直接请消费者给出反映其对服装价值认知的价格。如消费者认为某件服装的价格为 380 元，则这件服装的认知价值即 380 元。

（2）直接评价认知价值法。让消费者根据其对不同服装企业所提供产品的价值认知，将 100 分在不同服装企业之间进行分配，最后转换出消费者对不同服装企业所提供产品的认知价值。

例如，消费者对三个服装品牌的分值分配为：甲 42 分，乙 33 分，丙 25 分。如果市场上该类服装的平均价格为 260 元/件，则消费者对三个品牌服装的认知价值分别为：

$$甲品牌服装的认知价值 = 260 \times \frac{42}{33} = 330 \text{（元/件）}$$

$$乙品牌服装的认知价值 = 260 \times \frac{33}{33} = 260 \text{（元/件）}$$

$$丙品牌服装的认知价值 = 260 \times \frac{25}{33} = 197 \text{（元/件）}$$

上述计算中，分母"33"为三家企业应得的平均分数。

（3）诊断法。诊断法的基本做法是，先列出消费者评价服装产品时所考虑的主要因素，然后请消费者根据其对不同服装产品有关属性的认识，将100分分配给不同的产品，最后对各属性的重要性权数进行加权平均后就得到消费者对不同服装产品的认知价值。

2. 需求差异定价法

需求差异定价法即根据消费者购买能力、产品需求状况、产品型号及式样、购买时间、购买地点、购买数量等的不同，对同一服装产品按照不同价格出售。例如，同一款式在流行时价格高，不流行时价格就低，同样的真丝旗袍在国内销售价格较低，在国外销售价格较高；同样品牌、款式的服装在批发市场价格低，在精品屋价格就高；同样的产品买得多便宜，买得少就贵等，这些都是采用需求差异定价法的具体表现。

（三）竞争导向定价法

在由市场需求和产品成本所决定的可能的价格范围内，产品价格的最终确定还取决于竞争因素。在服装定价中单纯依靠价格竞争是不行的，价格竞争很可能导致两败俱伤。但不考虑竞争对手的价格也不行。竞争导向定价就是指服装企业依据自身在竞争中的地位、竞争各方之间的实力对比、竞争者的价格等作为定价的主要依据，以在竞争环境中赢得生存和发展为目标的定价方法。在服装定价中比较常用的是通行价格定价。这样定价可以避免激烈的竞争，而且风险较小，还可以获得较为满意的利润。

所谓通行价格定价，是指依据市场通行价格来确定企业自身产品的价格。现在的服装市场基本上属于垄断竞争的市场，在这种市场结构中，定价过高会将自己的顾客推给竞争者；定价过低又有可能招致竞争者的价格报复，从而使竞争双方两败俱伤。因此，大多数情况下企业采取通行价格定价，根据本企业产品与竞争者产品在品牌知名度、产品质量、销售服务等方面的差异，比照竞争者的定价来确定本企业产品的价格，谨慎保持本企业产品价格与竞争者价格之间的差距。

三、服装定价基本策略

在运用上述定价方法为服装产品制定基本价格后，接下来就是选择恰当的定价技巧和策略对基本价格进行适当修正。可供选择的服装定价策略主要有以下六种。

（一）新产品定价策略

定价策略一般会随着产品生命周期的变化而相应调整。对于新上市的服装产品，可采用的定价策略主要有三种：

1. 撇脂定价

撇脂定价即在新品上市时，将价格定得远远高于成本以期尽快收回投资、获得较为满意的利润。带有某种创新（如工艺创新）的服装新品在上市初期需求几乎没有弹性，所以高价可以获得较高利润，另外时装流行期短又容易仿造，所以在上市初期大多价格较高。

2. 渗透定价

如果是一些一般性的服装产品，企业又想迅速扩大市场占有率，通常会采用渗透定价的方法以低价进入市场。

3. 满意定价

一些企业认为价格太高不利于占领市场，价格太低又有损于品牌形象，因而会采用满意定价法。这种定价方法的优点是价格适中、风险较小，消费者易于接受，企业也能获得较为满意的利润。

（二）折扣定价策略

即服装企业以折扣的形式，通过降低一部分价格以争取顾客的策略。该策略在实际当中应用十分广泛，主要有以下四种形式。

1. 数量折扣

数量折扣策略就是根据代理商、中间商或顾客购买商品的数量多少分别给予不同折扣的一种定价方法。通常数量越多，折扣越大。其实质就是将销售费用节约下来的一部分以价格折扣方式分配给买方，目的是鼓励和吸引顾客长期、大量或集中地向本企业购买服装产品。数量折扣可以分为累计数量折扣和非累计数量折扣两种形式，可单独使用也可结合使用。

2. 现金折扣

现金折扣是在"信用购货"的特定条件下发展起来的一种优惠策略，即对按约定日期付款的顾客给予不同的折扣优惠。现金折扣实质上是一种变相的降价赊销，服装零售企业常常可以利用现金折扣节约开支、扩大经营，也可借此及时回收资金。

3. 季节折扣

服饰品是季节性很强的商品，不同档期、不同季节商品的差价会很大。所谓季节折扣策略，即对销售淡季来购买服装的顾客所给予的一种折扣优惠。季节性折扣的目的是减轻服装企业的仓储压力，合理安排生产，做到"淡季不淡"，使生产能力得以充分发挥。季节性折扣实质上是季节差价的具体应用。

4. 功能折扣

价格折扣的实惠除了给最终消费者外，服装企业还给中间商以折扣，这种折扣叫功能折扣或贸易折扣。它是由服装生产企业向履行了某种功能（如推销、仓储、物流、账务记载等）的分销渠道成员所提供的。服装企业提供的功能折扣可以不同，如给百货公司的折扣与给特约经销商的折扣就不应该一样。

（三）差别定价策略

差别定价策略是指企业采取两种或两种以上的价格销售同一种产品，这种策略的主要依据是顾客、产品、时间、地理等方面的差异。适用于服装产品的差别定价主要有以下三种形式。

1. 顾客差别定价

即根据顾客在服装需求、消费模式、消费能力等方面的差异，将同一产品以不同价格销售给不同顾客。

2. 产品形式差别定价

即根据产品设计的不同而制定不同价格。例如，通常新款服装的价格都会高一些。

3. 形象差别定价

即根据形象差别对同一产品制定不同价格。例如，同样一件衬衫，普通包装与精美包装的价格明显不同。

（四）促销定价策略

为达到促销目的，服装企业可以采用特别优惠的价格，出奇制胜，以争取更多顾客。服装产品促销定价的形式主要有两种。

1. 牺牲品定价

即将少数商品作为牺牲品，以超低价推出来吸引顾客进店，并诱导他们购买其他正常定价的服装商品。

2. 特殊时机定价

即企业利用特定的时间、场合，将商品价格削减以吸引更多的顾客选购商品。例如，在一些特殊的纪念日和重要的文体活动举办期间，服装企业适度降低价格，营造一种机会难得的气氛，促使顾客前来购买。

（五）心理定价策略

顾客心理对其服装购买决策有很大的影响。当顾客有能力检查产品质量或是可以根据自己过去的经验来判断产品质量时，他们很少用价格作为衡量质量的标准；但是，当顾客由于缺乏信息和手段而不能判别质量时，价格就会成为重要的质量标志。心理定价的主要形式如下。

1. 尾数定价

即把价格定在两个整数之间，如498元、1998元等，给人以廉价和定价精确的心理感受。尾数定价较多用于基本服装产品和一般零售店、服装大卖场等。

2. 整数定价

即有意将价格定为整数，以显示商品的身份。整数定价方法较常用于高档名牌服装、名牌服装店、精品专卖店等。

3. 声望定价

有些知名服装企业利用知名度高的优势和顾客崇尚名牌的心理，有意把价格定得较高，而且价格弹性较小。

4. 招徕定价

有些企业利用顾客贪便宜的心理，将某几种畅销或知名度很高的商品价格定得很低，从而促使顾客在购买低价商品的同时连带购买其他商品。

（六）产品组合定价策略

多数服装企业通常不会只开发一个产品，而是开发一个产品系列。例如，某品牌西服可能有许多不同档次，价格从几百到几千元不等，系列中每款西服可能在面料或做工上都有所不同。在产品系列的定价过程中，企业必须决定系列中不同产品的价格差别。一般应考虑系列产品中的成本差别、消费者对不同产品的看法以及竞争对手的价格。

1. 分档定价

经营男装的商店可能有三种等级的男士服装，如价格分别为 1500 元、2600 元和 3850 元。消费者一般会将它们自然划分为低、中、高三种品质等级，那么产品价格在一定限度内的升降通常不会改变顾客对它的档次认定。也就是说，在相对档次关系即价格所反映的等级保持不变时，顾客通常还是只买自己认定的那个档次的产品。

2. 成组产品定价

企业将几种产品捆绑在一起，制定一个比单独购买每个产品价格之和更优惠的价格。在服装品销售中这种策略是很常见的，如一件上衣 220 元，一条裙子 188 元，两者搭配起来有不错的穿着效果，如果一起购买只需付 350 元。我们经常可以看到成组出售的内裤、袜子等。有时，一些商店还实行买一送一，如 198 元两条裤子，这样的销售方法一般都会取得不错的效果。

四、价格变动反应及价格调整

市场情况瞬息万变，服装产品价格的变动与调整是经常发生的。因此服装企业并非制定单一的价格，而是建立一个价格结构，在经营过程中一般要适时对原始定价进行修订。

价格变更可以分为两种情况——被动和主动。变更结果也可分为两种——削价和提价。价格变更可以作为强有力的竞争手段，能够为企业带来利益或挽回损失。

（一）主动调价

造成提价的因素有产品成本上涨、通货膨胀、产品供不应求、市场需求旺盛、技术含量上升等。

消费者面对提价会有错综复杂的心理。例如，这款服装很畅销，现在不买就买不到了；将来可能还会涨价，还是现在买比较划算。又如，商家赚钱没有限度，根本不值那么贵的价格；价格实在太高了，还是买别的吧等。可见，提价的影响有正反两个方面，因此企业必须采取正确的方法进行提价：要通过正确途径解释提价原因；切实提高产品质量；采用较为隐蔽的方式，如取消折扣、减少赠送等。

引起服装削价的原因通常有以下四个方面：竞争压力；竞争对手强大，迫使企业采取降价形式维护和扩大市场份额；生产过剩或库存过多；企业成本比竞争对手低；经济不景气。

削价似乎一定会得到消费者的欢迎？其实也不尽然。例如，顾客面对削价也许会产生这样一些想法：产品质量有问题；款式已过时；买便宜货有损自尊；可能还会继续降价，再等等看。因此，企业必须充分考虑消费者的疑虑并采取相应对策：向顾客明确削价商品的质量；明确削价原因；增大折扣比例或赠送礼品。

(二) 被动调价

被动调价是指在竞争对手率先调价之后，本企业在价格方面所做出的反应。为了保证做出的反应能符合实际，必须对竞争对手和自身的情况进行深入分析和研究，做到知己知彼。对竞争对手的研究主要包括竞争对手变动价格的目的、变动是长期的还是暂时的、其他企业会做何反应等。对自身的研究主要包括本企业的竞争力、竞争对手调价对自身的影响程度等。

一般说来，可以采取的策略主要有两种，即价格不变或跟随变动。当对手的价格变动不足以影响本企业的市场份额或本企业有信心维护自身利益时，可采取价格不变策略。可是当对手价格降幅很大时，如果不跟随降价就会丢失大量市场份额，损害长远利益。跟随降价应以降幅足以增加销量、同时又能维持企业原有利润为原则。

另外，还有一种策略是保持价格不变，而运用非价格手段进行反击，如可以增加服务、增强沟通等。相对而言，价格不动而提升顾客利益比削价更具竞争力。

需要注意的是，在竞争性市场中，当服装企业决定发动价格变更时，必须仔细研究顾客和竞争对手的反应。在具体实施进程中，分阶段实施比较重要。例如，在金利来领带创名牌的过程中，曾宪梓就采取了分步提价策略，使消费者逐渐接受金利来及其价格，因而销售量在提价过程中并没有发生重大波动。

案例：不定时涨价与自动降价

一件标价158元的连衣裙，可能会不定时涨价至168元甚至188元，这是在淘宝上新近出现的一种新型服装定价策略——不定时涨价，如图14-5所示。

不定时涨价的定价方式重点是针对即将迎来销售高峰的下一季服装产品，从中选取个

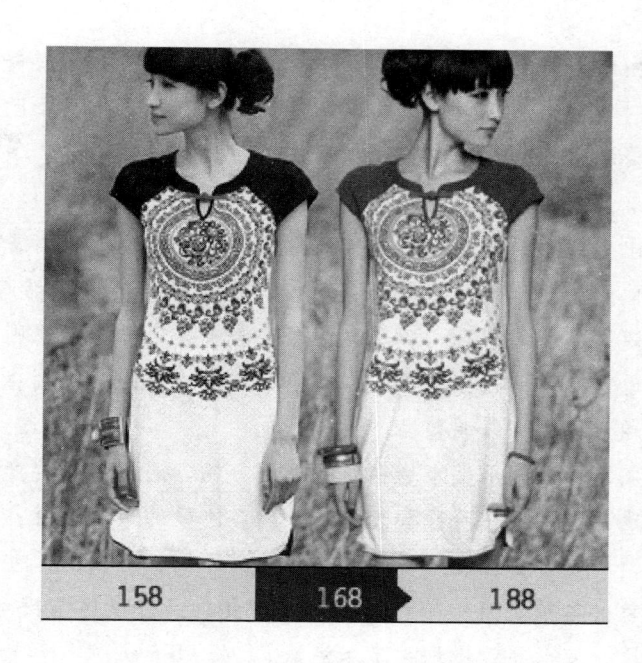

图 14-5 不定时涨价策略

别款式参与该活动。这种定价策略可以使消费者产生涨价的心理预期，从而促使其尽早购买，进而有助于提前消化下一季的产品库存。

与此同时，也有另外一种服装定价方式颇让消费者感兴趣，那就是自动降价策略。一件标价 168 元的针织衫，如果在摆上货架的第一周内无人问津，那么到第二周它的价格会自动跌至原价的 80%，第四周将跌至原价的 70%，然后一路"自贬身价"直到被售出。类似的业态国外也存在，日本"好西服店"为刺激顾客购买，采取了一折销售策略。具体做法是：首先定出打折销售的期间，第一天九折销售，第二天八折，第三、四天七折，第五、六天六折，第七、八天五折，第九、十天四折，第十一、十二天三折，第十三、十四天二折，最后一天一折。通常情况是，前两天购买的顾客并不多，第三天就有许多顾客光临，第五、六天时顾客便会蜂拥而至，争相购买，绝大多数商品都会被售出。这也是考虑到顾客消费心理，谁都想在最便宜的时候购买，但同时又必须保证买得到。八、九折时顾客兴趣不大，七折时他们就会担心自己想买的东西将被人买走，五、六折时顾客迫不及待地要买走自己的目标产品，否则将错失购买廉价产品的机会。因此，很少有产品在降至一折时才被卖出。

案例中无论是不定时涨价还是自动降价，除非消费者经常浏览该店铺页面或有条件时常光顾实体店铺，否则很难判断店家是否真地遵守游戏规则。因此，这种降价手段可能会对购买习惯比较冲动、缺少生活经验的人有效，而对精明的购物者则产生不了太大的效果。

本章要点

营销学中所指的服装产品是一个复杂的多维概念。服装产品组合（也称服装品种配置）指特定服装企业生产销售的所有服装产品和产品品目的组合，包括各种产品及其品质以及数量比例等。由于市场环境不断发生变化，因此服装企业必须依据合理、有效、全面的指标体系适时地对现行产品组合进行系统分析和评价，并据此调整产品组合，决定哪些需要扩张，哪些需要调整，哪些可以收获，哪些必须撤退。

任何服装品牌总是为目标消费者提供所需的各种各样的产品类别。例如，某职业装品牌，每一季既要推出主题不同的几个职业装产品系列，而且还会为消费者提供所需的休闲装、运动装以及其他服装服饰产品。服装品类组合设计就是要确定品牌商品在品类构成、价格设定、尺寸设定等方面的组合构成。要求在符合服装组合搭配原则下，参考经验来动态进行与调整。对于已有品牌，在此项工作前应总结上一季的实际销售业绩，找出各品类商品在销售中的问题、原因，以调整品类组合。

从企业角度出发，可以采用按市场销售特征划分的方法，将服装产品生命周期划分为创新阶段、模仿阶段、经济模仿阶段和衰退阶段。各阶段的市场特性：服装产品生命周期各阶段的特点不同，服装企业在各阶段的营销目标也不同，应根据这些特点来制定相应的营销策略。总的宗旨：尽可能使新品迅速被市场接受；经济模仿阶段尽可能使产品畅销；尽可能推迟衰退阶段，使产品缓慢地被市场淘汰。

市场经济条件下的服装是一种处于完全竞争状态下的商品，服装价格以其成本和利润为基本构成因素，同时还要受国家经济政策、供求关系、竞争因素、消费心理等众多因素的影响。根据定价时所采取的基本依据不同，服装定价方法一般分为三类，即成本导向定价法，需求导向定价法和竞争导向定价法。不同导向的定价方法各有利弊，服装企业定价时必须要考虑三种导向的合理结合。市场情况瞬息万变，服装产品价格的变动与调整是经常发生的。因此，服装企业并非制定单一的价格，而是建立一个价格结构，在经营过程中一般要适时对原始定价进行修订。另外，价格变更可以作为强有力的竞争手段，可以为企业带来利益或挽回损失。

复习思考题

1. 你认为服装产品整体概念各层次的具体内容是什么？产品整体概念对服装企业营销有什么意义？
2. 思考服装产品投入期的特点，它与其他产品有什么不同？你认为服装产品投入期应该采用什么营销策略？
3. 收集二手资料，登陆雅戈尔企业网站，收集雅戈尔企业产品组合及品牌资料，分析其产品组合，并讨论其产品组合策略的运用及品牌策略。
4. 影响服装企业定价的基本因素有哪些？
5. 服装企业定价的方法有哪几种？分析它们的利弊。

第十五章 渠道决策与促销决策

- **课题名称：**渠道决策与促销决策
- **课程内容：**服装营销渠道管理决策
  服装营销渠道的发展趋势
  促销组合决策
- **上课时数：**4课时
- **训练目的：**使学生熟悉服装营销渠道的常见模式，并了解服装营销渠道的发展趋势，从而在未来能较好地开展渠道分析、渠道构建、渠道管理等工作。同时向学生介绍服装促销组合的决策内容和决策方法，使学生熟悉服装营销组合的各种具体策略。
- **教学要求：**1. 使学生掌握营销渠道的内涵。
  2. 使学生了解服装销售渠道的选择和管理。
  3. 使学生了解服装营销渠道的常见模式。
  4. 使学生了解服装营销渠道的发展趋势。
  5. 使学生能够综合评价广告、公共关系、销售促进等促销策略。
- **课前准备：**阅读有关渠道决策、促销决策方面的文章或书籍。

我国的服装市场已经进入成熟阶段，出现了一些规模较大的企业集团，也孕育了一些知名品牌。竞争现实促使它们不断进行着产品设计、面料开发、生产工艺、营销推广等方面的创新。然而，市场环境的变化对营销渠道模式和渠道管理方式也提出了新的挑战，要求服装企业的营销渠道在效率、成本及可控性等方面均能适应集约型经营的转变。于是，营销渠道管理与创新再次成为我国服装企业面临的重大战略课题。

促销策略的实质是企业与消费者之间的信息沟通。它要求服装企业充分认识制订传播计划所使用的各种传播手段（如广告、直接营销、销售促进和公共关系等）的战略作用，并通过各种传播手段的有机结合来提供连贯的、清晰的、统一的信息，从而使传播影响力最大化。

第一节 服装营销渠道管理决策

渠道是企业把产品向消费者转移过程中所经过的路径。对产品来说，它并不能使产品本身增值，而是通过服务来增加产品的附加价值；对企业来说，它起到物流、所有权流、促销流、支付流、信息流等作用，帮助企业实现经营目标。不同的行业、不同的产品、企业不同的规模和发展阶段，其应用渠道的形态都不相同。因此，企业就要结合各渠道特点及其在企业中的地位对它们进行有效管理，以使渠道资源得到最有效的利用。

一、服装营销渠道概述

（一）营销渠道的内涵

关于营销渠道的定义，营销学界的学者们给出了多种描述。这些概念虽然表达各异，但其本质是一致的，即营销渠道是产品从制造商手中转移到终端消费者手中所经过的各中间商联结起来的完整通道。这一通道可直接可间接，可长可短，可宽可窄，视具体企业、具体产品而不同。营销渠道可以被视为促使产品或服务顺利被使用或消费的一个相互依存、相互协调的网络，它通过对产品形式、所有权、时间与地点的整合而为终端用户创造价值。

（二）影响服装渠道选择的因素

在服装渠道设计过程中，限制渠道选择的影响因素很多，其中最主要的有产品因素、市场因素、企业自身因素和中间商条件等。服装企业在渠道选择过程中应当对上述因素进行深入分析和研究。

1. 产品因素

产品因素所涉及的内容主要包括服装品牌定位及产品档次、产品设计特点、销售服务要求等。

作为企业的重要组成部分，营销网络既是服装品牌进入消费市场的重要通道，又要根据品牌定位、产品档次、产品设计特点、销售服务要求等因素来选择营销渠道、决定网络终端服务目标、有效维护品牌形象。一般而言，服装品牌的定位及产品档次越高，销售线路就越短，反之，档次越低，销售线路越长；服装产品的流行性越强，设计风格越独特，销售线路就越短，反之，销售线路越长；服装产品的销售服务要求越多，销售线路就越短，反之，销售线路越长。例如，高级时装是为顾客立体裁剪、手工缝制、度身定制的，因此通常是在兼具了设计、制作、销售等功能的高级时装品牌专卖店里销售，在那里工作人员要了解顾客需要，包括款式、色彩、面料等，并为顾客测量尺寸，然后设计、制作并进行必要的修改。

2. 市场因素

市场因素主要需要考虑潜在消费者的分布状况、消费者的服装购买习惯和市场竞争状况等。如果消费者数量多而集中，如只集中在某一个或几个地区，则可采用较为集中的销售渠道；消费者多而分散，则需要较多的流通环节。对服装企业而言，了解和分析目标消费者喜欢在何时购买、何地购买、如何购买，对于合理设计销售渠道特别是终端网点的设置具有重要作用。

市场竞争状况对销售渠道设计的影响也不可小觑，服装企业可以与竞争对手在相同的渠道上竞争，也可以另辟蹊径，但开辟新的渠道必须以充分掌握目标消费者的购买习惯为前提，否则就可能失去应有的消费群体。

3. 企业因素

企业自身因素主要包括服装企业的规模和信誉、管理能力、控制渠道的意愿、提供服务的能力等方面。资金雄厚、规模较大、信誉好的服装企业可以组织自己的销售队伍，这样既可以与消费者加强联系，又可以减少支付给中间商的费用。一般而言，直接销售渠道的成本较低，但销售效率也较低。由于目前国内大多服装企业的市场运作经验比较欠缺，管理能力较低，通过直接渠道销售产品往往心有余而力不足，因此目前多数服装企业会采用间接渠道。

4. 中间商因素

中间商因素主要考察中间商的目标市场接近程度，运输和储存能力，对本企业产品的销售政策，提供服务的能力、信誉、财力和管理能力等。

二、服装营销渠道常见模式

在不同的企业、产品、市场环境和竞争环境下，服装企业会采用不同的渠道模式。下面介绍四种较为常见的服装营销渠道模式。

（一）区域总经销模式

如果服装企业实行区域总经销模式，也就是说该企业在某规定区域内只选择一家经销商销售本企业的产品。此种情况下，服装企业在与经销商签订合同时必须包含以下条款。

（1）在划定的区域市场内进行销售，不得跨区销售。
（2）必须按照规定的价格销售，不得低价倾销，也不得高价销售。
（3）在规定期限内要完成销售目标，并要符合产品品种比例的要求。
（4）要按照合同规定进行回款，并采取规定的补款方式。
（5）要按照企业规定开展有效的促销活动，避免擅自促销而造成的不良后果。
（6）要负责辖区内的政府、媒体的公关事宜，处理突发事件并维护企业的利益。
（7）对于滞销产品要在规定时间内申报调货处理。
（8）当经销商变更交货地点时，需要提前通知企业或者自行支付额外运费。

(9) 要遵守并执行供销合同中的其他事项。

(二) 直营模式

如果服装企业实行直营模式，也就是说服装企业直接面向零售商铺货。此种情况下，服装企业在与零售商签订合同时必须包含以下条款。

(1) 要按照规定进行产品陈列。

(2) 要按照规定价格进行产品销售。

(3) 要提供张贴 POP 等宣传资料的场所。

(4) 要按照规定进行产品陈列展示。

(5) 要在规定期限内完成产品销售目标及回款作业。

(6) 要按订单要求查收订货产品，不得拒收。

(7) 要执行供货合同中的其他事宜。

(三) 区域经销模式

如果服装企业实行区域经销模式，也就是说在这个区域市场内有几家经销商来销售本企业的产品。区域经销模式中经销商的职责与区域总经销模式中经销商应当履行的职责绝大部分是相同的，不同之处在于服装企业与经销商签订合同时还必须注意以下问题。

(1) 当一个区域市场内有多家经销商时，对价格制度的遵守是非常重要的，因此在与经销商签订的合同中必须要有价格条款，必须确保经销商遵守企业的价格政策。

(2) 当一个地区市场有多家经销商时，经销商可能会漠不关心区域市场内的政府、媒体的公关事宜。

(3) 为了提高各自的销售量，不同经销商经常会采取不同的促销方式进行促销，对那些采用不正当促销手段进行竞争的经销商，企业必须密切关注。

(四) 混合模式

如果服装企业实行混合制，也就是说企业一方面寻找经销商来销售其产品，另一方面通过那些重要的零售商去做直营。此种情况下，服装企业必须注意以下问题。

(1) 企业给予经销商和零售商的价格应有所不同，以此来确保经销商的利益，给经销商留有一定的利润空间。

(2) 在与经销商签订的合同中要明确规定，哪些网点是企业要做直营的，即企业直接去铺货的；哪些网点是经销商可以去开发的。

三、渠道管理的实质

一般认为营销渠道主要是由参与产品所有权转移的成员组成；而那些没有参与产品所有权转移的渠道成员（如广告代理商、独立运输公司等）则被认为是渠道的辅助机构。本书在讨论营销渠道管理问题时，主要对象也是参与产品所有权转移的成员，认为渠道是由这些成员所构成的纵向分工体系。

渠道成员由于拥有产品所有权而对制造商产品营销策略实施的影响远不止渠道流程分析所显示的内容，我们可以从以下三个方面来认识。

(一) 渠道中的产品问题

渠道成员不仅对新产品的推广存在影响，当制造商实施产品差异化战略或进行产品线调整时，同样需要得到渠道成员的支持才能顺利进行。另外，产品的售后服务在很大程度上也是依靠渠道成员的帮助而进行的。

(二) 渠道中的定价问题

通过产品定价来与同类产品竞争并占领市场份额，这是制造商经常采用的一种手段。但价格是一个敏感的因素，直接影响到渠道成员的收益，而渠道成员拥有产品所有权，因此他们倾向于认为自己拥有完全的产品定价自由，一旦制造商试图对经销商的定价策略实施控制，经销商会认为制造商跨出了其职权范围。

(三) 渠道中的促销问题

渠道成员从自身利益出发会自动地对产品进行促销，但在某些情况下这种做法也会带来一些问题，如他们的促销行动可能会影响制造商的营销战略部署，或是分销商以制造商的产品作为自己的"促销工具"而影响了制造商产品品牌信誉的建立与维护。这些都会对制造商造成不利影响。

通过以上三方面的分析，我们可以看出渠道成员在承担部分分销职能的同时，由于阶段性拥有产品所有权而对制造商营销策略实施所构成的重要影响。理想的状态是营销渠道任务被适当地分配给适当的中间商，并且中间商按照制造商制定的分销目标，协调、合作、高效地完成产品分销任务。但在实际的市场运作中，这种理想的状态是很难发生的，因为渠道成员间的专业化分工发生于企业组织外部，在相互独立的成员之间进行，因此成员各自利益最大化行为、目标分歧、对环境认知不同等因素都间接或直接地影响着制造商营销目标的实现。

管理的本质在于协调分工。同样，营销渠道管理的本质就在于渠道分工整合。制造商将产品分销任务企业外部专业化之后，就由相互依赖的渠道成员组成了一个纵向分工体系。对于这样一个纵向分工体系，站在制造商的角度需要强调的是，由于渠道中存在产品所有权的转移，其他渠道成员阶段性地拥有产品所有权，制造商因而失去了对于产品市场表现的绝对控制，这将影响制造商营销战略的实施。因此，在引入外部渠道组织获得专业化分工的好处的同时，制造商也必须同时承担可能的渠道失控的危险，这是制造商需要进行渠道分工整合的根本原因。

制造商建立营销渠道纵向分工体系是为了获得专业化分工的好处。制造商可以专注于自身核心竞争力，而将产品分销过程中的次要职能或者制造商所不擅长的职能转移给在此方面有专长的渠道成员来承担。这样，营销渠道成为多个企业核心能力的大联盟，产品的分销活动无疑可以更加高效。

经济学研究证明，分工程度和整合方式相互决定，恰当的整合机制能加深分工程度，也就是说在技术可分性允许的条件下，改进整合机制能够有效地加深分工。那么从制造商的角度来说，渠道管理问题实质上就是为了寻找到适当的渠道分工整合方式，一方面要达到降低产品分销运作成本的目的，另一方面要改变由于渠道成员相互独立而造成的个体行为目标分散的局面。因此，渠道分工整合的作用就是约束、修正渠道成员的行为，使他们能够统一服务于制造商的产品营销目标。这样不仅使制造商能够将资源和注意力集中在其核心能力发展上，同时还能利用渠道成员的核心优势保证产品营销目标的顺利实现。

当然，希望通过分工整合使得制造商尽可能在保证低成本的同时获得最大限度的渠道控制，这绝非意味着制造商可以损害渠道成员的利益。恰恰相反，在市场需求快速变化、竞争异常激烈的情况下，制造商更加需要一个长期性的、稳定的、为自己提供支持的营销渠道，来帮助自己获得持久的竞争优势。而从分销商的角度来说，通常某一制造商的产品并不是他们的唯一选择，因而分销商更具有"背叛"的可能，而制造商只会在渠道成员不符合要求时才更换他们。因此，在制造商面临激烈的同质产品竞争的市场环境下，分销商相对而言具有更大的渠道影响力。

四、渠道管理的原则

制造商构建营销渠道的目的在于通过营销渠道的运作来及时有效地销售产品，因此必须对现有渠道进行管理以保证渠道成员之间的相互协作。营销渠道管理对制造企业而言应该是渠道工作的重中之重，其管理效果的好坏直接关系到渠道的成败以及营销目标的实现与否。企业在进行渠道管理时必须注意以下原则。

（一）构建伙伴型渠道关系

只有通过建立亲密无间的伙伴型关系或策略性同盟关系，生产商和渠道成员才能通力合作，以使分销业务更加迅速、高效。

渠道关系发展的最高层次就是在生产企业与中间商之间建立起长期、稳定、共生共荣的伙伴关系。在伙伴型渠道关系中，任何一方随意改变这种关系都将会付出高昂的成本，即渠道关系的可转换成本很高，因此只有相互为对方提供更多的附加价值或服务，才有利于彼此的合作和发展。

（二）保护渠道各方的利益

要保证营销渠道各方均能获得合理的利益，要从四个方面入手：一是制定合理的级差价格体系,确保每个层次的经销商都有可能得到应得的利润;二是尽可能使你的产品给渠道各环节带来的收益高过部分竞争对手;三是严格控制窜货,通过维护渠道各方的合理收益来保证营销渠道的正常运转;四是建立严格的结算制度,实行现款提货,并且贯穿整个营销渠道的各个环节。

(三) 为各级销售商提供全过程的销售服务

总经销商是营销渠道的中坚力量,为总经销商提供销售过程的全程服务是生产商的义务。这些服务主要包括:对总经销商的业务培训;协助总经销商发展分销商;协助总经销商开发周边市场;协助总经销商开设专卖店;会同总经销商进行当地活动营销;定期组织经销商之间的营销经验交流等。

(四) 建立与完善产品售后服务体系

售后服务是销售过程的收尾环节,但却直接影响着品牌形象。在有效的营销渠道中,产品由圆心逐层向外辐射到消费者。如果售后服务不到位,产品会由外圆向圆心回流,这必然给销售工作带来双重损失。售后服务是生产者的责任,也是销售者的义务。生产商应当建立售后服务机制,为销售商提供费用、赠品等支持;销售商则应履行售后服务的职责,这是营销渠道有效运行的保障。

(五) 做好营销渠道的维护

要想使营销渠道保持健康活力,就必须经常对其进行维护,对那些不能带来利益甚至带来负利益的环节以及不能适应渠道发展变化的成员要果断加以剔除,同时要根据渠道发展的需要适当补充新的渠道成员,以保证整个营销渠道的正常运转。

这里所说的需要剔除的成员主要指以下三类:一是对公司缺乏忠诚度、对公司文化理念不认同的成员;二是跟不上公司发展速度的成员;三是渠道中的破坏分子,如经常窜货、擅自降价且屡教不改的经销商,这类成员也要坚决剔除。

需要补充的成员则是指那些目前尚未加入制造商渠道网络,但认同制造商的企业文化和经营理念,在资金、人员、配送各方面比较有实力,诚信经营并且对制造商有一定向往的潜在经销商。吸收他们加入,会对营销渠道的完善大有帮助。

五、渠道管理的内容

广义的营销渠道管理主要包括:制定渠道管理战略;设计营销渠道;选择渠道成员;渠道的成员管理;渠道的关系管理;渠道的动态调整。

(一) 制定渠道管理战略

渠道管理战略之所以越来越被重视,一方面是因为适宜的渠道战略不仅能够迅速、有效地服务于目标市场，而且很难被竞争对手模仿或照搬，从而成为企业的核心竞争能力；另一方面，从企业自身角度来看，创建一流的营销渠道不仅需要周密、详尽的计划，更需要大量的技术开发和资金投入。

保持和发展与系统环境的适应关系是企业营销战略的宗旨，也是营销渠道战略管理的核心。因此，企业在制定渠道管理战略时，首先要将渠道作为开放系统，充分认识渠道环境对渠道变化的影响；其次要从企业规模和实力、成本、资产、产品类型、历史传统、经验等方面综合考虑营销渠道战略的设计，要通过渠道与产品、价格、促销之间的协调作用来提高企业营销战略实施的整体效果。

（二）设计营销渠道

在营销渠道的设计过程中要考虑多方面的影响因素，如环境因素、竞争者的渠道状况、消费者的特性、制造商的特性、市场潜力及相应的风险、渠道的控制性、渠道成本等。这些因素都是非常重要并且彼此相关的，它们决定了到达目标市场的最佳途径。

企业在设计营销渠道时应注意以下基本问题：
（1）渠道范围一定要与分销区域的大小相适应。
（2）要尽可能缩短渠道长度。
（3）与渠道商分配好利益。
（4）不要被客户所控制。
（5）渠道中的信息要畅通。
（6）多找那些积极、主动、认同本企业文化的经销商。
（7）确定终端分销形式（如经销、代销、专卖、直接零售等）。

（三）选择渠道成员

企业在市场上的成功需要强有力的渠道成员的支持，即那些能够有效履行分销职责、实现渠道设计思路的成员。挑选渠道成员是一项很重要的任务，应当避免随意性和偶然性。

企业寻找经销商的方式主要包括刊登广告、通过地区销售组织、商业渠道、中间商咨询、顾客介绍、贸易展览会等。对批发商、零售商等营销中介的优劣评估至关重要，虽然对渠道成员的要求标准因企业而异，但通常会从以下几方面来考虑：中间商对公司的忠诚度、企业实力、声誉、产品组合、财务状况、经营思路、营销网络覆盖情况、产品配送能力、销售人员培训及管理状况、是否会降价销售、是否会跨区域销售等。在经过挑选标准筛选之后，应当尽力争取锁定的目标经销商，使其成为公司的渠道成员。另外，公司在更新渠道成员时也应当根据以上标准来选择成员。

（四）渠道的成员管理

企业的营销渠道中涉及很多组织和单位，这些组织和单位彼此间会发生交互作用，一旦管理不善，很可能会出现渠道管理中常见的令生产商头疼的问题，如窜货问题；渠道成员忠诚度下降，唯利是图；信用度恶化，货款拖欠问题严重；渠道网络复杂混乱，难以实现信息共享和利益共享等。因此，对渠道成员的管理至关重要。

要想做好渠道成员的管理，生产商首先要树立全新的渠道理念，在渠道建设中由交易型关系向伙伴型关系转变。传统的渠道关系是"我"和"你"的关系，即每一个渠道成员都是一个独立的经营实体，以追求个体利益最大化为目标，甚至不惜牺牲渠道和厂商的整体利益。而在伙伴型渠道关系中，厂商与经销商由"你"和"我"的关系变为"我们"的关系，厂商与经销商一体化经营，使分散的经销商形成一个体系，渠道成员为实现自己或大家的目标共同努力，追求双赢或多赢。

企业的营销渠道按其长度不同一般可分为零级渠道和多级渠道。在多级渠道中，处于渠道不同位置的渠道成员在营销中所扮演的角色和重要性不同，对产品和服务的要求不同，因此，生产商对不同成员的管理方法也有所不同。但渠道成员管理的内容却是共同的，包括渠道成员的日常管理、渠道成员的激励、渠道成员的绩效评估、渠道成员的调整等。

（五）渠道的关系管理

随着市场经济的发展和竞争的日趋激烈，渠道关系问题将日益突出，如何处理渠道关系问题将成为对既定渠道模式管理的重中之重。国内外的经验证明，成功企业的营销渠道管理得益于成功的渠道关系管理，其结构往往相对稳定。渠道关系管理关注的不仅仅是制造商如何在渠道系统中协调、控制渠道活动的问题，还包括渠道系统中独立的渠道成员相互之间如何通过构建良好关系来协调渠道活动的问题。

关系型营销渠道是一种新型的渠道模式，这种模式以长期市场交易为基础，为了提高整个营销渠道的质量和效率，在保证渠道成员双赢的情况下，从团队的角度来理解、运作制造商和中间商的关系，以协作、双赢、沟通为基点来加强对营销渠道的管理。在关系型营销渠道中，制造商从团队成员的角度来理解同中间商的关系，建立一种系统化的中间商关系并对该系统化的中间商建立甄选标准，运用多指标体系（而非仅仅是销量）对其进行绩效考核，由制造商与中间商联合进行价格决策和促销支持。制造商和中间商均有共享的、完整的客户信息库、意见反馈体系和主动及时的销售预测。制造商的销售人员在更多情况下扮演的是一个建立、协调、维护与中间商关系的关系经理的角色。这种关系型营销渠道模式既能获得传统渠道灵活性的好处，又能得到一体化渠道的优势。

（六）渠道的动态调整

市场是变化的。变化的市场环境一方面对渠道成员的经营理念、经营战略、管理水平和人员素质提出了严峻的挑战；另一方面也要求企业不断地对已有渠道进行调整，以使渠道成员和渠道模式能够适应市场竞争条件的变化。因此，企业应当建立一种激励和约束机制，使企业的营销渠道在竞争中改进、修正和重组，使之保持动态的稳定，充满活力和生机。

企业营销渠道的动态调整主要包括增减渠道、增减渠道成员以及改进整个渠道。始终保持竞争优势的营销渠道是没有的，因此企业应当根据渠道能否有效将产品送达客户来确定增减某些渠道；即使最理想的渠道结构也将随着时间的推移而发生改变，这时就涉及增减个别渠道成员的问题；当现行的渠道系统只能部分甚至根本无法满足目标顾客的需求时，就必须对其进行整体改进，这对于制造商来说可能是最困难的决策。

第二节　服装营销渠道的发展趋势

进入新世纪以来，从服装行业营销渠道的转变中可以看到：由于市场经济的发展、销售环境的改变、消费者购买能力的提高以及购买心理的成熟，迫使中间商、终端零售商、商业辅助商这些销售环节进行了巨大变革，并促使服装企业自下而上地改变或整合原有营销渠道，于是出现了服装营销渠道的一些新趋势。

一、营销渠道的扁平化

渠道扁平化有如下两方面的表现。

（一）大型生产商渠道中间层逐渐被取消

一方面，并不是所有中间层的存在都会提高效率，提高效率的前提是拥有一定分工特长的个体组合。中间层的存在也可能使渠道变得复杂、繁琐，从而增加销售成本又降低效率。

另外，由于买方市场条件下"顾客第一"的原则已被普遍接受，服装企业迫切需要与消费者直接建立联系，消费者也希望面对厂家获得第一手的服务，达到情感交流、完善服务、信息反馈直接且高效的市场境界，这也是企业渠道缩短的原因之一。

（二）直复营销

直复营销是一种为了在任何地方产生可度量的反应和达成交易，而使用一种或多种广告媒体的互相作用的营销体系。直复营销者利用广告介绍产品，顾客可写信或电话订货。订购物品一般通过邮寄交货，信用卡付款。直复营销者可在广告费用开支允许的情况下，选择可获得最大订货量的传播媒体，使用这种媒体的直接目的是为了扩大销售，而不是刺激偏好和树立品牌形象。

二、营销渠道的多元化

渠道多元化主要有以下三种表现。

（一）在不同地区采取不同渠道

例如，在商业发达地区主要通过专卖店和大型商场销售商品；在商业相对落后的地区主要通过综合型商场销售产品；而出口产品则通过国外进口代理商到零售商进行商品的分销。

（二）在不同品牌生命周期采用不同渠道

例如，处于引入期的品牌比较适宜采用独家分销或直销；品牌进入发展期，则要有意识地发展销售网点和代理机构，但同时厂家原有的铺市工作仍不能放松；品牌进入成熟期，应该借助分销商的力量稳固市场。

（三）对相同商标的产品采用多种渠道

多数服装企业同时通过两条以上的竞争性渠道来分销相同商标的产品，以便满足顾客对服务内容和服务方式的不同需求。

三、营销渠道的电子化

随着互联网技术在我国的发展，服装行业开始了从传统销售渠道到网络销售渠道的转变，即营销渠道的电子化。网络营销渠道作为一种新型的营销形式，与传统渠道相比，能够更好、更有效地消除产需在时间上、空间上和所有权方面的矛盾。对于传统企业来说，网络分销并不是难题，关键是找到适合自己的分销控制策略。由于网店与线下实体店的目标消费群体并不相同，因此可以针对线上线下的不同消费人群在货品上进行适度甚至完全区隔，以使传统与网络渠道达到和谐统一、相得益彰。

根据阿里巴巴提供的数据，旗下的天猫（淘宝商城，主营 B2C 业务，即商家对个人，Business To Customer）与淘宝集市（淘宝 C2C 业务，即个人对个人，Customer To Customer）在 2012 年 11 月 11 日的"双十一"大促销中支付宝总销售额达到 191 亿元，其中，天猫 132 亿，淘宝集市 59 亿。191 亿究竟意味着什么？根据国家统计局数字，2012 年 10 月我国社会消费品零售总额为 18934 亿元。以此计算，10 月每天零售总额为 611 亿元，这意味着阿里巴巴"双十一"狂欢节销售总额占社会消费品零售总额的 31.2%。此外，上海 395 家主要大型商业企业和旗下 5000 多家网点在今年国庆黄金周期间的营业总收入是 64 亿元，尚不足阿里巴巴 11 月 11 日当天销量的三分之一。在购物天堂中国香港，8 月份日均零售额也不过 9.3 亿元人民币，阿里巴巴"狂欢一天"的交易额相当于香港三周的零售额。

2012 年"双十一"还兴起了预售模式（C2B 模式，电子商务模式的一种，即消费者对企业，Customer To Business）的一个雏形。所谓预售就是先有销售订单，再进行生产、运输、流通，最后实现销售。这样就保证了在这个环节里面的生产成本或者流通成本能够降低，流动资金的周转天数能够大大加快。

2012 年的"双十一"为预售模式提供了个案。茵曼是广州一家主打棉麻服饰的女装品牌，2012 年"双十一"促销期间，其以 5700 万元的额度力压 ONLY 等知名品牌成为天猫平台上销量最高的女装品牌。谈及这一成绩，茵曼总经理方建华数次表示"意想不到"。"这次参加'双十一'，在营销模式上，我们还是做了创新，也采取了预售。在'双十一'

之前一个月，我们只是将样衣、面料、辅料、细节展示到网上，通过天猫预售平台接受买家预订，结果一款羽绒服和另一款服装卖了两万多件。"方建华透露，"消费者认为好的，那我们就拿来生产，所以我们不是盲目地生产。这样就很好地解决了我们以往的传统零售模式、销售模式所不能做到的完全根据消费者需求进行组织生产的问题。"两款样衣带来两万件的订单，这就是让天猫总裁最满意的预售制度。

对于阿里巴巴而言，191 亿元的总销售额给传统品牌企业带来的震撼和冲击，可能比利润更意义非凡。根据天猫的统计，11 月 11 日当天，该平台共有 3 家店铺销售额超过 1 亿元，分别是杰克琼斯旗舰店、骆驼服饰旗舰店和全友家居旗舰店。电子商务业务确实在动摇着传统品牌的经营布局。以七匹狼为例，2011 年该公司从网上销售渠道取得的营业收入为 1.06 亿元，占营业总收入 29.2 亿元的 3.63%。2012 年上半年，七匹狼的电商销售收入为 7600 万元，占营业总收入 14.86 亿元的 5.11%。另据七匹狼财报，受经济环境不景气影响，该公司面临着巨大的库存压力，2012 年三季度末存货为 7.36 亿元，"双十一"促销成为了企业去除库存的唯一途径。服装零售业应该借助互联网信息化革命，去改造自己的传统方式和供应链管理模式。

四、营销渠道的战略联盟

营销渠道的战略联盟，即生产商与分销商之间形成战略联盟的集团，按照约定的分销策略和游戏规则共同开发市场、承担市场责任和风险，共同管理和规范销售行为，共同分享利润。由于双方共同投资、利益共享、风险共担，既有效避免了分销渠道内部的冲突与矛盾，又提高了分销渠道的竞争能力和抗外部冲击能力。

这种合作伙伴关系可以消除厂家与商家为追求各自利益造成的冲突。厂家与商家结成利益共同体，根据双方核心能力的差异性或者说互补性，通过合理分工与沟通协作，各自负责自己擅长的渠道职能，通过优势互补和避免重复，不仅能降低各自的成本，还有助于提高整条营销渠道的运行质量和效率。

上述关于营销渠道发展趋势的介绍仅仅是渠道模式创新的一部分。在瞬息万变的社会里，实现生产者与消费者的直接对话，这是渠道创新的基本精神所在。对于我国服装企业来说，一方面要清楚地看到新型渠道模式建设的大势所趋，应及早做好调整销售渠道的准备；另一方面也要看到其建设并非一蹴而就，需要结合企业自身特点及产品性质而定。

第三节　促销组合决策

促销策略的实质是企业与消费者之间的信息沟通。它要求服装企业充分认识制订传播计划所使用的各种传播手段（如广告、直接营销、销售促进和公共关系等）的战略作用，并通过各种传播手段的有机结合来提供连贯的、清晰的、统一的信息，从而使传播影响力最大化。

一、促销组合概述

（一）服装促销组合的概念

所谓服装促销，是指服装企业通过人员或非人员的方式传递企业或产品等信息，以帮助顾客认识产品特点及所能带给顾客的利益，从而达到引起顾客注意、激发兴趣、唤起需求、采取购买行为的目的。实质上，服装促销是服装营销者与购买者和潜在购买者之间的信息沟通。

表15-1列出了比较常见的促销工具。服装促销组合决策则是将以上几种促销方式加以选择、运用与组合搭配，把既定的促销预算在各种促销方式之间进行合理分配。

表15-1 常见的服装促销工具

视觉促销	广告	销售促进	公共关系	人员推销
商店设计、装修	报刊广告	优惠券、赠券	记者招待会	销售介绍
招牌、店招	电视广告	抽奖	慈善捐赠	销售会议
标记、图形	广播广告	附送礼品	赞助	电话营销
商标、吊牌	户外广告	现场示范	公关广告	奖励
商品陈列	POP广告	销售竞赛	形象识别媒体	展览会
橱窗展示	直邮广告	交易折扣	新闻	
壁面陈列	互联网广告	津贴	社区关系	
橱柜陈列	海报、宣传单	展销会	公司期刊	
模特、道具、光线	宣传手册	会员卡	年度报告	
场景营造	视听材料	免费修整	研讨会	
	彩虹门、空飘等	强强联手	固定联系制度	

（二）服装促销组合决策流程

服装促销组合的制定是一项系统思考。服装企业拟定促销组合策略可参照下列步骤进行。

1. 明确市场目标、市场策略并确定目标市场及促销对象

促销的目的是要解决特定的营销问题，可能是关于消费者，也可能是关于渠道、产品或本企业内部人员，因此首先必须明确市场目标、市场策略并确定目标市场及促销对象。

2. 决定促销目标

经由步骤一的评估后，企业已能选择出促销希望解决的问题，接下来就可以决定促销目标。促销目标应当清楚界定企业要达到什么目的、目标是多少以及期望目标对象做出什么样的反应等问题。

3. 准备预算

企业的资源是有限的,因此促销预算也会受限制,企业应当在有限的预算内选择最大效益的促销策略及方案。

4. 选择促销组合策略

如前所述,为了能与消费者有效地进行信息沟通,服装企业应当在综合考虑各种影响因素的基础上选择适当的促销组合。

5. 执行、控制及评估

促销组合实施前一定要先规划好执行计划与控制计划。执行计划包括计划及预算的核准、目标受众的选择、促销信息的传播等。评估执行效果可用两种不同的方法来检验:一是比较促销组合实施前、实施中和实施后的销售量变化情况;二是从消费者样本中了解他们对活动的反应以及追踪他们在促销后的行为。例如,了解品牌知名度提高多少,美誉度改善多少,消费者对促销组合评价如何,对以后的服装品牌选择是否有影响等。

二、服装广告

广告是一种面向群体的特殊的大众传播活动,是人类社会生活中一种有组织的应用传播形式。广告与人员推销、销售促进、公共关系等营销组合要素一起成为服装企业传播品牌、产品、服务及观念的一种不可缺少的重要手段。

(一) 服装广告概述

1. 广告的定义

较为全面的具有代表性的商业"广告"的定义是:"广告是市场营销组合的一部分,它是由某个企业或个人、或一个组织支付一定费用在媒体上宣传其特定观点的营销行为,目的是创造有利于其宣传观点的意识、形态和行为。"这段话明确指出广告的最终目的在于创造有利于销售的态度和行为,这是判断一则广告是否成功,即信息传播是否有效的终极标准。

2. 服装广告的类型

服装广告可以按照不同的标准划分种类,主要有以下三种分类方法。

(1) 根据广告内容与目的划分。可分为产品广告、品牌广告、零售广告、公益广告等。

(2) 根据广告媒体划分。可分为报纸广告、杂志广告、广播广告、电视广告和其他媒体广告。其他媒体广告主要指邮寄广告、户外广告、POP 广告、交通广告、互联网广告等。

(3) 根据广告主划分。可分为独立广告与合作广告。

3. 服装广告新方式

(1) 微博营销。微博营销是刚推出的一种网络营销方式,因为随着微博的火热,随即催生了有关的营销方式，就是微博营销。每一个个人都可以在新浪、网易等注册一个微博账号，然后利用更新自己的微型博客来传递相关信息。这样，每天的更新内容都可以跟大家交流，或者发布大家所感兴趣的话题，如此一来就可以达到营销的目的，此种方式就是微博营销广告方式。

（2）论坛营销。论坛营销就是"企业利用论坛这种网络交流的平台，通过文字、图片、视频等方式发布企业的产品和服务的信息，从而让目标客户更加深刻地了解企业的产品和服务，最终达到企业宣传品牌、加深市场认知度的网络营销活动"。

（二）服装广告决策内容

服装企业在制定广告方案时，在确定目标市场和购买者动机的基础上，需要做好以下五方面的决策。

1. 确定广告目标

所谓广告目标是指在一个特定时期内，对于某个特定的目标受众群体，企业所要完成的特定传播任务和所要达到的沟通程度。

确定广告目标是服装广告决策的首要步骤。广告的最终目标当然是增加销量和利润，但企业利润的实现依赖于有效的广告机会与有效的市场机会相结合，并同时要与产品定位决策相匹配。因此，不能笼统地将增加销量和利润作为广告目标，而应由各阶段的整体营销策略决定。

表15－2列举了一些广告目标范例。

表15－2　广告目标范例

广告目标	目标范例
通知性广告	向市场告知有关新产品的情况 提出某项产品的若干新用途 告知市场有关价格的变化情况 说明新产品如何使用 描述所提供的各项服务 纠正错误的印象 减少消费者的恐惧 树立企业形象
说服性广告	建立品牌偏好 鼓励消费者转向本企业品牌 改变顾客对产品属性的认知 说服顾客马上购买
提醒性广告	提醒消费者近期可能需要这个产品 购买地点的提醒 促使消费者在淡季也能记住本品牌及产品 保持尽可能高的品牌知名度

2. 制订广告预算

（1）广告预算的影响因素。确定广告目标后，接下来服装企业需要根据自己的目标和实力确定合适的广告预算。在编制广告预算时应该考虑的因素主要有：产品生命周期阶段；市场份额和消费者基础；竞争与干扰；广告频率；产品替代性。

（2）广告预算的决定方法。各服装企业对广告预算的决定方法不一样，但考虑广告目的与范围以及企业规模是基本的共同点。不同之处在于如何考虑顾客所拥有的购买力、年龄、性别、反应情况、竞争者的广告状况、可能负担的广告费、达到广告目标的最少广告费、增多广告费是否可以增加利润等。服装企业常用的广告预算决定方法主要有以下三种。

①百分率法，即以特定期间内销售额或盈余额的一定比例计算出广告经费。

②销售单位法，即以商品的一件或同类商品的一箱等某一数量为单位，以单位广告费再乘以销售数量计算得出。

③目的完成法，即先树立一定的销售目标，决定达到这一目标所必需的广告活动和范围，然后再计算充分的广告经费。

3. 设计广告信息

广告信息设计就是确定广告要表达什么以及怎么表达，即选择具有创意的广告内容和有效的内容传达方式。服装广告的策划制作一般由专业广告公司完成，也可以由服装公司自己制作。

4. 选择广告媒体

广告信息需要借助媒体传递给目标受众，媒体选择就是寻找成本效益最佳的媒体。不同的广告媒体，其传播范围、速度、表现形式、对广告受众的刺激强度等都是不同的。

服装广告媒体主要有报纸、杂志、广播、电视、互联网、邮寄广告媒体、户外广告媒体、销售点广告媒体等。表15-3描述了各主要广告媒体的特性。

表15-3 各主要广告媒体的特性

媒体	优点	缺点
报纸	市场覆盖率高，读者稳定，及时、灵活，说服性强，广告费低	注目率低，精读率低，刺激强度弱，保存性差
杂志	针对性强，受众稳定，印刷质量高，可信度高，时效性强，精读率高，传读率高	传播速度慢，会产生无效广告，覆盖范围较窄
广播	传播速度快，覆盖范围广，选择性强，收听方便，广告费低	时效性差，不能保留，听众分散，难以测评广告效果，表现手法不够吸引人
电视	传播迅速，覆盖范围广，受众面广，适应性强，富有感染力，能引起高度注意	成本高，干扰多，时效性差，选择性、针对性较差
互联网	传播范围广泛，互动性强，感官性强，费用低，广告效果易于统计	受众仅限于上网人群，繁多的网上信息量会干扰广告

续表

媒体	优点	缺点
户外广告媒体	反复诉求效果好，选择性强，保留期长，注目率高，灵活多样，费用较低	传播区域小，覆盖面窄，广告受众流动性大，难以测评广告效果
邮寄广告媒体	针对性、选择性强，简单灵活，效果显著，无同一媒体广告的竞争	覆盖范围小，有效接收率低
POP广告媒体	针对性强，促销效果显著	不同品牌产品的广告相互干扰

在有限的费用内如何选择媒体，将广告信息有效地传达到目标受众，这是广告媒体策略的中心问题，它直接关系到广告效果和成本。

5. 评估广告效果

广告是费用很高的促销方式，因而服装企业应当在重大广告项目实施之前进行广告试调查，并在广告刊出或播出之后对广告效果进行测评。广告效果的评估一般分两个阶段进行。

（1）预审。即在广告实施前对广告策划及其效果进行审核。具体方法如下。

①直接评价法：即邀请一些专家和部分目标市场上的消费者，让他们对几种广告稿的注意力、易读性、辨认力、感染力等进行评价。例如，以某服装品牌的杂志广告为例，可从以下角度进行评价：此广告吸引读者注意力的效果如何？此广告促使读者进一步细读的可能性如何？此广告的中心内容是否交代清楚？广告诉求的有效性如何？此广告刺激购买行为的可能性如何？

②样稿测试法：即邀请部分目标市场上的消费者，给他们观看广告样稿，然后请他们回答一些问题，以了解记忆率及其感觉。

（2）复审。广告正式播出后，企业还要对广告效果进行评估。常用的方法有以下两种。

①回忆测试法：即从接触到某一广告媒体的消费者中抽取一组样本，请他们回忆广告上广告主的名称、产品及其他问题，以测定广告的吸引力和效果。

②销售实绩法：即在广告发表一段时间后调查销售量的变化，以判断广告是否对销售起到了期望的促进作用。

三、服装销售促进

在国际上，销售促进是一种成熟的营销工具，是开拓和占领市场的强有力的武器。在过去的十多年里，国际性的趋势使销售促进费用在全部促销费用中所占的比例越来越大，甚至比广告费用还高出许多。销售促进对于启动市场的作用和效果也逐渐被国内服装企业看好，成为其营销活动的一个关键环节。

(一) 服装销售促进概述

1. 销售促进的定义

狭义的销售促进的定义是：在给定的时间和预算内，在某一目标市场中所采用的能够迅速产生激励作用、刺激需求、达成交易目的的促销措施。

销售促进的最大特征就在于它是战术性而非战略性的营销工具。销售促进的关键因素是短程激励，并期望它成为导致消费者产生购买行为的直接诱因。

2. 服装销售促进的类型

按照服装企业开展销售促进活动所针对的对象，可将其分成以下三类。

(1) 针对消费者的销售促进。目的是鼓励消费者更多地购买商品或促使其大批量购买，争取未使用者试用，吸引竞争品牌的顾客等。

(2) 针对经销商的销售促进。目的是吸引零售商经营新的服装品类和维持较高水平的存货，鼓励他们购买过季商品，鼓励贮存相关品类，抵消竞争性的促销影响，建立零售商的品牌忠诚，获得进入新零售网点的机会等。

(3) 针对销售队伍的销售促进活动。目的是鼓励他们支持一种新产品或新款式，激励他们寻找更多的潜在顾客，刺激他们推销过季商品等。

(二) 服装销售促进决策内容

服装企业在制定销售促进策略时需要做好以下四方面的决策。

1. 确定促销目标

促销目标服务于企业的营销目标。销售促进目标的确立是制定相关策略的前提。销售促进的具体目标应当根据目标市场类型、市场变化及产品市场阶段等方面来决定。概括地说，服装销售促进的目标可分为两大类。

(1) 短线速销。一般可通过以下三个途径达到此目的。

①提高购买人数。较常用的方法有：POP 推广、竞赛、减价优惠、免费试用等。

②提高人均购买次数。较常用的方法有：赠品、折价券、减价优惠、酬谢包装等。

③增加人均购买量。较常用的方法有：折价券、减价优待、赠品、酬谢包装等。

(2) 长期效果。较常用的方法有：VIP 会员卡、竞赛、赠品等。

2. 选择销售促进工具

服装企业在选择销售促进工具时必须考虑市场类型、销售促进目标、竞争条件和环境、产品特性、促销对象的消费心理与消费习惯、竞争对手动态、促销预算水平等因素。

按照服装企业开展销售促进活动所针对的对象，可将销售促进工具分成以下三类。

(1) 针对服装消费者的销售促进工具：优惠券、折扣优惠、赠品、奖品、竞赛、抽奖、游戏、售点陈列和商品示范、特别活动或事件。

(2) 针对服装中间商的销售促进工具：召开产销会议、经销商奖金规则、经销商竞争办法、经销商教育辅导、派遣专卖经销商辅导员、提供产品目录及POP、发行经销商沟通刊物、补贴经销商。

（3）针对销售队伍的销售促进工具：销售技巧训练、产品研讨会、竞争研讨会、销售竞赛、销售手册制作、销售奖金规则、推销研讨会、促销品制作、成功案例发布会、表扬活动。

3. 制定销售促进方案

选择了销售促进工具之后，接下来就该制定具体的销售促进方案了。服装企业在制定方案时还应考虑许多因素，主要有以下六点。

（1）确定刺激强度。应选择费用有限、效率最高的刺激强度。刺激强度高，引起的销售反应也就越大，但超过一定限度之后，这种效应也呈递减趋势。为保证销售促进效果，在开展活动前应进行充分的市场调查，并在总结以往经验的基础上，结合目标消费群、市场环境、预算开支等制定适当的刺激强度。

（2）确定活动对象。服装企业还必须确定销售促进的对象范围。激励可以针对任何人，也可有选择性地针对某类群体。销售促进对象选择得恰当与否，将直接影响到销售促进的最终效果。

（3）确定时机与主题。一年中的每个季度都有各具特色的节日，服装企业可以抓住时机、确定相应的促销主题，最终影响到销售促进的效果。

（4）确定推广途径。选择了销售促进工具后，还需进一步确定推广途径，不同的推广途径其接受率和开支水平是不同的，这就需要服装企业进行权衡，看哪种途径最有利。

（5）确定推广时期。制定销售促进方案时要决定活动的实施期限，这是活动成败的关键。

（6）确定活动预算。即销售促进预算在各种促销工具和各类产品间的进一步分配。这又要考虑到促销工具的使用范围、频率、产品生命周期等因素。

4. 实施和评估销售促进方案

如果条件许可，在销售促进方案正式实施之前应经过必要的测试。测试可以通过询问消费者、发放问卷等方式进行。

如果测试效果与预期接近，就可进入实施阶段了。方案的具体实施与控制是活动成败的关键。实施中要有明确具体的指导计划，要密切监测市场反应并及时进行必要的调整，以顺利实现预期的方案和效果。

对销售促进方案的评估，不同的组织者有不同的方法。服装制造企业的评估包括：将推广前、推广期间和推广后的销售状况进行比较；对那些在推广时购买该商品，事后又转向其他品牌的顾客进行调查；进一步进行消费者调查，以考察消费者的看法及此次活动的作用；针对销售促进的作用、时机等进行细致的试验。

四、服装企业公共关系

在服装营销发展史上，服装企业与公众的关系从来没有像今天这样联系得如此紧密。

经济越发展，市场越开放，服装企业面对的社会公众就会越多，与公众的关系也越发显得错综复杂。在这种背景下，服装企业必须密切关注周围的种种社会关系及其发展变化趋势，并在企业内部和外部采取积极主动的公关行动，弘扬有利因素，排除不利因素，努力创造和维系企业经营发展的和谐环境，以塑造良好的企业形象，实现企业的经营目标。

（一）公共关系概述

1. 公共关系的定义

公共关系的涉及面广、内容丰富，由于认识角度不同，对于公共关系的定义也可谓众说纷纭。一般认为，公共关系是社会组织为了寻求良好合作与和谐发展，通过形象塑造、传播管理、利益协调等方式，同相关公众结成的一种社会关系。社会组织通过有效地管理，努力谋求组织内部的凝聚力与组织对外部公众的吸引力；通过双向的信息沟通，旨在争取社会公众的谅解、支持与爱戴，谋求组织与公众利益的双赢。

2. 公共关系的类型

按照不同的划分依据，公共关系的类型大致可分为主体型、对象型、功能型三类。其中，主体型公共关系可分为工业企业公共关系、商业服务业企业公共关系、政府公共关系、事业团体公共关系四种；对象型公共关系可分为员工关系、消费者关系、政府关系、媒介关系、社区关系、竞争者关系、股东关系、国际公共关系八种；功能型公共关系可分为日常事务型公共关系、宣传型公共关系、征询型公共关系、危机型公共关系四种。

（二）公共关系决策内容

服装企业的公关决策既可以是针对一年或更长时间的长期规划，也可以是针对某一事件的短期计划。一个较为完整的公共决策应包括以下内容。

1. 公关前期调查

任何有目的的公关活动都必须在充分掌握信息的基础上才能进行。公关调查有两个主要的功能：一是收集资料、反馈信息、客观真实地反映组织的公关状态；二是分析资料、透过现象看本质，从而揭示组织公关状态的发展趋势，并据此提出加强和改进组织公关的策略、方法和措施。

服装企业公关调查的内容主要包括：公共关系主体——企业情况的调查；公共关系客体——公众意见的调查；同公共关系主客体密切相关的社会环境的调查。

2. 确定公关目标

参照英国公共关系专家弗兰克·杰夫金斯绘制的目标清单，服装企业可选择的公关目标范围非常广泛，概括起来有16种。

（1）新产品、新技术、新服务项目开发之中，要让公众有足够的了解。

（2）开辟新市场、新产品或服务推销之前，要在新市场所在地的公众中宣传企业的声誉，提高知名度。

（3）企业转产时，要调整企业对内、对外形象，使新的企业形象与新产品相适应。

（4）参加社会公益活动，并通过适当的方式向公众宣传，增加公众对企业的了解和好感。

（5）开展社区公共关系活动，与企业所在地的公众沟通。

（6）本企业的产品或服务在社会上造成不良影响后，进行公共关系活动。

（7）为本企业新的分公司、新的销售店、新的驻外办事处进行宣传，使各类公众及时了解。

（8）让企业内外的公众了解企业高层领导关心社会、参加各种社会活动的情况，以提高企业声誉。

（9）发生严重事故后，要让公众了解企业处理的过程、采取的方法，解释事故的原因以及正在做出的努力。

（10）创造一个良好的消费环境，在公众中普及同本企业有关的产品或服务的消费方式、生活方式。

（11）创造股票发行的良好环境，在本企业的股票准备正式上市挂牌前，向各类公众介绍产品特点、经营情况、发展前景、利润情况等。

（12）通过适当的方式让儿童了解本企业产品的商标牌号、企业名称。

（13）争取政府对企业的支持，协调企业与政府的关系。

（14）赞助社会公益事业。

（15）准备同其他企业建立合作关系时，对企业内部公众、企业的合作者及政府部门宣传合作的意义和作用。

（16）处在竞争危机时刻，通过联络感情等方式，争取有关公众的支持。

弗兰克·杰夫金斯的目标清单说明，一个组织的各个方面都能成为公共关系的计划目标。不过，服装企业的实际情况不同，编制目标时应分清主次，必要时可请外部咨询机构或专业公共关系公司协助。

3. 确定目标公众

确定目标公众是制订公关计划的基本任务。公关活动的目的是要在公众中树立组织的良好形象。但是，公关活动不可能面对所有的公众，它所面对的往往是在特定时期与企业有特定关系的公众。由于服装企业在不同时期面临的问题不同，就会形成不同类型的公众。企业在进行信息转播活动时必须注意对症下药，这样才能取得事半功倍的效果。

4. 选择公关媒介

公关活动的主要媒介中有一部分是与广告相似的，但也有一些是超出这个范围的，主要有：宣传报道、新闻发布会、庆典活动、展览会、赞助活动。

5. 确定经费预算

公共关系预算是按照目标、实施方案，将所需的费用分成若干项目，并编绘出单项活动及全年活动的成本。公共关系预算从某种意义上讲，是更严格地要求公共关系工作要按预定目标、预定项目、预定时间，以最经济的代价做好要做的事情。

6. 评估公关效果

针对服装企业来说，公关活动效果的评估形式可分为企业形象评估、工作成效评估和传播效果评估等。

案例：美特斯·邦威——以加盟为主的多渠道经营

美特斯·邦威近日发布的最新一期年度报告显示，2011年美特斯·邦威服饰品牌的收入增长率为33%、净利润增长率接近60%。据了解，在上市以来的几年时间里，美邦服饰一直保持着渠道数量和收入的稳定增长，店铺数从2008年初的约2600多家增加到现在的近4800家，销售收入则从2007年的31亿元增加到99亿元。

美邦服饰之所以有这样的成绩，得益于其已成型的营销渠道组合。

1. 渠道为王"不走寻常路"

2008年8月28日，美特斯·邦威在深圳交易所成功上市。挂牌当天单股票价最高至31.5元，收盘为26.9元。董事长周建成宣布此次IPO所募集资金的85%用于营销渠道建设，15%用于网络升级，且预期拓展的68家店铺的平均面积达到1400多平方米。

不同于大多数品牌服装企业的赢利模式，美邦公司将生产和制造环节完全外包，专注于品牌运营和渠道建设，同时辅助于信息化的供应链管理系统，形成一套独特和国际化的赢利模式。

2. 靠直营店销售清库存

巨大的库存，曾让这个在股票市场表现良好的品牌倍感压力。2011年9月30日，美特斯·邦威的库存为29亿元，而在2009年，这个数字只有9亿元。

美特斯·邦威现在的策略是：及时反馈市场销售需求，同时统一协作进行打折促销。"从门店到网络销售，只要是美特斯·邦威的直营渠道，都应当贯彻实施打折策略。目前，我们有50%的销量是依靠自己的渠道实现销售的。"直营店的面积往往比较大，甚至能够达到旗舰店的级别。

3. 强化网络营销建设

在服装零售行业，营销网络无疑是吸引消费者购买的最直接武器。作为一家休闲服饰品牌零售企业，美特斯·邦威现有的营销网络已经覆盖我国31个省市，其中东南地区即沪浙闽地区的店铺数量较多、网点密集度也较高，山东、四川、湖北、河南、重庆、陕西等省市店铺扩张的速度也很快。但是，品牌在除上述以外的其他省市地区拓展的空间依然很大。据统计，目前，美特斯·邦威在全国二级市场中还有94个中型城市未覆盖，未覆盖率为33%；三级市场中则还有1279个县级城市未覆盖，未覆盖率为64%。

在美特斯·邦威的招股书中显示：本次IPO计划募集18亿元，其中16亿元用于网络建设，2亿元用于信息系统建设。募集资金拟投资的营销网络建设项目包括建设68家店铺，其中包括5家直营旗舰店、26家直营形象店、3家加盟旗舰店和34家战略加盟形象店。

4. 坚持原有商业模式

美特斯·邦威此次募集资金所要实施的营销网络建设项目，依然维持着"特许加盟与直营销售并举"的商业模式。在美特斯·邦威计划新建的68家店铺中，31家为直营旗舰店和直营形象店，37家为加盟旗舰店和战略性的加盟形象店。新建的店铺数量仅为目前店铺总数的3.08%，但平均面积却由原来不到200平方米激增数倍。

相对于之前的渠道拓展，新一轮营销网络建设中强调了战略性的加盟形象店和加盟旗舰店，新建的战略加盟形象店和旗舰店的店铺都将由美特斯·邦威以购买或长期租赁的方式取得，然后再授权给加盟商经营使用。这样，公司既取得了对渠道拓展具有战略意义的宝贵的店铺资源，又在品牌竞争激烈的环境中加强了对加盟商的掌控力度。因此，此次美特斯·邦威的渠道建设计划实际上是对原有渠道的进一步巩固和拓展，对其商业模式并未产生影响。

5. 深化大店策略

大店策略是诸多品牌在渠道建设上所采取的策略之一，因此国内外众多知名服饰品牌都将其提上了议事日程。不仅在服饰零售行业如此，诸如国美、苏宁、百思买等家电电子类零售企业也不甘落后。可见，大面积销售终端建设已经成为零售行业的发展趋势。

美特斯·邦威计划新建的68家店铺全部是旗舰店和形象店，建筑面积合计9.65万平方米，占公司2007年末店铺总面积的27%，这是对其近年来的大店策略的进一步发展和深化。

本章要点

营销渠道可以被视为促使产品或服务被顺利使用或消费的一个相互依存、相互协调的网络，它通过对产品形式、所有权、时间与地点的整合而为终端用户创造价值。在服装渠道设计过程中，限制渠道选择的影响因素很多，其中最主要的有产品因素、市场因素、企业自身因素和中间商条件等。服装企业在渠道选择过程中应当对上述因素进行深入分析和研究。

广义的营销渠道管理主要包括以下六个方面：制定渠道管理战略；设计营销渠道；选择渠道成员；渠道的成员管理；渠道的关系管理；渠道的动态调整。

进入21世纪以来，由于市场经济的发展、销售环境的改变、消费群体购买意识的提高，迫使中间商、终端零售商、商业辅助商这些销售环节进行了巨大变革，并促使服装企业自下而上地改变或整合原有营销渠道，于是出现了服装营销渠道的一些新趋势，如营销渠道的扁平化、多元化、电子化、战略联盟等。对于我国服装企业来说，一方面要清楚地看到新型渠道模式建设的大势所趋，及早准备调整销售渠道；另一方面也要看到其建设并非一蹴而就，需要结合企业自身特点及产品性质而定。

促销策略的实质是企业与消费者之间的信息沟通。它要求服装企业充分认识到制订传播计划所使用的各种传播手段（如广告、直接营销、销售促进和公共关系等）的战略作用，并通过各种传播手段的有机结合来提供连贯的、清晰的、统一的信息，从而使传播影响力最大化。

复习思考题

1. 营销渠道的含义是什么？
2. 了解服装营销渠道管理的内容和实质。
3. 服装企业营销渠道的常见模式有哪些？
4. 服装企业应当如何理解并顺应营销渠道的发展趋势？
5. 了解如何选择合适的促销组合。

参考文献

[1] 万寿义. 成本管理 [M]. 北京：中国广播电视大学出版社，2001.
[2] 唐现杰，孙长江. 财务管理 [M]. 北京：科学出版社，2007.
[3] 程隆云. 财务报表分析 [M]. 北京：经济科学出版社，2007.
[4] 陈少华. 财务报表分析方法 [M]. 厦门：厦门大学出版社，2004.
[5] 周三多. 管理学 [M]. 2版. 北京：高等教育出版社，2005.
[6] 宁俊. 服装企业业务流程设计与再造 [M]. 北京：中国纺织出版社，2008.
[7] 宁俊. 服装企业ERP [M]. 北京：中国纺织出版社，2008.
[8] 韦沛文，陈婉玲. 企业信息化教程 [M]. 北京：清华大学出版社，2008.
[9] 欧阳峰，傅湘玲. 企业信息化管理导论 [M]. 北京：清华大学出版社，北京交通大学出版社，2006.
[10] 王鲁滨. 现代信息管理 [M]. 北京：经济管理出版社，2005.
[11] 杨以雄. 服装市场营销 [M]. 上海：东华大学出版社，2003.
[12] 陈东生，吴坚. 新编服装心理学 [M]. 北京：中国轻工业出版社，2005.
[13] 赵平，吕逸华，蒋玉秋. 服装心理学概论 [M]. 北京：中国纺织出版社，2004.
[14] 赵洪珊. 现代服装产业运营 [M]. 北京：中国纺织出版社，2007.
[15] 宁俊. 服装市场调查方法与应用 [M]. 北京：中国纺织出版社，2007.
[16] 宁俊. 服装企业生产现场管理 [M]. 北京：中国纺织出版社，2006.
[17] 宋惠景，万志琴. 服装生产策划与组织 [M]. 北京：中国纺织出版社，2001.
[18] 王关义. 现代生产管理 [M]. 北京：经济管理出版社，2005.
[19] 吴卫刚. 服装企业实用管理表格 [M]. 北京：中国纺织出版社，2005.
[20] 吴卫刚. 服装企业管理 [M]. 北京：中国纺织出版社，2002.
[21] 菲利普·科特勒. 营销管理 [M]. 10版. 北京：中国人民大学出版社，2001.
[22] 吴健安. 市场营销学 [M]. 北京：高等教育出版社，2000.
[23] 柳泽元子. 从灵感到贸易——时装设计师与品牌运作 [M]. 北京：中国纺织出版社，2000.
[24] 吉尼·斯蒂芬·伏琳. 时尚——从观念到消费者 [M]. 西安：陕西师范大学出版，2003.
[25] 王璞. 营销管理咨询实务 [M]. 北京：中信出版社，2003.
[26] 李当岐. 服装学概论 [M]. 北京：高等教育出版社，1998.
[27] 王维堤. 中国服饰文化 [M]. 上海：上海古籍出版社，2001.
[28] 史林. 高级时装概论 [M]. 北京：中国纺织出版社，2001.
[29] 宁俊. 服装生产经营管理 [M]. 3版. 北京：中国纺织出版社，2002.
[30] 宁俊. 服装营销管理 [M]. 北京：中国纺织出版社，2003.
[31] 马大力. 商品企划 [M]. 北京：中国纺织出版社，2003.

[32] 张公绪，孙静. 新编质量管理学［M］. 2 版. 北京：高等教育出版社，2003.

[33] 冯旭敏，温平则. 服装工程学［M］. 北京：中国轻工业出版社，2003.

[34] 万志琴，松惠景，张小良. 服装品质管理［M］. 北京：中国纺织出版社，2001.

[35] 夏春玉. 物流与供应链管理［M］. 大连：东北财经大学出版社，2004.

[36] 刘国联. 服装厂技术管理［M］. 北京：中国纺织出版社，1999.

[37] 刘丽文. 生产与运作管理［M］. 2 版. 北京：清华大学出版社，2002.

[38] 杨以雄. 服装生产管理［M］. 上海：东华大学出版社，2005.

[39] 樊光鼎，李葆坤. 企业生产管理［M］. 北京：经济科学出版社，2002.

[40] 尹丽萍，肖霞. 现代企业经营管理［M］. 3 版. 北京：首都经济贸易大学出版社，2004.

[41] 王关义. 生产管理［M］. 北京：经济管理出版社，2002.

[42] 刘春勤，彭好荣. 企业经营管理［M］. 北京：经济科学出版社，2002.

[43] 余取民，余捻宏. GB/T 19000—2000 idt ISO 9000：2000 质量管理基础教程［M］. 北京：机械工业出版社，2003.

[44] 冯冀，冯以玫. 服装生产管理与质量控制［M］. 2 版. 北京：中国纺织出版社，2004.

[45] 彭诗金. 市场营销学［M］. 北京：中国铁道出版社，2010.

[46] 杨大筠. 体验营销——卓越的终端服务［M］. 北京：中国纺织出版社，2011.

[47] 尚阳. 营销渠道——设计、管理与创新［M］. 北京：中国物资出版社，2011.

[48] 时启亮，朱洪兴，王啸吟译. 市场营销学［M］. 上海：上海人民出版社，2010.

[49] 王淑萍主编. 财务报告分析［M］. 3 版. 北京：清华大学出版社，2011.

[50] 蒋相岚，陈涛. 物联网技术在供应链中的创新应用［J］. 通信与信息技术，2012（3）：88 – 91.

[51] 郑欣. 物联网商业模式发展研究［D］. 北京：北京邮电大学，2011.

[52] 高爱颖，蓝天. 日本服装企业信息化中 RFID 物联网技术的应用［J/OL］. 物流技术，2011，30（4）：132 – 133.

[53] 陈明明，韩水华. EPC 技术在服装行业的应用研究［J］. 物流科技，2011，29（134）：138 – 141.

[54] 肖磊. 物联网在服装行业的应用性研究［D］. 北京：北京服装学院，2012.